Andreas Schumann   Familie de Maizière

Für Nele & Philipp

Andreas Schumann

Familie de Maizière

Eine deutsche Geschichte

Mit 29 Abbildungen

orell füssli Verlag

© 2014 Orell Füssli Verlag AG, Zürich
www.ofv.ch
Alle Rechte vorbehalten

Umschlaggestaltung: Hauptmann & Kompanie Werbeagentur, Zürich, unter Verwendung
eines Fotos von © ullstein bild/Sven Simon
Druck: fgb • freiburger graphische betriebe, Freiburg

ISBN 978-3-280-05531-1

Die Deutsche Nationalbibliothek verzeichnet diese Publikation in der Deutschen National-
bibliografie; detaillierte bibliografische Daten sind im Internet über http://dnb.d-nb.de
abrufbar.

Inhalt

Prolog

Donnerstag, 2. November 1989, in den späten Abendstunden: Lothar de Maizière wandert in seiner Wohnung in Berlin-Treptow auf und ab und immer wieder geht er am Telefon vorbei. Er ist unsicher, ob er seinen Vetter Thomas in West-Berlin anrufen soll. In der Aktuellen Kamera wird über die neuesten Entwicklungen im Land berichtet. Es ist schwer, einen Überblick zu behalten. Die DDR befindet sich im Umbruch, die Ereignisse in Ungarn, Prag, Leipzig und anderswo haben zu Veränderungen geführt, die für die meisten Menschen im Osten Deutschlands noch vor wenigen Wochen unvorstellbar waren. Viele DDR-Bürger haben ihr Land bereits verlassen. Andere versuchen den Staat, in dem sie groß geworden sind, zu reformieren. Überall wird diskutiert, neue Parteien schießen wie Pilze aus dem Boden, Umweltgruppen sind aktiv, neue Zeitungen und Radiosender entstehen. Auch auf Lothar kommen wichtige Entscheidungen zu, die sein Leben in den nächsten Monaten grundlegend verändern werden. Der nächste Tag wird dafür ein wichtiger Schritt sein. Schließlich greift er zum Telefon und ruft seinen Vetter Thomas an. Von der Sorge getrieben, seine Telefonate würden von der Stasi nach wie vor abgehört, fasst er sich kurz und sagt nur: »Du Thomas, ich werde morgen bei dem Gespräch dabei sein. Wundere dich nicht, ich werde dir alles am Rande des Treffens unter vier Augen erklären.«

Am nächsten Tag treffen sich im Gästehaus der Ost-CDU am Rande der DDR-Hauptstadt der West-Berliner CDU-Landes- und Fraktionsvorsitzende Eberhard Diepgen und der Ost-Berliner CDU-Bezirksvorsitzende Siegfried Berghaus. Diepgen wird begleitet vom Abgeordneten Jürgen Adler und seinem damaligen Sprecher Thomas de Maizière. Berghaus wiederum kommt in Begleitung eines CDU-Vertreters der Ost-Berliner Stadtverordnetenversammlung und von Lothar de Maizière. Nach einem vorsichtigem »Abtasten« geht es im Gespräch um die aktuelle Entwicklung in der DDR, die Bewertung der verschiedenen Ereignisse der letzten Wochen und um die Möglichkeiten einer Zusammenarbeit der CDU in Ost- und West-Berlin. »Vor allem wollten die ›Parteifreunde‹ aus dem Westen wissen, wie wir die Situation im Ganzen einschätzen, ob es zu Reiseerleichterungen kommen würde, wie man mit dem Druck umginge, der offensichtlich in der Stadt zu spüren war, und Ähnliches mehr«,[1] erinnert sich Lothar de Maizière. Doch irgendetwas ist anders an dem Tag. Diepgen und seinen Leuten fällt auf, dass bei grundsätzlichen, tiefer gehenden Fragen nicht Berghaus, sondern Lothar de Maizière antwortet und die Richtung vorgibt. Als das Gespräch beendet ist, treffen sich Lothar und Thomas de Maizière auf der Toilette des Gästehauses und Thomas schaut seinen Vetter aus dem Osten fragend an. Daraufhin erläutert ihm dieser, dass er vor zwei Tagen, nach dem Rücktritt Göttings als Vorsitzender der CDU der DDR, gefragt worden sei, ob er nicht den Parteivorsitz übernehmen wolle. »Und ich habe ›ja‹ gesagt.«

Von diesem Tag an dauert es nur noch wenige Wochen, bis die beiden Cousins täglich zusammen arbeiten werden: der eine als letzter Ministerpräsident der DDR und der andere als sein Berater. Damit schließt sich für die Familie de Maizière ein Kreis, der 1945 unterbrochen wurde. Trotz zahlreicher Briefe, gegenseitiger Besuche und der Wiederbelebung der jährlichen Familientreffen in den achtziger Jahren müssen sich die de Maizières nach der Friedlichen Revolution in der DDR – wie andere getrennte Familien auch – das Gemeinsame erst wieder erarbeiten.

Durch den über Jahrhunderte tradierten Wertekodex, die tiefe christliche Bindung einzelner Mitglieder der Familie, zahlreiche Familienanekdoten, die Liebe zur Musik und nicht zuletzt die juristische Tradition fällt dies den de Maizières vielleicht nicht so schwer wie anderen.

Dieses Buch erzählt nun die Geschichte einer Familie, deren Ursprünge in Frankreich liegen und die ihre hugenottische Herkunft bis heute pflegt. Der Schwerpunkt des Buches liegt dabei auf dem 20. Jahrhundert. Anhand verschiedener historischer Daten soll der Lebensweg einzelner Familienmitglieder dargestellt werden, denn wesentliche Ereignisse des vergangenen Jahrhunderts sind eng mit den de Maizières verbunden. Das Buch wird jedoch nicht die Geschichte des 2. Weltkrieges oder der Bundeswehr nacherzählen. Es ist auch kein Bericht über Parteitage, den Einigungsvertrag oder die Zwei-plus-Vier-Verhandlungen. Dieses Buch will etwas anderes. Es richtet den Blick auf eine Familie, die häufig auf Begriffe wie Militär, Politik, Ehre oder Pflichterfüllung reduziert wird. Das Buch will versuchen, auch andere Seiten der de Maizières zu zeigen, die bisher verborgen blieben.

Der Ring der de Maizières

3. Oktober 1569: Eine Lanze durchfährt die linke Hand von Philippe de Maizière[2] in der Schlacht von Moncontour zwischen den katholischen Truppen des französischen Königs Karl IX. und den protestantischen Hugenotten unter ihrem politischen und militärischen Führer Gaspard de Coligny. De Coligny kämpft an der Spitze der Protestanten seit dem Massaker von Vassy im Jahre 1562, als katholische Soldaten hunderte Protestanten während eines Gottesdienstes überfielen. Nun führt er die Truppen auch im dritten von acht Religionskriegen (1568–1570), der in Frankreich bereits tausende Opfer gekostet hat. Nachdem die Hugenotten zuvor schon im März die Schlacht bei Jarnac verloren haben, sind die Königstruppen auch dieses Mal der Sieger. Es ist der vorläufige Höhepunkt der brutalen Auseinandersetzungen zwischen den Verfechtern des katholischen Glaubens und den protestantischen Hugenotten. Jean Calvin hatte einst von Genf aus die überall in Europa beginnenden Reformationsbestrebungen initiiert und ihnen zum Sieg verholfen. Die reformatorischen neuen Glaubensaussagen wurden sehr bald auch nach Frankreich getragen und es entstanden zahlreiche reformierte Gemeinden. Besonders im Adel und in der bürgerlichen Führungsschicht gewann der Calvinismus schnell Anhänger. Nachdem man sich selbst am französischen Königshof zunächst aufgeschlossen zeigte, setzte bald eine katholische Gegenbewegung ein, in deren Folge es zunehmend zu harten Repressionen gegen die Protestanten kam. Allerdings verhinderten auch diese

nicht die Ausbreitung des Protestantismus. Als 1562 der Versuch der französischen Krone misslingt, unter Führung von Katharina von Medici mit dem Edikt von St-Germain die Situation zwischen Katholiken und Protestanten zu befrieden, beginnt die über 35 Jahre dauernde Zeit der französischen Religionskriege, die erst 1598 mit dem Edikt von Nantes ihr Ende finden wird.[3]

Philippe, der sich bereits zu Beginn der Religionskriege dem Heer von Coligny angeschlossen hatte, liegt nun verwundet im Haus seines Vaters René, einem Kellermeister in der Ile de France. René ist nicht begeistert vom militärischen Enthusiasmus seines ältesten Sohnes. Viel lieber hätte er ihn als seinen Nachfolger im »Pariser Hof«, einer Gastwirtschaft, gesehen. Zum Glück blieb ihm noch Nicolas, sein Jüngster, der seinem Bruder Philippe in den nächsten Tagen am Krankenbett von den neuesten Weinen erzählt, während dieser trotz seiner Verwundung von prächtigen Rüstungen und den eroberten Reiterpistolen schwärmt.[4] Es sind zwei Brüder, wie sie unterschiedlicher nicht sein können. Nicolas, der Feingeist und Philippe, der Draufgänger. Letzterer hat seinen Namen vom wohl berühmtesten Mitglied der Familie: von Philippe de Mézières[5], Ritter, Gelehrter, Schriftsteller und bedeutender Diplomat im 14. Jahrhundert zur Zeit von König Karl V., dem Weisen. Philipp de Mézières wurde von Karl V. sehr geschätzt, er ernannte ihn zum Mitglied des Thronrates und zum Erzieher des Dauphins.[6] Damit hatte Philippe de Mézières, einer der letzten großen Verfechter eines Kreuzuges gegen die Ungläubigen, nicht nur großen Einfluss auf Karl V. selbst, sondern auch auf dessen ältesten Sohn, den späteren König Karl VI. sowie dessen Bruder Ludwig. Ludwig ist vor allem von de Mézières' politischen Geschick und seiner religiösen Standfestigkeit beeindruckt und macht ihn daher später zu seinem Bevollmächtigten. »Er hatte offensichtlich mehr als sein Bruder von diesem Manne gelernt, denn er war der einzige der königlichen Familie, von dem man sagen konnte, daß er das Latein der Diplomaten verstand.«[7]

Während die Wochen vergehen, die Wunde an Philippes Hand jedoch nicht heilt, wächst bei Vater René die Sorge um seinen Sohn. Als keine Besserung eintritt und das Leben des mutigen Soldaten in Gefahr gerät, entschließt man sich zur Amputation. Danach ist Philippe zwar ein anderer, nachdenklicherer Mensch, aber immer noch zum Kampf bereit, ungeachtet der Tatsache, dass ihm nun die linke Hand fehlt. René, der spürt, dass sein Ältester wieder aufbrechen will, spricht in dieser Zeit an langen Abenden viel mit seinen Söhnen. Dabei ist auch oft von der Vergangenheit der Familie die Rede. Diese gehörte zum Landadel, hatte einst ihre Heimat in Mézière im Ardenner Land und besaß Güter, Wälder, Wiesen und Felder. Nun erinnert nur noch ein Siegelring an der Hand von René an diese Zeit. Im Glauben daran, seinen Sohn zum Bleiben überreden zu können, übergibt er dem Ältesten den Ring. Doch es nützt nichts. Als Philippe von neuen Plänen Colignys erfährt, ist er fest entschlossen, wieder in den Kampf gegen die Königstruppen zu ziehen. Er ist überzeugt davon, dass die protestantische Armee dem katholischen Gegner ebenbürtig ist und der Sieg nicht mehr in weiter Ferne liegt. Im Streit verlässt er das Haus des Vaters, nicht ahnend, dass er ihn nie wiedersehen wird.[8]

* * *

Über hundert Jahre später schaut Pierre de Maizière, der Enkel von Philippes Bruder Nicolas, auf sein Lebenswerk zurück. Er ist ein fleißiger Mann, noch im hohen Alter geht er seinem Sohn Jean im Kaufmannsgeschäft zur Hand, das dieser nach seiner Hochzeit mit Marie Cornuel im März 1661 übernommen hatte. Pierre liebt seine Schwiegertochter über alles und sieht, wie sie mehr und mehr die Geschäfte übernimmt, da sich Jean immer weiter zurückzieht und kaum noch mit ihr und seinem Vater spricht. Häufig sucht Marie Trost bei ihrem Schwiegervater und klagt über ihr Leid. Es ist nicht nur die täglich größer werdende Distanz zwischen ihr und Jean, der immer verschlossener wird. Auch das Leben mit der schwer behinderten Tochter und der Tod der ersten beiden Söhne sowie der zweiten Tochter aufgrund tragischer Umstände haben Marie zu einer harten Frau gemacht. Doch aus Gesprächen mit ihrem Schwiegervater weiß sie, dass die Familie schon häufiger vor harte Prüfungen gestellt wurde. Pierre erzählt ihr von Philippe, dem Kämpfer an Colignys Seite, davon, wie er im Kampf mit spanischen Soldaten im Norden Frankreichs fiel und wie ein Päckchen mit dem Siegelring Philippes an Bruder Nicolas, Pierres Großvater, übergeben wurde. Marie erfährt auch, wie Nicolas in seinen letzten Stunden diesen Ring seinem Sohn Isaac übergab. Jener hatte sich 1598 nach dem Edikt von Nantes, das den Hugenotten religiöse Toleranz und umfassende Bürgerrechte garantieren sollte, gemeinsam mit seiner Frau in Metz niedergelassen. Pierre berichtet seiner Schwiegertochter Marie aber auch vom Streit mit seinem Bruder François, an dessen Ende der Siegelring in Pierres Hände gelangt. Als Pierre 1682 stirbt, nimmt Marie den Ring an sich. Jean, der ihn eigentlich hätte bekommen müssen, lebt mittlerweile völlig zurückgezogen in seiner eigenen Welt und stirbt schließlich 1684 im Alter von 50 Jahren.[9]

Marie ist nun allein mit ihrer behinderten Tochter Marie, ihrem Sohn Paul und Susanne. Obwohl das Edikt von Nantes nach wie vor Gültigkeit hat, werden die Rechte der Protestanten wieder beschnitten, nachdem Ludwig XIV., der »Sonnenkönig«, 1661 die Herrschaft in Frankreich übernommen hat. Der Enkel von Heinrich IV. hält nicht viel von der Toleranzpolitik seines Großvaters und hat nur ein Ziel: die politische und religiöse Einheit des Staates unter Führung der Katholiken. Um dies zu erreichen, ist ihm jedes Mittel recht. Hugenotten werden mit Berufsverboten belegt, ihnen werden würdige Begräbnisse verweigert, zudem werden protestantischen Familien häufig die Kinder weggenommen, um diese zu »wahren« Katholiken zu erziehen. Es kommt zu einem allgemeinen Gottesdienstverbot und wenig später zur Zerstörung aller reformierten Kirchen im Land. Als Ludwig XIV. 1685 mit dem Edikt von Fontainebleau das Edikt von Nantes widerruft, sind die Hugenotten endgültig all ihrer Freiheiten und Rechte beraubt. In der Folge fliehen sie zu Hunderttausenden aus Frankreich, so auch Marie de Maizière und ihre Kinder. Unter Aufzehrung sämtlicher Ersparnisse gelangt sie mit einer kleinen Gruppe Flüchtlingen unter Führung eines Predigers nach Kassel. Dort trifft Marie auf einen alten Bekannten, der ihr vom Edikt von Potsdam erzählt. Dieses wurde im Herbst 1685 vom Großen Kurfürsten Friedrich Wilhelm von Brandenburg erlassen, der damit seinen verfolgten Glaubensbrüdern aus Frankreich Zuflucht bieten wollte. In den vierzehn Artikeln des Edikts werden den Hugenotten zahlreiche Privilegien gewährt, wie beispielsweise eine weitgehende Abgabenbefreiung, wirtschaftliche Starthilfen oder auch die Befreiung vom Militärdienst. Ziel des Kurfürsten war es, mit Hilfe der gut ausgebildeten Flüchtlinge das wirtschaftliche Wachstum des Landes, das stark unter dem 30-jährigen Krieg gelitten hat, voranzutreiben. Über 20 000 Hugenotten folgen dem Ruf des brandenburgischen Landesherrn, zu ihnen gehören auch Marie de Maizière und ihre Kinder. Über Halle an der Saale gelangen sie über Umwege nach Crossen an der Oder.[10] Nicht nur eine lange Flucht findet hier ihr Ende, auch das »de« im Familiennamen verschwindet für über 150 Jahre. So stirbt Maries Sohn Paul im Jahre 1749 in Crossen als Paul Maizière.[11]

* * *

Ende der 90er Jahre des 18. Jahrhunderts verlässt Carl Wilhelm Maizière, der Urenkel von Paul Maizière, die Stadt Schönebeck südöstlich von Magdeburg, in der seine Eltern Frantz Carl Maizière und Katharina

Elisabeth (geb. Wermser) bis zu ihrem Tod leben werden. Carl Wilhelm hat Medizin studiert und lässt sich in Burg (im heutigen Sachsen-Anhalt) als Arzt nieder.[12] Die Stadt hatte wie andere Brandenburger Regionen auch vom 1685 erlassenen Edikt von Potsdam profitiert. Damals zog es einige Hugenottenfamilien nach Burg und es entstand eine kleine französische Gemeinde, die rasch auf über 50 Familien anwuchs. Ihnen wurde das im Norden der Stadt gelegene Gebiet nahe des Flusses Ihle zugewiesen. Die Burger selbst mochten das Gebiet nicht, da es schwer nutzbares Sumpf- und Sandland und im Frühjahr zudem häufig von Überschwemmungen betroffen war. Die zugezogenen Hugenotten waren nach den Entbehrungen der Flucht jedoch zufrieden, weil sie alle zusammen in einem Stadtteil wohnten, ihren eigenen Pfarrer und eigene Richter hatten und in ihren angestammten Berufen arbeiten konnten. Durch die in den nächsten Jahrzenten immer größer werdende Hugenottengemeinde erfuhr die Stadt Burg nicht nur einen wirtschaftlichen Aufschwung, sondern wuchs auch rasch in Größe und Bevölkerung. So wohnen zu der Zeit, als Carl Wilhelm Maizière nach Burg zieht, knapp 5000 Einwohner in der Stadt.[13]

In Burg lernt Carl Wilhelm Catharina Elisabeth Juliane Sophie Hundrich kennen, die er 1801 heiratet. Der Vater der Braut ist ein angesehener Kaufmann im Ort und Bürgermeister von Burg. Er hatte 1790 gemeinsam mit anderen Gesellschaftern eine Tuchhandelskompanie gegründet, die der Familie zu Ansehen und Reichtum verholfen hatte.[14] Zudem stellte ihm, »wie die Akten der Oberkirche berichten, Friedrich der Große Holz aus den königlichen Forsten zum Hausbau unentgeltlich zur Verfügung. Wie der Beschenkte zu der Gnade des Landesvaters kam, ist nicht bekannt.«[15]

Am 9. März 1808 bekommen Carl Wilhelm und seine Frau ihr erstes und einziges Kind: Carl Gustav Maizière. Nach einer wohlbehüteten Kindheit studiert auch er Medizin und wird später ebenfalls Arzt in

Burg. In den 30er Jahren begegnet ihm die 1814 geborene Johanne Wilhelmine Auguste Mischke. Auch sie ist die Tochter eines angesehenen Burger Kaufmanns. Sie verlieben und verloben sich und heiraten schließlich 1840. Ein Jahr später wird ihr Sohn Carl Ernst Ulrich geboren. Als dieser elf Jahre alt ist, wird seine Mutter Johanne mit nur 38 Jahren durch eine schwere Krankheit am 14. Mai 1852 aus dem Leben gerissen. Ein schwerer Schlag für Vater und Sohn. 1854 lernt Vater Carl Gustav jedoch Eugenie Feodore Leontine von Wulffen kennen, die er wenig später zu seiner zweiten Frau nimmt. Eugenie ist die Tochter des Landadeligen Carl Wilhelm Heinrich von Wulffen und seiner Gattin Johanne Aurelie Ernestine (geb. von Windheim). Der zweiten Ehe Carl Gustav Maizières entstammen noch die Söhne Carl Gustav Leo und Max Friedrich Carl Gustav.

Carl Ernst Ulrich geht 1861 nach Tübingen und nimmt im Wintersemester das Jurastudium auf. Tübingen hatte sich in der 2. Hälfte des 19. Jahrhunderts zu einer modernen Universitätsstadt entwickelt, nachdem es noch wenige Jahrzehnte zuvor als rückständig und gegenüber Leipzig oder Göttingen als unattraktiv galt. Ein neues Universitätsviertel mit Campuscharakter war entstanden, es kam zu einer verstärkten Spezialisierung und Vermehrung von Studiengängen und Lehrstühlen.[16] Und nachdem Tübingen 1861 Anschluss an das Eisenbahnnetz erhält, kommt es zu einem schnellen Anstieg nichtwürttembergischer Studenten, zu denen auch Carl Ernst Ulrich de Maizière gehört. In Tübingen wird er Mitglied im Corps Rhenania, dessen Ziele Carl Ernst Ulrichs Maximen von Aufklärung und Idealismus vereinen: »Nach unseren Grundsätzen muß es Pflicht sein für jeden Bundesbruder, sich mehr auszubilden in sittlicher und wissenschaftlicher Hinsicht, durch charaktervolles Betragen sich würdig zu zeigen der Verbindung, und überhaupt für sie zu thuen und zu unternehmen, was nach innen und außen für Festigkeit und für ihren Fortbestand zu leiten möglich ist, und den Glanz und die Bedeutung der Verbindung nach Kräften zu heben. Gegenseitige Achtung und Liebe, Zuvorkommen gegen Nichtmitglieder werden das Zutrauen der Mitglieder unter sich und anderer Verbindungen vermehren.«[17] Nachdem Carl Ernst Ulrich insgesamt sechs Partien geschlagen hat, wechselt er nach Halle an der Saale, um dort sein Studium abzuschließen.[18] 1865 geht er als Referendar zurück nach Burg. Die Stadt, seit 1809 Sitz eines Land- und Stadtgerichtes, hat mittlerweile knapp 15 000 Einwohner.[19] Als Carl Ernst Ulrich 1869 die große Staatsprüfung ablegt, ist er der erste Jurist der Familie auf deutschem Boden, dem mit Sohn Walter, Enkel Clemens und den Urenkeln Lothar und Thomas de Maizière weitere folgen werden.

1870 zieht Carl Ernst Ulrich mit dem 3. Magdeburger Infanterie-Regiment Nr. 66 in den Deutsch-Französischen Krieg. Anlass des Krieges war die Kandidatur von Prinz Leopold von Hohenzollern-Sigmaringen um die spanische Krone. Frankreich protestierte dagegen, da es sich bei ihm um einen Vertreter einer Nebenlinie der Hohenzollern handelte und der Staat Napoleons III. sich somit vom Südwesten her künftig bedroht fühlen musste. Die Proteste zeigten zunächst Erfolg, als Prinz Leopold seine Kandidatur zurückzieht. Jedoch überspannt Frankreich den Bogen, als es von Preußens König Wilhelm I., der sich zu dieser Zeit in Bad Ems befand, eine Entschuldigung verlangt. Wilhelm I. lehnt das Ansinnen ab. Nachdem der preußische Ministerpräsident Otto von Bismarck durch eine telegrafische Nachricht davon erfährt, kürzt er diese Depesche zu seinen Gunsten und sorgt für eine Veröffentlichung. Durch die sogenannte »Emser Depesche« erfährt die Welt vom diplomatischen Misserfolg Frankreichs und Napoleon III. erklärt nicht zuletzt aufgrund innenpolitischen Druckes Preußen den Krieg.[20]

In Deutschland schlagen die Wogen der patriotischen Begeisterung hoch, auch bei Carl Ernst Ulrich de Maizière. Seine Kriegserinnerungen bringt er detailliert und zum Teil verherrlichend zu Papier. So beschreibt er in seinem Tagebuch die Tage des Aufmarsches als Tage voller Ungeduld und Vorfreude und notiert am 27. Juli 1970 in Sangerhausen in Thüringen: »Gestern abend sind wir glücklich von Magdeburg abgerutscht und bis hierher gelangt.«[21] Wenige Tage später im Marschquartier in Bubenheim in Rheinhessen berichtet er von der Stimmung im Volk: »Es ist wahrhaft rührend, zu sehen, wie die ganze Bevölkerung, Arm und Reich, sich bemüht, die Verteidiger des Vaterlandes zu erquicken …«.[22] Als er mit seiner Kompanie am 8. August 1870 die deutschfranzösische Grenze überquert, findet Carl Ernst Ulrich Zeit, ein paar Eichenblätter zu pflücken und sie mit einem Brief nach Hause zu schicken. Dass er nun den Fuß in das Land seiner Vorfahren setzt, erwähnt er nicht.

Trotz erster kleinerer Gefechte verlaufen die nächsten Tage ruhig und das 3. Magdeburger Infanterie-Regiment Nr. 66 zieht siegesgewiss weiter nach Westen. Bald werden die Kämpfe härter und Carl Ernst Ulrich verliert Freunde und Kameraden, und als es am 30. August 1870 zum Gefecht bei Beaumont, unmittelbar vor der Schlacht von Sedan, kommt, trifft es ihn. In seinem Tagebuch beschreibt er die Situation zwei Tage später ausführlich: »… ich hatte noch kaum 10–15 Schritte gemacht, da tauchte links von mir aus dem Hohlwege auf eine Entfernung von etwa 50 Schritt ein alter Troupier … auf. Der schlug, wie deutlich zu sehen war, auf mich an, ich suchte durch einen Seitensprung auszuweichen, aber vergeblich: als er Feuer gab, verspürte ich einen heftigen Schlag, wie mit einem Hammer, vor den linken Oberschenkel und stürzte zu Boden. … Meine Leute sprangen an mir vorbei, über mich hinweg in den Hohlweg hinein, in dem es nachher grässlich aussah. Kolben und Bajonett hatten gründlich daselbst gearbeitet, von der Besatzung war kaum ein nennenswerter Bruchteil entkommen …«[23] Da Carl Ernst Ulrich nur leicht verletzt ist, hinkt er seiner Truppe hinterher und wirft sich erneut in den Kampf. »Ich kam gerade recht, um den letzten Versuch des Feindes, uns mit dem Bajonett zu werfen, unter Unterstützung der Nachbarzüge mit abweisen zu helfen. Der Feind kam bis auf 35 Schritt heran, machte dann aber trotz seiner Uebermacht kehrt. Wir sandten ihm nach Kräften blaue Bohnen nach, und ich entwaffnete den Offizier, der uns gegenüber befehligt hatte.«[24] Laut Familienunterlagen erhält Carl Ernst Ulrich Maizière für seinen Einsatz bei diesem Gefecht das Eiserne Kreuz II. Klasse, nachdem er bereits 1866 als Zugführer mit dem Militärehrenabzeichen II. Klasse ausgezeichnet worden war.[25]

Neben den schrecklichen Erfahrungen des Krieges, die mit dem Verlust von Freunden, kräftezehrenden Märschen und Kämpfen sowie Hunger und Durst einhergehen, gibt es aber auch glückliche und ruhige Momente. Oftmals kommen der Kompanie dabei die guten Französischkenntnisse von Carl Ernst Ulrich zu Hilfe. Als man einmal bei einem katholischen Pfarrer Quartier bezieht, fallen dem jungen Mann sofort die wunderbaren Pfirsiche im Garten auf. »Ich pflückte davon das nötige Quantum und fragte direkt nach meinem ersten ›Bon jour‹ den Geistlichen: ›Avez-vous du vin blanc?‹ Auf seine bejahende Antwort folgte dann meine freundliche Bitte: ›M'en donnez donc quelques bouteilles.‹ Die wurden dann bestens zum Ansetzen einer vorzüglichen Pfirsichbowle benutzt.«[26] So nützlich Carl Ernst Ulrichs Französischkenntnisse auch sind: Dies ist mitnichten eine Bitte, sondern wohl eher die unverhohlene Aufforderung eines Vertreters der Siegerarmee.

Insgesamt sind Momente des kleinen Glückes jedoch eher selten, und nachdem man nach der Schlacht bei Sedan noch gehofft hatte, Weihnachten wieder zu Hause zu sein, ist im Spätsommer klar, dass der Krieg noch lange nicht zu Ende ist. In Paris wird die Monarchie gestürzt und die neue republikanische »Regierung der nationalen Verteidigung« setzt den Kampf gegen die deutschen Truppen fort. Diese belagern mittlerweile Paris, auch das 3. Magdeburger Infanterie-Regiment Nr. 66. Erst Ende Januar 1871 folgt nach schwerem Beschuss die Kapitulation der Franzosen, Carl Ernst Ulrich notiert am 30. Januar 1871: »Hurrah, Paris ist über!«.[27]

Nach dem Krieg geht Carl Ernst Ulrich Maizière nach Westfalen und wird zunächst Richter in Lüdenscheid und wechselt wenig später nach Dortmund. Hier fühlt er sich am Anfang nicht wohl, die Stadt und die Menschen sind ihm fremd. Dortmund ist zu dieser Zeit von einer explosionsartigen industriellen Entwicklung und einem rasanten Bevölkerungszuwachs geprägt.[28] Überall entstehen neue Fabriken und große Wohnviertel, die im krassen Gegensatz zu den traditionellen, ländlichen Strukturen stehen, wie sie Carl Ernst Ulrich bisher kannte. Hinzu kommt, dass das kulturelle Leben mit dieser Entwicklung nicht Schritt halten kann. Erst als Carl Ernst Ulrich wenig später Sophie Elise Baeumer kennenlernt, ist er wieder ein glücklicher Mensch. Sophie ist die 1852 geborene Tochter des Warendorfer Pfarrers Karl Theodor Baeumer. Sie ist jung und schön, sehr gebildet und an Kultur interessiert. Im Januar 1876 heiratet Carl Ernst Ulrich Sophie und bereits im Oktober desselben Jahres wird Sohn Walter geboren. Ihm folgen noch sechs Geschwister, von denen ein Bruder namens Ulrich bereits als kleines Kind wieder stirbt.

Nach der preußischen Justizreform im Jahre 1879 wird Carl Ernst Ulrich zum Landrichter ernannt, bevor er 1881 Staatsanwalt in Dortmund wird. Vier Jahre später ist er dann Erster Staatsanwalt in Ratibor, 1890 Erster Staatsanwalt in Magdeburg. 1896 folgt die Beförderung zum Landgerichtspräsidenten in Neuruppin. Im gleichen Jahr spricht er bei den Magdeburger Behörden vor, nachdem er sich intensiv mit der Familiengeschichte beschäftigt und dabei unzählige Dokumente ausgewertet hat. Mit dem Ring der Familie an der Hand beantragt er die Wiederaufnahme des alten Namens »de Maizière«. Nach erfolgreicher Umbenennung durch die »Genehmigung zur Annahme und Führung des Familiennamens ›de Maizière‹«[29] notiert die Magdeburgische Zeitung: »Dem bisherigen hiesigen Ersten Staatsanwalt Maizière, der vor einiger Zeit zum Präsidenten des Landgerichts in Neuruppin ernannt worden ist, und neuerdings seine Übersiedlung in seinen neuen Amtswohnsitz bewirkt hat, ist auf seinen Antrag höheren Ortes die Genehmigung erteilt worden, den früher von seiner Familie geführten Namen ›de Maizière‹ wieder anzunehmen. Der Genannte entstammt einer Hugenottenfamilie, die nach Aufhebung des Edicts von Nantes aus der Metzer Gegend vertrieben worden ist.«[30] Fortan führt die Familie bis zum heutigen Tage wieder den Namen »de Maizière.«

* * *

Als im Januar 1898 sein Vater Carl Ernst Ulrich in Neuruppin stirbt, ist für den Studenten Walter de Maizière klar, dass er sein Jura-Studium nicht in Tübingen fortsetzen kann. Er wechselt nach Berlin, um künftig näher bei seiner Mutter und den fünf Geschwistern zu sein, die nach wie vor in Neuruppin leben. Bei den Rhenanen in Tübingen, deren Mitglied auch er geworden war, hinterlässt er trotz seiner verhältnismäßig kurzen Aktivenzeit eine große Lücke. Besonders ein Freund und Bundesbruder vermisst ihn sehr. Im späteren Nachruf auf Walter de Maizière schreibt der Bundesbruder: »Wer ihn näher kannte, wußte ja, dass sein äußerlich zur Schau getragenes Wesen nur eine in bewusster Absicht angelegte Maske war, hinter der er tiefstes Verständnis und Gefühl zu bergen suchte. Auf meine innere und äußere Entwicklung hat er einen viel tieferen Einfluss gehabt, als er selbst vielleicht geahnt hat.«[31]

Walter lebt nun abwechselnd in Neuruppin und Berlin. »Durch den frühen Tod seines Vaters und seine etwas ›lebensfremde‹, geschäftlich unerfahrene, gute Mutter mußte er frühzeitig die Stelle des Vaters der

22

Familie übernehmen. Das hat er vorbildlich getan (…) und ist dabei früh ernst und sparsam geworden, denn die zur Verfügung stehenden Geldmittel waren sehr bescheiden«[32], erinnert sich im Jahre 1975 sein Schwager Hermann Kreusler. Und weiter: »Seine Geschwister haben ihn in seiner Vaterstelle voll anerkannt, verehrt, geliebt und wohl auch mal gefürchtet.«[33]

Trotz dieser Doppelrolle – Vaterersatz und Student – besteht Walter 1899 mit Bestnoten das Referendarexamen und tritt in den Staatsdienst ein. Von 1899 bis 1900 dient er im 4. Brandenburgischen Infanterie-Regiment Nr. 24 in Neuruppin und wird dort Reserveoffizier. Kurz darauf lernt er in Berlin Elisabeth Dückers kennen, die wie er aus einem preußischen Beamtenhaushalt stammt. Sie ist die Tochter des Wirklichen Geheimen Oberregierungsrates Dr. juris Johann Heinrich Hubert Dückers und seiner Frau Klara Franziska. Walter und Elisabeth heiraten 1903 in der Matthäi-Kirche in Berlin.[34]

Nachdem Walter im Wintersemester 1904/05 sein Regierungsassessorexamen abgelegt und zum Dr. juris promoviert hat, ist er ab 1906 im Landratsamt Hohensalza tätig. In Hohensalza bekommen Walter und Elisabeth im gleichen Jahr mit Sohn Clemens ihr erstes Kind. Ihm folgt Tochter Sophie, die jedoch nach einer schweren Krankheit noch vor ihrem ersten Geburtstag stirbt.

Nach einer kurzen beruflichen Zwischenstation Walters im Ministerium für öffentliches Arbeiten in Berlin zieht die Familie 1909 nach Stade, wo Walter bei der dortigen Bezirksregierung als Dezernent tätig ist. In Stade werden dann 1910 zunächst Tochter Suzanne und 1912 Sohn Ulrich geboren. Kurz darauf wird Walter de Maizière nach Hannover versetzt und dort zum Regierungsrat ernannt. In Hannover kommt 1915 schließlich Tochter Irene zur Welt.

* * *

Im Sommer 1914 verdunkelt sich der Himmel über Europa, ein Krieg droht. Die Machtkonstellation mit dem Zweibund (Österreich-Ungarn und Deutschland) auf der einen und der Entente (Frankreich, Russland und Großbritannien) auf der anderen Seite, haben den Kontinent zu einem Pulverfass gemacht.[35] Eine zentrale Frage des europäischen Kräftemessens ist dabei die ungeklärte »Balkanfrage« zwischen Österreich-Ungarn und Serbien, die in der Ermordung des österreichischen Thronfolgers Franz Ferdinand in Sarajewo am 28. Juni 1914 ihren Höhepunkt findet. Ein nie dagewesener, von enormen Materialschlachten geprägter Krieg findet seinen Anfang. Jedoch ist von einem Schock oder gar Trauer in der deutschen Bevölkerung nichts zu spüren. Im Gegenteil. Besonders beim Bürgertum in den Großstädten rufen die Ereignisse im Sommer 1914 einen patriotischen Freudentaumel hervor, der wenig später auch weite Teile der Arbeiterschaft erfasst. »Rund 260 000 meldeten sich bis zum 11. August zum Kriegsdienst, 144 000 wurden in die Armee aufgenommen.«[36] Auch Walter de Maizière betrachtet es als seine Pflicht, für Deutschland die Waffe in die Hand zu nehmen. Im August 1914 zieht er am 2. Mobilmachungstag mit seinem Regiment als Oberleutnant der Reserve und Kompanieführer ins Feld. An seiner Hand hat er den Siegelring der Familie, den Marie de Maizière 1685 bei ihrer Flucht aus Frankreich in einem Stiefelabsatz versteckt mit nach Deutschland gebracht hat.

Nach den Plänen von Generalstabschef Helmut von Moltke sollen die deutschen Truppen zunächst »durch Belgien nach Nordfrankreich vorstoßen, die alliierten Verbände vernichten und Frankreich binnen weniger Wochen zu Boden werfen.«[37] Nach den schriftlichen Schilderungen seiner Frau Elisabeth gegenüber Walters Bundesbrüdern vom Tübinger Corps Rhenania gelingt dies zunächst auch und die ersten Kriegswochen und -monate gestalten sich erfolgreich und Walter kommt zu hohen Ehren: »Nach dem anstrengenden, aber herrlichen Siegeszug durch Belgien und Frankreich, den er trotz seiner Schuß-

wunde im rechten Arm mitmachte, lag er mit seiner Kompanie lange
Zeit an der Aisne. Ende Oktober 1914 wurden nach seinen Plänen
Bailly und Rouge maison gestürmt, wofür er mit dem Eisernen Kreuz
I. Kl. ausgezeichnet wurde. Im Januar 1915 führte er ein Halbbataillon
in der Schlacht bei Soissons; im Juli mußte er eine schwere, grausige
Stellung bei Arras, im sogenannten ›Labyrinth‹ halten …«[38]. Der An-
griffskrieg gegen Frankreich wandelt sich in den nächsten Monaten
von einem Angriffs- in einen Stellungskrieg. Von patriotischer Euphorie ist nichts mehr zu spüren. Allerdings gelingt den deutschen Truppen in einer mehrwöchigen Offensive im Sommer 1915 dem russischen Zarenreich empfindliche Niederlagen zuzufügen und die
Kämpfe im Osten bald darauf einzustellen. Dadurch verfügt das Deutsche Reich »endlich über die notwendigen Kräfte, um den seit langem
geplanten Feldzug gegen Serbien in Angriff zu nehmen.«[39] Auch Walter de Maizière wird mit seinem Regiment verlegt und seine Frau Elisabeth schreibt einige Jahre später nüchtern an einen Bundesbruder:
»… und im September ging er nach kurzem Urlaub nach Serbien …«.[40]
Auch in Serbien gestalten sich die ersten Wochen erfolgreich, als
deutsche Truppen gemeinsam mit ihrem österreichisch-ungarischen
Verbündeten die serbischen Kräfte zurückdrängen, wenn auch nur unter hohen Verlusten auf beiden Seiten. In diesen Kämpfen fällt Walter
de Maizière im Herbst 1915. Sein Bursche Erssert erinnert sich, wie
Walter noch am 22. Oktober Geburtstag feiert. »Am 22. Oktober war
ein kleines Gefecht gewesen, am Abend feierte Herr Hauptmann seinen
Geburtstag mit Hauptmann Schulz und Oberleutnant von Scheels bei
Wein, den Herr Hauptmann Kreusler geschickt hatte.«[41] Nachdem es
am 23. Oktober verhältnismäßig ruhig war, folgt für den nächsten Tag
der Befehl zum Sturmangriff auf die Höhen beiderseits des Morawatals,
südlich von Palanka gelegen. Walter geht wie so oft auch beim Sturm
auf die serbischen Stellungen voran, als er von einer Schrappnellkugel
am linken Bein getroffen wird. Erssert schildert die Minuten bis zu

Walters Tod wie folgt: »Die Kugel schlug nicht durch, sondern prallte an der Gamasche ab. Herr Hauptmann stürzte hin, wurde von seinen Getreuen hochgerissen. Er gab das Kommando für eine ½ Stunde an Leutnant Käse ab und wollte sich, gestützt auf die Gefechtsordonanzen Reimann und Schmahler, zu der Strohmiete begeben, als ein Schrappnel dicht vor ihm in der linken Flanke einschlug. Ein Splitter traf das Herz, ein anderer drang in die linke Backe hinein und ging durch die rechte wieder hinaus. Herr Hauptmann stürzte sofort leblos hin ...«[42] Auch Cordt von Brandis, Offizier und später bekannt geworden durch die Erstürmung des Fort Douaumont, schildert Jahre später in seinen Erinnerungen die letzten Minuten von Walter de Maizière: »Gegen Abend musste ich gegen Kloster Monastir vorrücken, da kam mir mein alter Kompaniekamerad de Maizière entgegen, der jetzt die 10. Kompanie führte. Er war verwundet. Zwei Mann stützten ihn. Doch klemmte er sein Monokel ins Auge: ›Lieber Brandis – ich freue mich Sie zu treffen.‹ ›Bleiben Sie bei uns‹, sagte ich, ›wir buddeln uns hier ein. Es wird schnell dunkel, dann können Sie weitergehen!‹ ›Nein – Sie glauben nicht, mein Lieber, wie unangenehm es mir ist, wenn man mit Kanonen auf mich schießt.‹ Zwei Minuten später warf ein Schrappnell ihn nieder.«[43]

Am Morgen des 26. Oktober wird Walter de Maizière mit militärischen Ehren am Rande des Klosters Koporin südlich von Palanka bestattet. Mit Schreiben vom 31. Oktober 1915 spricht Feldwebel Herger gegenüber Elisabeth de Maizière sein Beileid aus und versucht Trost zu spenden: »Still und friedlich, mit zugedrückten Augen, lag er vor uns, und einer nach dem anderen ging vorüber, berührte ihn und schluchzte. Wie ein Vater hatten sie ihn lieb, denn wie ein Vater war er zu ihnen. Alle diese harten Männer, 14 Monate im Krieg, alle hatten ihn lieb, und alle fühlten seinen Verlust.«[44] Und Elisabeth? Nur unter größten Entbehrungen und mit Unterstützung von Freunden, Verwandten und

Corpsbrüdern ihres Mannes wird sie die nächste Zeit überstehen. Die Kinder wachsen fortan ohne Vater auf, zu dem vor allem Clemens, »der Große«, ein gutes Verhältnis hatte. Für ihn bewahrt Mutter Elisabeth nun den Familienring auf, den Clemens dann später als erwachsener Mann bis zu seinem Tod tragen wird.

Schwere Jahre

Vor dem Ende des Krieges, im Spätsommer 1918, rumort es im Deutschen Kaiserreich. Es kommt zu Streiks, revolutionären Erhebungen und wenig später wird die »Dolchstoßlegende« von interessierten Kreisen in die Welt gesetzt, wonach nicht die kaiserlichen Truppen und ihre Führung, sondern die neue demokratische Regierung für die Kriegsniederlage und den »Schmachfrieden« von Versailles verantwortlich sei. Im November 1918 dankt Kaiser Wilhelm II. ab und es entsteht die erste demokratische Republik auf deutschem Boden. Doch von Anfang an muss sich die Weimarer Republik heftiger Angriffe der politischen Rechten und Linken erwehren. Weite Teile der Bevölkerung unterstützen gerade die Ziele der rechten Gruppierungen, denn man will nicht wahrhaben, dass die alte politische und gesellschaftliche Ordnung am Ende ist. Elisabeth de Maizière lebt seit dem Tod ihres Mannes Walter in dieser Zeit bereits einige Jahre allein mit ihren Kindern Clemens, Suzanne, Ulrich und Irene in einer kleinen Mietswohnung in der Alleestraße in Hannover. Das Geld ist knapp, dennoch versucht die junge Mutter, ihren Kindern den bürgerlichen Lebensstil zu erhalten. »Als die Inflation Anfang der 20er Jahre die letzten Vermögensteile vernichtet hatte, wäre meine Mutter mit ihrer kleinen Witwenpension nicht in der Lage gewesen, das bisherige Leben weiterzuführen, ihre Kinder täglich satt zu machen und ihnen eine angemessene Ausbildung zu vermitteln, wenn nicht ihre Mutter mit ihrer wesentlich höheren Pension zu uns gezogen wäre und beträchtlich zum gemeinsamen Haushalt beigetragen hätte«[45], notiert Ulrich de Maizière später in seinen Memoiren.

Während Mutter Elisabeth eine strenge Erziehung und die Vermittlung von Werten in den Vordergrund stellt, wird das »Ömchen« von allen als »warmherzig, liebevoll, reich an Phantasie«[46] beschrieben. Christine, die spätere Ehefrau von Clemens, wird auch nach Jahren immer wieder betonen, dass es »Ömchen« gewesen sei, die ihr den Zugang zur Familie erleichtert habe.

»Ömchen« und die Großmutter de Maizière sind es auch, die Ulrich für das Klavierspiel begeistern. Sophie Elise de Maizière hatte vor ihrer Hochzeit mit Ulrichs Großvater Carl Ernst Ulrich eine Ausbildung zur Pianistin genossen. Wenn sie zu Gast ist, hat sie immer ihre Noten dabei und Ulrich blättert ihr beim Spiel am Flügel die Noten um. Doch das reicht ihm irgendwann nicht mehr und so bekommt er mit sieben Jahren seinen ersten Klavierunterricht, den er selbst als »recht dilletantischen«[47] Unterricht bezeichnet. Es dauert jedoch nicht lange und Ulrichs Talent kommt immer mehr zum Vorschein. So geht er ab dem 10. Lebensjahr ans städtische Konservatorium und entwickelt sich hier unter Anleitung seiner Lehrerin Hanna Wöhler zu einem hervorragenden Klavierspieler. Zwischen Euphorie und Niedergeschlagenheit schwankend, übt Ulrich täglich mindestens eine Stunde und wird häufig mit Beifall bei Schulkonzerten belohnt. Aber auch zu Hause bekommt er Anerkennung für sein musikalisches Talent. So darf er bald am Klavier in »Ömchens« Wohnzimmer üben. »Wir nannten es das ›Vorwasch-Klavier‹, weil ich mir nämlich vor seiner Benutzung die Hände waschen mußte.«[48]

Sowohl Clemens als auch Ulrich gehen in Hannover auf das über die Stadtgrenzen hinaus bekannte Ratsgymnasium. Dieses altehrwürdige Gymnasium sieht sich dem Humanismus verpflichtet, hat ein auf alte Sprachen konzentriertes Profil und kann zu dieser Zeit bereits auf eine über 600-jährige Tradition zurückblicken. Die alten Sprachen sind es auch, die es Clemens besonders angetan haben. Bis ins hohe Alter wird er später seinen Kindern und Enkeln den griechischen Urtext der »Odyssee« aufsagen können, wie sich Tochter Dorothee noch heute erinnert: »Darin lag seine Begeisterung: Die Sprachgewalt mit aufregenden Geschichten. Wenn die Segel im Winde flatterten und im Sturm die Schiffe zerbrachen, dann hörte man das in den Worten von Vater.«[49]

Während Clemens ein durchschnittlich guter Schüler ist, gehört sein Bruder Ulrich zu den Besten. Die Schule fällt ihm leicht und in seinen Memoiren beschreibt er das Gymnasium als eine kleine, aber angesehene Lehranstalt, die ihren Schülern viel Freiraum lässt: »Der Direktor, Dr. Rudolf Gräfenhain, eine in der Stadt bekannte und respektierte Persönlichkeit, literarisch und musikalisch hoch gebildet, leitete die Schule am langen Zügel mit Toleranz und Humor und gab ihr einen besonderen Charakter.«[50]

Voller Bewunderung spricht Ulrich täglich zu Hause aber vor allem von Studienrat Karl Meyer. Der schwer verwundet aus dem Krieg zurückgekehrte Junggeselle ist sein Klassenlehrer und unterrichtet Latein und Griechisch. Er ist für Ulrich jedoch nicht nur Lehrer, sondern auch »eine Art Vaterersatz«[51]. Meyer ist streng, verlangt Disziplin, gestattet seinen Schülern aber Freiheiten, die in der damaligen Zeit ungewöhnlich sind. »Im Unterricht durften wir uns im Klassenraum frei bewegen, uns an die Wand lehnen, an der Tafel stehen oder aber auf den Pulten unserer Schulbänke sitzen«[52], erinnert sich Ulrich de Maizière später. Meyer hat großen Einfluss auf den Jungen, der für ihn rückblickend vor allem darin bestand, »dass er ein großes Geschick hatte, bei einer sehr freien Form der Erziehung ein hohes Maß an Ordnung unter seinen Schülern zu halten.«[53] Und so mag Meyers Führungsstil möglicherweise mit dazu beitragen, dass für Ulrich später sowohl Disziplin als auch Toleranz maßgeblich im Umgang mit Untergebenen sein werden. Dies ist nicht selbstverständlich, zumal zu Ulrichs Lehrern auch Bernhard Rust gehört. Rust schloss sich nach dem Ersten Weltkrieg dem »Deutschvölkischen Schutz- und Trutzbund« an und trat bereits 1922 in die NSDAP ein.[54] Nun ist er Gauleiter in Hannover und wird seine Stellung als Gymnasiallehrer erst 1930 aufgeben. Er macht Karriere in der Partei und wird 1934 Reichsminister für Wissenschaft, Erziehung und Volksbildung. Bis zum Kriegsende überzeugter Nationalsozialist und Hitler immer treu ergeben, begeht er am 8. Mai 1945 Selbstmord.

Bis 1924 teilen sich Clemens und Ulrich zu Hause ein Zimmer, was für die Brüder aufgrund des Altersunterschiedes von sechs Jahren keine einfache Situation, aber in dieser Zeit auch nicht ungewöhnlich ist. Beide haben unterschiedliche Interessen, was vor allem am Altersunterschied liegt. In seinen Memoiren beschreibt Ulrich die Beziehung zu seinem Bruder eher distanziert: »Ein besonders enges brüderliches Verhältnis hat sich (…) nicht entwickeln können; wir waren wohl auch in Veranlagung und Temperament zu unterschiedlich.«[55] Auch Clemens wird seinen Kindern später von den Schwierigkeiten des Zusammenlebens mit seinem Bruder in einem Zimmer berichten.

Folgende Begebenheit hat das Gedächtnis der Familie bewahrt. Aufgrund der Geldknappheit muss Irene die Kleidung ihrer älteren Schwester Suzanne und Ulrich die Sachen von Clemens auftragen. Diese treffen mitunter jedoch nicht den Geschmack der jüngeren Geschwister, was Ulrich zu der Frage gegenüber seiner Mutter verleitet haben soll, ob er später auch einmal die Witwe von Clemens heiraten müsse.

Erst als Clemens 1924 mit dem Studium beginnt, verbessert sich das Verhältnis der beiden Brüder. Beide sehen sich fortan nur noch in den Ferien oder an Feiertagen, zu weit ist die Entfernung zwischen Hannover und Tübingen, wohin Clemens gezogen ist, um der Familientradition folgend Jura zu studieren. In Tübingen schließt er sich, genau wie zuvor schon sein Vater und Großvater, dem Corps Rhenania an. In der

Corpszeitung steht dazu unter der Rubrik Aufnahmen: »22. 10. (1924), Herr de Maizière, Sohn unseres gefallenen AH de Maizière II, als F«[56].

Er holt sich bei Mensuren mehrere Schmisse, was seine Kinder später mit einem gewissen Respekt wahrnehmen werden. Der Überlieferung nach scheint Clemens in Tübingen das studentische Leben sehr zu genießen. Seine Mutter Elisabeth ermahnt ihren ältesten Sohn in Briefen und Gesprächen und verweist dabei auch auf die angespannte finanzielle Lage der Familie. Als dies nichts hilft, sorgt sie dafür, dass Clemens Tübingen verlassen muss und sein Studium nach zwei Semestern in Kiel fortsetzt. Clemens tritt daher im Februar 1925 wieder bei den Rhenanen aus und wechselt nach Norddeutschland. Dem neuen Studienort Kiel werden noch Gießen und Göttingen folgen. »Die Studienzeit in Tübingen hat unser Vater später immer wieder als die glücklichste Zeit seiner Jugend beschrieben«, erinnert sich Clemens' Tochter Dorothee. Bis heute bewahrt sie Mütze und Band aus der Zeit ihres Vaters bei den Rhenanen auf.

Mitte der 20er Jahre beruhigt sich die Situation in Deutschland. Die Demokratie findet mehr und mehr Anhänger, extremistische Parteien verlieren an Einfluss und es beginnt eine Phase relativer wirtschaftlicher und politischer Stabilisierung. In den »Goldenen Zwanzigern« fließen auf Grundlage des Dawes-Planes Kredite ins Land, die Industrieproduktion erzielt schon 1924 einen Zuwachs von 50 Prozent und die Löhne der Arbeiter steigen und die Arbeitslosigkeit geht zurück.[57] Hindenburg wird 1925 zum Reichspräsidenten gewählt und außenpolitisch trägt das Agieren Stresemanns dazu bei, dass Deutschlands Ansehen wieder steigt. Der Außenminister bemüht sich um eine schrittweise Revision des Versailler Vertrages und sucht Wege, um Deutschland wieder einen gleichberechtigten Platz in der internationalen Staatengemeinschaft zu verschaffen. Sowohl im Hause de Maizière als auch in dessen Verwandten- und Bekanntenkreis bleibt es jedoch bei einer sehr großen Distanz zur Weimarer Republik. »Man hatte sich keineswegs damit abgefunden, daß die Monarchie... zu Ende gegangen war«[58], erinnert sich Ulrich de Maizière Jahrzehnte später. Allerdings wird über Politik »zu Hause kaum gesprochen. Natürlich hielt meine Mutter eine Tageszeitung, die ich aber nicht regelmäßig las. Die Politik war somit kein bestimmendes Element meiner Jugend.«[59]

Einen wichtigen Einfluss auf die politischen Ansichten empfangen Clemens, Suzanne, Ulrich und Irene vor allem in den Schulferien. Einen Großteil davon verbringen sie regelmäßig auf dem pommerschen Gut Barkow im Kreis Greifenberg an der Rega. Das Gut gehört dem Rittmeister a. D. Philipp von Normann, einem Studienfreund von Vater Walter. Ulrich beschreibt in seinen Memoiren, dass er auf Gut Barkow das Reiten lernt, auf dem Hof und bei der Ernte hilft. Hin und wieder darf er »hoch zu Ross« mit zu den Nachbargütern der Thaddens nach Trieglaff oder zu den Blanckenburgs nach Zimmerhausen. So lernt er »früh das konservative, oft auch national-liberale Denken preußischer Gutsbesitzer und ihren relativ bescheidenen Lebensstil kennen.«[60]

Bekanntschaft machen die Kinder aber auch mit dem Leben in einer aufstrebenden rheinischen Industriellenfamilie. Sie besuchen in Oedt am Niederrhein oft ihre Tante Nissa, die Witwe von Johannes Girmes, Ulrichs Patenonkel. Der Gründer des Textilunternehmens Girmes war bereits 1912 gestorben, hatte seiner kinderlosen Frau aber ein stattliches Vermögen hinterlassen. Dieses ermöglicht nun nicht nur ihr selbst einen großzügigen Lebensstil, sondern versetzt sie auch in die Lage, ihre Cousine Elisabeth de Maizière und deren Familie finanziell zu unterstützen. Bei Tante Nissa werden die Kinder verwöhnt, ihnen wird jeder Wunsch von den Augen abgelesen. Regelmäßig kehren sie neu eingekleidet von den Ferien nach Hause zurück. »Tante Nissa war für uns die ›gute Tante‹. Sie hat meiner Mutter materiell vieles erleichtert«[61], erinnert sich Ulrich de Maizière.

Der dritte, vor allem Ulrich prägende Ferienort ist der Katharinenhof in Schleswig-Holstein, den er in den kürzeren Ferien regelmäßig mit Großmutter de Maizière besucht. Hier lernt er das harte Landleben kennen und so sind es neben dem Leben in Hannover vor allem diese Ferienerlebnisse, die Ulrichs Weltbild untermauern und auch bei ihm die Grundlage für die kritische Distanz zur Weimarer Republik bilden.

Statt Politik interessiert den jungen Ulrich in dieser Zeit allerdings viel mehr die Kultur. Häufig besucht er mit Freunden oder seinen Schwestern das Opern- und Schauspielhaus in Hannover. »1924 begann unter dem als Generalmusikdirektor aus Berlin berufenen Rudolf Krasselt eine fast zwei Jahrzehnte während künstlerisch herausragende Phase des Opernbetriebes.«[62] Auch Ulrich ist von ihm begeistert und er investiert sein Taschengeld in unzählige Aufführungen. Besonders haben es ihm Mozarts Opern angetan. Mit den Noten auf den Knien lauscht er »Figaros Hochzeit« oder »Don Giovanni«, um anschließend zu Hause seiner Mutter begeistert von den Stücken zu erzählen. Sie hat nichts dagegen, dass ihr Sohn sein Geld so häufig ins Theater trägt, denn er verdient es sich mit Nachhilfestunden in Latein und Mathematik selbst.

Sowohl Ulrich als auch sein älterer Bruder Clemens finden Vergnügen an der modernen Literatur der Zeit. Ulrich erwärmt sich mehr für Stefan Zweig, Thomas Mann und Schillers Dramen, während sich Clemens für Arnold Zweig und historische Bücher begeistert. Zur Freude an der Literatur kommt bei beiden die Pflege guter, oftmals über viele Jahre dauernder Freundschaften. Clemens' bester Freund ist Joachim-Clairon Graf d'Haussonville, der 1940 Patenonkel von Lothar de Maizière werden wird, bevor er 1943 in Italien fällt. »Nach dem Krieg hat mein Vater lange nachgeforscht, wo das Grab seines Freundes zu finden ist. Besuchen aber konnte er es nie«, erzählt Lothar über Graf d'Haussonville.

Ulrich de Maizières engster Freund ist Helmut Coing. Dieser stammt genau wie Ulrich aus einer Hugenottenfamilie und auch sein Vater ist im Krieg gefallen. Anders als Ulrich wird Helmut Coing später Jurist und nach dem Zweiten Weltkrieg einer der bedeutendsten Rechtswissenschaftler in Deutschland. Mit Coing erlebt Ulrich viele schöne Stunden, am Ende der Schulzeit aber auch eine gemeinsame herbe Enttäuschung. Als sich im Laufe des letzten Schuljahres andeutet, dass vier Schulkameraden wegen schwächerer Leistungen nicht zur Abiturprüfung zugelassen werden sollen, um einen herausragenden Gesamtdurchschnitt des Jahrganges nicht zu gefährden, üben Ulrich und sein Freund Coing monatelang mit ihnen. Als dies alles nichts nützt und den vier Mitschülern das Abiturexamen dennoch verwehrt wird, sind Ulrich und sein Freund Helmut enttäuscht. Sie protestieren, beschweren sich bei der Schulleitung und schalten die Eltern ein. Auch in der Presse wird darüber berichtet. Doch am Ende bleibt es bei der Niederlage. Die Schule »bedankt« sich bei den Protestlern dadurch, dass weder Coing bei der Abiturfeier die Abschlussrede halten noch Ulrich de Maizière ein Solo auf dem Klavier spielen darf. Auch Jahrzehnte später treffen sich Coing und Ulrich de Maizière gemeinsam mit ihren Familien und schreiben sich regelmäßig Briefe.[63]

Das letzte Schuljahr Ulrichs geht einher mit einer Verschärfung der wirtschaftlichen Lage in Deutschland. Krisensymptome gibt es bereits vor dem »Schwarzen Freitag« und dem Beginn der Weltwirtschaftskrise im Jahr 1929. Die Weimarer Republik leidet trotz eines zwischenzeitlichen Aufschwungs unter einer hohen Sockelarbeitslosigkeit, die sich Ende der 20er Jahre dramatisch erhöht. Ausländisches Kapital fließt nur noch in geringem Maße ins Land und die Industrie kämpft mit enormen Umsatzeinbrüchen. Deutschland erlebt die »Krise vor der Krise«[64] und Ulrich steht vor der schwierigen Entscheidung der Berufswahl. Seine Klavierlehrerin drängt ihn, Musiker zu werden, und eine

Zeit lang ist dies tatsächlich eine Option. Er aber traut sich nicht zu, »ein erstklassiger Pianist zu werden; Musiker im ›breiten Mittelfeld‹ zu bleiben, also durchschnittlich, reichte mir nicht.«[65] Doch es sind nicht nur diese Selbstzweifel, die den Beruf des Pianisten in den Hintergrund schieben. Auch die Tatsache, dass sich sowohl Ulrichs Bruder Clemens als auch Schwester Suzanne bereits in der Ausbildung befinden, und Ulrich damit seiner Mutter eine weitere finanzielle Belastung ersparen will, spielen bei der Berufswahl des jungen Abiturienten sicherlich eine Rolle. Was ihn dann letztendlich dazu bewegt, Soldat zu werden, weiß er später nicht mehr genau. Mit dazu beigetragen haben aber laut eigener Aussage ein in der Nachbarschaft wohnender Offizier sowie die zahlreichen Reitturniere in Hannover. Uniformen gehörten seit langem zum Stadtbild. »Nach 1866 hatte die preußische Regierung, um die neue Provinzhauptstadt, die seit 1640 Garnisonstadt war, mit den neuen politischen Verhältnissen auszusöhnen, zahlreiche preußische Truppenteile sowie die militärisch wie sportlich zu Berühmtheit aufsteigende Kavallerieschule nach Hannover verlegt.«[66] Ulrich kennt damals die Namen aller bekannten Reiter samt ihrer Pferde, sammelt Bilder und Zeitungsartikel und blickt mit Bewunderung auf diesen Sport.

Aber auch die gelegentlichen Besuche von Offizieren und Fähnrichen im Hause de Maizière, die mit Schwester Suzanne zum Tanz verabredet waren, hinterlassen Eindruck bei dem jungen Gymnasiasten, sodass auch dies seine Berufswahl beeinflusst haben mag. Zwar erwähnt er später in seinen Memoiren auch den unbewussten »Wunsch, als Angehöriger einer respektierten staatlichen Institution Führungsaufgaben wahrnehmen zu können«[67], allerdings ist es fraglich, ob er dies als 17-jähriger tatsächlich schon so formuliert hätte oder die Aussage Jahrzehnte später eher den Gedanken eines pensionierten Soldaten und anerkannten »Staatsdieners« entspricht.

Viel entscheidender als solche Gedanken sind wohl eher die Gespräche mit »Onkel Martin«[68]. Martin Gareis ist Hauptmann und Regimentsadjutant im 5. (Preußischen) Infanterie-Regiment in Stettin und ein alter Regimentskamerad von Ulrichs Vater Walter de Maizière. Er hat großen Einfluss auf Ulrich, empfiehlt ihm aber, vorab beim Reichswehrministerium zu erfragen, ob sein Augenfehler und die Tatsache, dass Ulrich Brillenträger ist, ein Hinderungsgrund für eine militärische Laufbahn ist. Als er dann im März 1929 vom Heerespersonalamt erfährt, dass nichts gegen einen Eintritt in die Reichswehr und die Einstellung als Offiziersanwärter spricht, »wenn Sie von einem Truppenteil hierfür in Vorschlag gebracht werden, Ihre Sehschärfe sich bis zu Ihrer Einstellung nicht weiter verschlechtert und Sie den übrigen Voraussetzungen für die Einstellung als Offiziersanwärter entsprechen«[69], steht der Entschluss für Ulrich fest: Er will Soldat werden. So bewirbt er sich beim 5. (Preußischen) Infanterie-Regiment in Stettin und erhält nach einem Gespräch mit Regimentskommandeur Oberst Curt Liebmann und einem Einstellungstest bei der psychologischen Prüfstelle der Reichswehr im Dezember 1929 von der Heeresleitung die positive Nachricht über seine Einstellung als Offiziersanwärter.

Die sich anschließenden Weihnachtsfeiertage verbringt er zu einem Großteil mit Skatspielen gemeinsam mit seinem Bruder und seiner Mutter Elisabeth. Denn Letztere ist der Meinung: »Jetzt mußt du Skat spielen lernen. Wenn du damit erst beim Kommiß anfängst, wird das zu teuer.«[70] Und so beginnt wenig später im Frühjahr 1930 im Greifswalder Ausbildungsbataillon des 5. (Preußischen) Infanterie-Regiments in Stettin die militärische Karriere des Mannes, der sich knapp 40 Jahre später als Generalinspekteur der Bundeswehr große Verdienste erwerben wird. Dann wird er von »Onkel Martin« Gareis einen Brief in den Händen halten, in dem dieser voller Stolz erwähnt, dem jungen Ulrich »einmal zu dem Berufe des Soldaten geraten zu haben.«[71]

Verschiedene Wege

Als Clemens de Maizière am 5. Oktober 1928 das juristische Prüfungs-amt in Celle betritt, ist ihm nicht wohl. Er weiß, es steht viel auf dem Spiel. In den letzten vier Jahren hat er häufig den Studienort gewech-selt, ist auf Druck seiner Mutter von Tübingen zunächst nach Kiel, später dann nach Gießen und Göttingen gezogen. Die vielen Umzüge haben seinem Jurastudium nicht gutgetan, doch jetzt steht er vor der ersten juristischen Staatsprüfung. Innerhalb von zwei Tagen muss Cle-mens nun beweisen, dass er das Zeug zu einem guten Juristen hat. Und es gelingt ihm. Er besteht das Examen mit »Ausreichend« und kann 1929 mit der Referendarausbildung beginnen. Diese absolviert er bei verschiedenen juristischen Behörden in Hannover und am Oberlandes-gericht in Celle.

Clemens bekommt in den nächsten Jahren zwar durchaus gute ju-ristische Kenntnisse attestiert, hat jedoch in der großen Staatsprüfung wenig Glück und fällt durch. Der Prüfungsausschuss teilt ihm da-raufhin mit: »Zur weiteren Ausbildung werden Sie auf die Dauer von sechs Monaten in den Vorbereitungsdienst zurückverwiesen und wol-len sich bei dem Herrn Oberlandesgerichtspräsidenten in Celle bin-nen einer Woche melden.«[72] Clemens ist frustriert, hatte er sich doch bereits eine berufliche Zukunft im Staatsdienst ausgemalt. Anders als sein Bruder Ulrich war er politisch aktiv geworden, engagiert sich seit einem Jahr in der rechtskonservativen Deutschnationalen Volkspartei, die vor allem Zuspruch bei Adligen und ehemaligen Angehörigen des

Militärs findet. Doch die Zeit ist noch nicht da, in der politisches Engagement oftmals einhergeht mit einer glänzenden beruflichen Karriere. Allerdings soll sich das bald ändern. Als es im Herbst 1933 darum geht, ob Clemens zur Wiederholung der großen Staatsprüfung zugelassen werden soll, wird ausdrücklich auf die Teilnahme an einem Wehrsportkurs hingewiesen. Ebenso wird sein Engagement im »Jungstahlhelm«, einer paramilitärischen Jugendorganisation, erwähnt. Der Präsident des Oberlandesgerichtes Celle schreibt am 9. September 1933 an den Preußischen Justizminister: »Nach den ihm erteilten Zeugnissen kann er als befriedigend vorbereitet zur Wiederholung der großen Staatsprüfung angesehen werden. Seine dienstliche und außerdienstliche Führung ist während des erneuten Vorbereitungsdienstes ohne Tadel gewesen. Ich bitte, den Referendar anderweit zur großen Staatsprüfung zuzulassen.«[73]

Und Clemens nutzt diese zweite Chance. Er besteht im Januar 1934 die große Staatsprüfung mit »Ausreichend«, und wird kurz darauf zum Gerichtsassessor ernannt. Wesentlich verbessert haben sich die Berufschancen jedoch auch nach diesem Erfolg nicht, denn das Preußische Justizministerium teilt Clemens wenig später mit, »daß angesichts der großen Zahl der Gerichtsassessoren (z. Zt. rd. 4380) die Beschäftigungs- und Anstellungsverhältnisse im Bereiche der preußischen Justizverwaltung, die einen jährlichen Bedarf von nur etwa 250 Gerichtsassessoren hat, außerordentlich ungünstig sind.«[74] Doch Clemens glaubt an seine Chance. Auch wenn er von den neuen politischen Verhältnissen nicht vollends überzeugt ist, verschließt er sich diesen nicht. Nachdem der »Jungstahlhelm« – ohne Zutun seiner Mitglieder – in die SA eingegliedert wurde, ist Clemens seit 8. Oktober 1933 SA-Mitglied und dort als Scharführer und Sturmpressewart tätig.

Als junger Gerichtsassessor arbeitet er unterdessen beim Amtsgericht in Hannover. Sein anfangs gezeigter Elan lässt jedoch schnell nach. Das überrascht kaum, denn Clemens ist unentgeltlich beschäftigt und die zu bearbeitenden Fälle begeistern ihn wenig. So wird ihm »wegen Verzögerungen und unrichtiger Angaben eine Warnung erteilt«[75]. Am Ende notiert der Präsident des Oberlandesgerichts Celle im Sommer 1935: »de Maizière, dessen Vater auf dem Felde der Ehre gefallen ist, ist für die Laufbahn des Richters leider nicht geeignet.«[76]

Damit ist das Kapitel »Staatsdienst« für Clemens endgültig abgeschlossen, er muss sich beruflich neu orientieren. Unterstützt wird er dabei von Christine, die er in einem Tanzverein in Hannover kennengelernt hat. Sie ist intelligent und hübsch, kommt aus einem liberal-protestantischen Elternhaus und hat wie Clemens' Schwestern das Suthaus Lyzeum, eine Mädchenschule in Hannover, besucht. Ihr Vater ist der bekannte Journalist Johannes Rathje.

* * *

Johannes Rathje wird am 29. Dezember 1879 in Lüneburg geboren.[77] Nach seiner Kindheit und Jugend im Norden Deutschlands studiert Rathje Geschichte, Germanistik und Volkswirtschaft zunächst in Kiel, später in Berlin und Göttingen. Früh folgt er liberalen Ideen und wird so u. a. Mitglied im Nationalsozialen Verein Friedrich Naumanns und schließt sich mit diesem dann auch der Freisinnigen Vereinigung an. In Göttingen lernt er den erst 19-jährigen Theodor Heuß kennen. Die Freundschaft mit ihm übersteht auch die zwei Weltkriege und hat noch Bestand, als Heuß längst Bundespräsident der Bundesrepublik Deutschland ist.

Nach dem Studium heiratet Johannes Rathje Hanna Kolbatz, Tochter eines Pfarrers und einer mecklenburgischen Landadeligen. Das Paar bekommt drei Kinder, Christine kommt 1910 auf die Welt.[78] Gemeinsam mit seiner Frau Hanna zieht Rathje nach Halle an der Saale, wo er zunächst Parteisekretär der Freisinnigen Vereinigung für den Raum Mitteldeutschland wird, bevor er als politischer Redakteur von der Halleschen Allgemeinen Zeitung engagiert wird. Nach weiteren beruflichen Stationen in Greifswald beim liberalen Tageblatt für Vorpommern und beim Karlsruher Badischen Boten wird Rathje 1913 Chefredakteur beim Fränkischen Kurier in Nürnberg. Darüber hinaus engagiert er sich ab 1914 im Vorstand des Evangelisch-Sozialen Kirchenrates.

Nach dem 1. Weltkrieg geht Rathje nach Berlin und gehört dem Gründungsstab der Deutschen Demokratischen Partei (DDP) an. Er wird Leiter der Presse- und Wahlkampfabteilung und erlebt in dieser Funktion auch die ersten Wochen der Deutschen Nationalversammlung in Weimar. Er ist engagiert, zieht aber wenige Monate später ein nüchternes Fazit und bedauert, »daß es nicht gelang, eine mehr aus deutschhistorischem Gegensatz geborene Verfassung niederzuschreiben. Gegen scharfen Widerstand wurde durchgesetzt, daß der Reichspräsident in Zukunft vom ganzen Volke (statt vom Parlament) gewählt werden sollte. Leider brachte nun die erste Wahl den Feldmarschall von Hindenburg ans Ruder, was das Unglück unseres Vaterlandes nach meiner festen Überzeugung eingeleitet hat.«[79]

Da ihn die parteipolitische Tätigkeit inhaltlich nicht ausfüllt, legt er sein Amt als Pressesprecher der DDP nieder und wird Chefredakteur der Kieler Zeitung. Jedoch veranlassen ihn finanzielle Schwierigkeiten 1923 zu einem erneuten beruflichen Wechsel. Er übernimmt die Leitung der Hannoverschen Landeszeitung, die von der separatistischen Deutsch-Hannoverschen Partei herausgegeben wird, verlangt dieser Schritt von Rathje einen Parteiwechsel, den er bis an sein Lebensende bereuen wird, ihn aber mit wirtschaftlichen Zwängen begründet. Als die Zeitung im Zuge der Wirtschaftskrise 1929 in große finanzielle Schwierigkeiten kommt – Rathje hatte das Blatt mittlerweile als Pächter übernommen –, sind die Tage ihres Erscheinens gezählt. Es kommt zum Konkurs und Johannes Rathje ist im Sommer 1930 arbeitslos.

Im Anschluss an mehrere kleine journalistische Tätigkeiten wird Rathje Ende 1930 politischer Redakteur der Nordhäuser Zeitung und zieht mit seiner Familie in die kleine Stadt am Rande des Harzes. Um das Überleben seiner Familie zu sichern, geht der mittlerweile 51-jährige viele Kompromisse ein und bleibt dem Blatt auch nach der Gleichschaltung der Presse durch die Nationalsozialisten 1933 treu und wird 1938 Mitglied der NSDAP. In seinen Erinnerungen schreibt Rathje: »Innerlich habe ich in der gesamten Nordhäuser Zeit, ohne darüber viele Worte zu machen, ein tragisches Leben geführt …«[80]

Trost und Halt findet er in dieser für ihn so quälenden Zeit der Selbstverleugnung vor allem in der Bekennenden Kirche. Zu der 1934 gegründeten Oppositionsbewegung evangelischer Christen gelangt er über den Superintendenten Lintzel. Gemeinsam mit ihm organisiert er die »Bekennende Gemeinde« in Nordhausen und kommt so auch in Kontakt mit Martin Niemöller, dem später im KZ Sachsenhausen und KZ Dachau internierten Pfarrer aus Berlin.

Nach 1945 versucht Rathje, seine liberale Gesinnung wieder mit Taten zu beleben. Er schließt sich der neu gegründeten Liberal-Demokratischen Partei an, begegnet dort aber Vorbehalten wegen seiner früheren Mitgliedschaft in der NSDAP und aufgrund seiner journalistischen Tätigkeit während der Naziherrschaft. Die Amerikaner, die als Erste in Nordhausen waren, sind besser informiert. Sie wissen, dass Rathje kein überzeugter Nazi war und zur »Bekennende Kirche« gehörte. Daher wird er von ihnen auch zu einem der sogenannten »Big Five« ernannt, also den fünf Männern, die fortan in Nordhausen während einer Übergangszeit das Sagen haben.

Als die Amerikaner aus dem Raum Nordhausen abziehen und das Gebiet den Russen übergeben, gerät Rathje ins Blickfeld der sowjetischen Besatzungsmacht. Bei ihnen gilt er als Alt-Nazi und kommt 1948 in Untersuchungshaft. Als ihm nach seiner kurzzeitigen Haftentlassung eine längere Gefängnisstrafe droht, entschließt er sich schweren Herzens zur Flucht. So gelangt er über Berlin nach Peine zu seinem Sohn und verbringt dort gemeinsam mit seiner Frau Hanna den Lebensabend bis zu seinem Tod im Dezember 1956.

* * *

Mit dem fröhlichen lutherisch-bürgerlichen Sinn von Christine und dem strengen puritanisch-kalvinistischen von Clemens, der im hugenottisch-preußischen Geist erzogen wurde, treffen zwei Welten aufeinander, die unterschiedlicher kaum sein könnten. Dennoch entsteht zwischen beiden bald große Zuneigung und durch die Liebe zu Christine fasst Clemens neuen Mut. Er wechselt in die Wirtschaft und wird im Oktober 1935 Volontär bei der IHK Hannover. Diese Tätigkeit setzte er ab April 1936 bei der Wirtschaftskammer Niedersachsen fort, von der er im Sommer 1936 als wissenschaftlicher Hilfsarbeiter übernommen wird. Er hat nun ein geregeltes Einkommen und will eine Familie gründen. Bei Johannes Rathje, zu dem er ein gutes Verhältnis hat, hält er um die Hand von Christine an. Am 19. November 1936 heiraten sie in Nordhausen und ein knappes Jahr später wird mit Tochter Dorothee das erste Kind von Christine und Clemens de Maizière geboren.

In diese Zeit fällt auch eine folgenschwere Entscheidung von Clemens. Am 25. Mai 1937 wird er unter der Mitgliedsnummer 3952867 Mitglied der NSDAP.[81] Über die Beweggründe kann heute nur spekuliert werden. Jedoch gilt es als wahrscheinlich, dass er sich mit diesem Schritt bessere Berufschancen verspricht. Clemens redet zu dieser Zeit mit niemandem darüber, weder mit Christine noch mit seiner Mutter und auch nicht mit seinem Schwiegervater Johannes Rathje. In einem 1955 verfassten Lebenslauf für das Justizministerium der DDR schreibt Clemens de Maizière lediglich: »Ich war vom 1. Mai 1937 bis November 1944 Parteianwärter der NSDAP.«[82] Dass es mehr war als eine Parteianwartschaft, bleibt für lange Zeit das Geheimnis von Clemens.

Als Ulrich de Maizière am 1. April 1930 auf dem Innenhof der Greifswalder Kaserne steht, ahnt er noch nicht, was ihn in den nächsten Monaten erwarten wird. Aber er bekommt gleich am ersten Tag einen Vorgeschmack davon. Mit seinem Auftreten, seiner Ausdrucksweise und erst recht mit seinem äußeren Erscheinungsbild entspricht der frisch gebackene Abiturient nicht dem damals vorherrschenden Bild eines Offiziersanwärters. Brillenträger, in seiner Statur eher schmächtig, fällt Ulrich sofort auf. Auch der Stabsarzt des Ausbildungsbataillons ist wenig begeistert von dem jungen Rekruten und stellt nach seiner ärztlichen Einstellungsuntersuchung fest: »Na Jungchen, Sie hätte ich aber nicht eingestellt.«[83] Auch die Skepsis der Vorgesetzten ihm gegenüber verunsichert Ulrich in den ersten Wochen. Als Oberleutnant von Dewitz vor versammelter Mannschaft wissen will, wer eigentlich »der de Maizière«, der Offiziersanwärter mit einer Eins in Griechisch, sei, ist Ulrich endgültig in der neuen Welt angekommen. Der raue Befehlston, laute Pfiffe, Drill und ständiges Schreien verlangen viel von ihm und seinen neuen Kameraden. Auch Peter von Butler, Jahre später ein Freund von Ulrich de Maizière und 1932 ebenfalls in die Reichswehr eingetreten, bestätigt im Rückblick Schikanen und Erniedrigungen: »Als Rekrut warst du ein Nichts und stets im Trab – in der Kaserne musste alles im Trab gehen.«[84]

Nur mit Mühe übersteht Ulrich die fünf Monate der Rekrutenausbildung in Greifswald. Eine große Hilfe ist ihm dabei Oberleutnant Max Ulich. Ulich diente 1915 als Leutnant in der Kompanie von Ulrichs Vater Walter de Maizière und musste dessen Tod miterleben. Insofern fühlt er sich nun besonders verpflichtet, dem Sohn seines ehemaligen Kompaniechefs Mut und Kraft zu spenden. »Manche tröstliche und entspannende Sonntagsstunde habe ich in der Familie Ulich verbringen dürfen und dabei große Mengen Kuchen vertilgt«[85], weiß de Maizière noch Jahrzehnte später zu berichten.

Auch im Zuge der Versetzung nach Stettin verstummen die Selbstzweifel bei Ulrich nicht. Hier hat er jedoch das Glück, von »Fähnrichsvater« Oberleutnant Dietrich Beelitz besonders gefördert und unterstützt zu werden. Beelitz beeindruckt den jungen Rekruten, nicht nur weil er gebildet und äußerst musikalisch ist. Auch sein Umgangston und seine väterliche Art machen ihn in den Augen von Ulrich zu einem Vorbild. »Er stellt quasi den lebenden Beweis dafür dar, dass aus einem eher musisch veranlagten Musterabiturienten mit körperlichen Unzulänglichkeiten ein brauchbarer Offizier werden kann.«[86] Der Kontakt zwischen Beelitz und Ulrich de Maizière wird bis zu Beelitz' Tod im Jahr 2002 bestehen.

Doch nicht nur diese beiden Vorgesetzten sind es, die das Leben für Ulrich in diesen Monaten erträglicher machen. Auch die Kameradschaft mit den beiden Offiziersanwärtern Friedrich Wilhelm Meisner und Jobst von Dewitz geben ihm Halt. Die drei jungen Männer, im Sommer 1931 inzwischen zum Fahnenjunker ernannt, verbringen die wenigen freien Stunden meist zusammen. An dienstfreien Wochenenden sind sie mitunter in Berlin unterwegs und suchen Ablenkung vom harten Kasernenalltag. Hier in der Hauptstadt spüren sie aber auch die politische Unruhe, die das Land längst erfasst hat. Die Folgen der Weltwirtschaftskrise und die das ganze Land beherrschende Rezession sind gerade in Berlin unübersehbar. Suppenküchen für Arbeitslose, bettelnde Obdachlose oder Schlägereien zwischen linken und rechten Kampftrupps gehören hier mittlerweile zum Alltag. Sowohl KPD als auch NSDAP sind gestärkt aus den letzten Reichstagswahlen vom September 1930 hervorgegangen. Besonders die Partei Hitlers hat massive Stimmengewinne verbuchen können. Sie ist inzwischen zur zweitstärksten Partei geworden.

Um die Reichswehr macht diese politische Entwicklung jedoch zunächst einen Bogen, auch weil deren Angehörige nicht wählen dürfen und die Reichswehrführung die NSDAP mit Skepsis betrachtet. Zudem gibt es einen Erlass, der Mitgliedern der Reichswehr den Besuch nationalsozialistischer Veranstaltungen verbietet. Nicht zuletzt Generaloberst Hans von Seeckt sorgt dafür, dass die Politik vor den Toren der Kasernen bleibt. »Wir waren dem Staat verpflichtet und sonst niemandem. Die ganze politische Entwicklung ging an uns vorbei. Wir hatten weder aktives noch passives Wahlrecht und wir interessierten uns auch nicht für Parteien«[87], bestätigt Peter von Butler, später General in der Bundeswehr und seinerzeit ebenfalls Offiziersanwärter, die damalige Situation in der Reichswehr. Begleitet von dieser Entwicklung endet für Ulrich im Spätsommer 1931 die schwierige Etappe der ersten militärischen Ausbildung. Er ist froh und stolz zugleich, diese für ihn nicht einfache Zeit überstanden zu haben. Vor ihm liegt nun der erste Lehrgang an der Infanterieschule in Dresden.

Nach einem Kurzurlaub in Hannover kommt Ulrich am 1. Oktober 1931 auf dem Dresdner Hauptbahnhof an. Bei seiner Fahrt zur Infanterieschule ist er überwältigt von der Schönheit Dresdens. Die klassische Silhouette, geprägt von den eleganten Türmen des Schlosses, der Hofkirche und der Kreuzkirche sowie der alles überragenden Kuppel der Frauenkirche, hat die Stadt an der Elbe weltberühmt gemacht. Doch neben Kultur, Hochschultradition, Erfindergeist und Industrie ist Dresden seit spätestens Mitte der 20er Jahre auch wieder ein bedeutender Standort des deutschen Militärs. »Mit dem Umzug der Infanterieschule der Reichswehr von München nach Dresden als Folge des gescheiterten Hitlerputsches wurde die Stadt 1926 wieder eine der größten Garnisonen des Landes.«[88]

Hier erwarten Ulrich nun zehn Monate Unterricht in Taktik, in Waffenlehre und im Pionier-, Nachrichten- und Kraftfahrtwesen. Auch wenn Sport ebenfalls zur Ausbildung gehört, steht Theorie eindeutig im Vordergrund, und darauf müssen sich die insgesamt 180 Fahnenjunker erst wieder einstellen. »Nach 18 Monaten überwiegend körperlicher Betätigung bedurfte es einiger Zeit, bis wir uns wieder an konzentrierte geistige Arbeit gewöhnt hatten«[89], bekennt Ulrich später in seinen Memoiren. Insgesamt genießt der junge Offiziersanwärter diese Zeit, die ihm neben der Ausbildung auch wieder viel Raum zum Klavierspielen und für »Erkundungen« in der Dresdner Kulturlandschaft lässt. So besucht er nicht nur das Schauspielhaus und die Oper, sondern geht an den Wochenenden auch häufig in die Kreuzkirche. Dass er hier über sieben Jahrzehnte später stolz seinem Enkel Victor als Mitglied des Dresdner Kreuzchores zuhören wird, kann er damals freilich noch nicht ahnen.

Mit der Beförderung zum Fähnrich im August 1932 endet der erste Lehrgang für Ulrich nun endgültig mit der Gewissheit, die richtige Berufswahl getroffen zu haben. Bereits im Oktober des gleichen Jahres kommt er mit dem 10. Offiziersanwärterlehrgang des Reichsheeres, dem »Jahrgang 30«, wieder nach Dresden zum Fähnrichslehrgang. Hier trifft er erneut auf den Taktiklehrer Hauptmann Ferdinand Schörner, der im 2. Weltkrieg zum Generalfeldmarschall aufsteigen wird. Schörner ist aufgrund seiner Eitelkeit und des ausgeprägten Selbstbewusstseins nicht sonderlich beliebt, zumal er Untergebene häufig herablassend behandelt. Jedoch erfährt er auch Anerkennung, denn er bereitet die jungen Fähnriche bestens auf ihre Prüfungen vor.

Neben Schörner begegnet Ulrich im 2. Dresdner Lehrgang noch einem anderen Offizier, der großen Einfluss auf ihn hat: Erwin Rommel. Der erfahrene Taktiker ist anders als Schörner ein Vorbild für Ulrich und seine Kameraden. Alle hatten dessen Buch »Infanterie greift an« gelesen, und nun folgen sie in den Vorlesungen und auf dem Truppenübungsplatz ehrfürchtig seinen Ausführungen. Rommel lädt zudem junge Fähnriche, deren Väter im 1. Weltkrieg ihr Leben gelassen haben, zu sich nach Hause ein, sodass auch Ulrich einmal sein Gast ist.[90] Dies alles beeindruckt die Offiziersanwärter und so bilanziert Ulrich in seinen Erinnerungen: »Schörner und Rommel … haben mir das geistige Rüstzeug für den Offiziersberuf mitgegeben. Von Schörner ging ein intellektueller Reiz aus. … Rommel überzeugte als beispielhafter Truppenführer; ihm brachten wir Achtung und Verehrung entgegen, viele bewunderten ihn.«[91] An dieser Auffassung hält er auch fest, als die ARD im Herbst 1971 eine kritische Dokumentation über Rommel zeigt und dies nicht zuletzt von Rommels Sohn Manfred kritisiert wird. An ihn schreibt Ulrich de Maizière daraufhin: »Ich habe Ihren Vater selbst gekannt und hoch verehrt.«[92]

Nicht nur Schörner und Rommel beeinflussen den jungen Offizier und hinterlassen einen tiefen Eindruck bei ihm. Bis zu dessen Tod im Sommer 1971 hält er auch Kontakt zum ehemaligen Dresdner Schulkommandeur und späteren Generalfeldmarschall Wilhelm List. Anlässlich des 90. Geburtstages von List schreibt ihm Ulrich de Maizière voller Hochachtung: »Der Fahnenjunker und Fähnrich der Jahre 1931 bis 1933 erinnert sich mit besonderer Verehrung seines damaligen vorbildlichen Schulkommandeurs.«[93] Auch Aufsichtsoffizier und Lehrer Oberst Klaus Stange bleibt Ulrich zeitlebens verbunden. In ihm sieht er noch Jahre später sogar einen wesentlichen Grund für den festen Zusammenhalt des »Jahrgangs 30«: »… Sie dürfen sicher sein, daß die Aufsichtsoffiziere der damaligen Zeit, vor allem aber Sie, hierzu den Grundstein gelegt haben.«[94]

In die Zeit des 2. Lehrgangs fällt auch das Ende der Weimarer Republik. Die Machtübernahme durch Hitler findet in der Reichswehr trotz mancher Bedenken große Zustimmung, auch in Dresden. Der Historiker Hermann Rahne spricht sogar davon, dass die »Ernennung Hitlers zum Reichskanzler freudig begrüßt«[95] wird. »Besonders großer Jubel herrschte unter den Fahnenjunkern und Fähnrichen der größten Offiziersschule der Reichswehr, der Dresdener Infanterieschule.«[96] Auch

Ulrich hofft »auf eine Belebung des nationalen Denkens und auf eine Überwindung der diskriminierenden Kriegsfolgen«.[97] Mit dieser Einschätzung entspricht er dem damals vorherrschenden Bild eines jungen, aufstrebenden Offiziersanwärters. Ohne ihm Nähe zum Nationalsozialismus vorwerfen zu können, hat er sich – wie viele seiner Kameraden auch – viel zu spät mit dem Ideengut und den Plänen der NSDAP und ihrer geistigen Führer auseinandergesetzt. Dabei gibt es auch im Umfeld Ulrichs schon kurz nach dem Machtantritt der NSDAP Ereignisse, die unmissverständlich sind. Ernst Prager, Ulrichs Jahrgangskamerad, muss kurz nach dem Fähnrichslehrgang in Dresden die Armee aufgrund seiner »nicht-arischen« Herkunft verlassen. Und bereits im März 1933 kommt es in Dresden erst zur brutalen Plünderung des Verlags- und Druckhauses am Wettiner Platz und wenig später zur ersten öffentlichen Bücherverbrennung im Deutschen Reich.[98] Auch Fritz Busch, Generalmusikdirektor an der Dresdner Semperoper, muss bereits im Frühjahr 1933 seinen Posten räumen, weil er – wie die Presse ausführlich berichtet – zu viele »Juden und Ausländer im künstlerischen Personal«[99] beschäftigt. Ulrich kann dies alles nicht entgangen sein. Doch wie viele andere sieht er darin wohl nur die »anfänglichen Kinderkrankheiten« und formuliert Jahre später im Zusammenhang mit dem 30. Januar 1933: »... erst recht konnten wir nicht ahnen, welcher verhängnisvolle Weg für das deutsche Volk an diesem Tag begann.«[100] Und eine mögliche Erklärung dafür liefert Ulrich de Maizière gleich mit, wenn er rückblickend bilanziert, dass die Offiziersausbildung nichts von dem enthielt, »was man heute ›politische Bildung‹ nennt, und sie förderte kaum den Blick und das Verständnis für die Weite des Lebens außerhalb der Kaserne.«[101]

Ungeachtet der politischen Entwicklung und für Ulrich und seine Kameraden völlig überraschend wird der Fähnrichslehrgang um einige Wochen verkürzt, sodass die Prüfungen bereits im April 1933 stattfinden. In den Prüfungen bestätigt Ulrich den Eindruck, den er bei seinen Ausbildern in den letzten Monaten hinterlassen hat. Er schließt den Dresdner Lehrgang als Jahrgangsbester ab, verlässt die Stadt an der Elbe im Juni 1933 als Oberfähnrich und kehrt zu seinem Regiment zurück. Dort wird er dem II. Bataillon zugeteilt, das in Neuruppin stationiert ist.

Neuruppin ist eine Kleinstadt nordwestlich von Berlin, an einem großen See gelegen und Geburtsstadt von Karl Friedrich Schinkel und Theodor Fontane. Die Stadt erlebt nicht nur durch den Eisenbahnanschluss 1879 einen wirtschaftlichen und politischen Aufschwung, sondern ist spätestens seit dem Neubau des Landgerichtsgebäudes 1881–1883 ein wichtiges Zentrum der preußischen Justiz.[102] Dem Ruf dieser Entwicklung war schon Ulrichs Großvater 1896 gefolgt und hier Landgerichtspräsident geworden. Neuruppin ist Garnisonsstadt, wenn auch mit häufig wechselnden militärischen Strukturen und Organisationseinheiten. Ulrichs Vater Walter verbrachte hier einige Zeit seines Militärdienstes. Im Sommer 1933 wird Neuruppin für zwei Jahre Ulrichs Wohnsitz. Am 1. August zum Leutnant befördert und in der Kompanie als Rekrutenausbilder tätig, werden die nächsten Monate für ihn zu einer Zeit, an die er sich auch später noch gern erinnern wird. Er bekommt in der für damalige Verhältnisse sehr modernen Kaserne eine kleine Wohnung mit eigenem WC und muss das erste Mal in seinem Leben seine Unterkunft mit niemandem teilen. Ein Großteil seines Soldes investiert er auch in Neuruppin in die Kultur, wenngleich das Angebot hier nicht so vielfältig ist wie in Dresden. Bald kauft er sich ein eigenes »fast neues Grotrian-Steinweg-Klavier«[103], nimmt wieder regelmäßig Klavierunterricht und tritt sogar gemeinsam mit Hildegard Falley, der Frau eines Kompaniechefs, bei Konzerten auf.

Bei seinen Rekruten ist Ulrich de Maizière ausgesprochen beliebt. Er ist streng, aber gerecht und gibt wenn nötig auch einen Irrtum zu. Daran erinnert sich im Sommer 1972 Ulrichs ehemaliger Rekrut Hans Laaß, als er dem Generalinspekteur der Bundeswehr schreibt, er habe »noch aus dem Juli 1934 einen ›Anschiß‹ gut«.[104] Er schildert ein Erlebnis, das aus Sicht von Laaß exemplarisch für Ulrich de Maizières Verhalten gegenüber Untergebenen gewesen sein soll. Seinerzeit hatten die jungen Rekruten gerade neue Gewehre erhalten, als der junge Leutnant bei jedem Einzelnen die Einstellungen überprüfen will. Bei Laaß angekommen, erhält dieser den erwähnten »Anschiß« wegen des nicht straff genug eingestellten Gewehrriemens. Als sich dieser verteidigt, der Riemen sei nicht straffer einzustellen, verlangt Ulrich nach dem Gewehr und muss feststellen, dass der Rekrut die Wahrheit sagt: »Sie haben recht, es geht nicht straffer … ich nehme alles zurück und behaupte das Gegenteil! … Sie haben in Zukunft einen Anschiß gut! Aber dass Sie das ja beim nächsten Mal melden – verstanden!«[105] Dieser Aufforderung kommt Laaß knapp vierzig Jahre später im Jahre 1972 nach und möchte den »Anschiß« verrechnen, in dem er den Generalinspekteur der Bundeswehr um ein Foto bittet.

Ulrichs Vorgesetzter in Neuruppin ist Max Ulich, der ihm schon in Greifswald begegnet ist, und »ein warmherziger Offizier mit viel Verständnis für die ihm anvertrauten Soldaten«[106]. Da Hauptmann Ulich häufig aufgrund einer chronischen Krankheit dienstunfähig ist, vertritt ihn Ulrich als einziger Kompanieoffizier. Dabei versucht der junge Leutnant, stets im Sinne seines Chefs zu handeln, steht nicht zuletzt aufgrund seines noch jugendlichen Alters allerdings auch oft vor großen Herausforderungen. Erst recht, wenn er ins Spannungsfeld der politischen Ereignisse gerät. Im Sommer 1934 muss er seine erste große Bewährungsprobe bestehen. Neben der Reichswehr ist in den zurückliegenden Monaten eine zweite Organisation zu großer Macht und Einfluss gekommen – die SA. Im Umgang mit politischen Gegnern nicht zimperlich, zudem als Ansammlung grober Schlägertypen verschrien, tritt die von Ernst Röhm geführte Truppe vielerorts anmaßend und provozierend auf. Auch in Neuruppin ist aus Sicht von Ulrich de Maizière die »immer deutlicher zur Schau getragene Überheblichkeit der SA unter Führung eines robusten und unerzogenen Standartenführers nur schwer zu ertragen.«[107] Zwar hat der junge Leutnant von Spannungen zwischen der Reichswehr und der SA gehört. Jedoch kann er die Zusammenhänge mangels ausreichender Informationen und kaum vorhandener Nachrichten nicht einordnen.

Als im Juni 1934 im Reich das Gerücht von einem angeblichen Putschversuch der SA die Runde macht, befindet sich Ulrich gemeinsam mit dem Bataillon zur Ausbildung auf dem Truppenübungsplatz in Döberitz. Da die Reichswehr in dieser Situation Übergriffe der SA auf Kasernen befürchtet, macht sich auch der Neuruppiner Bataillonskommandeur Oberstleutnant Paul von Hase Gedanken um die Sicherheit der militärischen Anlagen. Er befiehlt Leutnant de Maizière mit einem Zug zuverlässiger Soldaten zurück in die Kaserne, um diese gegen etwaige Angriffe der SA zu verteidigen. Auf teilweise abenteuerlichen Wegen gelangt die Einheit mit der Eisenbahn wieder nach Neuruppin. Innerlich angespannt, dabei aber stets hochkonzentriert und immer Herr der Lage, führt Ulrich den Befehl seines Bataillonskommandeurs aus. Anders als in weiten Teilen Deutschlands bleibt es in Neuruppin ruhig und Leutnant de Maizière und seine Soldaten müssen keine Waffengewalt anwenden. In den Tagen darauf erfahren Ulrich und seine Kameraden jedoch vom gesamten Ausmaß dieser sogenannten »Nacht der langen Messer«. Nicht nur Röhm und weitere SA-Führer waren ermordet worden, sondern auch der ehemalige Reichswehrminister und Reichskanzler General Kurt von Schleicher, aus dessen Händen Ulrich noch zwei Jahre zuvor die Beförderung zum Fähnrich erhalten hatte. Zwar ist auch Ulrich zunächst verstört, doch begrüßt er letztendlich wie viele seiner Kameraden, dass »dem ungesetzlichen, oft revolutionären Treiben der SA ein Ende gesetzt war.«[108]

Sehr genau registriert die gesamte Reichswehr, dass Hitler in dieser kritischen Phase seiner noch jungen Macht dem Militär den Vorzug gegenüber der SA gegeben hat. So nimmt es die Armee auch ohne Widerspruch hin, als »der Führer« kurz nach dem Tod Hindenburgs im August 1934 die Streitkräfte auf die Person Adolf Hitler vereidigen lässt. Auch Ulrich protestiert nicht. In seinen Erinnerungen schreibt er später, wie überraschend dieser neue Eid für die Armee kam. Sie sei nicht darauf vorbereitet gewesen, dass »Treuepflicht und Vertrauen gegenüber der obersten Führung zum Gegenstand politischer, ja auch ungesetzlicher Manipulation gemacht werden könnten.«[109]

Wenige Monate nach diesen Ereignissen wird Ulrich im Januar 1935 Nachrichtenoffizier seines Bataillons. Einer der Vorzüge dieser neuen Aufgabe ist es, ein Dienstpferd zu besitzen. Er hebt diesen für ihn glücklichen Umstand noch Jahrzehnte später hervor und schwärmt von seinen Ausritten auch außer Dienst: »Die sandigen Waldwege der näheren Umgebung der Stadt, oft entlang den Ufern der märkischen Seen, boten dafür eine häufige, reizvolle Gelegenheit.«[110]

Womöglich sind die Ausritte auch eine willkommene Ablenkung von der politischen Entwicklung Mitte der 30er Jahre. Freilich profitiert die Reichswehr, die wenig später in Wehrmacht umbenannt wird, von dieser Entwicklung. In einem neuen Wehrgesetz sieht sie nicht zuletzt ein Ende der Restriktionen des Versailler Vertrages. Dennoch »fühlte sich die Generalität von Hitler überrumpelt.«[111] Hinzu kommt, dass die in Paragraph 15 des Wehrgesetzes geregelte »arische Abstammung« als Voraussetzung für den Wehrdienst in weiten Teilen des Militärs auf Ablehnung stößt. Jedoch beschränkt sich der offene Protest auf wenige Offiziere, für die meisten stehen die Karrieremöglichkeiten im Vordergrund. Auch Ulrich eröffnen sich neue Chancen, als die Aufstellung des neuen Infanterieregiments 50[112] beginnt und er mit seinem Bataillon nach Landsberg an der Warthe verlegt wird.

Hier in Landsberg an der Warthe, einer Stadt 80 Kilometer nordöstlich von Frankfurt an der Oder, wird Ulrich am 1. Oktober 1935 zum Oberleutnant befördert. Unter Major Gustav Enke wird er zugleich Bataillonsadjutant. Da Enke mehr den »praktischen Dienst« bevorzugt, kümmert sich Ulrich weitestgehend um die Schreibtischarbeit. »Er überließ sie mir gerne bis hin zur Anlage von Bataillonsübungen oder der Formulierung von Offiziersbeurteilungen.«[113] Enke und sein Adjutant harmonieren gut in der täglichen Zusammenarbeit, ein besonders herzliches Verhältnis zwischen beiden entwickelt sich jedoch nie.

Im Herbst 1936 trifft Ulrich auf einen »alten Bekannten«, als der ehemalige Neuruppiner Bataillonskommandeur Oberst Paul von Hase das Kommando über das Regiment in Landsberg an der Warthe übernimmt. Hase, erfahrener Offizier und Teilnehmer des 1. Weltkrieges sowie Träger des Eisernen Kreuzes I. und II. Klasse, stellt stets das Militärische in den Vordergrund und macht aus seiner Ablehnung gegenüber Hitler kein Geheimnis. Er wird 1938 einer Verschwörungsgruppe rund um die Offiziere Canaris, von Witzleben und Halder angehören und auch am Umsturzversuch am 20. Juli 1944 aktiv beteiligt sein. Ein Einsatz, der zu seiner Hinrichtung in Berlin-Plötzensee führen wird.

Noch ist von Hase wichtiger Bestandteil beim Aufbau der Wehrmacht. Bereits in Neuruppin hatte er Ulrich beeindruckt. »Groß und aufrecht, schlank gewachsen, persönlich integer, gab er seinen Untergebenen ein Beispiel an soldatischer Haltung.«[114] Mit diesem Bild vor Augen erfreut es Ulrich besonders, als von Hase ihn im Frühjahr 1937 zu seinem Regimentsadjutanten macht. Die herausgehobene Funktion bedeutet einen weiteren Karrieresprung für Ulrich. Wie schon bei Enke genießt er auch bei Oberst von Hase vollstes Vertrauen und hat alle Freiheiten. Besonders auf dem Gebiet der Vorbereitung für den Mobilmachungsfall verschafft sich Ulrich schnell Anerkennung. Zwar sitzt er häufig bis spät in die Nacht im Büro, erarbeitet Pläne und bereitet Unterlagen für seinen Regimentskommandeur vor. Dennoch hat er noch genügend Freiraum, um Klavier zu üben oder sich mit seinen Geschwistern zu treffen, zu denen er in seiner Landsberger Zeit ein besonders enges Verhältnis hat. So besucht ihn seine jüngste Schwester Irene häufig, um ihn zu Bällen oder Empfängen zu begleiten. Aber auch nach Berlin zieht es den jungen Offizier häufig. Hier wohnen seine mittlerweile verheirateten Geschwister Clemens und Suzanne. Clemens arbeitet nach seinen beruflichen Anfängen in Hannover zunächst als Geschäftsführer an der Lessing-Hochschule, bevor er dann am 1. April 1939 als wissenschaftlicher Mitarbeiter ans Institut für Arbeitsrecht wechselt.[115] In seinen Memoiren schwärmt Ulrich regelrecht von seinen Ausflügen in die Hauptstadt: »Berlin war eine faszinierende Stadt mit pulsierendem Leben, anregend, spritzig, von großer Anziehungskraft für einen jungen Offizier aus einer kleinen Garnison.«[116]

Ulrichs Landsberger Jahre sind aber auch geprägt von politischen Ereignissen, die eine Vorahnung geben auf die weitere Entwicklung Deutschlands. Zwar begrüßt die Bevölkerung im Frühjahr 1935 die Rückkehr des Saargebietes ins Deutsche Reich, finden 1936 umjubelte Olympische Spiele in Garmisch-Partenkirchen und Berlin statt und erlebt die Wirtschaft einen Aufschwung einhergehend mit einem Rückgang der Arbeitslosenzahlen. Dennoch sind die Anzeichen für den Ausbau der Diktatur und der Macht der Nationalsozialisten unverkennbar. Auch Ulrich bleiben sie nicht verborgen, wenngleich er in seinen Memoiren unterschiedliche Schlüsse daraus zieht. So sieht er einerseits im Februar 1938 die Wehrmacht durch die Blomberg-Fritsch-Krise, an deren Ende die Umwandlung des Reichskriegsministeriums in das Oberkommando der Wehrmacht steht, in einen »tiefen Schock«[117] versetzt. Der Einmarsch deutscher Truppen in Österreich nur einen Monat später unter dem Jubel der Bevölkerung führt bei Ulrich hingegen zu keiner Kritik und er hält die Zustimmung zu dieser militärischen Aktion für »allzu verständlich«[118]. Während das Landsberger Regiment von Oberst von Hase hier noch unbeteiligt ist, steht es im Sommer 1938 im Zusammenhang mit der sogenannten »Sudetenkrise« vor seiner ersten großen Herausforderung. Weite Teile der Militärführung befürchten, dass Frankreich und Großbritannien es im Zuge der Auseinandersetzung Deutschlands mit der Tschechoslowakei nicht bei diplomatischen Protestnoten belassen würden und eine kriegerische Auseinandersetzung die Folge wäre. Gespannt schaut man daher auf die Ergebnisse der Münchener Konferenz unter Beteiligung von Daladier und Chamberlain. Als diese am Ende der Verhandlungen dem Anschluss des Sudetenlandes an Deutschland zustimmen und sich vor allem der britische Premier in London für seine Friedenspolitik feiern lässt, scheint die Kriegsgefahr zunächst gebannt.

Ulrichs Regiment ist wenig später im Oktober 1938 »an den dem Abkommen sogleich folgenden militärischen Maßnahmen beteiligt«[119]. Unter dem Eindruck eines begeisterten Empfangs durch die überwiegend deutsche Bevölkerung führt dieses Ereignis zwar zu keiner kritischen Auseinandersetzung bei Ulrich. Ihm aber deshalb vorzuwerfen, dass er mit der Mehrheit der Deutschen »vergaß …, unter welchen politischen Voraussetzungen dieser Einmarsch erzwungen worden war«[120], führt zu weit und ist außerdem nicht korrekt, wie in seinen Memoiren nachzulesen ist.[121]

Insgesamt steht die Einstellung Ulrichs in Übereinstimmung mit der Auffassung weiter Teile der Bevölkerung, dass mit dem Einmarsch ins Sudetenland eine längst erforderliche Korrektur des Versailler Vertrages erreicht und ein Krieg verhindert worden war. Dass er damit falsch lag, sollte sich nur ein Jahr später zeigen.

Kurz nach der Rückkehr in die Landsberger Garnison vollzieht sich an der Spitze des Infanterieregiments 50 ein Wechsel. Der von Ulrich so hoch geschätzte und nun zum Generalmajor beförderte Paul von Hase übergibt im Sommer 1938 das Regiment an Oberst Theodor Kretzschmer, einen aus Schleswig-Holstein stammenden »Truppenoffizier im besten Sinne des Wortes«[122]. Ulrich behält seine Stellung als Adjutant auch unter Kretzschmers Führung. Schnell entsteht zwischen beiden ein von Vertrauen und gegenseitigem Respekt getragenes Verhältnis. Die Weiterentwicklung der Streitkräfte im Blick, setzt der neue Regimentskommandeur den Schwerpunkt seiner Arbeit vor allem auf die Ausbildung und auf Kompanieübungen. Anders als von Hase lässt Kretzschmer nicht erkennen, wie er zu Hitler und den Nationalsozialisten steht. So hält er sich wie viele seiner Untergebenen auch zurück, als in der Nacht vom 9. zum 10. November 1938 im Deutschen Reich – auch in Landsberg – Juden gejagt und ermordet werden, Synagogen und jüdische Geschäfte in Flammen aufgehen. Erstmals zweifelt Ulrich an Hitlers Regime, muss seine Gedanken aber für sich behalten. Zu groß ist bereits das Misstrauen gegenüber den Kameraden. Was kann man noch offen sagen und kritisch hinterfragen, ohne sich bisher ungekannten Gefahren auszusetzen? Letztendlich kommt Ulrich zu dem Schluss, »daß Widerstand, ja auch nur Opposition, ohne persönliche Gefährdung oder zumindest berufliche Nachteile nicht mehr möglich war«[123]. Persönliche Konsequenzen zieht der junge Offizier daraus nicht, blendet wie viele seiner Kameraden die Ereignisse stattdessen aus und sucht Ablenkung sowohl im Dienst als auch in seiner Freizeit. Dazu zählen nicht zuletzt Ausfahrten mit seinem neu erworbenen Auto, einem DKW-Reichsklasse Zweisitzer. Zu einer der schönsten Erinnerungen dieser Zeit zählt für Ulrich eine Reise im Frühjahr 1939 nach München, in die Alpen, an den Bodensee und in den Schwarzwald.

Bald darauf muss er sich wie viele seiner Jahrgangskameraden der Kriegsakademieprüfung unterziehen. Schon im Vorfeld sind Klausuren zu schreiben und Fernaufgaben mit einwöchiger Bearbeitungszeit zu lösen. Zur eigentlichen Prüfung Ende März fährt Ulrich für drei Tage nach Berlin. Neben militärischen Aufgaben wird er erstmals in seiner Ausbildung mit politischen Fragestellungen konfrontiert. »So stand als geschichtliches Thema ›Die schleswig-holsteinische Frage und ihre Bedeutung für Deutschlands Einigung‹ zur Bearbeitung. Die aktuelle, zu einem politischen Bekenntnis einladende ›Tagesfrage‹ lautete ›1938 das Geburtsjahr Großdeutschlands‹.«[124] Schwerpunkt jedoch sind taktisch-militärische Aufgaben, die Ulrich problemlos meistert. Zu Hilfe kommen ihm dabei seine Erfahrungen aus der Infanterieschule in Dresden und seine Erfahrungen als Regimentsadjutant. Während anderen, nicht so leistungsstarken Akademieteilnehmern frühzeitig empfohlen wird, die Prüfungen zu verschieben, gehört Ulrich erneut zu den besten Prüflingen. Zwar erfährt er am Ende keine konkreten Prüfungsergebnisse, erhält aber kurz nach seiner Beförderung zum Hauptmann am 1. April 1939 die Mitteilung, dass er sich für die Generalstabausbildung qualifiziert habe und daher Ende September 1939 an die Kriegsakademie nach Berlin versetzt werde.

Wohl wissend, dass Akademieteilnehmern im ersten Jahr genügend Freiraum für außerdienstliche Tätigkeiten bleibt, freut sich Ulrich auf die Zeit in Berlin. In Gedanken richtet er sich schon eine kleine Wohnung ein, will erneut Klavierunterricht nehmen, mit Freunden und Geschwistern das kulturelle Leben Berlins genießen. Jedoch erkennt auch er, dass sich im Sommer 1939 die politischen Spannungen in Europa verschärfen und der am Horizont heraufziehende Krieg nicht mehr zu übersehen ist. Als das Infanterieregiment 50 bereits am 1. August 1939 an die polnische Grenze verlegt wird, weiß auch Ulrich, dass aus der Generalstabsausbildung vorerst nichts wird. Wie gravierend sich sein und das Leben aller Deutschen in den nächsten Monaten und Jahren ändern wird, ahnt er in diesem Moment freilich noch nicht.

Der zerstörerische Krieg

Nachdem Ulrich von seiner Versetzung zur Generalstabsausbildung an die Kriegsakademie Berlin erfahren hat, kehrt zunächst ein wenig Ruhe in sein Leben. Er besucht seine Mutter in Hannover und hat wieder mehr Zeit zum Musizieren. Gelegentlich tritt er in Landsberg sogar vor kleinem Publikum auf und bereichert das kulturelle Leben in der Kleinstadt. Das Wetter im Sommer 1939 gibt ihm auch Gelegenheit zu längeren Ausritten mit seinem Pferd, das ihm nach wie vor zur Verfügung steht. Als er an einem heißen Julitag wieder in den Wäldern unterwegs ist, bemerkt er plötzlich die Unruhe seines Pferdes. Ulrich fühlt sich mittlerweile erfahren genug, um der Situation Herr zu werden, überschätzt sich jedoch. Das Pferd wirft ihn ab. Ulrich versucht noch, dass Tier aufzuhalten, spürt aber schnell, dass er keine Chance hat und zudem nicht unverletzt geblieben ist. In die Kaserne zurückgekehrt, gibt der Regimentsarzt Entwarnung. Ulrich kommt mit ein paar Prellungen und einer Gehirnerschütterung davon. Durch die verordnete Bettruhe von drei bis vier Wochen verpasst er jedoch den Auszug seines Regiments in Richtung polnische Grenze.

Als er Mitte August der Truppe folgt, glaubt er wie viele seiner Kameraden immer noch daran, dass der Krieg womöglich zu verhindern ist. Hoffnung gibt ihm der am 23. August unterzeichnete »Hitler-Stalin-Pakt«, da aus seiner Sicht »die erwartete militärische Auseinandersetzung mit Polen dadurch wesentlich erleichtert, vielleicht sogar überflüssig würde«[125]. Doch er sollte sich täuschen. Bereits am 25. August gibt

Hitler den Angriffsbefehl auf Polen, die Tage des Friedens in Europa sind gezählt.

Es ist ein diesiger Spätsommermorgen, als am 1. September 1939 das Infanterieregiment 50 um 4.45 Uhr die polnische Grenze überschreitet. Begleitet von durchdringenden Motorengeräuschen, Kanonendonner und unzähligen Bombern der deutschen Luftwaffe am Himmel zieht Ulrichs Regiment in Richtung Vandsburg und Crone an der Brahe bis zur Weichsel. Insgesamt 54 Wehrmachtsdivisionen mit ungefähr 1,5 Millionen Mann schickt Hitler zu Beginn in diesen Krieg. Anders als 1914 ist bei den Streitkräften jedoch keine Kriegsbegeisterung zu spüren. Allerdings fühlt man sich im Recht. Ulrichs späterer Freund Peter von Butler, damals selbst junger Offizier, bilanziert im hohen Alter exemplarisch für die Mehrheit der damaligen Soldaten, dass man sich »wenig Gedanken über die politischen Ziele des Krieges«[126] gemacht habe und auch »teilweise der Propaganda über die unterdrückten Deutschen in Polen geglaubt«[127] hat. Im Jahrzehnte später erfolgten Rückblick bestätigt Ulrich de Maizière diese Einstellung und ergänzt, »dass man nicht glücklich war über diesen Angriff, auch wenn man ihn in Schulungen und Taktikübungen mehrfach durchgespielt hatte. Das hier war jetzt Ernst.«[128] Und diesen bekommt auch Ulrichs Regiment in den ersten Tagen zu spüren. Anstrengende Märsche und schwere Gefechte fordern den Soldaten viel ab. Verletzte und sterbende Kameraden begleiten Ulrich bereits kurz nach Kriegsausbruch. Direkt neben ihm wird sein Regimentsschreiber erschossen und auch der Führer des Regiments-Pferdezuges fällt in seiner unmittelbaren Nähe.

Kurz nach dem Einmarsch der Wehrmacht in Polen erklären Frankreich und England Deutschland den Krieg. Der Aussage seines Kommandeurs Oberst Kretzschmar »Damit ist der Krieg verloren«[129] mag Ulrich zu diesem Zeitpunkt noch nicht folgen. Dennoch verspürt auch er Verunsicherung und Bedrückung, da sich jetzt zu bestätigen scheint, dass es nicht bei einem kurzen Krieg bleiben wird. Zum Nachdenken und Zweifeln bleibt jedoch keine Zeit. Das Infanterieregiment 50 setzt seinen Vormarsch auf die polnische Stadt Plock fort. Dabei meint Ulrich »deutlich die früheren und die gegenwärtigen politischen Grenzen [zu] erkennen, ohne daß es eines Blickes auf die Karte bedürft hätte«[130]. Er macht das an schlechten Straßenbedingungen, ungepflegten Ortschaften und einer aus seiner Sicht nachlässig betriebenen Landwirtschaft fest. Und es scheint, als würde aus diesen Feststellungen auch bei Ulrich ein Gefühl der Überlegenheit sprechen. Unter militärischen Gesichtspunkten trifft dies ohne Zweifel zu. Den massiven deutschen Angriffen haben die Polen nichts entgegenzusetzen und so kommt es bereits drei Wochen nach dem Einmarsch deutscher Truppen zum Ende der Kampfhandlungen, als am 19. September 1939 die Schlacht am Weichselbogen das Schicksal Polens besiegelt. Vor dem Land stehen nun Jahre des Terrors und der Unterdrückung. Ein Viertel der Bevölkerung wird bis Kriegsende sein Leben verlieren, jüdisches Leben wird nahezu vollkommen ausgelöscht, Warschau und viele andere polnische Städte werden komplett zerstört. Die mittlerweile im Osten einmarschierte Rote Armee will sich ihren »Teil der Beute« sichern und geht ebenfalls mit massiver Gewalt sowohl gegen die Zivilbevölkerung als auch gegen Angehörige des polnischen Militärs vor. Traurige Berühmtheit wird wenig später das Massaker von Katyn erlangen, wo der russische Geheimdienst tausende Offiziere ermordet und sie in einem Massengrab verscharrt. Ulrich de Maizière erfährt nach eigener Aussage von diesen und den deutschen Gräueltaten erst viel später. Beim Anblick gefangener Soldaten und die Niederlage der polnischen Armee im Blick beschleicht ihn im Herbst 1939 »ein unheimliches Gefühl bei der Vorstellung, eine solche Niederlage könnte auch einmal uns zustoßen.«[131] Letztendlich überwiegt bei Ulrich wie bei vielen seiner Kameraden aber der Stolz, an dieser siegreichen Schlacht teilgenommen zu haben.

Nach zwei Tagen Ruhe setzt sich das Infanterieregiment 50 wieder in Bewegung in Richtung Bromberg. Dabei wird der Stab für kurze Zeit im Gut Lischkowo einquartiert. Dieses gehört der Familie von Schwartz, die mit den de Maizières verwandt ist. Ulrichs Tante, Schwester seines Vaters Walter, ist die Gutsherrin und besonders zu ihrem Sohn Ernst-Heinrich und seiner Frau Hertha hat Ulrich ein gutes Verhältnis. Noch im Sommer 1937 war er hier Gast gewesen und freute sich nun, seinem Vetter wieder zu begegnen. Als »Gastgeschenk« übergibt der Regimentsstab den Gutsleuten zahlreiche Pferde, die man auf dem Rückmarsch eingefangen hatte. Diese sind für den weiteren Transport ungeeignet, da nur eine begrenzte Anzahl mitgeführt werden kann. Für Ulrichs Regiment geht es mit dem Zug Richtung Westen, wo mit einem Angriff französischer und britischer Truppen gerechnet wird. Die Westgrenze Deutschlands ist seit Kriegsbeginn praktisch ungesichert. Weder Frankreich noch England sind nach dem Überfall der Wehrmacht auf Polen bisher ihren Bündnisverpflichtungen nachgekommen. Dabei gilt gerade Frankreichs Armee zu dieser Zeit als eine der stärksten und modernsten der Welt. Doch selbst als Polen längst besiegt ist, passiert im Westen nichts. Es bleibt bei einer gespenstischen Ruhe; später wird man diese Phase des Krieges als sogenannten »Sitzkrieg« bezeichnen.

Ulrich hat Ende Oktober die Gelegenheit zu einem erneuten Kurzurlaub bei seiner Mutter, den er »frisch dekoriert« mit dem Eisernen Kreuz II. Klasse antreten kann. Als er zur Truppe zurückkehrt, erfährt er, dass seine Tage im Infanterieregiment 50 gezählt sind. Die wenige Monate zuvor noch verschobene Generalstabsausbildung soll nun nachgeholt werden. Im Vorfeld der Ausbildung wird Ulrich dem Generalkommando des III. Armeekorps in der Eifel zugeteilt. Als 1. Ordonanzoffizier erlebt er somit hautnah die Vorbereitungen für den Einmarsch deutscher Truppen in Frankreich mit. Als es im Frühjahr 1940 dazu kommt, hat Ulrich die Westfront bereits wieder verlassen und ist nach Dresden zurückgekehrt, denn hier an seiner alten Infanterieschule beginnt Anfang April der zehnwöchige Lehrgang für die Generalstabsoffiziere.

Der deutsche Generalstab war 1935 unter Hitler wieder eingeführt worden, nachdem er in der Weimarer Republik wegen der Auflagen des Versailler Vertrages abgeschafft werden musste. Seinen Ursprung hat der Generalstab in der preußischen Armee Anfang des 19. Jahrhunderts. Ihm liegt die Idee zugrunde, eine eigenständig agierende militärische Führung zu haben, verteilt auf die jeweiligen Streitkräfte. So entstehen Mitte der 30er Jahre der Generalstab des Heeres, der Generalstab der Luftwaffe und das Oberkommando der Marine. Als Hitler 1938 Oberbefehlshaber der Wehrmacht wird, schafft er sich parallel dazu noch einen eigenen Stab. Ihm steht General Wilhelm Keitel vor, der sich bei vielen Offizieren rasch einen Namen als »Lakeitel« macht, da er unterwürfig jede militärische Entscheidung Hitlers begrüßt und diesen nach den ersten Kriegserfolgen als »Größten Feldherren aller Zeiten« bejubelt.

Die Wiederherstellung des Generalstabs und damit der Umbau der Wehrmachtsstrukturen ist nicht nur ein kluger Schachzug Hitlers gegenüber den führenden Militärs, die diesen Schritt teilweise schon unmittelbar nach dem Machtantritt der Nationalsozialisten gefordert hatten. Er ruft bei den Generalstabsoffizieren selbst auch oft ein elitäres Gefühl hervor, sodass eine Generalstabsausbildung als Auszeichnung betrachtet wird. Auch Ulrich ist stolz auf die Möglichkeit, seinem bisherigen militärischen Weg ein weiteres Kapitel anfügen zu können. Zwar bedauert er wie viele seiner Ausbildungskameraden, von der Front abgezogen zu werden. Die Freude über den Start der zu Kriegsbeginn verschobenen Generalstabsausbildung überwiegt jedoch. Im Mittelpunkt des Lehrgangs in Dresden steht der Taktikunterricht, der sich zunehmend an den Erfordernissen des Krieges orientiert. Aber auch der gesamte Bereich der Versorgung der Truppe und der Logistik spielt eine große Rolle, ruft bei den Offizieren jedoch wenig Begeisterung hervor. Ulrich hofft sogar, »in diesem Generalstabzweig niemals Verwendung zu finden.«[132] Diese Hoffnung wird sich, wie er im weiteren Verlauf des Krieges noch erfahren wird, nicht erfüllen.

Wie bei seinen früheren Aufenthalten in Dresden genießt Ulrich auch dieses Mal das vielfältige kulturelle Angebot der Stadt an der Elbe. Erneut besucht er die Vespern des Kreuzchores, geht ins Kino und Theater. Und auch sein alter Flügel aus der Fähnrichzeit ist noch da. So vergehen die zehn Lehrgangswochen sehr schnell und die Sorge der Teilnehmer, die Ausbildungszeit werde ihnen die Möglichkeit nehmen, sich noch an der Front bewähren zu können, ist unbegründet. Lehrgangskommandeur Oberst i. G. Hermann von Witzleben, der die Unruhe bei seinen Schülern spürt, entlässt die jungen Offizieren mit den Worten: »Sie brauchen keine Sorge zu haben, Sie haben noch nichts versäumt.«[133]

Im Westen hat die Wehrmacht nach den Plänen von Generalleutnant Erich von Manstein in nur sechs Wochen den zweiten »Blitzkrieg« für sich entscheiden können. Mit den Heeresgruppen A und B war man über die Niederlande und Belgien in den Norden Frankreichs vorgestoßen, während die Heeresgruppe C an der Maginot-Linie aufmarschiert war. Nach einer zweiten Offensive Anfang Juni 1940 war der französische Widerstand schnell gebrochen. Als Frankreichs Premier Pétain am 17. Juni dem Deutschen Reich ein Waffenstillstandsangebot unterbreitet, wird Ulrich de Maizière das zweite Mal innerhalb kürzester Zeit Zeuge des Zusammenbruchs einer Armee. Nach dem Generalstabslehrgang in Dresden war er der Führerreserve des Oberkommandos des Heeres zugeteilt worden und versah nun seinen Dienst in Nordwestfrankreich beim Armeeoberkommando 4 unter Generaloberst Günter von Kluge. Hier hört er auch von der Unterzeichnung der Waffenstill-

standsvereinbarung am 22. Juni im Wald von Compiègne – im gleichen Eisenbahnwagen, in dem Deutschland 1918 nach dem 1. Weltkrieg seine Niederlage per Unterschrift »quittiert« hatte. Mit dieser
symbolträchtigen Demütigung Frankreichs kann Hitler einen weiteren
innenpolitischen Erfolg verbuchen, er hat den Zenit seines Ruhmes
erreicht. Sowohl in der Bevölkerung als auch innerhalb der Armee sind
die Kritiker weitestgehend verstummt. Und auch Ulrich meint später
in seinen Memoiren: »Die politische Urteilskraft des Führers schien
sich erneut gegen die Skepsis der militärischen Fachleute bestätigt zu
haben.«[134]

Die Huldigung des Führers durch Öffentlichkeit und Militär wird
jedoch auch getragen von der Hoffnung, dass der Krieg nun bald zu Ende
sei und es mit England schnell zu einem Friedensvertrag kommen werde.
Auch Hitler glaubt zunächst, dass er den seit Mai regierenden englischen
Premier Winston Churchill von der Stärke Deutschlands überzeugt hat
und er schnell ein Ende der Kampfhandlungen an der Westfront erreicht,
um sich voll auf den Eroberungszug im Osten konzentrieren zu können.
Doch Churchill denkt nicht daran, mit Hitler Friedensverhandlungen
aufzunehmen. Im Gegenteil. Mit dem ihm eigenen Stil, seinem rhetori-
schen Geschick und mit einer großen Portion Pathos schwört er die Briten auf die Verteidigung des Empires ein und baut dabei vor allem auf die
Stärke der Royal Navy und der Royal Air Force. Dabei ist ihm bewusst,
dass Großbritannien nach der Niederlage Frankreichs nunmehr allein gegen Deutschland kämpft, denn die USA sind noch nicht in den Krieg
eingetreten und auf dem Kontinent hat Deutschland alle Länder besiegt
oder sie in Bündnissen an sich gebunden.

Als Deutschland im Sommer 1940 England aus der Luft angreift, wird
Ulrich zur Heeresgruppe C nach Dijon in Zentralfrankreich versetzt.
Als 1. Ordonanzoffizier ist er nun zuständig für die Tagesmeldungen an
das Oberkommando des Heeres, die Aktualisierung von Lagekarten

und das Führen des Kriegstagebuches. Der Heeresgruppe C steht als Oberbefehlshaber Generalfeldmarschall Wilhelm Ritter von Leeb vor. Bereits zweimal in den Ruhestand versetzt und kurz darauf wieder reaktiviert, ist von Leeb mit 63 Jahren einer der ältesten Offiziere der Wehrmacht. Als konservativer Katholik und tief geprägt vom preußischen Soldatentum betrachtet er Hitler nach dem Machtantritt der Nationalsozialisten mit großer Skepsis und äußert mitunter offen Kritik. Diese Einstellung verbunden mit einem stets korrekten Auftreten trägt mit dazu bei, dass Ulrich sehr beeindruckt ist vom Chef der Heeresgruppe C: »Seine Untergebenen behandelte er mit ausgesuchter Höflichkeit, die seine natürliche Autorität noch stärkte und zugleich menschlicher machte.«[135] Kurz vor seinem Tod danach befragt, welche seiner Vorgesetzten während des Krieges ihm Vorbild für eigene spätere Führungstätigkeiten waren, nennt er neben wenigen anderen auch Wilhelm Ritter von Leeb.[136]

Ende Oktober 1940 entscheidet die Wehrmachtsführung, die Heeresgruppe C nach Dresden zu verlegen. Bevor es für Ulrich in die bekannte und geliebte Stadt in Sachsen geht, nutzt er die noch verbleibende Zeit an der Westfront zu einigen kurzen Reisen innerhalb Frankreichs. Er besucht erstmals Paris, die Stadt, die er im Jahre 1951 als Militärberater einer deutschen Delegation bei den Verhandlungen zur europäischen Verteidigungsgemeinschaft wiedersehen wird.

Die Zeit in Dresden wird sich für Ulrich erneut auf wenige Wochen beschränken. Kurz nach dem Urlaub zum Jahreswechsel, den er wie gewohnt in der Heimat Hannover bei seiner Mutter verbringt, erhält Ulrich im Januar 1941 seine Versetzungsverfügung als zweiter Generalstabsoffizier (Ib) zur 18. Infanteriedivision nach Liegnitz in Schlesien. Er ist froh über diese neue Verwendung, denn als Ordonanzoffizier fühlt er sich unterfordert und erhofft sich von der neuen Stelle ein interessanteres Aufgabengebiet und mehr Verantwortung. »Als Ib hatte ich endlich eine ›echte‹ Generalstabsstelle inne, die mir zugleich ein vielseitiges und selbständiges Betätigungsfeld bot.«[137] Allerdings ist er als zweiter Generalstabsoffizier für die Versorgung der Truppe zuständig, also genau den Bereich, dem er schon beim Generalstabslehrgang mit wenig Begeisterung begegnet war. Seiner Mutter schreibt er kurz nach Dienstantritt: »Ich habe täglich über Dinge zu entscheiden, von denen ich eigentlich nichts verstehe.«[138] Dabei lastet auf Ulrichs Schultern eine hohe Verantwortung. Gemeinsam mit einem kleinen Stab ist er für die rasche Motorisierung der Division zuständig, denn im Frühjahr 1941 sind die Zeichen unverkennbar: Die Wehrmacht bereitet den Angriff auf die Sowjetunion vor. Alles muss plötzlich ganz schnell gehen. Ulrich bekommt den Auftrag, aus französischen Beständen mehr als 2000 Fahrzeuge der Marken Renault, Citroën und Peugeot nach Deutschland zu überführen. Es ist eine Mammutaufgabe, denn neben zahlreichen Behördengängen, der Vorbereitung von Marschrouten und der Organisation von genügend Treibstoff steht er vor dem Problem, nur junge und unerfahrene Fahrzeugführer zu haben. Zwar gibt es genügend Soldaten, die ihren Führerschein in der Wehrmacht erworben haben, doch fehlt ihnen aufgrund des Fahrzeugmangels jegliche Fahrpraxis. So wird die Unternehmung zu einem echten Abenteuer, das Ulrich letztendlich aber ohne große Zwischenfälle meistert. Ende Mai sind alle Fahrzeuge in Liegnitz angekommen. Es bleibt nur wenig Zeit für eine umfassende Einweisung oder gar taktische Übungen mit den neuen motorisierten Einheiten, denn Mitte Juni wird Ulrichs Division nach Ostpreußen verlegt und nur eine Woche später beginnt der Angriff auf die Sowjetunion.

* * *

Als in den frühen Morgenstunden des 22. Juni 1941 über drei Millionen deutsche Soldaten die Grenzen zu Stalins Reich überschreiten, ist das nicht einfach nur der Überfall auf ein weiteres Land. Es ist vielmehr die

Fortsetzung des Krieges unter neuen Vorzeichen. Bereits im März hatte Hitler vor ausgewählten Offizieren erläutert, dass es bei einem möglichen Krieg gegen die Sowjetunion nicht nur um den Kampf gegen einen militärischen Gegner sondern um einen Vernichtungskampf gehen wird, in dessen Mittelpunkt die Auseinandersetzung zweier Weltanschauungen steht.[139] Daher ist der Mehrheit der Wehrmachtsoffiziere im Sommer klar, dass der Krieg fortan einen anderen Charakter bekommt. Hitlers Ziele lauten nun Eroberung von Lebensraum im Osten, Beseitigung des Bolschewismus und Ausrottung der europäischen Juden. Was ahnt Ulrich de Maizière im Juni 1941 von dieser Entwicklung? Trifft ihn das alles unvorbereitet? Nein, natürlich hat auch er vom berüchtigten Kommissarbefehl des »Führers« gehört, der von der im Osten kämpfenden Wehrmacht die Erschießung aller politischen Kommissare der Roten Armee verlangt. Auch Hitlers Erlass »Über die Ausübung der Kriegsgerichtsbarkeit im Gebiet Barbarossa« ist ihm bekannt, wonach »Straftaten von Zivilpersonen gegen die Wehrmacht nicht von Kriegsgerichten, sondern von der Truppe selbst geahndet werden«[140] sollen. Auch die Sonderstellung der SS bleibt ihm nicht verborgen. Doch es ist allenfalls eine Beklommenheit oder ein Unbehagen, das er in diesen Tagen spürt, kein Entsetzen. Letztendlich reiht er sich damit unbewusst ein in die Masse der Offiziere, die Hitlers Weg passiv hinnehmen und damit akzeptieren. In seinen Memoiren schreibt er im hohen Alter: »... wir hatten keinen Zweifel an der Pflicht zum Gehorsam und waren bereit, unser Bestes zu geben.«[141] Erst ein Jahr später, als er längst im Generalstab des Heeres seinen Dienst versieht, wird er laut eigener Aussage von den Auswüchsen dieses Vernichtungskrieges erfahren – in Gesprächen mit den Offizieren Albrecht Ritter Mertz von Quirnheim und Claus Schenk Graf von Stauffenberg.[142]

Und Clemens? Wie denkt er über den Einmarsch der Wehrmacht in die Sowjetunion? Zwar gibt es von ihm keine Tagebuchaufzeichnungen oder Notizen, doch seine Frau Christine erzählt später den Kindern, dass er am 22. Juni 1941 weinend auf dem Bett gesessen und gesagt habe, der Krieg sei nun endgültig verloren. »Gestützt auf seine historischen Kenntnisse hat er die Situation damals wohl realistischer eingeschätzt als sein Bruder«[143], meint Lothar de Maizière rückblickend.

Im Sommer 1941 ist die Rote Armee in keiner Weise auf einen Krieg vorbereitet, denn selbst noch kurz vor dem Überfall ignoriert Stalin die Hinweise seines eigenen und des englischen Geheimdienstes, wonach ein Angriff Hitlerdeutschlands unmittelbar bevorstehe. So stoßen die im Kampf erfahrenen, deutschen Truppen schnell ins Landesinnere vor. Ulrichs Division, die zunächst zur Heeresgruppe Mitte gehört, trifft erst nach mehreren Tagen auf hartnäckigen Widerstand, nachdem sie zuvor täglich bis zu 80 km vordringen konnte. Es kommt zu ersten größeren Verlusten und immer häufiger hat die Division Verkehrs- und Orientierungsprobleme. Veraltetes Kartenmaterial, eine völlig unterschätzte Dimension von Raum und Zeit, Wetterextreme und ein Fuhrpark, der den »russischen Verhältnissen nicht gewachsen«[144] ist, sind eine große Herausforderung für die erfolgsverwöhnte Wehrmacht. Auch Versorgungsprobleme bereiten Ulrich als zuständigem Offizier enorme Probleme, selbst einfachste Grundnahrungsmittel erreichen immer seltener die an vorderster Front kämpfenden Einheiten. »Um Transportraum zu sparen, entnahmen wir die Verpflegung meist dem Lande«[145], notiert Ulrich später in seinen Memoiren und beschreibt dabei doch nichts anderes als Raub- und Beutezüge bei der Zivilbevölkerung.

Nach aufreibenden Kämpfen wird die 18. Infanteriedivision Mitte August für ein paar Tage zurückgezogen und anschließend zur Heeresgruppe Nord verlegt. Über die baltischen Staaten kommend stößt diese nun in Richtung Leningrad vor; der Stadt, der in den nächsten knapp drei Jahren ein grausames Schicksal durch die Belagerung deutscher Truppen bevorsteht und die zum Symbol des Widerstandes der russischen Bevölkerung wird. Ulrichs Division dreht jedoch vor dem Marsch auf Leningrad in Richtung Wolchow ab, einem Fluss umgeben von riesigen Moorgebieten. Erneut steht die Division vor enormen Schwierigkeiten, es kommt zu großen Verlusten an Kraftfahrzeugen, die häufig einfach im Boden stecken bleiben. Die Truppe stößt auf eine kleine Eisenbahnlinie, die nicht nur zur Lösung für die Transportprobleme der Division wird, sondern die auch dafür sorgt, dass Ulrich aufgrund einer heftigen Blinddarmentzündung schnell ins Feldlazarett gebracht werden kann. Unter einfachsten Verhältnissen wird er operiert, auch nach einigen Tagen Genesung ist er noch nicht wieder einsatzfähig, sodass er auf Urlaub geschickt wird.

Auf dem Rückweg zu seiner Division versucht er in Ostpreußen im Hauptquartier des Generalstabs des Heeres Nachschub an Material und Munition zu organisieren – allerdings erfolglos. Jedoch führt die Begegnung mit General Ernst Köstring dazu, dass Ulrich erste Zweifel am doch so sicher geglaubten Sieg gegen Russland kommen. Köstring, ehemaliger Militärattaché der deutschen Botschaft in Moskau, ist ein ausgewiesener Kenner der Verhältnisse in der Sowjetunion und der »russischen Seele«. Beim Mittagessen in kleiner Runde warnt er die von den Anfangserfolgen der Wehrmacht immer noch euphorisierten jungen Offiziere: »Ihr werdet euch noch wundern, die Russen werden jetzt erst mobilmachen.«[146]

An die Front zurückgekehrt, erfährt Ulrich sehr schnell, was Köstring gemeint hat. Auf den bevorstehenden Winter ist die Rote Armee wesentlich besser vorbereitet als die Wehrmacht. Aus Sibirien kommen speziell für den Winter ausgebildete und bestens ausgerüstete Einheiten. Den mittlerweile völlig erschöpften deutschen Truppen mangelt es an Munition, Treibstoff und dringend benötigter Winterkleidung. Schon im Oktober fallen dann die Temperaturen nachts weit unter den Gefrierpunkt. Dennoch entscheidet sich das Oberkommando der Wehrmacht zu einem weiteren großen Angriff, um die Entscheidung im Russlandfeldzug zu erzwingen. Ulrichs Division erhält den Auftrag, gemeinsam mit anderen Verbänden auf das 140 Kilometer nordöstlich von Leningrad gelegene Tichwin vorzustoßen. Nur mit großen Verlusten und unter Mobilisierung der letzten Kraftreserven gelingt es der 18. Infanteriedivision, den Ort einzunehmen. Doch der Erfolg ist nur von kurzer Dauer. Der Überzahl der sowjetischen Verbände und den ständigen Gegenangriffen hat die Division nichts mehr entgegenzusetzen. Anfang Dezember muss sie sich bei 38 Grad Kälte wieder hinter den Fluss Wolchow zurückziehen und Ulrich wird Zeuge des »ersten schweren Rückschlags im Rußlandkrieg«.[147] Der Blitzkrieg ist damit endgültig gescheitert. Hitler gibt den deutschen Truppen den Befehl, die Stellungen bis zum Frühjahr mit »fanatischem Widerstand« zu verteidigen, was jedoch allenfalls noch im Dezember 1941 gelingt.

Die 18. Infanteriedivision verbringt die Weihnachtstage wie viele andere deutsche Einheiten zwar relativ ruhig, doch die Rote Armee plant bereits weitere große Angriffswellen, die die Wehrmacht in den nächsten Wochen weiter zurückdrängen werden. Ulrich, zwischenzeitlich zum Hauptmann im Generalstab ernannt, wird davon jedoch nur aus der Ferne hören, denn Ende Dezember erfährt er von seiner Versetzung in die Organisationsabteilung des Generalstabes des Heeres. Auch wenn er sich über diese neue Verwendung freut, bedrückt ihn das Gefühl, er lasse seine »Kameraden in schwerer Lage im Stich.«[148]

* * *

Ende Januar 1942 kommt Ulrich nach Angerburg in Ostpreußen zum Generalstab des Heeres. Der Stab ist in einfachen Baracken untergebracht und befindet sich in unmittelbarer Nähe zum Führerhauptquartier. Ulrich sieht sich zunächst mit unüberschaubaren Hierarchien und einem Wirrwarr an Kompetenzen und Strukturen konfrontiert. Hitler hat Ende 1941 neben der Befehlsgewalt über die gesamte Wehrmacht noch zusätzlich den Oberbefehl über das Heer übernommen. Die Folge davon sind zwei zum Teil gegeneinander arbeitende Stäbe mit sich überschneidenden Zuständigkeiten. So ist das Oberkommando der Wehrmacht für die operative Führung aller Fronten verantwortlich, das Oberkommando des Heeres nur für die sogenannte Hauptfront, also zu dieser Zeit für die Ostfront. Die Zuständigkeit für das gesamte Heer blieb im Bereich Organisation, Ausbildung und Logistik beim Oberkommando des Heeres.

Ulrich findet sich in der Organisationsabteilung anfangs nur schwer zurecht, hat aber in seinem Gruppenleiter einen Vorgesetzten, der Verständnis zeigt und ihm die nötige Zeit für die Einarbeitung gibt. Es ist Albrecht Ritter Mertz von Quirnheim, geboren 1905 in München als Sohn eines Hauptmanns im bayerischen Generalstab, 1923 in die Reichswehr eingetreten und im Sommer 1944 einer der maßgeblichen Köpfe des »20. Juli«. Er ist in Ulrichs Augen »intelligent, großzügig, rasch in Auffassung und Reaktion, gegenüber Vorgesetzten unbekümmert bis an die Grenze der Frechheit.«[149] Zwischen Ulrich und seinem Vorgesetzten entwickelt sich schnell ein Vertrauensverhältnis, sodass Ulrich nach wenigen Wochen Zugang zu den kleinen, regelmäßigen abendlichen Gesprächsrunden einer kleinen Gruppe von Offizieren bekommt. Hier trifft er auf Claus Schenk Graf von Stauffenberg, der schon zu dieser Zeit »kein Blatt vor den Mund nimmt« und nicht mit Kritik an Hitler spart. Dabei war der junge Adlige, geboren 1907 im bayrischen Jettingen, noch bis zum Beginn des Russlandfeldzuges ein großer Sympathisant der nationalsozialistischen Politik. Erst in den zurückliegenden Wochen und in Kenntnis der massiven Menschheitsverbrechen an der Ostfront und des zunehmend zutage tretenden militärischen Dilettantismus' Hitlers hat er sich zu dem kritischen Geist entwickelt, der ihm zweieinhalb Jahre später das Leben kosten wird. Stauffenberg ist für den fünf Jahre jüngeren Ulrich der »mit einer jugendlichen Ausstrahlungskraft begnadete Offizier«[150], bei dem er sich oft Rat holt. »Er war in meinen Augen ein hervorragender Soldat, der

wie ich ein ähnlich tief verwurzeltes Bewusstsein des Staatsdieners verkörperte«[151], erinnert sich Ulrich de Maizière noch kurz vor seinem Tod.

In den abendlichen Gesprächen erfährt Ulrich auch, dass Stauffenberg nicht nur wie er selbst die Infanterieschule in Dresden besucht hat,
sondern dass Stauffenberg wohl auch zu den Reitern der Kavallerieschule in Hannover gehört hat, die Ulrich Ende der 20er Jahre so häufig
beobachtet und bewundert hat. Nach Hannover war Stauffenberg 1928
versetzt worden. Nun sitzt er neben Ulrich und dieser hört von ihm laut
eigener Aussage erstmals von den barbarischen Verbrechen an der russischen Zivilbevölkerung, an denen nicht nur die SS, sondern auch die
Wehrmacht beteiligt ist. Zuvor hat Ulrich nur Gerüchte gehört und es
fällt ihm auch jetzt noch schwer, den Erzählungen vollumfänglich
Glauben zu schenken. Dabei müsste er durch allgemein zugängliche
Informationen längst wissen, dass die Schilderungen Stauffenbergs der
Wahrheit entsprechen, »denn die Gerüchte über Exzesse der deutschen
Besatzungspolitik im Osten hielten sich so hartnäckig, daß Zweifel
nicht mehr erlaubt sein konnten.«[152] Ulrichs Blick auf die geschilderten
Grausamkeiten wird sich nach eigener Aussage jedoch erst einige
Monate später öffnen, als er im Februar 1943 im Rahmen einer Infor-
mationsreise im Raum Charkow auf die »Leibstandarte Adolf Hitler«
der Waffen-SS trifft. Hier erlebt er Dinge, die er auch Jahrzehnte später
in seinen schriftlichen Erinnerungen nicht detailliert schildert, darin
aber erwähnt, dass er von dieser Reise »betroffen und ernüchtert«[153] ins
Hauptquartier zurückkehrt.

Zu dieser Zeit befindet sich die Wehrmacht an der gesamten Ostfront
bereits auf dem Rückzug. Zwar konnte sie mit der Sommeroffensive
1942 noch einmal weit ins russische Reich vordringen und so den Kau-
kasus und Stalingrad erreichen. Jedoch kam es durch diesen Vorstoß zu
einer enormen Überdehnung der Front. Der einsetzende Winter,
enorme Nachschubprobleme und der massive Widerstand der Roten

Armee brachten die deutschen Truppen ans Ende ihrer Kräfte und mit der Schlacht um Stalingrad war die Wende im Russlandfeldzug eingeleitet. Als die 6. Armee unter Generalfeldmarschall Paulus am 31. Januar 1943 kapituliert, ist auch Ulrich endgültig desillusioniert. Seine Erfahrungen in der Organisationsabteilung des Generalstabes des Heeres, seine wachsenden Zweifel an der militärischen Führungsspitze und die Entwicklung an der Front veranlassen ihn zu einem aus heutiger Sicht ungewöhnlichen Schritt. Im Zwiespalt zwischen Pflichtgefühl und den Erlebnissen der vergangenen Monate will er seinen eher ruhigen Posten aufgeben und bittet erneut um eine Frontverwendung. Im Bewusstsein, dass der Krieg nicht mehr zu gewinnen ist, sieht er darin eine »Flucht nach vorne«.[154] So verlässt Ulrich im März 1943 die Organisationsabteilung, ohne jedoch zu wissen, wohin er versetzt wird. Er macht sich allerdings große Hoffnungen auf eine Stelle als Erster Generalstabsoffizier (Ia) und die Beurteilung seines Vorgesetzten zeigt, dass diese Hoffnungen berechtigt sind. In den Beurteilungsnotizen bezeichnet er Ulrich als eine »über sein Alter heraus gereifte, feste Persönlichkeit. Einwandfrei in seiner nationalsozialistischen Haltung. Vor dem Feinde bewährt.«[155] Eine bessere Empfehlung kann es zu dieser Zeit nicht geben, doch muss sich Ulrich vorerst noch in Geduld üben. Im Urlaub soll er die Entscheidung abwarten und fährt daher zu seiner Mutter nach Hannover.

Dort angekommen trifft er sich mit seinem alten Schulkameraden Klaus Werner. Dessen älteste Schwester will heiraten, und da kurzfristig ein Brautführer gesucht wird, übernimmt Ulrich diese Rolle. Auf der Hochzeit begegnet ihm Klaus' Schwester Eva, die seine Tischdame ist. Er kennt Eva schon länger, war ihr früher schon im Elternhaus seines Freundes begegnet, als sie noch ein kleines Mädchen war. Nun trifft Ulrich auf »eine frische, temperamentvolle, selbstsichere junge Frau«[156], die gern tanzt und zudem eine sehr gute Cellistin ist. Da Ulrich auch in den nächsten Tagen nichts vom Heerespersonalamt hört und sich sein Urlaub somit verlängert, verbringen beide viel Zeit miteinander, häufig auch beim gemeinsamen Musizieren. Bei Brahms' e-Moll-Cellosonate für Klavier und Violincello verlieben sich Eva und Ulrich und noch Jahre später wird dies für beide die »Verliebelungs-Sonate« sein.

∗ ∗ ∗

Eva Werner erblickt am 27. März 1915 in Hannover als drittes Kind von Herrmann und Nora Werner das Licht der Welt. Sie verbringt eine Kindheit, die sie später selbst als wohlbehütet und glücklich bezeichnen wird.[157] Liebe und Zuneigung gehören zu ihrem Leben genauso wie Disziplin und Strenge. Vater Hermann entstammt einer alten Kaufmannsfamilie, der im Zentrum Hannovers, gegenüber der Marktkirche, ein großes Geschäftshaus gehört. Hermann Werner hat nach Abschluss des Realgymnasiums ebenfalls den Beruf des Kaufmanns erlernt. Er versteht etwas von Zahlen, ist aber auch ein begabter Bratschenspieler und Freund der Literatur. Seine Frau Nora, das älteste Kind von Ludwig und Anna Lemmermann, der über die Stadtgrenzen von Hannover hinaus bekannten Bankiersfamilie, lernt er auf einem Faschingsfest kennen. Nachdem Hermann um Noras Hand angehalten hat, schreibt er ihr am 29.9.1907: »Ich habe Dich so herzlich lieb, ich verehre dich in Deiner Erscheinung, in Deinem Auftreten und ich möchte Dich so furchtbar gern glücklich sehn … wenn du erst in Deinem Brautkleid steckst.«[158]

Eva de Maizière erinnert sich später an die Erzählungen ihrer Eltern: »In ihren ersten gemeinsamen Jahren reisten sie viel, lernten Italien, Frankreich, England kennen. Sahen Kunst, genossen die Freiheit zusammen, wochen-, monatelang. Der Malblock war immer im Gepäck, ebenso wie der Gedichtband.«[159] Nachdem die junge Familie nach der Geburt der drei, später vier Kinder zunächst noch im Haus der Kaufmannsfamilie Werner wohnte, zieht sie wenig später an den Stadtrand von Hannover in die Simsonstraße. Hermann hat unterdessen das Bankhaus seines Schwiegervaters übernommen, da es dort nach dem Tod von Noras Bruder Friedrich keinen männlichen Erben gab. Neben dem Bankalltag findet der Vater auch Zeit, gemeinsam mit seinen Kindern zu musizieren. Eva ist mittlerweile zu einer guten Cellistin und damit zu einer Bereicherung des familiären Quartetts – bestehend aus ihrem Vater, Bruder Klaus, Schwester Ursula und ihr – geworden. Häufig finden so Musikabende in kleinem Kreise statt, die Eva zeitlebens in guter Erinnerung behält: »… Papa übte heimlich mit uns die ›kleine Nachtmusik‹ von Mozart ein und hiermit überraschten wir auf einem Fest für einen guten Freund alle, einschließlich unsere Mutter.«[160] Die Kammermusikabende der Familie Werner sind in Hannover bekannt, zu diesen bringt Evas Bruder Klaus auch irgendwann seinen Freund Ulrich de Maizière mit.

Bis 1932 besucht Eva das Lyzeum, eine von drei Schwestern geführte Privatschule in Hannover. »Mag sein, es genügte in seinen schulischen Ansprüchen nicht gänzlich modernen geistigen Anforderungen, aber wir wurden erzogen, geführt, gebildet in einer menschlich warmen Atmosphäre, in Pflicht und Freiheit, mit Spiel und Arbeit, mit Wandertagen, Aufführungen, mit einem Lehrplan, genau wie in den großen städtischen Schulen, aber es blieb Raum für freie Entfaltung«,[161] bemerkt Eva 1985 in ihren Erinnerungen. Viel lernt Eva in dieser Zeit auch von ihrer geliebten, acht Jahre älteren Cousine Hedwig Bollhagen, genannt Hb[162]. Auch sie besucht bis 1924 das Lyzeum in Hannover.

Eva und ihren Geschwistern fehlt es in ihrer Kindheit und Jugend an nichts. Obwohl es sich die Familie leisten könnte, ihren Kindern jeden Wunsch zu erfüllen, werden Eva und ihre Geschwister zu Sparsamkeit erzogen. Taschengeld gibt es keins, die Kleidung ist schlicht. Noch Jahre später erinnert sich Eva an Details: »Eine Hausschneiderin nähte nach Entwürfen von Mama die Kinderkleider, verlängerte und änderte diese. Meist waren es haltbare Beiderwandstoffe. Die Wintermäntel aus dem Militärstoff meines Vaters hielten ungeliebt lange und mit Kaninchenfell, unten angesetzt, ließen sie sich beliebig verlängern.«[163] Nicht gespart wird indes bei Kultur und Urlaub. Zahlreiche Konzert- und Theaterbesuche gehören ebenso zu Evas Kindheitserinnerungen wie die Ferien am Meer oder in der Schweiz. Jeder hat seine Freiheiten und Mutter und Vater sind Erzieher, Vorbild und Freund zugleich. Die Eltern entsprechen nicht den damals vorherrschenden Rollenbildern und Eva bemerkt daher später nicht ohne Stolz: »Meine Eltern schenkten sich gegenseitig alles, was ihr Leben ausmachte. Sie brauchten einander und ergänzten sich. … Der konventionelle Lebenszuschnitt noch meiner Großeltern war abgeschafft.«[164]

Nach Beendigung der Schulzeit 1932 und einem freien Jahr beginnt für Eva 1933 der Ernst des Lebens. Ihr Weg führt sie zunächst an die Frauenschule in Hann.-Münden, es folgt ein Jahr praktische Ausbildungszeit auf einem Bauernhof in Varel im Oldenburgischen. 1935 geht sie nach Wierzebaum an der damaligen polnischen Grenze und arbeitet auf einem Gut. Dort herrschen nicht nur raue Umgangsformen, auch die Arbeit ist hart und beschwerlich und das junge Mädchen ist froh, als sie diese Zeit 1936 mit ihrem Abschlussexamen vor der Landwirtschaftskammer beenden kann.

Nach einem erneuten freien Jahr, das Eva zum Teil in einem Musikheim in Frankfurt/Oder und auch in England verbringt, überredet sie ihr Vater dazu, die Ausbildung fortzusetzen. Sie geht für ein Oberstufenjahr an die Frauenschule Luisenhof in der Neumark, und fortan steht eher Theorie statt Praxis im Vordergrund: Ernährungswissenschaft, Stoffkunde und Krankenpflege. Anschließend wechselt Eva an die Hochschule Hannover und studiert im Fach Landwirtschaftslehrerin, bevor ihre Referendarzeit in Stade diesen Lebensabschnitt beendet.

Eva hat nun ihr Staatsexamen mit dem Diplom zur Lehrerin in der Tasche. Sie ist glücklich, wird aber bald vor harte Lebensprüfungen gestellt. Erst stirbt ihr geliebter Vater, dann kommt der Krieg mit voller Wucht nach Deutschland und wird auch Evas Leben in seinen Grundfesten erschüttern.

* * *

Ende April 1943 erfüllen sich Ulrichs Hoffnungen endlich, als er zum Ersten Generalstabsoffizier (Ia) der 10. Panzergrenadierdivision ernannt wird. Der Ia ist so etwas wie »die rechte Hand« des Divisionskommandeurs und Ulrich ist mit seinen gerade mal 31 Jahren stolz auf diese neue Verwendung. Allerdings ist sein neuer Chef, Generalleutnant August Schmidt, nicht gerade begeistert von Ulrich, was allerdings weniger an seiner Person, sondern vielmehr an seinem Alter liegt. Die 10. Panzergrenadierdivision bereitet sich an der Ostfront gerade auf ihren Einsatz im Rahmen der deutschen Großoffensive »Zitadelle« vor und da ist ein unerfahrener, junger Erster Generalstabsoffizier das Letzte, was Schmidt gebrauchen kann.

Als Ulrich bereits im Juni zum Oberstleutnant befördert wird und er innerhalb kürzester Zeit unter Beweis stellt, dass jugendliches Alter nicht zwingend mit Inkompetenz und mangelnder Erfahrung gleichzusetzen ist, fasst Schmidt immer mehr Vertrauen zu ihm. Hilfreich ist, dass beide sich von ihrem Wesen her sehr gut ergänzen. Schmidt ist eher temperamentvoll, stämmig, zupackend und von Natur aus ein derber Typ; dabei aber nie ungerecht oder gar rücksichtslos. Ulrich, mit seiner ruhigen und besonnenen Art, wirkt oft ausgleichend und verkörpert dadurch nicht nur den notwendigen Gegenpol an der Spitze der Division, es verschafft ihm auch Anerkennung in der Truppe. Noch Jahrzehnte später, im Rahmen seiner Ernennung zum Generalinspekteur der Bundeswehr, wird ihm das in Bezug auf seine Aufgabe in der 10. Panzergrenadierdivision bestätigt. »Wir alle wissen, daß Sie im Krieg nicht nur ein umsichtiger Offizier, sondern uns auch ein menschlich-kameradschaftlicher Vorgesetzter waren«[165], schreibt im Sommer 1966 Polizeimeister Bauer, seinerzeit selbst Angehöriger der »10. Division«.

Diese Division steht nun Anfang Juli 1943 vor ihrer bisher größten Bewährungsprobe, als sie im Zuge des Unternehmens »Zitadelle« mitten ins Zentrum der schweren Kampfhandlungen gerät. Ziel von »Zitadelle« ist die Einkesselung von russischen Einheiten im Raum Bjelgorod und Orel und damit die Zurückgewinnung der Initiative der deutschen Truppen an der Ostfront. Strategischer Kopf dieser Offensive ist Generalfeldmarschall Erich von Manstein, den Ulrich de Maizière im November 1967 anlässlich von Mansteins 80. Geburtstag als »eine Gestalt von geschichtlicher Bedeutung« bezeichnen und dann auch seine Rolle während des Krieges im Osten würdigen wird: »Nicht nur am bekannten Plan für den ›Sichelschnitt‹ des Frankreichfeldzuges, sondern vor allem an Ihrer Führung vor Sewastopol, bei der Stabilisierung der südlichen Ostfront nach Stalingrad und beim Sieg von Charkow im März 1943 wird der Militärhistoriker künftig Ihre Leistung als bedeutender Feldherr zu verdeutlichen haben.«[166] Das Unternehmen »Zitadelle« wird Ulrich de Maizière in dieser Rede nicht erwähnen, denn es ist nicht von Erfolg gekrönt. Bereits wenige Tage nach dem Beginn der Großoffensive und der erfolgreichen Gegenwehr der Roten Armee befiehlt Hitler, alle weiteren Angriffe einzustellen. Von nun an wird sich die Wehrmacht nur noch auf dem Rückzug befinden.

Ulrichs Division wird nach den verlustreichen Kämpfen erst in die Ukraine verlegt, bevor sie im Dezember 1943 in den Raum Kirowograd muss. Mitte des Monats bekommt Ulrich ein paar Tage Urlaub und fährt nach Hannover. Endlich sieht er Eva wieder, mit der er über Monate nur durch eine Fülle von Briefen verbunden war. Bei einem der ersten Bombenangriffe auf Hannover hat Evas Familie ihr Haus verloren und wohnt nun in einem Nachbargebäude, das nur wenig später ebenfalls von Bomben getroffen wird. Viele Jahre später schreibt sie ihre

Erinnerungen an diese Nächte für ihre Enkel auf, um ihnen vom Grauen des Krieges zu berichten: »Als die letzte Feuernacht kam, hockten Mutter und ich wiederum im Keller. Bei jedem Einschlag duckten wir uns und die Wände schwankten. Schließlich befreiten wir uns durch ein Mauerloch … Wir gelangten in unseren Garten, um uns herum war ein Feuersturm ausgebrochen … Sämtliche Häuser brannten, die Bäume ächzten und brachen. Der Nachthimmel leuchtete blutrot über uns. Die Gewalt des Feuers nahm uns beinahe Willen und Verstand.«[167] Auch Ulrichs Mutter verliert in den Bombennächten ihre Wohnung. Sie zieht daraufhin nach Göttingen zu Maria Lüdicke, der Schwiegermutter von Ulrichs jüngster Schwester Irene.

Als Ulrich an die Front zurückkehrt – gerade mit dem Eisernen Kreuz I. Klasse ausgezeichnet – hat seine Division schwere Kämpfe hinter sich. Unter großen Verlusten ist es ihr gemeinsam mit der 14. Panzerdivision gelungen, aus dem Kessel von Kirowograd auszubrechen. Jetzt geht es darum, die Front westlich von Kirowograd zu halten, um den weiteren Vormarsch der Roten Armee zu stoppen. Als Erster Generalstabsoffizier ist hier vor allem Ulrich gefragt, der jeden Schritt mit seinem Pendant von der »14. Division« abstimmt. Das ist zu dieser Zeit Peter von Butler, der aus dem fränkischen Heldritt stammende Sohn einer alten Soldatenfamilie. Auch von Butler hat wie Ulrich de Maizière die Generalstabsausbildung absolviert und am Krieg seit dem ersten Tage teilgenommen. Nun erlebt er mit Ulrich den unaufhaltsamen Rückzug der Wehrmacht. »Schon damals hatte de Maizière den Ruf eines überlegenen Geistes mit Herz für die Truppe und ich freute mich, ihn kennenzulernen. Ich hatte sofort Vertrauen zu ihm«[168], erinnert sich Peter von Butler noch im Jahr 2008. Das Zusammentreffen der beiden an der Ostfront im Frühjahr 1944 ist der Beginn einer Jahrzehnte währenden Freundschaft, die sich später zum Teil auch auf die nachfolgende Generation übertragen wird.

Im März 1944 setzt die Rote Armee ihre Offensive fort und es gelingt den deutschen Truppen nur anfangs, den Vormarsch zu stoppen. Nicht nur mangelnder Nachschub, sondern auch die im Frühjahr einsetzende Schlammperiode setzen den Einheiten stark zu. Als im April über 250 000 deutsche und rumänische Soldaten in Sewastopol eingeschlossen werden, die Heeresgruppe »Südukraine« Odessa räumen muss und die russische Armee die Ukraine zurückerobert, steht Ulrichs Division bereits auf rumänischem Boden. Nach erneut schweren Verlusten an Mensch und Material kann die Truppe in den folgenden Wochen »ohne Kampfauftrag und Feindberührung längere Zeit in einem Ruheraum aufatmen.«[169] In dem zwischen Dnjestr und Pruth gelegenen Gebiet werden die Deutschen von der rumänischen Bevölkerung freundlich aufgenommen. Die Soldaten genießen »endlich wieder den Eindruck eines europäischen Landes.«[170] Es gibt genügend Verpflegung, ausreichend Schlaf und wenig später treffen neue Männer, Waffen und Fahrzeuge ein. Die Division soll auf die kommenden, schweren Aufgaben vorbereitet werden. Zu dieser Zeit setzt eine kleine Gruppe von Offizieren rund um Claus Schenk Graf von Stauffenberg ein moralisches Zeichen und sendet der Welt ein Signal des »anderen Deutschlands«[171], das auch unter Ulrichs Kameraden für viel Diskussion sorgen wird.

Im Vorfeld des »20. Juli 1944« sind mehrere kleine oppositionelle Gruppen innerhalb der Wehrmacht entstanden. Im Mittelpunkt steht die Gruppe von Oberst von Stauffenberg, der nach seiner schweren Verwundung in Afrika mittlerweile Chef des Stabes beim Oberbefehlshaber des Ersatzheeres in Berlin ist. Unter seiner Regie werden die Pläne für einen Staatsstreich erarbeitet, die nicht nur den politischen Umsturz, sondern auch die Ermordung Hitlers vorsehen. Von Stauffenberg ist entschlossen, das Attentat auf Hitler selbst zu verüben und bricht am Morgen des 20. Juli gemeinsam mit seinem Adjutanten Werner von

Haeften mit dem Flugzeug zur »Wolfsschanze« nach Ostpreußen auf. Als es dort dann gegen Mittag im Rahmen einer Lagebesprechung zur Detonation der Bombe kommt, ist von Stauffenberg schon wieder auf dem Rückweg. Erst nachdem er wieder in Berlin angekommen ist, erfährt er, dass der Anschlag misslungen ist. Rundfunkmeldungen berichten vom Überleben »des Führers« und bereits wenig Stunden später ist der Staatsstreich gescheitert. Noch in der Nacht werden von Stauffenberg, Mertz von Quirnheim, Olbricht und andere hingerichtet. Es sind die Namen von Offizieren, die Ulrich wohlbekannt sind. Noch vor anderthalb Jahren hat er mit ihnen in der Organisationsabteilung des Generalstabes des Heeres zusammengearbeitet. Er stand ihnen in vielen Dingen nahe und hört jetzt am Abend des 20. Juli in Rumänien bei einem geselligen Beisammensein mit anderen Offizieren vom Umsturzversuch. Während sofort eine heftige Diskussion aller Beteiligten beginnt, verschließt Ulrich »das Ereignis den Mund«[172] und er denkt: »Also nun doch«[173], behält seine Gedanken jedoch für sich. Niemand an diesem Abend weiß, dass er mit den Verschwörern einst dienstlich eng zusammengearbeitet hat. Allerdings weiß man im Heerespersonalamt davon, und so macht sich Ulrich Sorgen, dass auch er in den nächsten Tagen vernommen oder gar verhaftet werden könnte. Doch dazu kommt es nicht. Er gerät nicht in das Blickfeld der Gestapo, wohl auch, weil die Nähe zu von Stauffenberg letztendlich nicht so groß war, wie es die Schilderungen in seinen Ende der 80er Jahre erschienenen Memoiren vermitteln. Gleichwohl wecken die Ereignisse des »20. Juli« in Ulrich erneut Gedanken des Zweifelns. Gehört zu Pflicht nicht auch Verantwortung? Verantwortung gegenüber dem Vaterland? Wie ist es moralisch zu verantworten, einem Diktator zwar nicht politisch, jedoch weiterhin militärisch zu folgen? Wie hätte ich gehandelt, wenn ich immer noch mit von Stauffenberg zusammengearbeitet hätte? Es sind Fragen, denen er sich auch noch Jahre später häufig stellen wird und die er in vielen Reden, Texten oder Briefen als hoher Offizier der Bundeswehr versucht zu beantworten. An Nina Gräfin von Stauffenberg schreibt er im November 1967 in Gedenken an deren Mann: »Seine in dunkelster Zeit bewiesene Vaterlandsliebe, sein opferbereites, kompromißloses Aufstehen gegen die Mißachtung von Recht und Menschenwürde sichern ihm die Verehrung seiner überlebenden Freunde und Schicksalsgefährten. Die Lauterkeit der Beweggründe seines Denkens und Handelns hat auch die Achtung derer, die einst seinen Weg nicht glaubten mitgehen zu können.«[174] Damit meint Ulrich de Maizière am Ende niemand anderen als sich selbst.

Im Sommer 1944, kurz nach den Ereignissen des »20. Juli«, hat er freilich nicht viel Zeit zum Nachdenken. Die militärische Großwetterlage lässt dafür keinen Raum. Die Schlacht im Atlantik ist längst verloren und die deutsche Luftwaffe nur noch ein Schatten ihrer selbst. In nahezu jeder Nacht sind deutsche Großstädte Ziele von flächendeckenden Bombardements. Alliierte Truppen sind in der Normandie gelandet und liefern sich heftige Gefechte mit den Deutschen an der Westfront. Im Süden muss die Front in Italien immer weiter in den Norden verlegt werden. An der Ostfront hat die Rote Armee mit einer groß angelegten Sommeroffensive begonnen und stößt nun weiter in Richtung Westen vor. Die Wucht dieses Großangriffs bekommt auch die 10. Panzergrenadierdivision zu spüren, die im Raum Jassy versucht, sich gegen die russische Übermacht zu wehren. Während sie zunächst noch gemeinsam mit rumänischen Verbänden kämpft, bricht nach dem 23. August 1944 Chaos aus, als König Michael von Rumänien die Seiten wechselt und kurz darauf Deutschland den Krieg erklärt.

Ulrichs Kommandeur will sich mit den Resten seiner Division über die Karpathen nach Ungarn durchschlagen, gerät dabei aber immer wieder in schwere Gefechte, sodass ständig die Richtung gewechselt werden muss. Als die Truppe am 29. August den Ort Pogoanele erreicht, gerät sie in ein schweres Gefecht mit rumänischen Einheiten.

Auf einem Schützenpanzerwagen sitzend wird Ulrich von einer Granate am rechten Oberschenkel und Fuß getroffen und schwer verwundet. Da weder ein Arzt noch ausreichend Medikamente vorhanden sind, kann die Wunde nur notdürftig versorgt werden. Ulrich ist nun auf seine Kameraden angewiesen, denn laufen kann er nicht mehr.

Als die Division die Donau erreicht, um ans bulgarische Ufer zu gelangen, hat Ulrich Glück. Zwei unversehrte schwimmfähige Volkswagen gehören noch zu den Überresten der einst stolzen motorisierten 10. Panzergrenadierdivision und einer davon rettet Ulrich vor der gefürchteten Gefangenschaft. Mit einem ebenfalls verwundeten Oberleutnant und zwei Soldaten gelingt die Überfahrt ans andere Ufer, wo er sich schwer erschöpft von seinem Kommandeur August Schmidt verabschiedet. Über die bulgarische Stadt Silistra und nur mit Hilfe der Bevölkerung kommt die kleine Gruppe nach mehreren Tagen in einem Lazarett westlich von Sofia an. Die Freude darüber weicht jedoch schnell der Ernüchterung. Mittlerweile steht die Rote Armee im Land, und als wenig später auch Bulgarien Deutschland den Krieg erklärt, müssen die Männer um Ulrich schnell weiter in Richtung Jugoslawien ziehen. Mit einem Lastensegler gelangen sie nach Belgrad. Dort hat Ulrich erneut Glück, als er im Lazarett auf einen alten Divisionskameraden trifft, der ihm einen Platz in einem Verwundetenzug nach Wien organisiert. Als er dort am 11. September eintrifft, will er schnell weiter. Die Stadt ist in hellem Aufruhr, weil sie Tags zuvor den ersten schweren Bombenangriff erlebt hat. Nunmehr auf sich allein gestellt, erhält er kurz darauf die Erlaubnis, über Frankfurt nach Göttingen weiterzureisen. Dort angekommen, ist er zwar völlig erschöpft und am Ende seiner Kräfte, weiß aber, dass ihm durch die Verwundung die russische Gefangenschaft erspart geblieben ist. Nach dem Krieg wird er vom Schicksal vieler seiner Kameraden erfahren, die ihr Leben im sinnlosen Kampf gegen einen übermächtigen Gegner verloren haben oder die Qualen der russischen Gefangenschaft erleben mussten.

In Göttingen sieht Ulrich nicht nur seine Mutter wieder, sondern auch Eva. Sie ist schnell in die Stadt gekommen, als sie gehört hat, dass Ulrich lebt. Gemeinsam verbringen sie nun den Genesungsurlaub. Auf einem der unzähligen Spaziergänge fragt Ulrich Eva, ob sie seine Frau werden möchte, warnt sie aber sogleich: »Ehe du antwortest, muß ich dir sagen, daß ich diesen Krieg für verloren halte. Wenn diese Beurteilung richtig ist, heißt das, daß du in absehbarer Zeit nicht einen Oberstleutnant im Generalstab, sondern einen ungelernten Arbeiter zum Manne haben wirst.«[175] Eva, die selbst längst weiß, dass dieser Krieg nicht mehr zu gewinnen ist, zögert nicht und antwortet: »Wir sind jung, wir beginnen ganz von vorn.«[176] Zur Verlobung schenkt Ulrich Eva einen Brillantring, den er zur Taufe bekommen und den zuvor seine Mutter getragen hat. Als er ihn Eva auf den Finger steckt, sagt er: »Diesen Ring tragen die beiden Frauen, die ich in meinem Leben am meisten liebe, meine Mutter und nun meine Frau.«[177]

Alles muss nun zügig gehen, denn Ulrich glaubt, bald wieder an die Front gerufen zu werden. Im Antrag auf Erteilung der Heiratserlaubnis schreibt er daher: »Ich bitte um vordringliche Bearbeitung, da ich noch vor meiner neuen Feldverwendung am 18. 11. 1944 heiraten möchte.«[178] Zur Überraschung von Ulrich und Eva geht alles schnell, sodass wenig später in Göttingen erst die standesamtliche und am Tag darauf die kirchliche Trauung stattfinden kann. Auf dem Fest sieht Ulrich nach langer Zeit nicht nur seine Schwestern, sondern auch seinen Bruder Clemens wieder.

* * *

Nach einigen beruflichen Ortswechseln wohnt Clemens gemeinsam mit seiner Frau Christine und der zweijährigen Dorothee seit einiger Zeit in einer kleinen Wohnung in Berlin. Seine neue berufliche Tätigkeit am Institut für Arbeitsrecht macht ihm Spaß. Er ahnt jedoch nicht, dass auch diese Arbeit nur von kurzer Dauer sein wird. Er verfolgt die politische Entwicklung weiterhin sehr gespannt und erkennt im Sommer, dass sich die Lage zuspitzt und Deutschland auf einen Krieg zusteuert. Als er dann aber fünf Tage vor Kriegsbeginn am 26.8.1939[179] zum Wehrdienst eingezogen wird, trifft ihn das unvorbereitet. Christine ist erneut schwanger, freut sich mit Clemens auf das zweite Kind und nun muss dieser zum Militär. Der Abschied fällt ihnen schwer und beide wissen zu dieser Zeit noch nicht, dass es ein Abschied für ein Jahr werden wird.

Anders als sein Bruder Ulrich ist Clemens für das Militär nicht geboren. »Gewalt, Aggression und Befehle waren ihm zutiefst verhasst und auch laute Worte waren nicht seine Art«[180], meint Tochter Dorothee noch heute. »Dies galt auch in Erziehungsfragen. Statt zu schreien, schilderte er eher die möglichen Folgen des Unsinns, den wir mitunter machten.«[181]

Clemens kommt im Sommer 1939 zunächst zur Grundausbildung in die Nähe von Magdeburg zu einem Infanterieregiment, bevor es an die Front geht. Von dort schreibt er Christine im März, als er von der Geburt seines Sohnes Lothar erfährt: »Falls ich nicht wiederkomme, mach aus meinem Sohn bitte einen anständigen Hugenotten.«[182] Doch er kommt wieder. Am 24.8.1940 wird Clemens nach Hause entlassen, ahnt aber, dass er nicht das letzte Mal an der Front war. Die Erfahrungen des letzten Jahres haben ihn außerdem nachdenklich gemacht. Längst ist er von den Ideen der Nationalsozialisten abgerückt. Mit seinem Schwiegervater Johannes Rathje führt er in dieser Zeit viele Gespräche. Wie Clemens war auch er Ende der 30er Jahre in die NSDAP eingetreten, hat aber mittlerweile in der »Bekennenden Gemeinde« in Nordhausen eine neue Heimat gefunden.

Als Clemens und Christine mit ihren drei Kindern – 1941 wird noch Tochter Sabine geboren – 1943 ebenfalls nach Nordhausen ziehen, wendet sich Clemens immer mehr von den Nazis ab; auch weil er in Nordhausen Leuten begegnet, die wie er denken. Zu ihnen gehört Gerhard Kossinna, Sohn des Geheimen Justizrates Richard Kossinna. Dieser wohnt bei Rechtsanwalt Richard Lerche und beide nehmen »1943 den in Berlin ›judenfreundliche Urteile‹ gefällt habenden Kammergerichtsrat Ernst Beleites in die Mansardenwohnung auf.« Hinzu kommt »als häufiger Gast der Jurist Clemens de Maizière (…), sodass das Haus Stolbergstraße 60 eine kleine Insel freier Denkart in nazistischer Umgebung«[183] ist. Dass ihm dieser Umgang keine glänzenden Berufschance beschert, weiß Clemens und so schlägt er sich und seine Familie mit kleineren juristischen Hilfsarbeiten und einer Tätigkeit bei der Deutschen Arbeitsfront (DAF) durch, bis er im November 1944 erneut zum Wehrdienst an die Ostfront eingezogen wird. Zuvor aber ist er noch Gast auf der Hochzeit seines Bruders Ulrich.

* * *

Die Hochzeitsfeier nach der standesamtlichen Trauung von Eva und Ulrich findet in der Frauenschule Hann.-Münden statt, in der Evas Tante Grete Direktorin ist. Noch Jahrzehnte später wird sich Eva an jedes Detail erinnern: »Es war kalt und stürmisch, ein großes Haus ohne Feuerung, wir froren alle mächtig. Ein kleines Kanonenöfchen spendete ein wenig Wärme mit Holz aus dem Walde gespeist. Es gab auch ein paar Lebensmittelmarken extra für derlei Feste. Die ländliche Schule gab aus ihren Kellern so viel dazu, daß es für ein schönes Mahl reichte. Die Schülerinnen sangen und erfreuten uns mit einer Aufführung.«[184]

Zur kirchlichen Trauung am nächsten Tag geht es mit einem alten Kutschwagen, der so sehr über die stark beschädigten Straßen poltert, dass sich Eva fest an Ulrich klammern muss. Von lautem Glockenläuten werden die beiden jedoch nicht begrüßt, das ist zu dieser Zeit schon längst verboten. Getraut wird das junge Paar vom Göttinger Prof. Jeremiä und der Trauspruch lautet: »Es ist ein köstlich Ding, daß das Herz fest werde, welches geschieht aus Gnade. (Hebr. 13, V. 9)«.[185] Beim Verlassen der Kirche muss die kleine Hochzeitsgesellschaft dann noch einen kurzen Schreck verkraften, als Clemens an den Altarstufen stürzt und sich das Kinn aufschlägt. Nachdem die Wunde im Krankenhaus genäht wurde, kann er auch beim Hochzeitsmahl dabei sein, bevor es am Abend wieder »Abschied nehmen« heißt. Weder Ulrich noch Clemens wissen in diesem Moment, dass viele Jahre vergehen werden, bis sie sich wiedersehen.

Am Tag nach der Hochzeit geht es für Eva und Ulrich auf kurze Hochzeitsreise nach Dresden. Ulrich hatte zuvor seiner Frau von der schönen Stadt vorgeschwärmt, sodass die Entscheidung nicht schwer fiel. Aber Eva wird enttäuscht. Zwar wohnen beide im nach wie vor erstklassigen »Hotel Bellevue«, jedoch sind fast alle Läden leer, die Museen geschlossen, »ihre Schätze ausgelagert, Konzerte verboten.«[186] Als Eva und Ulrich ihr Hotelzimmer räumen müssen, weil Reichsminister Alfred Rosenberg eine gesamte Etage benötigt, entschließen sich beide zur Heimreise. Auf der Rückfahrt nach Göttingen verspricht Ulrich Eva noch, dass er ihr »sein« Dresden später noch einmal zeigen wird, wenn der Krieg vorbei ist. Das Versprechen wird er jedoch erst 50 Jahre später einlösen können, als Sohn Thomas Minister in Sachsens Landeshauptstadt wird.

Ende November 1944 befindet sich Ulrich in einer beruflich unbefriedigenden Situation. Nach der Zerschlagung seiner Division wird er in die Führerreserve des Oberkommandos des Heeres versetzt und kurz darauf dem Oberbefehlshaber West zugeteilt; allerdings ohne »Planstelle«, was dazu führt, dass er häufig »herumgereicht« wird. Dabei hatte ihm noch seine Beurteilung vom März glänzende Aussichten bescheinigt und schwarz auf weiß festgestellt, dass er eine »ausgesprochene Führerpersönlichkeit mit hervorragenden Charaktereigenschaften« sei, »geistig und körperlich sehr gut veranlagt, von gesundem Ehrgeiz und besonders taktvollem Wesen. ... Zum Armee-Ia und Korpschef eines mot.-Korps geeignet.«[187] Nun sitzt er jedoch in der Eifel und soll sich um die Verkehrsüberwachung und Verkehrsregelung im Aufmarschraum für die große »Ardennenoffensive« kümmern. Ziel der Offensive sind Brüssel und Antwerpen, wo die Alliierten ihren Nachschub organisieren und abwickeln. Zudem hofft Hitler, mit dieser militärischen Operation einen Keil zwischen Briten und Amerikaner zu treiben, um sie doch noch zu Friedensverhandlungen zwingen zu können. Als auch diese Offensive scheitert, kommt Ulrich Ende Dezember nach Bad Ems als »taktischer Berater«[188] zur Panzertruppe West. Auch hier fühlt er sich bald überflüssig, sodass er dem Personalchef des Oberbefehlshabers West vorschlägt, ihn zu beurlauben, bis eine geeignete Verwendung für ihn gefunden sei. Nachdem dieser zustimmte, verleben Ulrich und Eva bis Ende Januar 1945 in einer kleinen Göttinger Wohnung ihre »zweiten Flitterwochen«. Neun Monate später wird mit Tochter Barbara ihr erstes Kind geboren.

Doch so schön die gemeinsame Zeit mit Eva auch ist, Ulrich plagt bald das schlechte Gewissen. Während im Westen die Alliierten längst den Rhein erreicht haben, steht im Osten die Rote Armee an der Reichsgrenze und überschreitet diese erstmals am 21. Januar östlich von Breslau. Ostpreußen ist bereits vom Rest des Deutschen Reiches abgeschnitten und wenig später sind die Truppen von Marschall Schukow nur noch 100 Kilometer von Berlin entfernt. In dieser Situation und von seinem tief verwurzelten Pflichtbewusstsein getrieben will Ulrich nicht länger nur »Zuschauer«[189] sein und fragt daher beim Heerespersonalamt nach, ob man ihn »vergessen« habe. Hocherfreut über Ulrichs Rückmeldung sichert man ihm dort eine neue Verwendung innerhalb weniger Tage zu. Als er dann Anfang Februar ins Oberkommando des Heeres nach Zossen bei Berlin beordert wird, tritt er die Reise im Glauben daran an, nun wieder an der Front eingesetzt zu werden. Zu seiner Überraschung erfährt er jedoch, dass er Erster Generalstabsoffizier (Ia) der Operationsabteilung des Heeres werden soll. Er weiß, was das heißt. Wäre die Versetzung auf eine solche Position noch vor einigen Monaten ein Karriereschritt mit großem Prestigegewinn gewesen, bedeutet die Stelle nun nichts anderes als die Verwaltung des Mangels und die weitere operative Planung des Rückzugs der deutschen Truppen im Osten. Doch nicht nur deshalb zögert Ulrich. Einige seiner »letzten Vorgänger hatten ihren Stuhl unter höchst unerfreulichen Umständen verlassen müssen«[190], darunter Graf von Kielmannsegg, Bogislaw von Bonim oder Wasmod von dem Knesebeck. Sie alle machten »Bekanntschaft« mit der Gestapo oder der SS, weil sie der Verschwörung verdächtigt wurden, ihnen befehlwidriges Handeln oder ungenügende nationalsozialistische Einstellung vorgeworfen wurde. Und nun soll Ulrich diesen Posten übernehmen? Er überlegt einige Tage, berät sich mit Kameraden und sagt am Ende zu; auch weil er keine wirkliche Begründung für eine Ablehnung findet und erneut die Pflichterfüllung über alle Zweifel stellt. Dabei wird mit dem heutigen Blick auf die Ereignisse von damals deutlich, dass die immer wiederkehrende Erwähnung der »soldatische Pflicht« auch bei Ulrich de Maizière als Form der Rechtfertigung gesehen werden muss.

Zur Aufgabe des Ersten Generalstabsoffiziers des Heeres gehört vor allem, »die Lage an der Front zu verfolgen, die täglichen Lageberichte auf Karten darzustellen und in Gesamtberichten zusammenzufassen.«[191] Oft arbeitet Ulrich bis spät in die Nacht, die Arbeit belastet ihn, er findet kaum noch Schlaf. Seine neue Aufgabe führt ihn in den nächsten Wochen auch oft in den Führerbunker der Reichskanzlei. Dort finden täglich zwei Lagevorträge statt, die »große« und die »kleine Lage«. Während die große Lage bestimmt ist vom Auftreten der militärischen und politischen Führungskräfte des Reiches, tragen in der »kleinen Lage« nur rangjüngere Offiziere vor. Zu ihnen gehört im Abstand von jeweils drei bis vier Tagen auch Ulrich. Als er am 26. Februar allein vorträgt, begegnet er das erste Mal Hitler, also dem Mann, auf den er seinen Eid geleistet hat. Hitler ist zu dieser Zeit schon länger schwer krank, geht nur noch »langsam mit schlurfendem Schritt und gebeugter Haltung.«[192] Doch anders als in den »großen Lagen« gibt es nach Ulrichs Erinnerung in den »kleinen Lagen« kaum Gefühlsausbrüche Hitlers oder dramatische Szenen. Stattdessen hört Hitler aufmerksam zu, äußert mitunter Kritik, demütigt die jungen Offiziere dabei aber nicht. Ulrich de Maizière: »Wir haben uns immer bemüht, die Lage objektiv vorzutragen, wollten nichts beschönigen. Dennoch blieb Hitler meistens ruhig, stellte allenfalls Fragen, um dann am Ende Entscheidungen zu treffen, die nicht mehr von Bedeutung waren.«[193]

Am 22. April 1945 sieht Ulrich Hitler zum letzten Mal bei der »großen Lage«, doch sein Vortrag interessiert niemanden mehr. »Es ging nur noch um die Lage im Häuserkampf. Man stand nicht mehr um eine Europakarte, sondern vor einem Stadtplan Berlins«[194], erinnert sich Ulrich später. Mitte April hat die Rote Armee mit ihrer letzten großen Offensive begonnen und steht nun an der Stadtgrenze der Reichshauptstadt. Vom Westen her dringen die Briten und Amerikaner immer tiefer ins Land in Richtung Elbe.

Derweil spielen sich im Führerbunker gespenstische Szenen ab. Neben immer wieder zu hörenden Durchhalteparolen drehen sich die Gespräche um Selbstmord, Flucht oder Gefangenschaft. Alkohol fließt in Strömen, der Untergang ist nah. Hitler befiehlt in einem letzten Akt die Zusammenlegung der Oberkommandos der Wehrmacht und des Heeres, das sich unmittelbar danach wieder geografisch teilt. So zieht sich ein Teil nach Berchtesgaden zurück, der andere unter der Führung von Großadmiral Dönitz nach Flensburg. Zu dieser Gruppe gehört auch Ulrich, dessen Aufgabe nach wie vor »die lagemäßige Bearbeitung der Ost-Front«[195] ist. In dieser Funktion muss er im Auftrag von Dönitz einige heikle Missionen ausführen, die in den letzten Tagen des Krieges noch das Leben kosten können. Da Funk- und Telefonverbindungen kaum noch stehen, eine Abstimmung zwischen der Gruppe Nord und Süd aber weiterhin erfolgen soll, fliegt Ulrich am 27. April erst nach Salzburg, um dann nach Berchtesgaden weiterzufahren. Hier stimmt er mit dem dortigen Chef des Wehrmachtführungsstabes die weiteren Schritte ab und gelangt unter großen Gefahren zurück nach Flensburg. Vom Flugzeug aus sieht er das brennende Berlin und in die Gedanken an das bevorstehende Ende des Krieges mischt sich die Sorge um Eva. Er hat seit Wochen nichts mehr von ihr gehört und kann daher nur hoffen, dass sie und das ungeborene Kind wohlauf sind. Die Frage, ob und wann er sie wiedersieht, belastet ihn sehr, zumal er eine mögliche Gefangenschaft fürchtet. »Alles, nur nicht zu den Russen«, denkt er in diesen Tagen.[196]

Zwei Tage später ist Hitler tot, Dönitz wird neues Staatsoberhaupt und wie viele seiner Kameraden hofft Ulrich nun auf ein schnellstmögliches Ende des Krieges. Als dieses dann endlich da ist, muss Ulrich seinen emotional wohl schwierigsten Auftrag erfüllen, der ihn am 8. Mai noch einmal nach Osten in den Kurland-Kessel führt. Der dort von der Roten Armee eingeschlossenen Heeresgruppe soll er persönlich den Befehl zur Kapitulation überbringen, wohl wissend, dass die dort ausharrenden mehr als 200 000 deutschen Soldaten »ohne jede Chance des Entkommens der russischen Kriegsgefangenschaft ausgeliefert«[197] sind. Mit viel Glück und der letzten noch flugfähigen Maschine kehrt Ulrich kurz darauf wieder nach Flensburg zurück, im Gepäck hunderte Abschiedsbriefe der im Kurland-Kessel zurückgelassenen deutschen Soldaten, deren Schicksal ihn noch Jahrzehnte später sehr bewegt, als er in seinen Erinnerungen diesen Auftrag beschreibt: »Ich habe ihn als den menschlich schwersten Auftrag meines Lebens empfunden.«[198]

Nach Beendigung des Krieges verbleibt die Reichsregierung unter Großadmiral Dönitz zunächst im Amt. Auch das Oberkommando der Wehrmacht setzt seine Arbeit fort, allerdings unter strenger Kontrolle der Alliierten. Als der russische Marschall Schukow bei den Briten vom Oberkommando der Wehrmacht detaillierte Unterlagen »über die den Sowjets gegenüber kapitulierenden Teile der Wehrmacht verlangt«[199], beginnt für Ulrich de Maizière eine heikle Mission. Er erhält am 12. Mai den Auftrag, die angeforderten Unterlagen persönlich nach Berlin zu bringen, und sitzt daher wenig später in einer britischen Militärmaschine auf dem Weg nach Berlin-Tempelhof. Die folgenden Tage werden zu einem Geduldsspiel für Ulrich, da das mitgebrachte Material im Hauptquartier der Roten Armee in Berlin-Köpenick genauestens überprüft wird. Immer wieder wird er zu Rückfragen gerufen und um Erläuterungen gebeten. Ulrich gibt bereitwillig Auskunft, lehnt aber die Bewertung von militärischen Operationen und Aktionen genauso ab, wie die Antworten auf Fragen mit politischem Inhalt. Am 17. Mai kann er endlich nach Flensburg zurückfliegen, und als dann die Briten am 23. Mai die Arbeit des Oberkommandos des Heeres endgültig beenden, die Kabinettsmitglieder um Dönitz allesamt verhaftet werden, ist auch für Ulrich de Maizière der Krieg vorbei. Gemeinsam mit anderen Kameraden kommt er in britische Gefangenschaft und sieht einer ungewissen Zukunft entgegen.

Clemens de Maizière ist bis kurz vor Kriegsende bei den sinnlosen und aussichtslosen Kämpfen der Wehrmacht auch dabei. Doch anders als Ulrich, der die Planungen des Berliner Häuserkampfes im Führerbunker verfolgt, kämpft Clemens unweit davon selbst in den Straßen Berlins und wird am 2. Mai von Soldaten der Roten Armee gefangen genommen. Immer wieder hatte er zuvor versucht, über seinen Bruder eine andere Verwendung zu bekommen. Doch Ulrich lehnte dies ab, »weil er für meinen Vater nicht Schicksal spielen wollte«, erzählt Clemens' Tochter Dorothee später.[200]

Seine Frau und die mittlerweile drei Kinder hat Clemens bereits Mitte 1943 von Berlin nach Nordhausen zu den Schwiegereltern gebracht, in der Hoffnung, dass sie dort vor schweren Bombenangriffen sicher sind. »Es war für unsere Großeltern nicht einfach, vier zusätzliche Personen in der Wohnung unterzubringen, und es war ziemlich eng. Aber sie haben uns Kinder das kaum spüren lassen«[201], erinnert sich Dorothee an diese Monate.

Da die Alliierten in Nordhausen deutsches Militär vermuten, kommt es auch in Nordhausen in den letzten Kriegswochen zu verheerenden Angriffen. Am schlimmsten trifft es die Stadt in der Nacht vom 3. zum 4. April 1945, als bei einem Bombenangriff der Royal Air Force 74 Prozent der Innenstadt zerstört werden und über 8.800 Menschen den Tod finden.[202] Alle Kinder werden sich Zeit ihres Lebens an diese Nacht erinnern. Dorothee hat bis ins hohe Alter jedes Detail genau vor Augen: »Ich weiß noch heute, wie sich unsere Großmutter im Keller schützend über uns Kinder gebeugt hat und dabei sang: ›Breit' aus die Flügel beide, oh Jesu, meine Freude, und nimm dein Küchlein ein! Will Satan mich verschlingen, so lass die Engel singen: Dies Kind soll unverletzt sein.‹«[203] Und die Großmutter wird erhört. Alle überleben den Krieg. Doch was für Tage folgen dann? Erst kommen die Amerikaner, später die Russen. In dieser Zeit großer Ängste und Unsicherheiten ist die Großmutter ein fester Anker. »Sie hatte den treffenden Beinamen ›Hanna, die Strengblickende‹. Immer wenn Mutter Christine in Sorge um uns Kinder war und anfing zu klagen, sagte Großmutter: ›Stine, Haltung bewahren.‹ Dieser Satz, der natürlich nicht für die Kinder gedacht war, hat sich jedoch fest bei uns eingenistet«[204], entsinnt sich Dorothee noch viele Jahre später.

Und Eva? Nachdem Ulrich in den Generalstab des Heeres nach Zossen gerufen wird, geht sie zunächst für zwei Monate zu ihrer Tante Grete in die Frauenschule. Hatte hier vor einigen Wochen noch ihre kleine Hochzeitsfeier stattgefunden, waren in dem Gebäude nun Flüchtlinge aus den deutschen Ostgebieten untergebracht. Als auch hier nachts die

Sirenen heulen und das Haus durch Tiefflieger schwer beschädigt wird, packt die schwangere Eva ihre wenigen Habseligkeiten und gelangt über Göttingen nach Harsefeld, einer Kleinstadt in der Nähe von Stade, wo sie von einem alten befreundeten Ärztehepaar herzlich aufgenommen wird. In den letzten Apriltagen erlebt sie aber auch hier noch einmal das Grauen des Krieges, als das Nachbargebäude schwer getroffen wird: »Eben noch ein Haus, Bewohner, Leben – jetzt Steine, Rauch, Fetzen von Kleidern in den entlaubten Bäumen, Tod, Zerstörung. Und ich mit einem Kindchen unter dem Herzen!«[205] Doch Eva ist eine starke Frau. Auch wenn sie nicht weiß, ob Ulrich noch lebt und wie ihre Zukunft aussehen wird, verliert sie nicht den Mut, nur selten fließen Tränen. Stattdessen erfreut sie sich an den Frühlingstagen und sieht in dem Erwachen der Natur »Hoffnung auf Leben, auf Nahrung, auf Frieden.«[206] In ihren Lebenserinnerungen wird sie Jahrzehnte später schreiben: »Wie oft habe ich in die blühenden Apfelbäume geschaut und gedacht, wenn es hier Früchte gibt, habe ich mein Kindchen, es muß noch so lange reifen, wie diese Äpfel.«[207] Doch genauso wie die Verwandten in dem von den Russen besetzten Teil Deutschlands schaut Eva zunächst in eine ungewisse Zukunft. Dass das Kriegsende zugleich die jahrzehntelange Spaltung Deutschlands und die folgenschwere Trennung der de Maizières bedeutet, ahnt zu dieser Zeit keines der Familienmitglieder.

Neuanfang in Trümmern

Sommer 1945. Der »Totale Krieg« ist Vergangenheit und das »Tausend-jährige Reich« existiert nicht mehr. Weite Teile Europas sind verwüstet, über 55 Millionen Menschen haben ihr Leben verloren, darunter sieben Millionen Deutsche und 20 Millionen Russen. Dem nationalsozialisti-schen Rassenwahn sind über sechs Millionen Juden zum Opfer gefal-len, mehr als 5 Millionen sowjetische Kriegsgefangene sind in deut-schen Lagern verhungert, an Krankheiten qualvoll gestorben oder wurden ermordet.[208] Eine riesige Flüchtlingswelle kommt nicht zum Stillstand und verschärft die Hungersnot in den von den Alliierten be-setzten Gebieten. Ausbleibende Ernteerträge und der Verlust großer landwirtschaftlicher Nutzflächen in den ehemaligen Ostgebieten sor-gen für eine katastrophale Ernährungslage. Das Leben der deutschen Bevölkerung ist von Hoffnungslosigkeit, Apathie und völliger Erschöp-fung geprägt. Auf der Potsdamer Konferenz vom 17. Juli bis zum 2. Au-gust wird nicht nur das Ende Deutschlands als Staat besiegelt, sondern zugleich auch dessen Teilung zementiert. Wiewohl die vier Sieger-mächte vereinbaren, dass Deutschland nach wie vor als wirtschaftliche Einheit zu betrachten ist, zeigen ideologische Differenzen, dass die Besatzer unterschiedliche Wege in den jeweiligen Zonen gehen werden. Dies bekommen auch die Kriegsgefangenen Clemens und Ulrich de Maizière zu spüren.

Nach seiner Gefangennahme am 2. Mai war Clemens ins »Stammlager Gorzow«[209], das »sowjetische Speziallager Nr. 4 Landsberg/Warthe«, gebracht worden. Er ist einer von 10 000 Deutschen, die bis Mitte Januar 1946 hier inhaftiert sein werden.[210] Das Lager befindet sich auf dem Gelände der ehemaligen General-von-Strantz-Kaserne, wo Clemens' Bruder Ulrich im Herbst 1935 Adjutant des Kommandeurs des Infanterieregiments 50 geworden war. Nun kämpft Clemens hier ums Überleben, leidet an Unterernährung und sieht täglich ehemalige Kameraden qualvoll sterben. Die genaue Zahl der Opfer lässt sich bis heute nicht ermitteln, Schätzungen gehen aber von 1800 bis 3800 Toten aus.[211] Clemens sieht aber auch, wie die russischen Bewacher scheinbar wahllos in den ersten Wochen zahlreiche Gefangene entlassen. Seine Hoffnung, dass auch er bald zu ihnen gehören wird, erfüllt sich am 21. August 1945. Ohne eine Erklärung der Russen und nur mit den Entlassungspapieren in den Händen kommt er an diesem Sommertag wieder in die Freiheit. Mit einem Güterzug und weite Strecken zu Fuß macht er sich auf den Weg nach Nordhausen, wo Christine mit den drei Kindern Dorothee, Lothar und Sabine bei den Schwiegereltern wohnt und nicht weiß, ob Clemens überhaupt noch lebt. Umso größer ist die Freude, als sie sich beide wieder in die Arme schließen können. Monatelang haben sie sich nicht gesehen, doch Zeit zum Feiern der Rückkehr bleibt nicht. Die Amerikaner haben Thüringen entsprechend der Aufteilung der Besatzungszonen mittlerweile an die sowjetischen Truppen übergeben und die sind nun auch in Nordhausen auf der Suche nach Alt-Nazis, ehemaligen Wehrmachtsangehörigen und Arbeitskräften. Als ihm ein Bekannter bei einem Spaziergang von Razzien der Russen erzählt, eilt Clemens nach Hause und hängt ein großes Schild an die Tür, auf dem in kyrillischen Buchstaben steht: Tyf. Daraufhin bleibt die Wohnung fortan von Durchsuchungen verschont, denn Typhus fürchten die Russen sehr. Noch heute bewahrt Lothar de Maizière das Schild als Erinnerung an diese Zeit auf.

Wenige Wochen nach seiner Rückkehr und einer kurzen Genesungs-phase meldet sich Clemens bei den sowjetischen Behörden im Ort, um nach Arbeit zu fragen. Man sucht dort händeringend nach Arbeitskräf-ten, denn im ehemaligen Rüstungszentrum der Mittelwerk GmbH im Kohnstein nahe Nordhausen läuft die Demontage der Produktionsstät-ten der sogenannten Vergeltungswaffen V1 und V2. Nach den Angriffen auf Peenemünde, wo die eigentlichen Produktionsstätten angesiedelt waren, hatten die Nazis im August 1943 die Produktion in die Nähe von Nordhausen verlagert, auch weil es hier durch das benachbarte KZ Dora-Mittelbau mit den über 60 000 Häftlingen »billige Arbeitskräfte« gab. Gleich nach Kriegsende und noch vor der Übergabe des Gebietes an die Russen hatten die Amerikaner die Technik im Kohnstein demon-tiert und dutzende V2-Raketen in die USA gebracht, wo sie eine der Grundlagen für das amerikanische Raumfahrtprogramm bilden sollten. Nun will die sowjetische Besatzungsmacht von der deutschen Technik profitieren und lässt Produktionsanlagen abbauen und die restlichen Raketen in die UdSSR verfrachten. Dafür wird Clemens gebraucht und so arbeitet er in den nächsten Wochen als Elektrohilfsarbeiter, obgleich er – so wie sich sein Sohn Lothar später erinnert – »zwei linke Hände« hat und für die Arbeiten im Kohnstein völlig ungeeignet ist. Da das auch seine Kollegen bemerken, bitten sie ihn bald darauf, andere Auf-gaben zu übernehmen: »Clemens, lass uns die Arbeit machen, du küm-merst dich dafür um die Tauschgeschäfte mit den Russen.«[212]

Anders als in den Westzonen kommt es in der sowjetischen Besatzungs-zone bereits im Sommer 1945 zur Bildung verschiedener politischer Gruppierungen und kurz darauf durch den Befehl Nr. 2 der Sowjeti-schen Militäradministration zur Zulassung politischer Parteien. So er-folgt innerhalb weniger Wochen im Juni 1945 der Gründungsaufruf der KPD, kurz darauf gründen sich die SPD und die CDU. Die CDU weckt auch das Interesse von Clemens, zumal zu den Gründungsvätern ehemalige Mitglieder der Deutschen Demokratischen Partei (DDP), des Zentrums und auch der früheren Christlichen Gewerkschaften gehören. Häufig spricht er in dieser Zeit mit seinem Schwiegervater Johannes Rathje, der nicht nur wie Clemens die politische Entwicklung interessiert verfolgt, sondern nach dem 1. Weltkrieg auch zu den Gründungsmitgliedern der DDP gehört hatte. Auch wenn er sich nun selbst den Liberal-Demokraten anschließt, empfiehlt er Clemens die Mitgliedschaft in der CDU. So unterschreibt Clemens am 26.2.1946 zum zweiten Mal in seinem Leben einen Parteiantrag, vor allem weil er glaubt, dass in einem »christlichen Sozialismus« die Zukunft des Landes liegt. Dieses Ziel verfolgt nämlich die CDU unter ihrem Vorsitzenden Jakob Kaiser zu dieser Zeit, um auf der Grundlage freier Wahlen alsbald die Einheit Deutschlands zu erreichen. Eine »straffe Planung des Wirtschaftslebens, Verstaatlichung von Bodenschätzen und Industriezweigen«[213] gehören in dieser Zeit genauso zum Parteiprogramm der Christdemokraten wie die Ablehnung der Oder-Neiße-Grenze.

Ausschlaggebend für eine erneute Parteimitgliedschaft sind für Clemens jedoch nicht nur sein Schwiegervater und die parteipolitischen Ziele der CDU, sondern auch der Rechtsanwalt Dr. Hilmar Rudloff. Bei ihm arbeitet Clemens seit November 1945 als juristischer Hilfsarbeiter, nachdem er seine Arbeit im Kohnstein wieder aufgegeben hat. Rudloff, Landtagsabgeordneter der CDU, hatte eigentlich einen Partner für seine Kanzlei gesucht. Doch dazu kommt es erst zwei Jahre später, als Clemens im November 1947 vom Thüringischen Justizministerium die Zulassung als Rechtsanwalt beim Landgericht Nordhausen bekommt. Endlich hat er ein für diese Zeit zufriedenstellendes Einkommen, um seine Familie zu ernähren. Mit ihr war er kurz zuvor nicht nur in eine eigene kleine Wohnung gezogen, sondern Christine war auch wieder schwanger. Sie hatte sich noch ein Kind gewünscht, »dass die Leiden des Krieges nicht ertragen soll.«[214] Am 30. Januar 1948 wird Michael geboren.

Das Leben nach dem Krieg beginnt endlich wieder, in »geordneten Bahnen« zu verlaufen. Auch die Kinder erinnern sich später gern an diese Zeit. Dorothee: »Sicher, wir haben mitunter gefroren und hatten häufig auch Hunger. Aber gerade unsere Mutter hat uns stets ein Gefühl der Wärme und Liebe vermittelt.«[215]

Typisch für Clemens' Familie ist aber auch der »Hunger« nach Theater und Musik. Unter schwierigsten Umständen entstehen überall im Ort kleine kulturelle Inseln. So berichtet Lothar de Maizière noch heute begeistert von Shakespeares »Sommernachtstraum«: »Da das Theater zerbombt war, wurde das Stück auf einer provisorischen Bühne in einem parkähnlichen Garten aufgeführt. So etwas vergisst man nie wieder.«[216] Als sich wenig später das Loh-Orchester aus Sonderhausen ankündigt, um Musik von Mendelssohn zu spielen, sagt Mutter Christine zu Lothar: »Du musst unbedingt mitkommen. Dort wirst du Musik hören, die wir zwölf Jahre lang nicht spielen und genießen durften.«[217]

Als dann die Weihnachtszeit näher rückt, belebt Kirchenmusikdirektor Riecks den »Frühschen Gesangsverein« neu, mit dem er das Weihnachtsoratorium einstudiert. Auch diese Aufführung bekommt einen festen Platz in der Erinnerung der Kinder. »Wir waren stolz auf unsere Mutter, die mit ihrem schönen Sopran in der ersten Reihe des Chores stand, und stolz auf Großvater, der mit seiner schön lauten Stimme die Bassgruppe anführte«, berichtet Lothar noch heute mit leuchtenden Augen. Für den Fall einer Stromsperre sind damals alle mit Kerzen ausgestattet. Kerzen brauchen die Kinder auch bei den jährlichen Lampionumzügen am Martinstag. Nach einer alten Nordhäuser Sitte enden diese immer in der St.-Blasii-Kirche. »Diese hatte zwar kein Dach mehr und es zog jämmerlich, aber es war doch sehr schön feierlich«, erinnert sich Dorothee.

Zwar hat Clemens das Gefühl, dass seine Kinder in der Schule nicht genügend lernen, doch zum Glück gibt es in der Nachbarschaft Fräulein Busse, eine alleinstehende ehemalige Lehrerin. »Fräulein Busse gab

Lothar und mir Privatunterricht. Und ich glaube, wenn es sie nicht gegeben hätte, wäre bei uns so manches auf der Strecke geblieben«, weiß Dorothee noch heute zu berichten. »Ganze Balladen haben wir auswendig lernen müssen und wir sind zum Kyffhäuser gefahren, wo sie uns die deutsche Geschichte nähergebracht hat.« Dorothee meint selbst noch Jahrzehnte später, »dass gerade Lothar und ich wohl nie diesen beruflichen Weg hätten gehen können, ohne Fräulein Busse.«[218] Dieser Privatunterricht wird auch durch die erfolgreiche Arbeit von Vater Clemens möglich. Er verdient mittlerweile gut, wenngleich das Honorar auch häufig in Naturalien bezahlt wird. So erinnert sich Lothar, wie der Vater einmal mit einem Sack Weizen nach Hause kommt, nachdem er vor Gericht einen Bauern vertreten hatte. »Der Weizen wurde in der heimischen Kaffeemaschine gemahlen, woraus dann wiederum der Brei für Michael gemacht wurde.«[219]

Im Herbst 1948 wird das Glück der Familie jedoch kurz getrübt, als Clemens' Zulassung als Rechtsanwalt aufgrund »der damals erlassenen verschärften Zulassungsrichtlinien widerrufen«[220] wird. Sein Partner Dr. Rudloff hat durch sein CDU-Landtagsmandat beste Kontakte in die Partei und so wird Clemens kurz darauf Parteisekretär im »Dienste des Landesverbandes Thüringen der Christlich-Demokratischen Union.«[221] Und hier weiß man den juristischen Sachverstand von Clemens zu schätzen. Als man ihn im März 1949 bittet, die thüringische CDU im Rechtsausschuss des Zonenverbandes zu vertreten, antwortet er: »Mit meiner Benennung als Vertreter beim Rechtsausschuß des Zonenverbandes erkläre ich mein Einverständnis.«[222] Die Arbeit in diesem Ausschuss bringt es mit sich, dass Clemens wieder häufiger in Berlin ist. Seine Liebe zu dieser Stadt wird neu entfacht und er bittet Christine im Frühjahr 1949 darum, dass die Familie Nordhausen verlässt, sobald er Arbeit in Berlin gefunden hat. »Für meinen Vater war immer klar, dass die Familie bei passender Gelegenheit wieder zurück nach Berlin gehen werde. Meine Mutter hingegen wäre lieber in Nordhausen geblieben.

Noch kurz vor ihrem Tod sagte sie zu mir, dass die glücklichste Zeit in ihrem Leben die Jahre in Nordhausen gewesen seien«[223], beschreibt Lothar de Maizière heute die Gefühlslage seiner Mutter. Und Schwester Dorothee ergänzt: »Vielleicht lag das auch daran, dass man damals so viel miteinander erlebte: Ähren stoppeln, stundenlang Bucheckern für den Weihnachtsstollen auflesen oder Himbeeren in den Harzer Bergen sammeln. Alle mussten damals mit anpacken. So etwas verbindet.«[224]

* * *

Als Ulrich de Maizière am Morgen des 4. Juni 1945 auf Schloss Glücksburg in Schleswig-Holstein aufwacht, liegen die ersten zehn Tage seiner Kriegsgefangenschaft hinter ihm. Hierher hatten die Briten die »Reste des OKW und Trümmer der Reichsbehörden«[225] gebracht, bevor sie entschieden, wie es mit den Gefangenen weitergehen sollte. Nun war diese Frage geklärt. Ulrich und alle Mitgefangenen werden auf Lastkraftwagen gepfercht, die Stunden später Munsterlager in der Nähe von Hannover erreichen. Hier werden in den nächsten Tagen die Offiziere mit Generalstabsausbildung von den Truppenoffizieren getrennt, um sie wenig später mit Güterwagen ins britische Kriegsgefangenenlager nach Zedelgem, einem Ort zehn Kilometer südlich von Brügge, zu bringen. Insgesamt befinden sich in Belgien elf Lager der Briten, in denen fast 200 000 Deutsche untergebracht sind.[226] Allein 62 000 davon sitzen in den vier Lagern in Zedelgem. Ulrich und die anderen ehemaligen Generalstabsoffiziere sind in sogenannten »Cages« – Käfigen – untergebracht. »Cage VI«, ein 80 mal 120 Meter großes und mit Stacheldraht umzäuntes Gelände, wird für die nächsten zwei Jahre die »Heimat« von Ulrich sein. In »Cage VI« stehen sechs Baracken mit Steinfußboden und mit nach oben und unten offenen Trennwänden. Geschlafen wird in Holzgestellen auf Strohsäcken. Möbel gibt es keine, nur einen Tisch und ein paar schmale Bänke. Auch wenn Hunger und Kälte den Alltag beherrschen, beschwert sich kaum einer der Gefangenen.

Alle aus »Cage VI« waren in verantwortungsvollen Positionen an diesem verbrecherischen Krieg beteiligt. So zieht auch Ulrich Bilanz und fragt sich darüber hinaus, was aus ihm werden wird. Stimmen die Gerüchte, dass man die Generalstabsoffiziere auf die Falkland-Inseln bringen will? Wie lange werden sie in Gefangenschaft bleiben müssen? Droht gar die Todesstrafe?

Trotz spärlicher Nachrichten wissen die Gefangenen, dass der Generalstab in Nürnberg als verbrecherische Organisation angeklagt ist. Doch welchen Personenkreis betrifft dies? Nur die »obersten Köpfe« des Stabes oder auch alle Offiziere? Heftig wird in »Cage VI« darüber diskutiert. Manch einer verliert dabei die Fassung, es folgen Schuldzuweisungen und häufig auch die für die damalige Zeit nicht unübliche »Davon-habe-ich-nichts-gewusst«-Haltung. Als es wenig später dann noch zu Lebensmitteldiebstahl und körperlichen Auseinandersetzungen kommt, muss auch Ulrich erkennen, dass »der Halt, den der Beruf und sein Ehrenkodex dem Schwachen zu geben vermocht hatte«[227], verloren war. Er erkennt in dieser Zeit der Gefangenschaft schnell, wer Haltung bewahrt und auf wen er sich noch verlassen kann. Glücklicherweise ist das aus Ulrichs Sicht »die große Mehrzahl der in unseren Cages gefangenen Offiziere.«[228]

So schlimm wie für ihn diese Erfahrungen auch sind, das wirklich Belastende in seinem Leben in dieser Zeit ist die Ungewissheit, ob Eva und das ungeborene Kind wohlauf sind. Wochenlang ist den Gefangenen jeglicher Postverkehr untersagt. Kein Brief und keine Karte aus Deutschland gelangen nach Zedelgem. Erst im Herbst 1945 beginnen die Briten damit, die Bestimmungen zu lockern, und so erfährt Ulrich im November von der Geburt seiner Tochter Barbara Ende Oktober. Er ist in Gedanken bei seiner Frau, die später schreiben wird: »Nun war ich nicht mehr allein, dies kleine Wunder von Geschöpf lag im Körbchen neben meinem Bett, ich hatte wieder Mut!«[229] Und auch Ulrich gibt die Nachricht, dass er nun Vater einer kleinen Tochter ist, Kraft und Zuversicht. Allerdings macht er sich auch Gedanken darüber, wie er seine kleine Familie in Zukunft ernähren soll. Wie Ulrich ist allen Gefangenen klar, dass sie nach der Entlassung einen völlig neuen Beruf erlernen müssen. Um auf den Tag X nicht unvorbereitet zu sein, beschließen sie daher die stärkere »Beschäftigung mit geistigen Dingen«[230]. Alles beginnt mit kleineren Vorträgen, über Reisen, Literatur und anderen nichtmilitärischen Themen. Als die Briten dann weiteren Hafterleichterungen zustimmen und Zeitungen, Papier, Stifte und Spiele erlauben, entwickelt sich ein regelrechtes »Studienprogramm«. Ein Literaturkreis entsteht, die tägliche Presse wird ausgewertet, Sprachkurse finden statt sowie kleine Schach- und Bridgeturniere. Wie viele seine Kameraden auch hat Ulrich dabei immer einen neuen möglichen Beruf im Blick und beschäftigt sich daher intensiv mit Stenografie und doppelter Buchführung, verbessert sein Englisch und lernt Russisch.

Über einen Mitarbeiter des britischen YMCA, des Christlichen Vereins Junger Männer, gelingt es wenig später, sogar ein Klavier zu besorgen. »Das Instrument war von kaum durchschnittlicher Qualität, aber immerhin, es war ein Klavier.«[231] Ulrich besorgt sich Noten und bekommt die Erlaubnis, dreimal wöchentlich zu üben. Kurz darauf lernt er im Lager Franz Kelch kennen, »der schon vor und während seiner militärischen Dienstzeit Gesangsunterricht genommen hatte und nach der Entlassung Berufsmusiker werden wollte.«[232] Ein Wunsch, den Franz Kelch Ende der 50er Jahre wahr werden lässt, als er in der Bundesrepublik zu einem geschätzten Lied- und Oratoriensänger und mit seiner Bass-Bariton-Stimme tausende Zuhörer in ganz Europa begeistern wird. Hier im Lager übt er gemeinsam mit Ulrich de Maizière verschiedene Stücke von Beethoven, Brahms oder Bach ein und es dauert nicht lange, bis sie beschließen, abends kleine Konzerte aufzuführen. Peter von Butler, der Ulrich bereits während des Krieges kennengelernt hatte und der nun auch in Zedelgem inhaftiert ist, erinnert sich noch Jahrzehnte später an diese Konzerte: »De Maizière war im Gefangenenlager jemand, der etwas über den Dingen stand, denn er hat uns mit seinen Konzerten so viel Gutes getan. Mit ihm kam ein guter Geist ins Lager.«[233] Jedes einzelne Konzert hält von Butler in seinem Lager-Tagebuch fest:

– 15.7.46: Abends gutes Klavierspiel mit Gedichtlesung (Maizière + Nielsen)
– 21.8.46: Abends sehr gutes Konzert (Maizière und Kelch)
– 28.8.46: Sonniger Tag mit Klavierkonzert (Maizière und Förster)[234]

Zu Ulrichs engerem Umfeld in Zedelgem gehören neben Kelch und von Butler noch zahlreiche andere ehemalige Wehrmachtsangehörige, die sich später in der Bundesrepublik in ganz unterschiedlichen Bereichen einen Namen machen werden. Zu ihnen gehören auch Gerhard Matzky und Hellmuth Heye. Matzky wird in den 50er Jahren eine maßgebliche Rolle beim Aufbau des Bundesgrenzschutzes spielen. Hellmut Heye wird ab 1961 als zweiter Wehrbeauftragter der Bundesrepublik Deutschland Ulrichs zweite militärische Laufbahn kritisch begleiten. Besonders beeindruckt ist Ulrich aber von Adelbert Weinstein. Der 1916 in Halle geborene Weinstein wird nach seiner Entlassung aus der Gefangenschaft ab 1948 der Redaktion der Frankfurter Allgemeinen Zeitung angehören. Hier wird er schnell zum Sicherheitsexperten, aber auch zu einem herausragenden Kenner Frankreichs. In seinen Memoiren erinnert sich Ulrich später »noch lebhaft des damals schon sprachlich brillierenden Majors i. G. Adelbert Weinstein, seines eleganten Französisch und seiner Liebe zur Kultur unserer westlichen Nachbarnation.«[235]

Im Sommer 1946 erfahren die Inhaftierten des »Cage VI« aus der englischen Presse, dass das britische Unterhaus heftig über die Gefangenenlager auf dem Kontinent debattiert. Ziel ist es, zahlreiche Lager aufzulösen und speziell die Generale und Generalstabsoffiziere nach

Deutschland zu überführen. Schnell verbindet sich bei Ulrich mit diesen Informationen die Zuversicht, Eva bald wiedersehen zu können, denn die Gefangenen erfahren alsbald, dass es wieder zurück ins niedersächsische Munsterlager gehen soll. Als sich dann am 7. September 1946 die ersten Züge in Bewegung setzen, ist es für die Gefangenen nicht nur die Rückkehr in ihre Heimat. Sie werden beim Anblick der zerstörten Städte erneut mit ihrer Vergangenheit konfrontiert, was bei vielen ehemaligen Offizieren dazu führt, dass sie »stumm und mit Tränen in den Augen ... auf die Trümmer der Großstädte von Rhein und Ruhr«[236] schauen.

In Munsterlager angekommen erleben Ulrich und seine Kameraden eine wesentliche Verbesserung der Lebensbedingungen und auch Peter von Butler wird später bestätigen, dass sie »sehr korrekt, sehr fair nach den Regeln der Kriegsgefangenschaft behandelt«[237] worden sind. Von nun an schlafen die Gefangenen in Betten mit Matratzen und bekommen ausreichend zu Essen. Besuche sind zunächst noch nicht erlaubt. Allerdings schöpfen die Gefangenen neue Hoffnung, als sie Anfang Oktober erfahren, dass der Generalstab in Nürnberg nicht als verbrecherische Organisation eingestuft worden war und eine Anklage daher nicht zu erwarten ist. Neben der nun geringeren Sorge hinsichtlich einer langen Gefangenschaft ist diese Entscheidung für viele Inhaftierte vor allem eine »moralische Erleichterung«.

Anfang 1947 lockern die Briten die Besuchsregelungen und Ulrich sieht am 30. Januar nach 20 Monaten zum ersten Mal Eva wieder. So groß die Freude über das Wiedersehen und die nun regelmäßig folgenden Begegnungen auch ist, die Treffen sind mit Schmerzen und Wehmut verbunden. In ihren Lebenserinnerungen wird Eva mit dem Abstand von fast 40 Jahren die Besuche in Munsterlager trotz aller Wiedersehensfreude als mühsam und demütigend beschreiben: »Jedesmal war es eine lange entwürdigende Fahrt dorthin. Ein Rucksack voller Lebensmittel, Hoffnung und Vorfreude im Herzen, wartend an Straßenecken, um eine Mitnahme zu finden, und schließlich das traurige, gitterumzäunte Lager, wo die englischen Wachsoldaten dann die einzelnen Gefangenen herausführten. Für die 30 erlaubten Minuten an langen Tischen sitzend. Hüben die Männer, drüben die Frauen, immer ein Wachhabender dabei. Keine Hand durfte sich berühren … Man hatte wieder zu gehen und sah den Mann in einer Baracke verschwinden.«[238]

Ein einziges Mal nur bringt Eva Ulrichs 66-jährige Mutter mit nach Munsterlager; auch weil sie nicht wissen, wie lange Ulrich noch hier bleiben muss. Elisabeth de Maizière leidet sehr, als sie »ihren Sohn schmal und blaß als Gefangenen hinter Stacheldraht«[239] wiedersieht. Die Mutter kann zu dieser Zeit nicht ahnen, dass sie Ulrich bald wieder in die Arme nehmen kann.

Bis dahin wird allerdings noch einige Zeit vergehen, denn den Gefangenen stehen erst die Vernehmungen durch den Secret Service bevor. Zwar beginnen die ersten Befragungen bereits im November 1946, Ulrich ist jedoch erst am 23. April 1947 an der Reihe. Zwei Stunden sitzt er den britischen Offizieren gegenüber und empfindet dabei den Ton als »kühl und unpersönlich, aber korrekt.«[240] Er muss zunächst seinen bisherigen Lebensverlauf schildern und macht Angaben zu seiner militärischen Laufbahn. Da dies den Briten aber bereits alles weitestgehend bekannt ist, wendet sich das Gespräch schnell anderen Themen zu. Nun stellt man Ulrich Fragen »über Friedrich den Großen, Bismarck, zur Problematik der preußisch-deutschen Kriegsschuld 1864, 1866, 1914 und 1939, zum Antisemitismus und zum 20. Juli 1944.«[241] Besonderes Interesse zeigen die Offiziere auch an Ulrichs Einstellung zum Aufbau und zur künftigen Rolle Deutschlands in Europa. Als man von ihm auch noch seine Einstellung zum Marxismus und historischen Materialismus wissen will, ist Ulrich klar, dass die Alliierten längst nicht mehr diese Einheit bildeten, wie noch bei Kriegsende. Aus der Presse hatten die Gefangenen in den letzten Wochen die Entwicklung in den vier Besatzungszonen verfolgen können. Daher wissen sie, dass Briten und Amerikaner andere Wege gehen als die Russen, etwa wenn es um Fragen der Reparation, Entnazifizierung, Entmilitarisierung oder Demokratisierung geht. Auch die Bodenreform in der Sowjetischen Besatzungszone unter dem Motto »Junkerland in Bauernhand« ist den Inhaftierten in Munsterlager nicht verborgen geblieben. Viele haben selbst Verwandte in Ost- oder Mitteldeutschland und aus deren Briefen und Berichten wissen sie, dass die Russen dabei nicht zimperlich vorgehen. Auch Ulrich hört von Eva, dass immer mehr Menschen aus der »Ostzone« fliehen; seine Schwiegermutter und seine Schwägerin Ursula gehören dazu. Eva beschreibt ihm, wie sie nachts aus Gotha vor den Russen fliehen und hält dies später auch in ihren Lebenserinnerungen fest: »Tragen konnten sie kaum etwas, ihre Habe rollten sie in einer Art Pappkinderwagen vor sich her«, Evas Patenkind »Gisela war mit Schlafmitteln ruhig gehalten. So pirschte Ursula mit … der alten Mutter über die Grenze.«[242]

Obwohl die britischen Offiziere des Secret Service zum Abschluss der Befragung keinerlei Reaktion zeigen, vermutet Ulrich, dass sie mehr über die zukünftigen Absichten der Gefangenen wissen wollten als über deren Vergangenheit. Ulrich lässt daher auch nicht unerwähnt, dass er nach einer möglichen Rückkehr ins zivile Leben seine »literarischen und musischen Interessen als Buchhändler zum Wiederaufbau Deutschlands einsetzen wolle.«[243] Zum Beweis dafür legt er einen Brief der Buchhandlung »Schmorl & von Seefeld, Nachf.« vor, aus dem hervorgeht, dass die Firma beabsichtigt, Ulrich nach seiner Entlassung als Lehrling einzustellen. Er ist zuversichtlich, dass er bald in Freiheit sein wird. Zwar trifft er in den folgenden Tagen sowohl Vorbereitungen für eine weitere Inhaftierung als auch für seine Entlassung, doch am 10. Juni 1947 erfährt er, dass er mit seinen Vermutungen richtig gelegen hat. Ulrich bekommt seinen Entlassungsschein mit der Einstufung in Kategorie III, »minderbelastet«. Damit entgeht er auch einem förmlichen Entnazifizierungsverfahren deutscher Behörden und bekommt im

Januar 1949 vom zuständigen Entnazifizierungs-Hauptausschuss in seinem Heimatkreis Burgdorf abschließend bestätigt, dass »er vom Entnazifizierungs-Recht nicht betroffen ist.«[244]

Als sich am 27. Juni 1947 für Ulrich die Tore des Lagers öffnen, liegen nicht nur über zwei Jahre Gefangenschaft hinter ihm, sondern auch schwere Jahre des Neuanfangs vor ihm. Später schreibt er: »Niemand, der es nicht selbst erlebt hat, kann sich vorstellen, wie intensiv das Gefühl der Freiheit sein kann.«[245]

An einer Straßenbahnhaltestelle in Ilten, einer Kleinstadt wenige Kilometer von Hannover entfernt, wird Ulrich von Eva erwartet. Hier in Ilten wohnten sie und Tochter Barbara seit Kriegsende gemeinsam mit Mutter Nora, Evas Schwester Ursula und deren Kind. Ein kleines Behelfsheim an der Straße nach Bilm war ihnen zugewiesen worden. »Das kleine Haus maß 7 x 9 Meter. Ein Plumpsklo draußen, ein Öfchen, mit Torf geheizt im Wohnraum. Auf dem auch gekocht wurde. Fensterhöhlen mit geflickten Glasscheiben von Bildern unserer Freunde. Eng und unendlich bescheiden, aber es war ein Neuanfang, wir waren gesund und geborgen in unserem winzigen Reich«[246], so beschreibt Eva die damaligen Verhältnisse. In dem kleinen Haus muss nun noch Platz für Ulrich sein. Auch er hat schon bessere Wohnungen gesehen, aber in seinen Augen ist sowieso alles besser als die »Käfige« von Zedelgem oder die Baracken von Munsterlager.

Nach seiner Rückkehr hält er das erste Mal seine kleine Tochter Barbara im Arm. Sie nennt ihn zunächst »Ockel«, schnell wird daraus aber bald »Ockel Papa« und wenig später schließlich »Papa«. Nach vier Jahren Ehe und mit einem nun bald zweijährigen Kind beginnt erst jetzt der Alltag der kleinen Familie. Dazu gehört vor allem der tägliche Kampf um Nahrung, Feuerholz oder Torf als Brenn- und Heizmaterial. Zum Torfstechen in einem benachbarten Moor geht meist Eva, auch zum Kartoffellesen oder Erbsen pflücken auf den nahe gelegenen Feldern. Auch die sogenannten »Hamstertouren« mit dem Fahrrad sind ein regelmäßiges Ritual für sie. Häufig helfen ihr dabei die Kontakte zu den Bauernfamilien, deren Töchter sie früher in den Landwirtschaftsschulen betreut hatte. Eva de Maizière, Bankierstochter mit musischer und praktischer Ausbildung, groß geworden in einem wohlbehüteten Elternhaus, ist nun das Rückgrat der kleinen Familie. Überhaupt sind es die Frauen, die in dieser Zeit die größte Last zu tragen haben. Sie sind es, die die Lebensmittel beschaffen, die die Kinder und auch Großeltern betreuen, die sich um den Haushalt kümmern, Kranke pflegen und die häufig auch der einzige Rückhalt für die Männer sind, die ihren Platz in der neuen Zeit erst noch finden müssen. Ulrich geht es in dieser Hinsicht besser als vielen seiner ehemaligen Kameraden. Er bekommt die Chance auf einen schnellen beruflichen Neuanfang, der ihm und seiner Familie nicht nur das Auskommen sichern soll, sondern der auch seinen Fähigkeiten und Vorlieben entspricht. Über Evas Verbindungen zu Fritz Schmorl, dem Bruder einer alten Schulfreundin, bekommt Ulrich schon im Frühjahr 1947 den Ausbildungsplatz in der Buchhandlung »Schmorl & von Seefeld, Nachf.« Im Juli unterschreibt er den Lehrvertrag, nicht ahnend, dass ihm das zuständige Arbeitsamt die Arbeitserlaubnis für den Buchhandel verweigert. Dort bevorzugt man für ehemalige hohe Wehrmachtsangehörige schwere körperliche Arbeit, etwa im Straßen- und Wohnungsbau. Es kostet Ulrich einige Mühe, zahlreiche Behördengänge und eine »persönlich vorgetragene Beschwerde beim Landesarbeitsamt in Hannover«, bis er »endlich am 21. August den erforderlichen Arbeitspaß«[247] erhält. Jetzt steht seinem Berufsstart nichts mehr im Wege und so macht er sich am Morgen des 1. September mit der Straßenbahn auf den Weg nach Hannover. Er fährt »täglich in die Stadt, ein Henkeltöpfchen voll Essen dabei. Zuweilen auch nur ein kleckerndes Sirupbrot.«[248]

Es bedarf trotz dieser glücklichen Entwicklung für Ulrich einiger Vorstellungskraft, um nachvollziehen zu können, wie es einem ehemaligen Generalstabsoffizier in diesen Tagen gehen muss. All das bisher Gelernte erscheint sinnlos, zumal Ulrich das militärische Kapitel seines Lebens »als abgeschlossen«[249] betrachtet. Nicht einmal ansatzweise zieht er es im September 1947 in Betracht, jemals wieder in einer Armee zu dienen. Umso engagierter geht er nun den neuen Weg. Während der Ausbildung durchläuft er die verschiedenen Abteilungen bei »Schmorl & von Seefeld, Nachf.«, vom Verkauf über die wissenschaftliche Abteilung bis hin zum Antiquariat und dem Lesezirkel. Die während der Gefangenschaft erworbenen Kenntnisse in der Buchhaltung zahlen sich nun aus, und die Vorgesetzten und Ausbilder überzeugt er mit seinen hervorragenden Literaturkenntnissen. Als er sich nach wenigen Monaten mit den Restbeständen an Notenblättern und Musikbüchern befasst, erkennt er darin eine Marktlücke und die Chance, neue Kunden für die Buchhandlung zu gewinnen. Da es zu dieser Zeit auch kein vergleichbares Geschäft in Hannover und Umgebung gibt, schlägt er dem Ladeninhaber Fritz Schmorl vor, eine eigene Musikalien- und Notenabteilung aufzubauen. Schmorl ist von dieser Idee nicht nur begeistert, sondern sorgt zugleich dafür, dass Ulrich parallel zur bisherigen Ausbildung noch eine Lehre als Musikalienhändler beginnt und zudem ein dreimonatiges Volontariat im Musikverlag Hermann Moeck in Celle absolviert. 1966 im Rahmen seiner Ernennung zum Generalinspekteur der Bundeswehr erinnert man sich an den einstigen Volontär und verhehlt nicht den Stolz, »dass der höchste Offizier unserer Bundesrepublik – wenn auch in den schweren Jahren der Nachkriegszeit – einmal unseren Reihen entstammte.«[250]

Fritz Schmorl lässt Ulrich völlig freie Hand beim Aufbau der Abteilung. Jedoch muss sich dieser dabei vor allem auf das Antiquariat und den Ankauf alter Noten stützen, denn neue Notenblätter sind Mangelware, nicht zuletzt weil sich die meisten großen Musikverlage in der Sowjetischen Besatzungszone befinden. Doch Ulrich improvisiert gut und baut langsam einen kleinen Kundenstamm auf, der schnell einen wesentlichen Teil zum Umsatz beiträgt.

Ulrich ist zufrieden in dieser Zeit, allerdings macht er sich finanzielle Sorgen. Die 60 Mark Lehrlingsvergütung reichen kaum für das Nötigste, erst recht nicht, als sich die Familie am 21. März 1948 vergrößert und Tochter Cornelia geboren wird. Zusätzlich verschärft wird die Situation im Sommer des Jahres durch die Währungsreform am 20. Juni. Zwar bekommt jeder Einwohner in den drei Westzonen 60 Deutsche Mark, jedoch werden die Konten zunächst gesperrt und die Bank- und Sparguthaben im Verhältnis 10:1 abgewertet. Nachdem es in den Tagen unmittelbar vor der Reform kaum noch etwas zu kaufen gab, füllen sich nun die Auslagen der Geschäfte wieder mit allen erdenklichen Waren. Doch wie vielen anderen auch nutzen Ulrich und seiner Familie diese verlockenden Angebote nichts: »Das ›Kopfgeld‹ mußte für die Beschaffung von Lebensmitteln reserviert werden. Ich wußte, das Geld mußte länger als bis zum nächsten Monatsbeginn reichen.«[251] Ulrich erkennt sofort nach der Währungsreform, dass er mit den wenigen Ersparnissen und seinem Lehrlingsgehalt die vierköpfige Familie nicht mehr lange ernähren kann. Schweren Herzens geht er daher zu Fritz Schmorl und trägt ihm seine Lage vor: »Entweder ich müßte die Lehre abbrechen und mir eine andere Arbeit suchen – wahrscheinlich die eines ungelernten Arbeiters – oder aber er hülfe mir über das zweite Lehrjahr finanziell hinweg.«[252] Und tatsächlich: Schmorl ist bereit, Ulrich ab sofort das Anfangsgehalt eines Buchhandelsgehilfen in Höhe von monatlich 300 Mark zu zahlen. Er ist zufrieden mit seiner Arbeit, außerdem ist die Musikalienabteilung mittlerweile zu einer kleinen »Goldgrube« geworden. Schmorl weiß, wem er das zu verdanken hat.

Doch nicht nur diese Gehaltsverbesserung sorgt für eine Entspannung der Haushaltssituation bei den de Maizières. Ulrich gibt neben seiner täglichen Arbeit im Geschäft auch noch Nachhilfestunden; zunächst nur bei zwei Oberschülern, die er aus dem Freundeskreis kannte, wenig später dann auch bei Lieutenant Colonel Murray, der im Stab der Briten in Niedersachsen seinen Dienst versieht. Mit Murray übt Ulrich in zahlreichen Stunden »deutsche Konversation«, meist noch vor Arbeitsbeginn und bei einem für Ulrich »höchst willkommenen englischen Frühstück.«[253] Als Ulrich knapp zwei Jahrzehnte später als Inspekteur des Heeres in der Bundeswehr einige Tage in Schottland verbringt, hat er die Gelegenheit zu einem längeren, freundschaftlichen Telefonat mit dem inzwischen pensionierten Murray. Im Anschluss an seine Rückkehr nach Deutschland schreibt Ulrich an Murray: »Unser gemeinsames Telefongespräch hat mir die Erinnerung an unser Zusammentreffen in den Jahren 47/48 wieder wach werden lassen. Ich denke gern an unsere gemeinsame Arbeit zurück.«[254]

Ende 1948 hat sich die finanzielle Lage bei den de Maizières also ein wenig verbessert, sodass sich Ulrich in den nächsten Monaten auf den Abschluss seiner Lehrzeit vorbereiten kann. Bereits im April 1949 – ein halbes Jahr früher als geplant – kann er die Prüfung zum Gehilfen im Musikalienhandel ablegen. Er bekommt ein »Gut«, meint jedoch, dass dies wohl auch mit den gegenüber einem »lebensälteren Kriegsteilnehmer wohlwollenden«[255] Prüfern zusammenhängt. Ein halbes Jahr später muss er vor dem Landesverband der Buchhändler die zweite Prüfung ablegen. In der dazugehörigen Hausarbeit bekommt er das Thema »Welche russischen Dichter haben Weltruf erlangt?«. Dabei hilft ihm abermals die Zeit seiner Gefangenschaft, in der er sich nicht nur mit den Werken Gorkis, Dostojewskis und Puschkins, sondern auch mit der russischen Sprache befasst hatte. Bei den sich an die Hausarbeit anschließenden mündlichen Prüfungen spürt er »erneut das Wohlwollen gegenüber dem lebenserfahrenen älteren Lehrling.«[256] Am Ende steht unter dem Zeugnis: »Mit Auszeichnung«.

Im Herbst 1949 ist Ulrich nun ehemaliger Generalstabsoffizier mit »Zusatzqualifikation« zum Gehilfen für den Buch- und Musikalienhandel. Er hat die erste Etappe in seinem neuen Leben gemeistert, nicht zuletzt durch die Unterstützung von Eva. Fortan verbessern sich Schritt für Schritt die Lebensverhältnisse und es bietet sich immer häufiger die Gelegenheit, »das Bedürfnis nach geistiger Nahrung und freundschaftlichen Begegnungen«[257] zu stillen. In Ilten hatte sich mittlerweile ein kleiner Kreis von Leuten gefunden, die wie die de Maizières ebenfalls Interesse an Literatur und Musik zeigten. So trifft man sich meist an den Wochenenden in den Wohnungen, wo dann kleine Vorlesungen stattfinden oder gemeinsam musiziert wird. Zu allem Glück erfährt Ulrich von Schwester Suzanne, dass sein Klavier den Krieg überstanden hat. Zu ihr nach Berlin hatte Ulrich das für ihn so wertvolle Stück gegeben, als er selbst an die Front musste. Mittlerweile lebt Suzanne mit ihrem Mann Dr. Arthur Scheib in Nürnberg, von wo aus das Klavier auf Umwegen wieder zu Ulrich gelangt. Er beginnt wieder regelmäßig zu üben und schon bald organisiert Eva kleine Kammermusikabende, die schnell das karge kulturelle Leben in Ilten bereichern. Aber auch Konzerte in Hannover besuchen Ulrich und seine Frau wieder regelmäßig, investieren ihr knappes Geld lieber in Eintrittskarten als zur Befriedigung materieller Genüsse. Tag für Tag wurde das Leben wieder reicher und lebenswerter. Dazu trägt auch die Geburt von Sohn Andreas am 8. Juni 1950 bei. Das kleine Behelfsheim platzt aus allen Nähten und die Familie sehnt sich »nach einer größeren Wohnung mit etwas mehr Komfort«[258].

Aufbruch

Die im Juni 1948 vom Westen ausgehende Währungsreform war nur ein erster Schritt bei der sich mehr und mehr vollziehenden Spaltung Deutschlands.[259] Sie traf die Verwaltung in der Sowjetischen Besatzungszone völlig unvorbereitet und führte dazu, dass die Bevölkerung der Westzonen versuchte, ihre nun wertlos gewordene Rentenmark im Osten noch abzusetzen. Um dem gegenzusteuern, werden hier zunächst kleine blaue Marken auf die Geldscheine geklebt, bevor man dann ebenfalls eine neue Währung einführt. Diese Entwicklung führt am Ende dazu, dass die Währung des Westens von der ostdeutschen Propaganda als »Spalter-Mark« bezeichnet wird.

Im Juli folgte durch die Alliierten in den westlichen Besatzungszonen die Übergabe der »Frankfurter Dokumente« an deutsche Politiker. Die Dokumente enthielten neben dem Gründungsauftrag für einen neuen deutschen Staat und der Empfehlung zur Neugliederung der Länder auch die Ermächtigung für die Ministerpräsidenten, eine verfassungsgebende Versammlung einzuberufen. Auch wenn die Politiker um Adenauer, Schumacher, Schmid und andere in den »Frankfurter Dokumenten« parteiübergreifend die Chance für ein Ende der Besatzungsherrschaft erkannten, begegneten sie dem Angebot zunächst mit Zurückhaltung. Sie befürchteten, dass mit diesem Weg die Ostzone endgültig in den Machtbereich der Sowjets fallen würde. Doch vor allem die Amerikaner und die Briten machten deutlich, dass sie zu diesem Weg keine Alternative sehen würden, stimmten aber zu, dass eine neue Verfassung durchaus provisorischen Charakter haben dürfe. Und so erarbeiten im August 1948 zahlreiche Sachverständige auf der Herreninsel im Chiemsee einen Verfassungsentwurf, dem sie zwar nur den Namen »Grundgesetz« geben, der aber den Weg zu einer möglichen Wiedervereinigung klar beschreibt. Nach intensiver, monatelanger Beratung im Parlamentarischen Rat in Bonn wird das Grundgesetz schließlich am 23. Mai 1949 verabschiedet. Es folgt ein kurzer und zugleich hart geführter Wahlkampf, aus dem die CDU unter Führung von Konrad Adenauer knapp als Sieger hervorgeht und an dessen Ende am 7. September die Konstituierung des ersten Deutschen Bundestages und die Gründung der Bundesrepublik Deutschland steht.

In der Sowjetischen Besatzungszone hatte man die Entwicklung im Westen genau verfolgt. Den Bestrebungen der Westalliierten zur Bildung eines deutschen Teilstaats in deren Zone war man frühzeitig mit der Initiierung des »Deutschen Volkskongresses für Einheit und gerechten Frieden« begegnet. Neben den Parteien waren hier auch Massenorganisationen, Verbände, Gewerkschaften und Betriebsräte vertreten. Der Volkskongress betrachtete sich als eine Art gesamtdeutsches Vorparlament und zielte daher anfangs auch noch auf die Bildung einer Regierung für ganz Deutschland. Mit diesem Anspruch forderte er im März 1948 nicht nur ein Volksbegehren in allen vier Besatzungszonen, sondern protestierte auch gegen die sich abzeichnende Staatsgründung im Westen. Parallel dazu berief der Kongress einen »Deutschen Volksrat«, dessen Hauptausschuss den Auftrag erhielt, eine Verfassung auf Grundlage des von der SED bereits 1946 vorgelegten Entwurfs zur »Verfassung für die Deutsche Demokratische Republik« zu erarbeiten.

In dieser Zeit war auch Johannes Rathje auf Bitten seines alten Freundes Theodor Heuss nach Berlin gefahren, um sich mit Otto Nuschke, dem CDU-Vorsitzenden, zu treffen. Da diesen sowohl Heuss als auch Rathje gut kannten, hoffte man, in Otto Nuschke jemand zu finden, der sich energisch für Deutschlands Einheit einsetzen würde.

Rathjes Besuch bei Nuschke ist am Ende jedoch erfolglos und Dorothee Mücksch erinnert sich noch gut an die Rückkehr ihres Großvaters aus Berlin: »Er saß abends bitterlich weinend in der Küche und sagte nur: ›Jetzt ist nichts mehr zu retten‹«.[260]

Der kurz darauf vorgelegte Entwurf der DDR-Verfassung wurde im März 1949 vom Volksrat gebilligt und enthielt wie das Grundgesetz auch in Artikel 1 ein klares Bekenntnis zur deutschen Einheit. Ein vom Volkskongress im Mai 1949 gewählter »2. Deutscher Volksrat« konstituierte sich am 7. Oktober 1949 als Provisorische Volkskammer, setzte die Verfassung in Kraft und rief die Gründung der Deutschen Demokratischen Republik aus. Wilhelm Pieck wurde Staatspräsident der DDR, der ehemalige Sozialdemokrat Otto Grotewohl führte als Ministerpräsident die erste Regierung.

Wie in vielen anderen deutschen Familien auch hat man diese politische Entwicklung bei den de Maizières in Ost und West zwar zur Kenntnis genommen, sich aber kaum persönlich eingebracht. Nun aber bieten die neuen Verhältnisse auch neue Möglichkeiten. So sieht Clemens die Chance gekommen, mit seiner Familie endlich nach Berlin zu ziehen. Durch seine Mitarbeit im Rechtsausschuss des Zonenverbandes war er in den letzten Wochen und Monaten bereits wieder häufig in der ehemaligen Reichshauptstadt gewesen. Die knapp einjährige Versorgung des von den Russen blockierten Westteils der Stadt über die Luftbrücke war gerade beendet worden, LKW und Züge konnten wieder ungehindert fahren. Dennoch war unverkennbar, dass Berlin mittlerweile eine geteilte Stadt war. Es gab nun nicht nur zwei unterschiedliche Währungen, auch in Politik und Verwaltung wurden die Gräben immer größer. Der Magistrat hatte seinen Sitz ins Schöneberger Rathaus verlegt und sich daraufhin gespalten, sodass es fortan auch einen Ostmagistrat gab. Ernst Reuter war im Dezember 1948 zum Oberbürgermeister von West-Berlin gewählt worden; Amerikaner, Briten und

Franzosen hatten mit einer Kommandantur im Westteil der Stadt ihre Arbeit fortgesetzt.

Ungelöst sind im Frühjahr 1949 noch zahlreiche Probleme im Bereich der Infrastruktur, so auch bei den Berliner Verkehrsbetrieben (BVG). Das Unternehmen versucht nach wie vor, einen ordnungsgemäßen Betrieb für die gesamte Stadt zu gewährleisten, gerät dabei aber immer mehr ins Spannungsfeld der Politik.[261] Besonders der BVG-Beirat, in dem auch Mitglieder des Magistrats vertreten sind, steht im Mittelpunkt der Auseinandersetzungen. Da es Ernst Reuter ablehnt, mit Vertretern des Ostens im Beirat zusammenzuarbeiten, muss die BVG-Direktion mit zwei politischen Gremien verhandeln und pendelt daher immer zwischen Ost und West. Dieser unhaltbare Zustand ändert sich erst, als die BVG ein Verbindungsbüro in der Stralauer Straße in Ost-Berlin einrichtet. Dieses Büro wird im Sommer 1949 auch der neue Arbeitsplatz von Clemens de Maizière, der von einem Bekannten erfahren hat, dass die vor wenigen Wochen entstandene BVG-Ost einen Juristen für den Aufbau einer eigenen Rechtsabteilung sucht. Die Spaltung der Berliner Verkehrsbetriebe ist mittlerweile beschlossene Sache und muss in zahlreichen Verhandlungen und mittels Verträgen vollzogen werden. Als Justiar und Leiter der neuen Rechtsabteilung übernimmt Clemens gemeinsam mit einigen Kollegen diese Aufgabe, die erst 1953 mit der kompletten Trennung des Straßenbahnnetzes an der Sektorengrenze vollzogen sein wird.

Der Umzug von Nordhausen nach Berlin ruft in Clemens' Familie unterschiedliche Reaktionen hervor. Wie bereits geschildert verlässt Christine nur ungern die alte Heimat. Die Kinder hingegen, vor allem Dorothee und Lothar, freuen sich auf Berlin und das neue »Großstadt-Leben«. Die Umstellung fällt ihnen nicht schwer, in der Schule gehören sie auch hier zu den Besten und Freunde sind schnell gefunden. »Mich störte lediglich, dass die Berliner der Meinung waren, wir würden ›sächseln‹ und kämen somit aus der gleichen Gegend wie Ulbricht«[262], erinnert sich Lothar.

Da Vater Clemens meist erst spät abends nach Hause kommt, liegt die Verantwortung für den gesamten Haushalt und die Erziehung der Kinder in den Händen von Christine. Nur selten schaltet sich Clemens ein, dann aber unmissverständlich. »›Das tut ein Maizière nicht!‹ waren oft seine Worte und spätestens da wussten wir, jetzt ist Schluss mit der Debatte. Das war immer sein Schlusswort, wenn seine anderen Argumente nicht mehr zogen«[263], so Lothar. Auch Mutter Christine kann streng und mitunter auch jähzornig sein, ist ihrem Wesen nach jedoch eine warmherzige und verständnisvolle Frau. »Unsere Mutter lebte mit und in ihren Kindern, sie sah darin auch viele Jahre ihre Bestimmung. Dabei musste sie natürlich Abstriche bei ihren eigenen Wünschen und Neigungen machen«[264], beschreibt sie Lothar rückblickend.

Mutter Christine ist auch der »musische Dreh- und Angelpunkt« der Familie. Schon in Nordhausen hatte sie mit den Kindern täglich Singen nach Noten geübt, häufig unterstützt von Großvater Johannes. Vor allem Lothar verbindet damit noch heute schöne Erinnerungen, zumal dadurch früh sein musikalisches Interesse geweckt wurde: »Ich konnte eher Noten lesen als Buchstaben. Das hat mir Großvater beigebracht, weil er der Meinung war, die Notenschrift wäre viel sinnvoller als die Buchstaben oder die Wortschrift, was ja auch stimmt. Trotzdem ist es eine ungewöhnliche Reihenfolge.«[265] Jeder Tag endet für die Familie mit Musik, die Mutter gibt abends immer ein kleines Klavierkonzert. Abwechselnd dürfen sich die Kinder ein Stück wünschen, bei Lothar ist dies meist Schubert: »Ich wollte immer ein romantisches Stück.«[266]

Bald bekommt Lothar mit einer Geige auch sein erstes eigenes Instrument. Der Hausarzt der Familie hatte sie auf dem Dachboden gefunden und den de Maizières geschenkt. Später, als Lothar bereits an der Oberschule ist, meint Mutter Christine, dass er einen besseren Instrumentallehrer braucht. Nach einem Konzert des Streichquartetts der Deutschen Staatsoper glaubt sie, in dem Bratschisten Prof. Buchholz den neuen Lehrer für ihren Sohn gefunden zu haben. Lothar erinnert sich noch gut: »Meine Mutter rief wenig später bei Prof. Buchholz an und schilderte ihr Anliegen. Auf seinen Einwand hin, er würde nur Hochschulstudenten unterrichten, entgegnete meine Mutter: ›Herr Professor Buchholz, dann werden Sie in diesem Fall mal eine Ausnahme machen.‹«[267] Da Prof. Buchholz schnell den Eindruck gewinnt, dass Christine de Maizière keine Ablehnung akzeptiert, wird kurz darauf einer der besten Bratschisten der DDR Lothars Lehrer.

Anders als die Mutter ist Vater Clemens kein so großer Musikliebhaber. Dennoch lädt Lothar seinen Vater einmal zu einem Bruckner-Konzert des Berliner Sinfonieorchesters ein. Die Karte bezahlt er von seinem gesparten Taschengeld und ist daher nach dem Konzert umso enttäuschter, als er keine große Begeisterung bei seinem Vater feststellt: »Mein Vater fragte mich, was denn die Karte gekostet habe. Und als ich ihm den Preis sagte, meinte er nur: ›Da wäre mir eine Bockwurst mit Kartoffelsalat lieber gewesen.‹«[268]

Lothar und seine Geschwister nehmen ihrem Vater solche Erlebnisse nicht übel. Sie genießen es, wenn er sich gerade an den Wochenenden und in den Urlauben Zeit für sie nimmt. Dann begeistert Clemens die Kinder häufig mit seinem großen Geschichtswissen. Michael, sein Jüngster, ist ihm dafür noch heute dankbar: »Ich erinnere mich noch gut, wie mir mein Vater im Urlaub die Odyssee und die Ilias erzählt hat oder auch die gesamte Biografie von Friedrich dem Großen. Ich habe so vom enormen historischen Wissen meines Vaters profitiert und mitunter bei ihm mehr gelernt, als in mancher Geschichtsstunde.«[269] Auch Lothar weiß Ähnliches zu berichten und hat dabei noch zahlreiche Sonntagsspaziergänge in Berlin oder Potsdam vor Augen: »Unser Vater wusste wirklich alles, vor allem wenn es um die preußische Geschichte ging. Er versuchte, uns dies anschaulich zu vermitteln, indem er etwa mit uns zum Schloss Sanssouci fuhr.«[270]

Auch für manchen Spaß ist Vater Clemens zu haben. Als die Kinder von den Eltern einen kleinen Dackel geschenkt bekommen, gibt das Familienoberhaupt dem Hund den Namen »Cognac«. Es kommt zu einer richtigen kleinen Taufzeremonie in der Wohnung: »Unser Vater setzte sich einen Zylinder auf und las aus ›Brehms Tierleben‹ das Kapitel über den Haushund vor. Danach wurde unser Hund mit echtem Cognac getauft.«[271] Die Kinder haben viel Spaß an diesem Tag, allerdings ist es ihnen fortan immer etwas peinlich, wenn der Hund im Treptower Park davonrennt und sie »Cognac, bleib stehen!« rufen müssen.

So schön wie diese Erlebnisse mit dem Vater für die Geschwister sind, so selten sind sie auch. Clemens ist nicht nur kaum zu Hause, er ist auch distanziert und emotional sehr zurückhaltend. »Mein Vater gehörte noch zu der Generation, der man beigebracht hatte: ›Gefühle zeigt man nicht!‹. Ich kann mich nicht daran erinnern, dass mich mein Vater irgendwann einmal gestreichelt oder in den Arm genommen hätte. Allerdings konnten wir uns immer auf ihn verlassen, etwa wenn es irgendwo Schwierigkeiten gab, bei denen wir seine Hilfe benötigten«[272], beschreibt Lothar de Maizière mit der Distanz von fünf Jahrzehnten seinen Vater.

Auch Bruder Michael erinnert sich an ihn als einen sehr introvertierten Menschen, »an dem man nicht so richtig heran kam. Ich habe als Kind an diesem Charakterzug mitunter sehr gelitten.«[273] Wohl auch aus diesem Grund übernimmt Lothar die Vaterrolle für den jüngeren Bruder; zwischen beiden entwickelt sich daher nie ein brüderliches Verhältnis. Michael sieht in Lothar stattdessen den »Erziehungsberechtigten«: »Er hat mich als Kind abends immer gewaschen, zur Schule gebracht und auf mich aufgepasst.«[274] Allerdings nimmt es Lothar mit dem Aufpassen nicht immer so genau, sodass Michael zuweilen verschwindet und allein die Gegend erkundet. »Und wenn mich dann die Polizei später wieder nach Hause brachte, gab es richtig Ärger – für Lothar und für mich.«[275]

Ärger gibt es auch, als Vater Clemens Ende März 1951 Post vom Berliner Bezirksamt Treptow, Abteilung Grünflächen, bekommt. Darin heißt es: »Ihr Sohn Lothar ist wiederholt beim Beschädigen von Bäumen und Sträuchern in unseren Parkanlagen angetroffen worden. Wenn wir auch für die Jugend grosses Verständnis aufbringen, so kann es nicht dazu führen, dass die öffentlichen Parkanlagen mutwillig beschädigt werden.«[276] Es folgt ein Appell an Clemens de Maizière, seiner Verantwortung als Vater nachzukommen: »Wir bitten Sie …, auf Ihren Sohn Lothar einzuwirken, dass dieses in Zukunft unterbleibt. Sollten wir jedoch feststellen, dass unsere Bitte bei Ihnen kein Gehör gefunden hat, so müssen wir Sie als Erziehungsberechtigten für alle Schäden verantwortlich machen.«[277] Zwar bekommt Lothar die Chance zu erläutern, dass es sich bei dem »Beschädigen von Bäumen« lediglich um das Beklettern selbiger handelt. Doch letztendlich macht ihm sein Vater unmissverständlich klar, dass er künftig beim Begleichen etwaiger Schäden auch auf Lothars Taschengeld zurückgreifen werde. Damit ist für ihn der Fall erledigt und zum Glück für seinen ältesten Sohn wird das der einzige Brief der Abteilung Grünflächen bleiben.

Der Hinweis auf das Taschengeld ist allerdings bezeichnend für Clemens. Er erzieht seine Kinder zu absoluter Sparsamkeit; nicht nur, weil sein Einkommen für eine Familie mit vier Kindern nicht allzu hoch ist, sondern weil er überzeugt ist, dass Sparsamkeit eine der Grundtugenden ist. Taschengeld in Höhe von fünf Pfennigen bekommen die Kinder erstmals mit sechs Jahren. Bei jedem Geburtstag wird es dann geringfügig erhöht. Mit dem Älterwerden der Kinder achtet Clemens dann darauf, dass sie sich den Großteil ihres Taschengeldes selbst verdienen. Lothar kann sich heute noch gut daran erinnern, »dass Vater der Auffassung war, acht Wochen Sommerferien seien zu lang und würden zudem den Charakter verderben. Deshalb erwartete er, dass wir die ersten vier Ferienwochen arbeiteten, um uns so das Geld für die zweiten vier Wochen oder sonstige Anschaffungen zu verdienen.«[278] So verbringt Lothar die Ferien zwischen der 10. und 11. Klasse im Westen, bei den Großeltern in Peine, und arbeitet vier Wochen in der Peiner Hütte. Das hart verdiente »Westgeld« tauscht er dann in West-Berlin illegal in DDR-Mark: »Und davon kaufte ich mir dann mein erstes eigenes Waldhorn und meine erste eigene Bratsche.«[279]

Mittlerweile fast vier Jahre in Berlin lebend, ist den de Maizières die politisch explosive Lage im Frühsommer 1953 nicht entgangen, die sich am 17. Juni in einem Volksaufstand entladen wird.[280] Grund ist der Kurs der SED-Regierung seit der 2. Parteikonferenz im Juli 1952. Dort hatten die Genossen Beschlüsse gefasst, die die junge Republik an den Rand des Abgrunds brachten und für große Unruhe in der Bevölkerung sorgten: konsequente Kollektivierung in der Landwirtschaft, höhere Steuern für Handwerker und Gewerbetreibende, Drosselung der Konsumgüterproduktion zugunsten der Schwerindustrie, Aufbau von Streitkräften und eine allgemeine Erhöhung der Arbeitsnormen. Als im März 1953 Stalin stirbt und die Machthaber in Moskau einen »Neuen Kurs« einschlagen, wird auch in der DDR-Bevölkerung die Hoffnung auf Änderungen geweckt. Allerdings vergehen noch Wochen, bis die SED – und dann auch nur auf Druck Moskaus – Korrekturen an den Beschlüssen ihrer 2. Parteikonferenz vornimmt. Die massiven Normerhöhungen bleiben jedoch bestehen, was am 15. Juni 1953 das Fass zum Überlaufen bringt. Berliner Bauarbeiter drohen mit Streiks und fordern in einem Brief an Ministerpräsident Grotewohl die Rücknahme der Normerhöhungen. Tags darauf schickt die SED-Führung Mitarbeiter zu den Baustellen, die um Verständnis für den Parteikurs werben sollen. Diese werden jedoch niedergeschrien und schnell formiert sich ein Demonstrationszug. Erst sind es nur Bauarbeiter, später reihen sich tausende Berliner ein. Das Ziel des Protestmarsches ist der Regierungssitz.

Hier hoffen die Demonstranten, Gehör zu finden. Als sich aber nur »kleine« Funktionäre blicken lassen, wird für den nächsten Tag der Generalstreik ausgerufen. Lothar hört davon abends im RIAS-Radio und findet das ganze furchtbar spannend. Er beschließt, am nächsten Tag dabei zu sein.

Am Morgen des 17. Juni bricht Lothar auf, geht aber zunächst in die Schule. Obwohl die Lehrer allen Kindern empfehlen, nach Schulschluss schnell nach Hause zu gehen, ignoriert er diesen Rat. Auch seine Schwester Dorothee sympathisiert mit den Demonstranten. In der Jungen Gemeinde hatte sie bereits in den Wochen zuvor an politischen Diskussionen teilgenommen und kritische Artikel für die Schulwandzeitung geschrieben. »Ich glaube, nur der Einsatz meines Vaters hat mich davor bewahrt, vom Gymnasium zu fliegen«, ist Dorothee noch heute überzeugt. Am 17. Juni bleibt sie zu Hause, zumal sie in die sorgenvollen Augen der Mutter blickt: »Ich erinnere mich noch genau an den Tag und vor allem an die Ängste meiner Mutter.«[281] Und diese Ängste sind nicht unbegründet, denn Lothar trifft nach dem Unterricht schnell auf den Demonstrationszug und schließt sich an. Am Alexanderplatz angekommen, fliegen schon Steine in Richtung Polizei. Arglos macht Lothar einfach mit, »doch ich zielte nicht weit genug und traf die eigenen Leute. So richtig politisch war das noch nicht. Schnell haben die Älteren mich nach hinten gedrängt, aus der Gefahrenzone weg, da durfte ich nur noch Steine anreichen.«[282] Das macht er so lange, bis er die Geräusche der ersten Panzer hört. Er gerät in Panik und rennt davon.

Auf dem Weg nach Hause findet er in einem Park eine alte Polizeiuniform. Er nimmt sie mit und präsentiert sie am Abend voller Stolz seinem Vater. Der reagiert jedoch anders, als Lothar erwartet hatte. »Er wurde plötzlich sehr wütend und ich verstand überhaupt nicht, warum. Erst als ich Nachrichten hörte und das Ausmaß der Auseinandersetzungen begriff, wurde es mir klar«[283], so Lothar rückblickend. Als sein Vater am Abend die Uniform in Papier einwickelt und das Päckchen in einem Papierkorb im Treptower Park entsorgt, ist er ihm dankbar. Die Erinnerungen an diesen Tag werden Lothar de Maizière ein Leben lang begleiten.

Wenige Monate nach diesem epochalen Ereignis beendet Clemens seine Tätigkeit bei den Verkehrsbetrieben. Die Arbeit füllt ihn nicht mehr aus und Lothar meint sich später erinnern zu können, dass seinem Vater laut eigener Aussage »wohl auch langweilig geworden ist.«[284] Clemens beschließt, fortan als Anwalt zu arbeiten, vor allem im Westteil der Stadt. Er beantragt seine Zulassung als Rechtsanwalt bei den West-Berliner Gerichten, die zunächst vom dortigen Kammergerichtspräsidenten aufgrund seiner noch laufenden Tätigkeit bei der BVG-Ost abgelehnt wird. Erst im Sommer 1954 gibt man der Beschwerde von Clemens statt, sodass er am 10. August 1954 seine Zulassung für West-Berlin in den Händen hält.

Da Clemens jedoch auch Mandate im Ostteil der Stadt übernehmen will, sieht er sich wenig später mit neuen Schwierigkeiten konfrontiert. In der DDR war im Frühjahr 1953 eine Umgestaltung der Rechtsanwaltschaft durch Gründung von »Kollegien der Rechtsanwälte« eingeleitet worden. »Die Entscheidung für die Kollektivierung…, war die gewollte Übernahme des sowjetischen Modells.… Die in einem Kollektiv zusammengefassten Menschen beobachten sich wechselseitig und stehen unter der Beobachtung der Leitung des Kollektivs. Auf ein solches Kollektiv lässt sich anders Einfluss ausüben als auf eine Vielzahl selbstständiger Einzelpersonen.«[285] Allerdings haben die Kollegien der Rechtsanwälte in der DDR fortan nur den Namen mit den Kollegien in der Sowjetunion und anderen sozialistischen Ländern gemein. Außerhalb der DDR haben die Kollegien eine völlig andere Struktur; dort sind sie haushaltsgebundene staatliche Einrichtungen, in denen die Rechtsanwälte als Angestellte arbeiten.

Die Kollegien im Osten Deutschlands, also auch das »Rechtsanwalt-kollegium von Groß-Berlin«, erarbeiten hingegen ihre sämtlichen Mittel eigenständig, die einzelnen Mitglieder sind in ihrer anwaltlichen Tätigkeit eigenverantwortlich tätig, in ihrer Rechtsanwendung unabhängig und nicht an Weisungen gebunden. In wirtschaftlicher Hinsicht funktioniert ein Kollegium in der DDR wie eine Sozietät. Bei der Aufnahme von Mitgliedern, die gleichzeitig die Zulassung als Rechtsanwalt bewirkt, in Disziplinarangelegenheiten, bei der Altersversorgung oder auch der Fortbildung hat das Kollegium eine Art Kammerfunktion.

Im Vergleich zur Bildung der Landwirtschaftlichen Produktionsgenossenschaften (LPG) kommt es bei den Rechtsanwaltskollegien zu keiner Zwangskollektivierung; der Beitritt ist freiwillig und lässt zunächst manch frei praktizierenden Anwalt zögern. »Rechtsanwälte, die nicht in die Kollegien eintraten, die nunmehr sog. ›Einzelanwälte‹, übten ihre Tätigkeit nach den bisher geltenden Vorschriften aus …«[286] Ihr Zögern hat zunächst auch keine Konsequenzen.

Die Bildung der Rechtsanwaltskollegien in der DDR in den fünfziger Jahren wird bis heute sehr unterschiedlich bewertet. Während vor allem ehemalige, in der DDR tätige Anwälte den Aspekt der Freiwilligkeit unterstreichen, kommt Karl Wilhelm Fricke zu einem anderen Schluss. Fricke, Publizist und nach 1990 Sachverständiger in zwei Enquete-Kommissionen des Deutschen Bundestages zur Aufarbeitung der SED-Diktatur, schreibt: »… politische und soziale Zwänge sollten schon innerhalb weniger Jahre die Anwaltschaft in der DDR zur Aufgabe ihrer anfänglich zögernden Haltung bewegen.«[287]

Die Zulassung von Clemens de Maizière in West-Berlin bietet ihm keine hinreichende Basis für den Unterhalt seiner großen Familie. Um seinen Beruf auch im Osten ausüben zu können, bleibt ihm unter den gegebenen Umständen nur der Eintritt in das Rechtsanwaltskollegium, um die Zulassung für Ost-Berlin und die DDR zu erhalten. Dass er fortan als einziger Anwalt des Kollegiums der CDU angehört, ist unproblematisch. Dies bestätigt auch Friedrich Wolff viele Jahre später: »In den ersten Jahren des Kollegiums merkte man den Mitgliedern ihre jeweiligen politischen Ansichten nicht an. Politik hat zu Beginn keine große Rolle gespielt. Ungewöhnlich für die anderen Kollegiumsmitglieder war anfangs nur, dass mit de Maizière ein älterer Kollege zu uns kam, der schon über Erfahrungen als Anwalt verfügte. Wir anderen waren alle jünger als er.«[288] Dadurch hat Clemens im Kollegium von Anfang an eine Sonderstellung, die auch dazu führt, dass er zu den meisten Mitgliedern ein zwar kollegiales, aber distanziertes Verhältnis hat. Es gibt nur einen Anwalt, mit dem er sich gut versteht: Wolfgang Vogel, der später mit Sonderzulassung als Einzelanwalt unter anderem durch seine Rolle im Häftlingsfreikauf zwischen BRD und DDR deutschlandweit und darüber hinaus Bekanntheit erlangen wird.

Im Herbst 1955 bekommt Clemens Post vom West-Berliner Ehrengericht der Rechtsanwaltskammer. Darin wird ihm mitgeteilt, dass der Generalstaatsanwalt beantragt hat, »in einem ehrengerichtlichen Verfahren festzustellen, dass der Antragsgegner eine Beschäftigung betreibt, die nach den Gesetzen mit dem Beruf des Rechtsanwalts nicht vereinbar ist und der Würde der Rechtsanwaltschaft widerspricht und somit die Voraussetzungen nachträglich eingetreten sind, unter denen die Zulassung zur Rechtsanwaltschaft zu versagen wäre.«[289] Mit anderen Worten: Der West-Berliner Generalstaatsanwalt beantragt den Entzug der Rechtsanwaltszulassung für Clemens de Maizière, da dieser als Angehöriger eines Rechtsanwaltskollegiums keine selbstständige, freiberufliche Tätigkeit ausübe, sondern unselbstständig sei. Aus Sicht von Clemens ist dies ein Akt der Diskriminierung, nicht nur für ihn, sondern für das gesamte Kollegium. Deshalb wird das Ministerium der Justiz einbezogen. Clemens schreibt am 1. November 1955 dem dortigen Hauptabteilungsleiter Dr. Rolf Helm: »Wunschgemäß übersende ich Ihnen in der

Anlage einen Durchschlag der Antragsschrift des Generalstaatsanwalts West gegen mich vor dem Ehrengericht der Rechtsanwaltskammer. Ich bemerke dazu, dass mir das Rechtsanwaltskollegium von Groß-Berlin für das Verfahren Rechtsschutz gewährt und Herrn Rechtsanwalt Dr. Kaul mit meiner Vertretung beauftragt hat.«[290] Helm reicht die Unterlagen unverzüglich an Justizministerin Hilde Benjamin weiter. Damit ist der Vorgang auf höchster Ebene angelangt.

Ausgestattet mit politischer Rückendeckung und mit einem der besten Anwälte der DDR an seiner Seite, fährt Clemens am 15. Dezember nach West-Berlin zur Hauptverhandlung. Nach stundenlangen Zeugenbefragungen und Ausführungen der Anwälte fällt das Ehrengericht das Urteil: »Der Antrag des Generalstaatsanwalts beim Kammergericht … wird zurückgewiesen.«[291] Zwar geht der Generalstaatsanwalt gegen dieses Urteil noch in Berufung. Doch als auch diese im September 1956 verworfen wird, steht fest, dass Clemens und seine Kollegen einen deutlichen Sieg errungen haben. Friedrich Wolff fasst dazu in seinen Erinnerungen die Gefühlslage der Anwälte des Ost-Berliner Kollegiums zusammen: »Dieser Ausgang des Verfahrens war uns eine Genugtuung.«[292] Noch wichtiger als diese Genugtuung ist aber vor allem die Tatsache, dass die in West-Berlin zugelassenen DDR-Anwälte in den Folgejahren und insbesondere nach dem Mauerbau 1961 mittels fallbezogener Visa-Erteilung Fälle im Westen übernehmen, recherchieren und Akteneinsicht nehmen können. »Vor allem bei Erbstreitigkeiten zwischen Ost- und Westdeutschen war dies hilfreich«[293], erinnert sich später Lothar de Maizière.

Dieser Erfolg kann jedoch nicht darüber hinwegtäuschen, dass sich Clemens im Kollegium nach wie vor nicht wohl fühlt. Er bleibt Einzelgänger, sucht nur selten den Kontakt zu den anderen Anwälten. Sohn Lothar hat dies damals bereits bemerkt: »Mein Vater mochte das Kollegium nie sonderlich. Er hat es immer nur als Rahmen betrachtet, in dem er sich bewegen muss, um seinen Beruf auszuüben. Viel lieber wäre er Einzelanwalt gewesen.«[294] Clemens zeigt daher auch nur wenig Interesse an der Arbeit im Kollegium, kommt zu Besprechungen häufig zu spät oder gar nicht. Der damalige Vorsitzende des Kollegiums Dr. Friedrich Wolff: »In unseren Mitgliederversammlungen fiel er mitunter auch dadurch auf, dass er relativ schnell einschlief. Erstaunlicherweise meldete er sich bei anschließenden Diskussionen häufig als Erster und redete dann dennoch zur Sache. Und dies mit hohem Sachverstand.«[295] Mit dieser Aussage bestätigt Wolff das Bild, das damals sowohl im Rechtsanwaltskollegium als auch bei vielen Mandanten über Clemens vorherrscht: Er ist ein guter Anwalt, der sich jedoch auch seine Freiheiten nimmt und nicht immer nach den Regeln des Kollegiums arbeitet. Vom Vorstand werden ihm daher entsprechend Vorhaltungen gemacht.

Die Anwälte des Kollegiums werden in der Regel alle zwei Jahre durch Mitglieder des Vorstandes, später dann erweitert durch berufserfahrene Mitglieder, revidiert. Die Disziplinargewalt liegt also in den Händen der Kollegien selbst und ist nicht, wie man vermuten könnte, an das Ministerium der Justiz gebunden. Gleichwohl ist das Ministerium meist gut über Disziplinarverfahren informiert und legt sich eigene Personalakten über verschiedene Anwälte an, während die tatsächliche Akte, die sogenannte Kaderakte, nur im jeweiligen Kollegium geführt wird. Der zusätzlichen Aktenführung im Justizministerium ist es zu verdanken, dass Disziplinarmaßnahmen in den Rechtsanwaltskollegien in der damaligen Zeit heute noch, zumindest in weiten Teilen, nachvollzogen werden können. Die Fristen für die Aufbewahrung von Unterlagen zu Disziplinarverfahren in den fünfziger Jahren sind mittlerweile abgelaufen.

Eine im Kollegium vorgenommene Revision bezieht sich mittels einer Handaktenprüfung »meist nur auf die Überprüfung der richtigen Abrechnung, der ordnungsgemäßen Aktenführung und der rechtzeitigen Bearbeitung…«[296] Rechtliche Argumentationen in den von dem jeweiligen Anwalt zu bearbeitenden Fällen kommen kaum zur Sprache. Verfahren mit politischem Hintergrund sind ebenfalls eine seltene Ausnahme.[297] Es geht in den Disziplinarverfahren folglich »meistens um die Abrechnung überhöhter Honorare, säumige Bearbeitung, Frist- bzw. Terminversäumnisse, also um ›klassische‹ Berufspflichtverletzungen auch nach ›westlichem‹ Verständnis...«[298] In einem Verfahren gegen Clemens de Maizière wird dies deutlich.

Bei einer internen Revision in der »Zweigstelle Mitte IV des Rechtsanwaltskollegiums von Groß-Berlin« stellt man in Bezug auf Clemens fest, »dass eine größere Anzahl Sachen seit längerer Zeit nicht mehr bearbeitet worden«[299] ist. Zudem wirft man ihm vor, dass er mehrfach »die Vorschriften der Verordnung zur Regelung des Innerdeutschen Zahlungsverkehrs nicht eingehalten«[300] hat. Es kommt zur Eröffnung eines Disziplinarverfahrens gegen Clemens de Maizière. Die Liste der Vorwürfe gegen ihn ist laut vorliegender Akten aus dem DDR-Justizministerium lang: unsachgemäße und nicht den Vorschriften entsprechende Aktenführung, Verstoß gegen das Einhalten von Fristen, unzulässige Verbindungsaufnahme zu Zeugen, unkorrekte Honorarvereinbarungen, falsche Währungsangaben und einiges mehr.

Zwar kann Clemens einige der Vorwürfe entkräften, doch am Ende stellt der Vorstand des Kollegiums fest: »Das gesamte Verhalten von Herrn Rechtsanwalt de Maizière verstößt in höchstem Maße gegen die Berufspflichten eines Mitglieds des Rechtsanwaltskollegiums. Die säumige Bearbeitung der 15 festgestellten Handakten hatte einen derartigen Umfang angenommen, dass sie die Interessen der Mandanten in hohem Grade gefährden und das Ansehen nicht nur des Kollegen de Maizière, sondern auch des Kollegiums selbst in erheblichem Maße beeinträchtigen musste.«[301] Clemens bekommt eine »Strenge Rüge« erteilt. Zudem muss er eine Geldstrafe in Höhe von 500 Mark zahlen. Das Disziplinarverfahren ist beendet. Clemens weiß aber, dass er ab sofort unter genauer Beobachtung steht. In der Urteilsbegründung heißt es: »Herr Rechtsanwalt de Maizière wird sich jedoch darüber im Klaren sein müssen, dass er in Ausübung seiner weiteren Tätigkeit eine besondere Sorgfalt wird beachten müssen, um sich wieder das volle Vertrauen seiner Kollegen zu erwerben.«[302] Die gegebenen Hinweise beachtet Clemens künftig mit mehr Sorgfalt; er will beweisen, dass er ein guter Anwalt ist. Schon wenig später bekommt er Gelegenheit dazu, als er durch besonderes Engagement in einem spektakulären Fall Anfang der sechziger Jahre für Furore in ganz Deutschland sorgen wird.

Clemens' Frau Christine bleiben die zeitweisen Sorgen ihres Mannes im Kollegium natürlich nicht verborgen. Schon lange wartet sie auf eine erneute Gelegenheit, Clemens davon zu überzeugen, die DDR zu verlassen. Den Gedanken daran gab es bei ihr schon in den Jahren zuvor, und die Westverwandten hatten seinerzeit sogar schon einen Plan erarbeitet, wie man den Ostverwandten nach der Flucht helfen könne. Weil der Plan aber damals vorsah, die Kinder zunächst auf die Verwandten zu verteilen, bis die Eltern im Westen Fuß gefasst hätten, lehnte ihn Christine ab. »Niemals hätte sich unsere Mutter – auch nur zeitweise – von ihren Kindern getrennt. Sie war im positiven Sinne eine Glucke«[303], erinnert sich Lothar.

Dennoch wagt sie nun einen neuen Versuch, ihren Mann zur Flucht zu überreden. Sie glaubt, viel bewusster als er die politische Entwicklung im Osten Deutschlands wahrzunehmen. Sie sieht den Ärger, den ihre Kinder täglich in der Schule oder auch in der Jungen Gemeinde haben. Wie in vielen anderen Familien gibt es auch bei den de Maizières zwei Meinungen, wenn es um Politik geht: eine private und eine öffentliche. Dieser Zustand ist für Christine unerträglich: »Clemens, ich möchte nicht mehr, dass unsere Kinder in diesem gottlosen Staat aufwachsen müssen.«[304] Doch dieser will von einer Flucht nichts wissen: »Solange ich noch jeden Sonntag mit meinem Gesangbuch in den Französischen Dom gehen kann, bleibe ich. Außerdem darf man den

Landstrich, der einem vor über dreihundert Jahren Asyl gewährt hat, nicht ohne Not verlassen.«[305] Damit ist das Kapitel für ihn beendet.

Für die de Maizières in der DDR bleibt es somit dabei, sich weiter in dem sozialistischen Staat einzurichten, Nischen zu suchen und auch Möglichkeiten, um wenig »anzuecken«. Für die Kinder bestimmen Schule, Musik und Kirche den Alltag. Während Michael noch in die 1. Klasse geht, macht Dorothee bereits ihr Abitur. Sie steht vor der Frage, was sie danach machen soll. Eine Postkarte, die sie von ihrem mittlerweile im Westen lebenden Großvater Johannes Rathje zu ihrem 17. Geburtstag bekommt, weist Dorothee den Weg: »Auf der Karte stand die Tageslosung: ›Gott sprach: Wen soll ich senden? Wer will unser Bote sein? Ich aber sprach: Hier bin ich, sende mich.‹ Da stand für mich fest: Ich werde Missionarin.«[306] Vater Clemens ist davon nicht begeistert, zumal er bis dahin geglaubt hatte, Dorothee würde ihrer mathematischen Begabung folgen. Dennoch geht er wenig später mit seiner Ältesten zu einer Missionsgesellschaft. »Der dortige Leiter überzeugte mich dann – sehr zur Freude meines Vaters –, zunächst einmal Theologie zu studieren. Missionarin könne ich ja später immer noch werden«[307], so Dorothee rückblickend. Doch einen Studienplatz zu bekommen, ist in dieser Zeit nicht selbstverständlich, zumal ihr Zeugnis nicht zu den besten gehört. Dorothee fühlt sich ungerecht behandelt und ist erst beruhigt, als ihr Klassenlehrer sie auf die Beurteilung verweist. Ihm ist seit langem bekannt, dass sie Theologie studieren will. »In der Beurteilung stand: ›Dorothee hat ein sicheres Urteilsvermögen ... Sie ist nicht in der FDJ.‹ Und zum Glück konnte die Auswahlkommission der Theologischen Fakultät zwischen den Zeilen lesen«[308], erinnert sich Dorothee. So beginnt sie nach den Sommerferien mit dem Studium an der Berliner Humboldt-Universität.

Für Lothar endet 1954 die damals in der DDR übliche achtjährige Grundschulzeit. Die Abschlussprüfung schließt er mit »Sehr gut« ab und in der allgemeinen Beurteilung heißt es anerkennend: »Lothar war in letzter Zeit sehr um sein Betragen bemüht … Seine Ausdrucksweise ist auffallend klar und gut.«[309] Da Lothar genau wie seine Schwester die Mathematik liebt, möchte er gern auf ein mathematisches Gymnasium gehen. Doch sein Vater ist da anderer Meinung. Er besteht darauf, dass sein Sohn ein humanistisches Gymnasium besucht: »Er stellte mich vor die Wahl: Entweder das ›Graue Kloster‹ in Ostberlin oder das französische Gymnasium im damals noch frei zugänglichen Westberlin.«[310] Lothar entscheidet sich für das »Graue Kloster«. Die bereits 1574 gegründete Schule ist »so etwas wie ein bürgerlich-humanistisches Gymnasium mit altsprachlicher Ausrichtung, eine Oase im pädagogischen Einheitssystem.«[311] Diese Sonderstellung spürt Lothar sehr schnell und er bekennt noch heute, dass die meisten Klosterianer »in dem Bewusstsein lebten, etwas Besonderes zu sein.«[312]

Damit hat er nicht ganz unrecht, denn in welcher Schule der DDR waren schon pro Woche acht Stunden Latein und Griechisch Pflicht? Obwohl fast wöchentlich eine Arbeit in diesen Fächern geschrieben wird, liebt Lothar diese Sprachen. Vor allem Griechisch hat es ihm angetan: »Es ist die klangvollere Sprache von beiden und außerdem begeisterte mich schon damals die griechische Mythologie.«[313]

Das ursprüngliche, altehrwürdige Gebäude ist nach dem Krieg einem wenig ansehnlichen Komplex gewichen. Dennoch fühlt sich Lothar sehr wohl hier, was vor allem an den guten Lehrern liegt. Besonders gern erinnert er sich noch heute an Biologielehrer Dr. Arthur Grenda, Musiklehrer Gerhard Plüschke und Wilfried Bütow, Lehrer für Deutsch, Geschichte und Staatsbürgerkunde: »Das waren alles hervorragende Pädagogen, die von uns Leistung erwarteten, aber gleichzeitig unwahrscheinlich fair zu uns waren.« Gerade Grenda zeigt meist großes Verständnis, wenngleich die Jungs das auch häufig auszunutzen wissen. So hat der Biologielehrer die Angewohnheit, mündliche Tests immer nach dem Alphabet vorzunehmen. Dadurch weiß jeder Schüler genau, in welcher Stunde er an der Reihe sein wird. Dass dies aber auch schief-gehen kann, bekommt Lothar an dem Tag zu spüren, als der vor ihm im Klassenbuch stehende Junge krank ist. Das Thema für den bevorstehenden Test lautet »Geschlechtskrankheiten«, worauf Lothar in keinster Weise vorbereitet ist. Schnell muss er sich etwas einfallen lassen. Als Grenda ihn nach vorn an die Tafel holen will, steht Lothar auf und sagt: »Entschuldigung, das Thema ist mir zu peinlich. Darf ich bitte erst beim nächsten Mal drankommen.« Und Lothar hat Glück, denn Grenda antwortet: »Aber natürlich mein Junge, dafür habe ich vollstes Verständnis.«[314] Mit ihrem Biologielehrer pflanzen Lothar und seine Mitschüler zudem im Frühjahr 1955 Pappeln auf dem Schulhof, die erst im Jahre 2010 einem Bauvorhaben zum Opfer fallen werden.

Besonders gern aber geht Lothar in die Stunden bei Wilfried Bütow. Vor allem in Geschichte und Staatsbürgerkunde versucht er, den Schülern den Lehrstoff so anschaulich wie möglich zu vermitteln. Lothar ist heute noch davon begeistert: »Einmal brachte er eine BILD-Zeitung mit. Er heftete sie an die Tafel, um uns zu zeigen, wie die Zeitung aufgebaut ist, wo Nachrichten und Fotos platziert werden. Wir hörten uns aber auch auf einem Tonbandgerät die Bundestagsdebatte zur Wiederbewaffnung der Bundeswehr an, um anschließend darüber zu diskutieren. Bütow verstand es, gerade den Staatsbürgerkundeunterricht interessant zu gestalten.«[315] Doch schnell sprechen sich die Unterrichtsmethoden herum, sodass es nicht lange dauert, bis sich der Schulrat zur Hospitation ankündigt. Um sich nicht mehr als nötig zu gefährden, unterrichtet Bütow an diesem Tag nicht Staatsbürgerkunde, sondern Geschichte. Als sich nach zehn Minuten der Schulrat erkundigt, ob denn heute nicht Staatsbürgerkunde an der Reihe sei, antwortet Bütow schlagfertig: »Bei mir ist jede Stunde Staatsbürgerkunde.«[316] Damit gibt sich der Schulrat zufrieden.

Bei Gerhard Plüschke hat Lothar nicht nur Musik. Plüschke leitet das Schulorchester, den Chor und auch das Blasorchester, das in der

Erntezeit am Wochenende immer aufs Land fährt, um auf Frühschoppen oder einer Kirmes zu spielen. Bezahlt werden die Musiker in Naturalien, weshalb Lothars Mutter auch nichts gegen diese Wochenendausflüge hat: »Da auch meine Schwester mit im Orchester spielte, kamen wir immer mit der doppelten Ration an Obst, Gemüse und Eiern nach Hause.«[317] Aus diesem Grund zeigen die Eltern auch Verständnis, als die Noten auf Lothars erstem Zeugnis am Gymnasium noch nicht ganz so gut sind. Besonders das »Genügend« im Fach Russisch sticht hier hervor und Klassenlehrer Schröder bemerkt: »Bei größerem Fleiß hätte er bessere Lernergebnisse erzielen können.«[318]

Nicht zuletzt wegen seiner Liebe zu Zahlen und der Mathematik wird er von den Orchestermitgliedern auch zum Verwalter der Haushaltskasse gemacht. Er führt penibel Buch, verwaltet die Einnahmen und kümmert sich um Anschaffungen für das Orchester. Die Verantwortung für Finanzen begleitet Lothar de Maizière fortan sein ganzes Leben lang. Viele Jahre später wird er sowohl im Rechtsanwaltskollegium als auch in der Synode des Bundes der Evangelischen Kirche im Haushaltsausschuss mit für Finanzen zuständig sein und bilanziert heute rückblickend: »Diese Erfahrungen haben mir später in meiner Zeit als Ministerpräsident sehr geholfen, denn ich kannte zumindest die Grundzüge der Haushaltsaufstellung und wusste, wie ein ordentlicher Haushalt auszusehen hat. In meinem Kabinett gab es zunächst keinen, der das wusste.«[319]

Auch gegenüber seinem Vater Clemens beweist Lothar sein finanzielles Verhandlungsgeschick, das ihn früh mit dem »Vertragsrecht« in Verbindung bringt. Da sein Schulweg von der elterlichen Wohnung bis zum Grauen Kloster sehr lang und Lothar somit gezwungen ist, mit S- und U-Bahn zu fahren, bekommt er von seinem Vater monatlich 5 Mark für eine Fahrkarte. Allerdings fährt Lothar bei schönem Wetter häufig mit dem Fahrrad und ärgert sich dann, dass er das Geld in eine Monatskarte investiert hat, ohne wirklich regelmäßig mit der Bahn zu fahren. Also fragt er seinen Vater, ob er die 5 Mark auch bekommt, wenn er von April bis Oktober auf die Bahn verzichtet und in dieser Zeit ausschließlich das Rad nutzt. Nach kurzem Zögern ist Vater Clemens einverstanden, allerdings unter einer Bedingung. »Er verlangte von mir, dass ich fortan selbst für Reparaturen am Fahrrad verantwortlich wäre und wir darüber einen Vereinbarung abschließen sollten«, weiß Lothar heute noch. Und so unterschreibt Lothar im Frühjahr 1955 seinen ersten Vertrag, der wesentlich zur Aufbesserung seines Taschengeldes beitragen wird, denn der handwerklich geschickte Junge erledigt kleine Reparaturen meist selbst.

Im Sommer 1958 ist die Zeit an seiner geliebten Penne vorbei. Das Abitur steht unmittelbar bevor, aber ob er das überhaupt noch am Grauen Kloster macht, ist kurz vor den Prüfungen plötzlich fraglich. Den Grund dafür liefert Rüdiger Michel, dessen Bruder Ortwin kurz zuvor über die noch offenen Grenzen in den Westen geflohen war. Für die Schulleitung ist das ein schweres Vergehen, das ausreicht, um Rüdiger Michel von der Abiturprüfung auszuschließen. Er wird in »familiäre Mithaftung« genommen. Da er außerdem Sohn eines Köpenicker Pfarrers ist, will die Schulleitung keine Gnade walten lassen. Jedoch hat man nicht mit dem Protest der Mitschüler gerechnet. Als sich Lothar und seine Klassenkameraden weigern, am Tag der ersten schriftlichen Prüfung die Stifte in die Hand zu nehmen, lenkt die Schulleitung ein und Rüdiger Michel wird nachträglich noch zur Prüfung zugelassen. Lothar de Maizière weiß noch heute den Grund dafür: »Es waren damals andere Zeiten. Die Mauer stand noch nicht und man musste einfach befürchten, dass wir unser Abi alle in West-Berlin machen würden. Das wollte und könnte man sich damals nicht leisten.«[320] Die DDR ist 1958 – drei Jahre vor dem Mauerbau – noch erpressbar.

Nach dem Abitur, das er mit Bestnoten ablegt, muss sich Lothar entscheiden, was er studieren will. Lange überlegt er jedoch nicht und beschließt, Berufsmusiker zu werden. Wie schon bei Dorothee sind die Eltern auch von Lothars Wunsch zunächst nicht begeistert. »Meine Eltern meinten, dass ein Maizière nicht hauptberuflich Musik machen kann, und schüttelten anfangs nur mit dem Kopf«, so Lothar rückblickend. Als sie aber spüren, dass es Lothar ernst meint und von seinem Wunsch nicht abrücken will, geben sie ihren Segen für das Studium im Fach Viola an der Musikhochschule »Hanns-Eisler« in Berlin. Zuvor muss er jedoch wie alle damaligen Studienanwärter ein Jahr »in die sozialistische Produktion«. Er wird dem VEB EAW Berlin-Treptow zugeteilt und muss dort bis zum Sommer 1959 als Hilfsarbeiter in der Galvanischen Abteilung arbeiten. Anschließend nimmt er dann ein Jahr Privatunterricht bei Prof. Buchholz, um sich für die Aufnahmeprüfung an der Musikhochschule vorzubereiten.

* * *

Als Ulrich de Maizière am Morgen des 24. Dezember 1950 den Briefkasten öffnet, fällt ihm sofort ein besonderer Brief auf. Der etwas sperrige Absender auf dem Umschlag lautet »Dienststelle des Bevollmächtigten des Bundeskanzlers für die mit der Vermehrung der alliierten Truppen zusammenhängenden Fragen«, später dann nur noch »Dienstelle Blank« nach dessen Leiter Theodor Blank genannt. Doch es steht auch noch ein Name auf dem Brief, der in Ulrich sofort alte Erinnerungen weckt: Johann Adolf Graf von Kielmannsegg. Dem Oberst a. D. war Ulrich während des Krieges schon im Generalstab des Heeres begegnet und nun fragt ihn von Kielmannsegg, ob er sich vorstellen könne, »als Mitarbeiter für Fragen der militärischen Organisation in die Dienstelle Blank einzutreten.«[321] Die Dienstelle Blank war von Kanzler Adenauer zur Vorbereitung der Wiederbewaffnung Deutschlands ins Leben gerufen worden. Sie agierte anfangs quasi noch illegal, denn die Alliierten hielten nach wie vor am Grundsatz einer dauerhaften Entmilitarisierung Deutschlands fest. Da sich aber aufgrund des

Koreakrieges die weltpolitische Lage verschärft hatte und der Kalte Krieg spätestens mit der Berlin-Blockade heraufgezogen war, gab es keinen Protest seitens der westlichen Besatzungsmächte. Schon im Vorfeld hatten sie die Entstehung der »Himmeroder Denkschrift« genau beobachtet. Das Dokument war von ehemaligen Wehrmachtsoffizieren verfasst worden und enthielt ein Konzept zum Aufbau neuer deutscher Streitkräfte, dies allerdings im Rahmen einer westeuropäischen Verteidigungsstrategie.

Ulrich konnte von all dem nichts wissen, denn dies geschah streng abgeschirmt von der Öffentlichkeit. Auch vom Vorschlag des französischen Ministerpräsidenten Pleven zur Bildung einer Europäischen Armee, dem Pleven-Plan, hatte er nur beiläufig aus der Presse erfahren. Der Brief aus der »Dienststelle Blank« trifft Ulrich daher völlig unvorbereitet und es verwundert nicht, dass er zunächst zögert. Gemeinsam mit seiner Frau hat er sich gerade eine kleine Existenz aufgebaut, beruflich wieder Fuß gefasst, neue Freunde gefunden und eigentlich gedacht, dass er sich mit militärischen Fragen nie wieder würde befassen müssen. Die Familie nimmt außerdem rege am Leben der kirchlichen Gemeinde teil und nach dem Angebot aus dem Amt Blanck fragt er sich erneut, »ob und wie man Soldatenberuf und Christsein miteinander verbinden könne.«[322] Die Antwort darauf findet er in langen Gesprächen mit seinem Schwager, dem Pfarrer Gottfried Lüdicke. Sie diskutieren über Luthers Schrift »Von weltlicher Obrigkeit – wie weit man ihr Gehorsam schuldig sei«, in der Luther ausdrücklich die Notwehr erwähnt, wenn es darum geht, seine Nächsten vor Leid und Schaden zu schützen. Am Ende steht für Ulrich fest, sich der neuen Aufgabe nicht zu verschließen.

Als er nach einer persönlichen Vorstellung in Bonn Anfang Januar 1951 schnell eine Zusage in den Händen hält, weiß Eva, dass sie ihren Mann nicht zurückhalten kann. Auch Fritz Schmorl, Ulrichs Chef in der Buch- und Musikalienhandlung, akzeptiert schweren Herzens den Verlust. Am 19. Januar 1951 schreibt er den Verantwortlichen in der

»Dienstelle Blank« nach Bonn, dass er das Ausscheiden von Ulrich de Maizière zwar sehr bedauert, aber gleichzeitig glaubt, »dass es kaum einen Besseren gibt für Aufgaben, die sich auf einer etwas höheren Ebene bewegen. Uns Zivilisten beglückwünsche ich, denn wenn Männer wie de Maizière an solche Aufgaben herankommen, gibt es keine Diskrepanz zwischen Zivilist und Soldaten.«[323]

Am 23. Januar meldet sich Ulrich zum Dienstbeginn in Bonn. Er hat allerdings nur wenige Tage, um sich einzuarbeiten, denn parallel zu den bereits laufenden »Petersberger Gesprächen« über einen deutschen Wehrbeitrag lädt die französische Regierung zu einer Konferenz über die Bildung einer Europäischen Armee nach Paris ein. Walter Hallstein, der bereits die deutsche Delegation bei den Verhandlungen zur Europäischen Gemeinschaft für Kohle und Stahl in der französischen Hauptstadt angeführt hatte, soll nun erneut die deutschen Interessen vertreten. Allerdings benötigt er dazu einen militärischen Berater und Theodor Blank denkt dabei sofort an Ulrich de Maizière. Und zwar aus mehreren Gründen. Ulrich trägt einen französischen Namen, seine familiären Wurzeln liegen in Frankreich und während des Krieges war er nie in Frankreich im Einsatz. Blank sieht in seinem neuen Mitarbeiter daher eine »Idealbesetzung«, wenn es nun erstmals seit Kriegsende wieder darum gehen soll, Deutschland in militärischen Angelegenheiten auf internationaler Bühne zu vertreten. Ulrich freut sich über das ihm bereits nach kurzer Zeit entgegengebrachte Vertrauen. Doch in die Freude mischt sich schnell auch ein wenig Unbehagen. Wird er auf diplomatischem Parkett bestehen können? Kommt diese Herausforderung nicht zu früh? Und: Was soll er anziehen? In seinen Memoiren beschreibt er später diese »profanen Sorgen«: »Ich besaß lediglich einen grauen Anzug, im übrigen trug ich wie so viele Männer dieser Jahre für den zivilen Gebrauch umgefärbte einstige Uniformstücke. Damit war auf einer internationalen Konferenz kein Staat zu machen.«[324] Da Ulrich auch nicht über die notwendigen Mittel für eine Neueinkleidung verfügt, bittet er Theodor Blank um Hilfe. Der reagiert prompt und besorgt bei Adenauer 500,- DM, sodass Ulrich am nächsten Tag mit seiner extra aus Hannover herbeigerufenen Frau einkaufen gehen kann. Am Ende steht vor Eva ein vornehm gekleideter Konferenzteilnehmer in schwarzem Anzug, mit Mantel, Hut und neuen Schuhen.

Als Ulrich am 15. Februar mit dem Zug in Paris eintrifft und von Legationsrat Hans Ulrich von Marchtaler empfangen wird, zeigt ein Teil der Franzosen, was er von der deutschen »Idealbesetzung« hält. Vor der Gare du Nord demonstrieren 5000 Menschen gegen die Ankunft des ehemaligen Wehrmachtsoffiziers. Von Marchtaler schildert Ulrich die Proteste, meint jedoch lächelnd, dass dies nicht schlimm sei, da man sich auf der Gare de l'Est befände. So können beide den Bahnhof ungehindert verlassen. Vom Auto aus sieht Ulrich dann Plakate und Flugblätter mit der Aufschrift »Pas de Généraux-Nazi à Paris – keine Nazi-Generale in Paris«. Als er wenig später noch in der linken Zeitung »L'Humanité« eine Karikatur von sich sieht, die ihn als geigenden Offizier neben einem am Galgen hängenden Mann und einem geschändeten Mädchen zeigt, weiß er, dass er bei vielen Franzosen nicht willkommen ist. Von offizieller Seite gibt es jedoch keinen Protest, ja man sorgt sich sogar um Ulrich und lässt vor dem Hotel ständig Polizei patrouillieren. Allerdings empfiehlt man ihm auch, das Hotel nicht ohne Begleitung zu verlassen und in Restaurants möglichst nicht deutsch zu sprechen.

Die am nächsten Tag beginnende Konferenz soll auf Grundlage des Pleven-Plans an die Verhandlungen zur Montanunion anknüpfen mit dem Ziel, die Grundlagen für eine Europa-Armee unter dem Dach einer »Europäischen Verteidigungsgemeinschaft (EVG)« zu schaffen. Schnell zeigt sich dabei, dass die Interessenlage der Franzosen gegenüber den Deutschen nichts an Deutlichkeit zu wünschen übrig lässt. »Alle Truppen deutscher Nationalität sollten von Anfang an auf niedriger Ebene europäisch fest eingebunden werden, während Frankreich umfangreiche Streitkräfte in nationaler Verantwortung behalten wollte«[325], erinnert sich Ulrich später an die unmissverständliche Haltung des westlichen Nachbarn. Da dies für die Deutschen jedoch unannehmbar ist und auch die nächsten Tage keine Fortschritte in dieser Frage bringen, wird die Konferenz unterbrochen und die deutsche Delegation kehrt nach Bonn zu Beratungen in die Dienststelle Blank zurück.

Mit der klaren Weisung Adenauers an seine Leute, die Verhandlungen dürften nicht an Deutschland scheitern und man möge zunächst Zeit gewinnen, wird Anfang März in Paris weiterverhandelt. Auch die folgenden Sitzungen gestalten sich schwierig, doch auf Vermittlung der Amerikaner kommt es zu einem für alle Seiten annehmbaren Kompromiss, wonach den Deutschen nationale Eigenständigkeit bereits auf Divisionsebene zugestanden werden soll. Ulrich arbeitet intensiv an diesem Kompromiss mit, sitzt teilweise bis spät in die Nacht in seinem Hotelzimmer über Stapeln von Papier, entwirft Formulierungen, Organigramme und Gliederungspläne für die neuen Truppen. Keine zehn Jahre zuvor war er noch in der Wehrmacht als junger Offizier in der Organisationsabteilung des Generalstabes des Heeres für die Divisionen des Feldheeres zuständig gewesen. Jetzt sitzt er am Pariser Verhandlungstisch als offizieller Vertreter eines demokratischen Staates, der fest entschlossen ist, seinen Beitrag für ein westeuropäisches Verteidigungsbündnis zu leisten. Durch korrektes Auftreten, seine besonnene Art, vor allem aber durch seinen Fleiß erarbeitet sich Ulrich viel Respekt und Anerkennung.

Allerdings führen die Strapazen der letzten Wochen bei ihm zu ernsthaften Folgen. Ulrich erkrankt und noch in Paris stellt ein Arzt »Vegetative Herzstörungen« fest, die ihn für längere Zeit ans Bett fesseln. Seine Arbeit als militärischer Berater in Paris ist vorerst vorbei, an die Teilnahme bei den weiteren Verhandlungen ist nicht zu denken. Nach einem längeren Krankenhausaufenthalt in Frankfurt fährt er zur

Kur nach Bad Königstein im Taunus, wo er wieder zu Kräften kommt. An Ernst Wirmer, Leiter der Zentralabteilung im Amt Blank, schreibt er daher bald: »Zu meiner Beruhigung hat mir Kielmannsegg geschrieben, dass die Verhandlungen in Paris planmäßig laufen. Ich bin schon wieder so munter, dass ich mich bereits auf den Wiederbeginn meiner Arbeit freue.«[326] Doch dazu kommt es erst im Juni 1951.

Durch einen Zwischenbericht über den Stand der Verhandlungen über eine Europäische Verteidigungsgemeinschaft war deutlich geworden, dass es trotz einiger Fortschritte noch zahlreiche offene Fragen gab und ein Scheitern der EVG nicht auszuschließen war, zumal die Petersberger Gespräche wesentlich erfolgreicher liefen. Durch eine erneute Initiative der Franzosen kommt es im Sommer 1951 zu einer Wiederbelebung der Pariser Konferenz, an der ab August zeitweise auch wieder Ulrich teilnimmt. Als sich kurz darauf Kanzler Adenauer eindeutig zugunsten des Pleven-Plans positioniert und die Petersberger Lösung aufgibt, nehmen die Verhandlungen in Paris wieder an Fahrt auf. Der wesentlich erweiterten deutschen Delegation wird auf Vorschlag von Ulrich de Maizière größeres Gewicht verliehen, als im Oktober Generalleutnant a. D. Dr. Hans Speidel die Führung übernimmt. Für Ulrich bringt dieser Wechsel die Gelegenheit, ein erstes Fazit zur Arbeit der letzten Monate zu ziehen. So hat er »in einem halben Jahr wichtige Einblicke in die deutsche sicherheitspolitische Interessenlage erhalten, persönliches Verhandlungsgeschick bewiesen und Erfahrungen gemacht, die sich in seiner neuen Tätigkeit in der Dienststelle Blank als unschätzbar erweisen sollten.«[327]

Von nun an begleitet Ulrich die Arbeit der EVG-Beratungen in seiner neuen Funktion als Leiter des Referates für Internationale Verhandlungen, das vornehmlich für die Koordinierung der militärischen Arbeiten in Bonn und Paris zuständig ist. Auch in dieser Zeit gehören erneut zahlreiche strapaziöse Dienstreisen zu seinem Alltag und so ist er froh, als es in Paris im Mai 1952 im Rahmen einer feierlichen Zeremonie zur Unterzeichnung des EVG-Vertrages kommt. Er ist stolz, an diesem für Deutschland so wichtigen Erfolg mitgewirkt zu haben, weiß aber auch, dass nun der innenpolitische Kampf für die Wiederbewaffnung Deutschlands beginnt. Der Aufbau neuer Streitkräfte ist im Land höchst umstritten. Nicht nur in der SPD gibt es große Vorbehalte, auch in Adenauers CDU wollen nicht alle dem »Alten« folgen. Und die Stimmung in der Bevölkerung schwankt von Gleichgültigkeit bis Skepsis. Letztendlich gibt es aber eine Mehrheit, die die Wiederbewaffnung mit Blick auf die weltpolitische Lage als »notwendiges Übel« betrachtet.

Im Juli 1952 wird Ulrich de Maizière Referent und Ständiger Vertreter von Graf von Kielmannsegg, dem Leiter der Unterabteilung für allgemeine Verteidigungsfragen. Diese neue Funktion ist nicht nur sein erster beruflicher Aufstieg, sie führt ihn auch ins Zentrum der parlamentarischen Auseinandersetzung im Zuge der Ratifizierung des EVG-Vertrages. Meist als Begleiter von Graf von Kielmannsegg, mitunter aber auch allein, vertritt er die Dienststelle Blank im Auswärtigen Ausschuss und dem Ausschuss für Fragen der europäischen Sicherheit, dem Vorläufer des späteren Verteidigungsausschusses. In den Ausschüssen verschafft er sich schnell einen guten Ruf durch seine besonnene und ausgleichende Art. Dies fällt auch einem Mann auf, der für die SPD in den Ausschüssen sitzt und mit dem Ulrich einige Jahre später eng zusammen arbeiten wird: Helmut Schmidt. Mit dem Abstand von über fünf Jahrzehnten erinnert er sich noch im Jahre 2008 genau an diese Zeit: »Ulrich de Maizière war ein Mann der leisen Worte, der erst überlegte und dann redete. Er hatte neben einem hohen militärischen Sachverstand auch ein für einen Soldaten außergewöhnliches politisches Gespür.«[328]

Obwohl Adenauer Druck macht und die Ratifizierung des EVG-Vertragswerkes schnell unter »Dach und Fach« bringen will, kommt es erst im März 1953 zur Zustimmung des Bundestages. Der erste Schritt hin zu einer neuen deutschen Armee ist getan. Bundeskanzler Adenauer ist nur einen Monat später auf Antrittsbesuch bei der frisch gewählten Eisenhower-Regierung in den USA. Zu der ihn begleitenden kleinen Delegation gehört auch Ulrich de Maizière. Auf der viertägigen Überfahrt mit dem Passagierdampfer »United States« bereitet er sich intensiv auf die Gespräche vor, die ihn vor allem ins Pentagon führen werden. Auch wenn Ulrich am Ende die Verhandlungsergebnisse der USA-Reise als »bescheiden« bezeichnet, notiert er im Nachhinein: »Die amerikanische Regierung sagte materielle Hilfe in Form von schweren Waffen und Flugzeugen für die ersten deutschen militärischen Verbände fest zu, wenn der EVG-Vertrag von allen Mitgliedsstaaten ratifiziert sei.«[329] Aber dazu wird es nicht kommen. Zwar stimmen in kurzer Aufeinanderfolge die Parlamente von Belgien, Italien, Luxemburg und den Niederlanden dem Vertrag zu. Jedoch führt ein Regierungswechsel in Frankreich zu neuen Schwierigkeiten. Anstelle des diplomatisch agierenden und weithin anerkannten Robert Schuman übernimmt Georges Bidault als Außenminister der De-Gaulles-Regierung die Verhandlungen auf französischer Seite. Er fordert Zusatzvereinbarungen und Sonderrechte für Frankreich und sorgt für eine Verzögerung des Inkrafttretens der Verträge. Das Ziel der neuen französischen Regierung ist es, »ihre eigene Militärmacht unter nationaler Kontrolle zu halten, gleichzeitig das Wiedererstehen einer deutschen Nationalarmee aber zu verhindern.«[330] Da die Vertragspartner diesen Forderungen nicht folgen und auch Nachverhandlungen zu keinem Kompromiss führen, kommt es im August 1954, als die französische Nationalversammlung das Vertragswerk ablehnt, zum endgültigen Scheitern der Europäischen Vertragsgemeinschaft.

Ulrich erfährt davon im Sommerurlaub in den Schweizer Bergen und seine Enttäuschung ist groß, denn in den zurückliegenden Monaten war ihm klar geworden, dass »es für die Bundesrepublik keine nationale Verteidigung geben könne und folglich auch keine nationalen

Idealforderungen, sondern nur mit den Partnern abgestimmte und ausgehandelte Kompromißlösungen.«[331] Nach einer kurzen Phase der Resignation blicken Ulrich und alle anderen Mitarbeiter der Dienststelle Blank schon bald wieder optimistisch in die Zukunft. Die britische Regierung nimmt das Scheitern der EVG zum Anlass, neue Vorschläge für eine internationale militärische Zusammenarbeit zu unterbreiten. Wesentlicher Inhalt aus Sicht der Deutschen ist dabei die volle Souveränität der Bundesrepublik und die Aufnahme in die NATO. Nachdem England positive Rückmeldungen aller beteiligten Länder erhält, lädt die Regierung zu einer Konferenz nach London. Hier wird man sich im Vergleich zu den EVG-Verhandlungen schnell einig. Bereits Anfang Oktober 1954 kommt es zur Unterzeichnung der sogenannten Londoner Schlussakte, deren Ergebnisse es nun schnellstmöglich in Vertragstexte und Schlussbestimmungen umzusetzen gilt. Erneut finden die Verhandlungen dazu in Paris statt, und als Kanzler Adenauer dazu Ende des Monats in die Stadt an der Seine reist, gehört Ulrich erneut zu seiner Begleitung. So ist auch er Zeuge des historischen Moments, als es am 23. Oktober 1954 im Quai d'Orsay zur Unterzeichnung der Pariser Verträge kommt. Deutschland wird gleichberechtigtes NATO-Mitglied und das Besatzungsstatut beendet. Mit der Wiedererlangung der Souveränität Deutschlands erringt Adenauer seinen bisher größten politischen Erfolg. Dem Aufbau einer Armee in Westdeutschland steht nun aus internationaler Sicht nichts mehr im Weg.

1954 ist für Ulrich allerdings nicht nur beruflich, sondern auch privat ein besonderes Jahr. Er feiert mit Eva den zehnten Hochzeitstag und im Januar wird mit Sohn Thomas das vierte Kind geboren. Bereits im Herbst 1951 war die Familie von Ilten nach Bad Godesberg in eine moderne Fünf-Zimmer-Wohnung gezogen. Der Abschied von der niedersächsischen Heimat war Eva und den Kindern nicht leichtgefallen. Zwar hatte man in einfachen Verhältnissen gelebt, aber die Nähe zur

Familie, der Zusammenhalt unter den Nachbarn und die zahlreichen Freundschaften machten aus den Iltener Jahren im Rückblick eine schöne Zeit. In Bad Godesberg genießt die Familie jedoch schon bald die vielen Annehmlichkeiten der neuen Wohnung, sodass die Wehmut dem neuen Glück weicht. Es gibt nicht nur mehr Platz, sondern auch fließendes Wasser. Zudem hat die Wohnung ein kohlebeheiztes Bad, zwei Toiletten, einen elektrischen Herd und sogar einen Balkon. Schnell werden neue Freundschaften geschlossen und Eva beschreibt später in ihren Erinnerungen die ersten schönen Erlebnisse: »... nach dem Umzug sammelten wir 17 Nachbarskinder und führten bei uns ein großes Krippenspiel auf. Alle waren neu in dieser Straße ... So lernten wir bald alle kennen, Dezember 1951.«[332]

Insgesamt gelingt der Familie der Neubeginn und schnell fühlt man sich heimisch. Einzig Tochter Cornelia hat die Godesberger Jahre als »schwierig« in Erinnerung. Dies liegt vor allem daran, dass sie sich insgesamt zweimal den Arm bricht und bei einer Radtour den Fuß verletzt, als sie damit ins Hinterrad der Mutter gerät. Noch dramatischer für das kleine Mädchen ist jedoch, als es während eines Ferienaufenthaltes bei Oma und Tante in Ilten erst an Paratyphus und Gelbsucht, anschließend an Masern erkrankt. Insgesamt drei Monate verbringt Cornelia in der Kinderheilanstalt Hannover, isoliert in einem extra Zimmer. Die Oma besucht sie fast täglich und bringt ihr kleine Tiere für einen Bauernhof mit. Mutter Eva kann in dieser Zeit allerdings nur einmal zu ihrer Tochter kommen, weil die Reise nach Hannover lang und teuer ist. Sie schenkt ihr ein rotes Plastiktelefon und sagt ihr, dass sie alles hören könne, was die Tochter ihr an Sorgen und Kümmernissen ins Telefon erzählt. »Damals habe ich das fest geglaubt«[333], berichtet Cornelia Jahre später.

Wenige Wochen darauf steht Cornelia in einem Lodenmäntelchen und kleinem Köfferchen wieder vor ihr, als ein Kollege von Ulrich das Mädchen mit dem Auto von Hannover nach Bad Godesberg bringt.

Dort muss ihr erst alles wieder vertraut werden. Die Mutter ist stolz und wird später in ihren Lebenserinnerungen schreiben: »Insgeheim bewunderte ich dieses Kind.«[334]

Bad Godesberg bleibt für die Familie nur ein Zwischenspiel, denn im November 1953 zieht sie in ein kleines Reihenhaus auf den Bonner Venusberg. Es beginnen glückliche Jahre für alle. Zwar ist das Haus nicht viel größer als die vorherige Wohnung, bietet aber andere Vorzüge: einen kleinen Garten sowie eine Terrasse, kaum Straßenlärm und die Natur direkt vor der Haustür. In der neuen Wohngegend leben zudem nur junge Familien. Als die Venusbergkirche gebaut wird, entsteht schnell ein lebendiges Gemeindeleben. Es gibt einen Kindergarten und die Schule für die Großen wird neu gebaut.

Im neuen Heim hat Ulrich auch ein kleines Arbeitszimmer, das er in seiner freien Zeit bald häufiger nutzt, als ihm lieb ist. Der Aufbau der Bundeswehr ist in vollem Gange und Ulrich bringt auch nach Feierabend und an den Wochenenden häufig Akten mit nach Hause. Eva kennt ihn in dieser Zeit »nur mit Arbeit überladen, den gesamten Tag im Büro und an den Abenden mit einer Mappe voll Dienstpapieren daheim beschäftigt.«[335]

Schon vor der Unterzeichnung der Pariser Verträge hatte sich gezeigt, dass es innerhalb der Dienststelle Blank unterschiedliche Vorstellungen zum Inneren Gefüge und zum Selbstverständnis der neuen Streitkräfte gab. Offen standen sich dabei zwei Lager gegenüber, seinerzeit als »Reformer und Reaktionäre« bezeichnet. Durch heftige Debatten um Anredeformen, die Grußordnung oder Orden und Ehrenzeichen wurde die eigentliche Frage nach der Rolle der neuen Armee in einer demokratischen Grundordnung lange Zeit überdeckt. Im Referat von Major a. D. Graf von Baudissin war bereits ab 1951 das Konzept des »Staatsbürgers in Uniform« erarbeitet worden. Dieses sah sowohl die Integration der Armee in den demokratischen Staat als auch die Verpflichtung und Vereidigung der Truppe auf den Staat und seine Verfassung vor. Um diese Konzept in der Dienststelle zu verankern und Widerstände dagegen weitestgehend auszuräumen, setzt Theodor Blank im Januar 1953 den Ausschuss »Innere Führung« ein. Zu dessen Leiter bestimmt er General a. D. Heusinger, Stellvertreter wird Ulrich de Maizière. Unter Beteiligung von Generalleutnant a. D. Speidel und Oberst a. D. von Kielmannsegg bildet sich die Gruppe derer, die später einmal als die »Väter der Inneren Führung« bezeichnet werden. Ulrich arbeitet begeistert an dem Konzept mit, denn er ist »von Anfang an von der Notwendigkeit einer grundlegenden Reform des Inneren Gefüges überzeugt.«[336] Allerdings gelten ihm dabei »der soldatische Gehorsam und der militärische Auftrag als unverrückbare Richtschnur.«[337]

Die Arbeit des Ausschusses »Innere Führung« wird von Teilen der Öffentlichkeit, vor allem aber von einstigen Wehrmachtsangehörigen interessiert verfolgt. Zu ihnen gehört auch Richard von Weizsäcker, der im 2. Weltkrieg genau wie Ulrich de Maizière am Polen- und Russlandfeldzug teilgenommen und unter anderem als Ordonanzoffizier im Oberkommando des Heeres gedient hatte. Nach Abschluss eines Jurastudiums 1950 arbeitet er zunächst bei Mannesmann in der Rechtsabteilung, bevor er dort zum Leiter der wirtschaftspolitischen Abteilung wird. In dieser Funktion beobachtet er auch den Aufbau der Bundeswehr und hört erstmals den Namen Ulrich de Maizière. »Er verkörperte für mich den Typ Soldaten, dem es nach dem fürchterlichen Krieg nicht einfach darum ging, wieder eine Uniform anzuziehen, sondern diese neu zu schaffende Armee in der Gesellschaft zu verankern. Er hat hier mit Leuten wie Baudissin und anderen maßgeblich dazu beigetragen, dass dies gelang«[338], erinnert sich von Weizsäcker im Jahre 2010. Es ist nicht das letzte Mal, dass dem späteren Bundespräsidenten der Name de Maizière begegnet.

Mit der Umwandlung der Dienststelle Blank in das Bundesministe-
rium der Verteidigung am 7. Juni 1955 beginnt die letzte Etappe des
Aufbaus der Bundeswehr. Ulrich ist inzwischen Leiter der Unterabteilung »Allgemeine Verteidigungsfragen« und plädiert für einen Weg ge-
treu dem Motto »Sorgfalt vor Schnelligkeit«. Doch der Kanzler drängt
auf Eile. Schnellstmöglich will er die ersten Truppen vorweisen, um
international die Verlässlichkeit Deutschlands unter Beweis zu stellen.
Nach einer ersten großen Wehrdebatte im Bundestag Ende Juni folgen
teils heftige politische Auseinandersetzungen im Rahmen der Wehrge-
setzgebung. Im Mittelpunkt steht dabei das Freiwilligengesetz, das die
Grundlage für die Aufstellung der ersten Bundeswehrverbände sein
soll. Darüber hinaus kommt es durch die Aufnahme von wehrrechtli-
chen Vorschriften zu wesentlichen Änderungen des Grundgesetzes.

Obwohl die Planungen im Ministerium erst für den 2. Januar 1956
den Dienstbeginn der ersten Kompanien vorsehen, kommt es bereits
am 12. November 1955 zur Ernennung der ersten 101 Soldaten, da an
diesem Tag der 200. Geburtstag von Gerhard Johann David von
Scharnhorst gefeiert wird. Adenauer will dieses symbolträchtige Datum
nutzen, um ganz im Geiste des ehemaligen preußischen Generals und
Militärreformers den Charakter der neuen Streitkräfte zu unterstreichen – der Tradition verpflichtet und dabei fest im Staat verankert.

Ulrich gehört zwar nicht zu den ersten Soldaten, wird aber am 23.
Dezember 1955 mit der Beförderung zum Oberst in die Bundeswehr
aufgenommen. Zuvor hatte der Personalgutachterausschuss des Bundestages »die persönliche Eignung des Oberstleutnant a. D. Ulrich de
Maizière für eine Einstellung in die Streitkräfte«[339] festgestellt.

Die folgenden Monate stehen dann ganz im Zeichen leidenschaftlicher
parlamentarischer Debatten rund um die Wehrpflicht. Zwar besteht
allgemein Konsens darüber, dass die gegenüber den internationalen
Partnern zugesagte Truppenstärke von fast 500 000 Mann nur mit einer

allgemeinen Wehrpflicht zu erreichen sei. Es entsteht jedoch schnell Streit über die Frage der Wehrdauer und der Möglichkeit zur Kriegsdienstverweigerung. Niemand kann im Frühjahr 1956 ahnen, wie viele der künftigen Wehrpflichtigen ihren Dienst womöglich verweigern wollen. Die Gefahr, den Bündnisverpflichtungen innerhalb der NATO nicht nachkommen zu können, ist groß. Bei der abschließenden Debatte im Juli stimmt der Bundestag am Ende für eine situationsbedingte Kriegsdienstverweigerung. Ulrich verfolgt von der Tribüne aus die denkwürdige Sitzung und notiert mit dem Abstand von über 30 Jahren in seinen Memoiren: Es »entwickelte sich in der dritten Lesung des Wehrpflichtgesetzes am 6. Juli 1956 im Plenum des Bundestages eine dramatische Auseinandersetzung, einer der großen Tage, die ich im Bundestag erlebt habe.«[340]

Mit Blick auf die kommende Bundestagswahl 1957 plädiert Adenauer für eine Dienstzeit von nur 12 Monaten. Als Verteidigungsminister Blank und die Fachleute im Verteidigungsministerium Bedenken äußern, lädt sie der Kanzler zu einer Gesprächsrunde. Laut Ulrich, der an der Sitzung ebenfalls teilnimmt, verweist Adenauer gleich zu Beginn auf die einzigen zwei Möglichkeiten: »Entweder gewinne die CDU die nächste Wahl, dann aber nur mit 12 Monaten Grundwehrdienst, oder aber die SPD erhalte die Mehrheit, dann werde es überhaupt keine Wehrpflicht geben.«[341] Blank und die anwesenden Generäle verstehen und stimmen am Ende zu. So beschließt das Parlament Ende 1956 den 12-monatigen Grundwehrdienst und wenige Monate später erreichen CDU und CSU mit einem historischen Wahlsieg die absolute Mehrheit im Bundestag.

Nach Abschluss der innenpolitischen Debatten im Zuge des militärischen Neuanfangs in Deutschland befasst sich Ulrichs Abteilung fortan verstärkt mit Bündnisfragen. Die Mitarbeit in internationalen Gremien rückt in den Vordergrund und Ulrich ist in den Jahren 1956 und 1957 insgesamt 28 Mal zu Dienstreisen im Ausland. Häufig ist er auch im NATO-Hauptquartier in Fontainbleau und wird dort Zeuge der neuen Strategiediskussion innerhalb des westlichen Militärbündnisses, das verstärkt Fragen des Einsatzes atomarer Waffen diskutiert. Als im April 1957 Adenauer und sein neuer Verteidigungsminister Franz Josef Strauß auch für Deutschland die Ausrüstung mit Trägersystemen für Atomwaffen fordern, kommt es zu massiven Protesten und die Kampagne »Kampf dem Atomtod« wird geboren. Zudem verabschieden 18 namhafte deutsche Physiker, darunter Carl Friedrich von Weizsäcker, Otto Hahn und Werner Heisenberg, die »Göttinger Erklärung«. Sie ist nicht nur ein flammendes Plädoyer für den Weltfrieden, sondern fordert unmissverständlich den Verzicht auf Atomwaffen in Deutschland.

Da auch die breite Öffentlichkeit von der mit großer Schärfe geführten Debatte erfasst wird und sich die SPD an die Spitze der Bewegung setzt, fürchten Adenauer und seine CDU um ihre Siegchancen bei der Bundestagswahl im gleichen Jahr. Allerdings ist die Sorge unbegründet, denn in der Bevölkerung ist am Ende die Furcht vor dem Kommunismus größer als die Angst vor Atomwaffen. Dass die Mehrheit der Militärs die Forderung des Kanzlers und ihres Ministers unterstützt, überrascht indes nicht. So ist es für Ulrich und seine Leute nur »konsequent, daß die in die gemeinsame Operationsführung integrierten Teile der Bundeswehr mit Waffen nicht schlechter ausgerüstet sein dürften als die Verbände der Verbündeten ...«[342] Daher wird schon bald nach Zustimmung des Bundestages mit der Stationierung nuklearer Sprengköpfe unter amerikanischer Befehlsgewalt in Deutschland begonnen. Auch wenn das zunächst eine Niederlage der noch jungen Protestbewegung ist, wurde mit der Aktion »Kampf dem Atomtod« die Saat für künftige innenpolitische Auseinandersetzungen bereitet. Erste Ansätze einer Friedensbewegung werden in den nächsten Jahren ohne Umwege zu den heftigen Auseinandersetzungen führen, die die junge Bundesrepublik in den sechziger Jahren bald erschüttern sollen. Dass dann auch seine Töchter zu den Befürwortern eines gesellschaftlichen Wertewandels gehören werden, kann sich Ulrich jetzt noch nicht vorstellen.

Im Laufe der Jahre kümmert sich Eva mehr und mehr allein um die Erziehung der Kinder, wird zum Zentrum des Familienlebens. Eine große Verantwortung lastet auf ihren Schultern. Sie hält Ulrich den Rücken frei und löst die meisten Probleme allein. Nie beklagt sie sich. Im Gegenteil. Tagebucheinträge dieser Zeit zeichnen das Bild einer glücklichen Ehefrau und Mutter: »Auf jeden Tag freue ich mich. Schaue ich früh in den Garten, dann in die fröhlichen Kindergesichter, dann sitzend mit Ulrich am Kaffeetisch – schon ist Freude da. Wirklich, ein Tag ist ein Geschenk.«[343]

Nur einmal muss sie großen Schmerz ertragen, als im Dezember 1956 ihre geliebte Mutter in Hannover stirbt. Eva ist in den letzten Stunden gemeinsam mit ihren Geschwistern in der Klinik, um die Mutter auf ihrem letzten Weg zu begleiten. Ihr Tod ist ein herber Verlust für Eva, die nun keine Eltern mehr hat. Dem Tagebuch vertraut sie ihre Gefühle und Gedanken an: »Nun hält mich niemand mehr an der Hand. Die Mutter fehlt. Viele Kinderhände strecken sich aus nach mir. Nun bin ich der Träger für sie. Gebe Gott, daß ich es richtig mache. Daß wir beide fest zusammenhalten und unseren vier Kindern so gute Eltern sein mögen, wie unsere Eltern uns waren.«[344] Viel Zeit zum Trauern hat Eva jedoch nicht. Die Kinder verlangen Aufmerksamkeit, wollen ihre Erlebnisse mit der Mutter teilen, suchen Trost oder wollen manchmal einfach nur in den Arm genommen werden. Es sind Geburtstage zu organisieren, Hausaufgaben zu kontrollieren, Löcher zu stopfen, Tränen zu trocknen und vieles mehr. »Meine Mutter war über alle Jahre hinweg diejenige, die der Familie Stabilität gab«[345], erinnert sich Cornelia.

Wenn es die Zeit erlaubt, ist aber auch immer Vater Ulrich da. Genau wie Eva legt er großen Wert auf die kulturelle Bildung der Kinder, zu der auch zahlreiche Opern-, Theater- und Konzertbesuche gehören. Tochter Barbara dankt ihren Eltern noch heute dafür: »Ich erinnere mich an viele schöne Ereignisse, so zum Beispiel an meine erste Oper: Der Freischütz. Es war für mich ein bedeutendes Ereignis, als das ›große Kind‹ meine Eltern begleiten zu dürfen.«[346] Damit die Kinder auch wissen, was vorn auf der Bühne passiert, bespricht Ulrich mit ihnen zuvor Inhalt sowie Text der Stücke und spielt die Arien am Klavier vor; schließlich singen alle mit.

Die Eltern genießen aber auch die Zeit allein miteinander, bis hin zu den Urlauben, die sie im Sommer meist nur zu zweit verbringen – ohne Kinder. Noch im Nachhinein findet das Tochter Barbara schade, hat aber rückblickend auch Verständnis dafür: »Neben dem finanziellen Aspekt war hierfür entscheidend, dass meine Eltern einmal im Jahr Zeit für sich allein haben wollten. Beide wollten aus ganz unterschiedlichen Gründen einfach mal abschalten.«[347]

Wie wichtig gerade für Ulrich das Abschalten ist, wird ihm in seiner dienstlichen Beurteilung vom Mai 1957 bescheinigt. Dort steht unter dem Punkt »Körperliche Veranlagung«: »Dem zarten Körper zwingt der Wille große Leistungen ab. Sollte aber nicht überfordert werden.«[348] Da aber in der Beurteilung vor allem die »überragenden strategischen und militär-politischen Fähigkeiten«[349] Ulrichs unterstrichen werden und er als eine Persönlichkeit beschrieben wird, »die in jeder Beziehung gefördert werden sollte«[350], zeichnet sich bereits hier ab, dass seine Tage in dieser Funktion im Verteidigungsministerium gezählt sind.

»In der Militärpolitik tätige Soldaten müssen lernen, sich der Methoden und der Sprache dieses für sie ungewohnten Umfeldes zu bedienen, ohne das Denken und die Sprache der Truppe zu verlernen.«[351] Mit diesem später in seinen Memoiren notierten Satz begründet Ulrich de Maizière, warum er sich spätestens seit dem Sommer 1957 um eine neue Verwendung bemüht. Seit fast sieben Jahren war er nun in Bonn im engsten politischen Kreis tätig. Obwohl Ulrich dies auch später in der Rückschau »als die interessanteste und fruchtbarste Periode«[352] seines Lebens ansieht, will er wieder militärische Führung und Verantwortung bei der Truppe vor Ort übernehmen. Mit der Übertragung des Truppenkommandos als Kommandeur der Kampfgruppe A 1 in Hannover zum 1. Januar 1958 wird sein Wunsch erfüllt. Nicht zuletzt weil Verteidigungsminister Strauß bei Ulrichs Verabschiedung erwähnt, dass die Truppenverwendung wahrscheinlich nur von begrenzter Dauer sei, zieht er zunächst allein nach Hannover. Außerdem ist so schnell keine Wohnung für eine sechsköpfige Familie zu finden, weshalb Eva und die Kinder in den nächsten Monaten weiterhin auf dem Bonner Venusberg wohnen. Ulrich zieht daher zunächst in eine kleines möbliertes Zimmer nahe der Kaserne.

In Hannover wird der damals jüngste Brigadegeneral der Bundeswehr gleich in den ersten Wochen mit den Folgen des raschen Aufbaus der Streitkräfte konfrontiert. An kontinuierliche Arbeit mit dem Fokus auf Qualität in der Ausbildung ist anfangs nicht zu denken. Die permanente Verlegung von Einheiten, häufige Personalwechsel, strukturelle Veränderungen und eine zögerliche materielle Ausstattung der Truppe erschweren die Arbeit. »Das Dilemma zwischen dem raschen Aufstellungstempo und dem Zeitbedarf für eine solide Ausbildung ließ sich nur überbrücken, wenn die Kommandeure Schwerpunkte setzten und vorerst Lücken bewußt in Kauf nahmen«, schreibt Ulrich de Maizière später in seinen Erinnerungen. Es kommt also auch für ihn darauf an, Prioritäten zu setzen, ohne dabei die Grundsätze der Inneren Führung zu vernachlässigen.

Speziell im Bereich der Personalsteuerung und der Menschenführung sieht Ulrich großen Nachholbedarf, setzt den Fokus seiner Arbeit bewusst auf die Ausbildung und bemüht sich zugleich, »den Blick der Offiziere auf größere Zusammenhänge zu lenken und ihren Bildungsstand zu erweitern.«[353] Ulrich zeigt dabei viel Geduld und will Vorbild sein, denn auch er muss nach der langen »Truppenabstinenz« wieder einiges lernen, vor allem im Umgang mit den neuen Waffen der Bundeswehr. Er lässt sich von jüngeren Unteroffizieren in der Handhabung von Gewehren oder auch Funkgeräten unterweisen. Schnell macht in der Kaserne unter den Soldaten die Runde, dass der General abends in seinem Zimmer auf dem Boden liegt, »um Laden und Sichern, Schloß- und Rohrwechsel, Einstellen von Richtgeräten und die Verfahren des Verschleierns und Tarnens in Funkgesprächen zu üben.«[354] Dies verschafft ihm nicht nur zusätzlich Respekt bei den Untergebenen, sondern untermauert seinen ohnehin guten Ruf in der Truppe.

Nach mehreren bereits erfolgten kleineren organisatorischen Anpassungen innerhalb des Heeres, wird ab Mai 1958 mit der Umstellung auf die Brigadestruktur eine neue Grundformation der Heeresdivisionen erprobt. Ulrich bekommt die Führung der Übungsgrenadierbrigade 50 übertragen und führt diese in die erste Großübung der Bundeswehr, an der im September insgesamt 80 000 Soldaten mit 15 000 Fahrzeugen teilnehmen. Wie die anderen Offiziere spürt auch Ulrich die enorme Verantwortung, die auf allen lastet. Die Übung steht sowohl unter nationaler als auch internationaler Beobachtung und es ist die erste Nagelprobe, die die Bundeswehr zu bestehen hat. Die Stimmen, dass der Aufbau der neuen Armee zu hastig und überstürzt erfolgt sei, sind noch nicht verstummt. Sie hatten durch ein schweres Unglück im Juni 1957 sogar neue Nahrung bekommen. Damals waren bei einer Übung der 2. Kompanie des Luftlandejägerbataillons 19 aus Kempten 15 Soldaten beim Überqueren der Iller ums Leben gekommen, als ihnen der reißende Gebirgsfluss die Füße weggezogen hatte. Zwei Wochen waren seinerzeit vergangen, bis man alle Leichen gefunden hatte. Vor allem die SPD sprach in der Folge dieses Unglücks von einer »verfehlten Wehrpolitik« und einer »sinnlosen Hast und Überstürzung« beim Aufbau der Aufbau der Bundeswehr.[355]

Ulrich weiß also, was bei der ersten Großübung, die vom Inspekteur des Heeres selbst geleitet wird, auf dem Spiel steht. Über insgesamt drei Tage stehen mehrere Gefechtsaufgaben auf dem Programm. Kanzler Adenauer kündigt seinen Besuch an und wird nicht enttäuscht. Das Heer besteht die Bewährungsprobe, die Lehr- und Versuchsübung wird ein großer Erfolg. Sie endet »mit einer Feldparade der übenden Truppen vor dem Minister, dem Generalinspekteur und dem Inspekteur des Heeres und starker Beteiligung der Öffentlichkeit und der Medien.«[356] Ulrich ist stolz auf seine Brigade, die er ausgebildet und in einem ersten Gefecht geführt hat. Sein Anteil am Erfolg der Übung bleibt zudem nicht unerkannt, sodass sein Name ab jetzt immer häufiger fällt, wenn es um die künftige Besetzung militärischer Führungspositionen geht. So verwundert es nicht, dass Ulrich bald für eine Auslandstätigkeit in den USA vorgesehen ist. Nur der Einwand der Amerikaner aufgrund seiner Verwandten in der DDR verhindert dies. Ulrich wird daher zunächst »nur« stellvertretender Divisionskommandeur am gleichen Standort.

Obwohl er und auch sein Vorgesetzter die neue Stellung nur als »Warteposten« betrachten, entschließt sich Ulrich, Eva und die Kinder endlich nach Hannover zu holen. Nur selten hatte er seine Familie in den letzten zwei Jahren gesehen, war meist nur einmal im Monat zu einem verlängerten Wochenende nach Hause gefahren. Obwohl alle unter der Trennung leiden, wollen gerade die Kinder Bonn nicht verlassen. Auch Eva zögert, ist ihnen doch der Venusberg zur geliebten Heimat geworden. In ihr Tagebuch notiert sie: »Ich selbst weiß noch nicht recht, wie ich es schaffen soll, und wünsche mir so sehr mehr Mut. Es fließen heimlich viele heiße Tränen. 6 Jahre wohnen wir in diesem kleinen, nagelneuen Haus. Wir sind fest verwurzelt. ... Hier erlebten wir Glück und Trauer mit Freunden.«[357] Trotz des Schmerzes verteidigt sie gegenüber den Kindern den Umzug, wirbt bei ihnen um Verständnis. Zur Freude aller gestaltet sie an dem Tag, bevor die Möbelwagen kom-

1 Carl Ernst Ulrich de Maizière 1885 mit seinen Kindern Walter, Agnes, Hedwig, Elfriede, Margarete und Helmut

2 Carl Ernst Ulrich de Maizière (1841–1898)
kurz vor seinem Tod

3 Elisabeth de Maizière (geb. Dückers)

4 Walter de Maizière mit Sohn Clemens im
Jahr 1908

5 Ulrich de Maizière (Mitte der dreißiger
Jahre)

6 Ulrich, Suzanne, Clemens und Irene de Maizière (um 1920)

7 Standesamtliche Trauung von Christine und Clemens de Maizière 1936 (v.l.n.r. Christines Vater Johannes Rathje, Christine, Clemens und dessen Schwester Irene)

8 Clemens de Maizière unmittelbar vor Kriegsbeginn

9 Generalleutnant August Schmidt, Kommandeur der 10. Panzergrenadierdivision, und Ulrich de Maizière im Jahr 1943

10 Eva Werner und Ulrich de Maizière am Tag ihrer Verlobung im September 1944

11 Hochzeit von Eva und Ulrich de Maizière am 19. November 1944

12 Das Schild, das Clemens de Maizière nach seiner Rückkehr aus russischer Kriegsgefangenschaft an die Wohnungstür in Nordhausen hängt, um sich und seine Familie vor Razzien der
Sowjetsoldaten zu schützen

13 Christine de Maizière im Jahr 1949 mit ihren Kindern Sabine, Michael, Dorothee und Lothar (v. l. n. r)

14 Lothar de Maizière im Alter von vier Jahren

15 Ulrich de Maizière 1951 im Amt Blank

16 Thomas de Maizière kurz nach seiner Geburt 1954 mit Mutter Eva und den Geschwistern

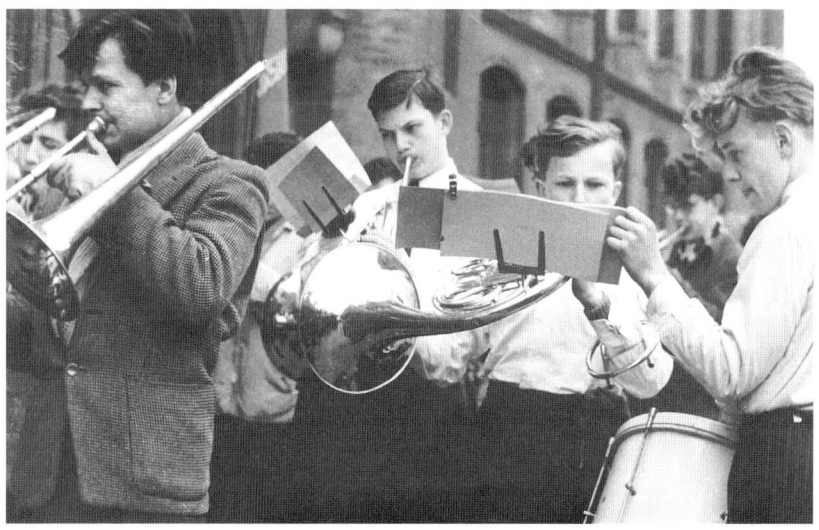

17 Das Blasorchester des Gymnasiums zum Grauen Kloster in Berlin am 1. Mai 1965
(Lothar de Maizière mit Waldhorn, 2. v. r.)

18 Sommerferien 1956 in Holland: Andreas, Cornelia, Thomas und Barbara de Maizière (v. l. n. r)

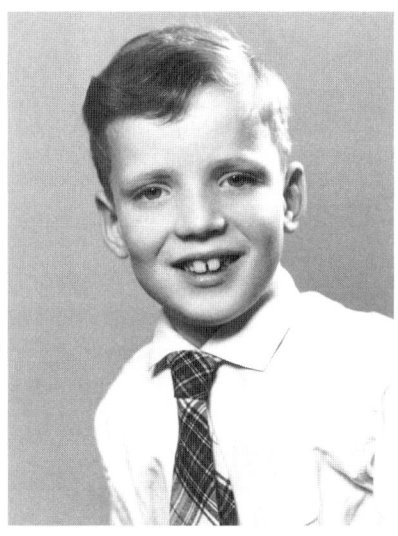

19 Ulrich de Maizière bei einer Diskussion an
der Schule der Bundeswehr für Innere
Führung in Koblenz Anfang des Jahres 1962

20 Thomas de Maizière im Februar 1962

21 Clemens de Maizière als Rechtsanwalt in
den sechziger Jahren

22 Lothar de Maizière nach seiner Tuberkulose-Erkrankung 1968 mit seinen Töchtern Cordelia (links im Bild) und Ines

23 Ulrich de Maizière und Bundeskanzler Helmut Schmidt 1974

24 Christine und Clemens de Maizière (Bildmitte) mit den Kindern Michael, Sabine, Dorothee und Lothar 1976 in Tornow

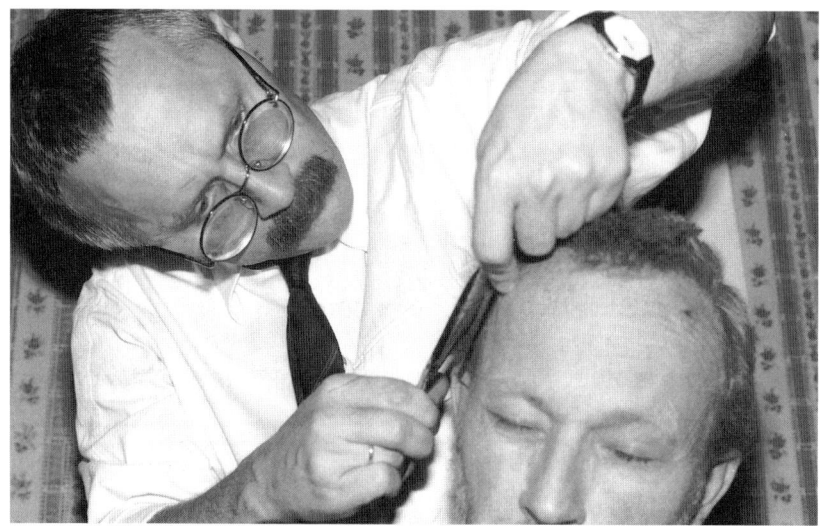

25 Lothar de Maizière in der Zeit des Wahlkampfes Anfang 1990 bei seinem »Friseur« Michael de Maizière

26 Lothar de Maizière musiziert mit Kirchenmusikern in der Heinersdorfer Kirche in Berlin (Februar 1990)

174

27 Im Atelier von Eva de Maizière im Mai 1990

28 Lothar de Maizière und Gregor Gysi im April 1992 zu Besuch in Paris bei Andreas de Maizière und seiner Familie

29 Die Geschwister
Barbara, Cornelia,
Andreas und Thomas
im Sommer 1990

men, ein großes Malfest. Freunde, Bekannte und sämtliche Kinder der Nachbarschaft werden ein letztes Mal eingeladen. Eva hatte Farben und Pinsel besorgt und nun können alle nach Herzenslust die Wände bemalen. So entstehen riesige Bilder mit Blumen, Tieren, Autos und anderen Motiven. »Dafür sind wir unserer Mutter heute noch dankbar, denn es hat uns den Abschied erleichtert«[358], erinnert sich Tochter Cornelia im Rückblick.

In Hannover angekommen fällt allen der Neuanfang schwer. Statt in einem gemütlichen Haus mit Garten wohnt die Familie nun in einer Mietwohnung in der 2. Etage eines großen Hauses. Die Kinder vermissen ihre Freunde und die gewohnte Umgebung. Vor allem mit ihrer ältesten Tochter leidet Eva: »Barbara wurde in fremder ungeliebter Kirche konfirmiert, es war ein schwarzer Tag für das Kind ...«[359]

Doch es soll noch schlimmer kommen. Die Familie wohnt gerade einmal zwei Wochen in Hannover, als Ulrich am Telefon mitgeteilt bekommt, dass er Kommandeur der Schule der Bundeswehr für Innere Führung werden soll. Und diese steht in Koblenz. Obwohl ihm Staatssekretär Hopf noch wenige Wochen zuvor versichert hatte, dass Ulrich noch einige Zeit in Hannover bleiben werde, soll nun wieder alles anders werden. Auf dem Nachhauseweg beschließt er, Eva vorerst nichts zu sagen. Doch der »Versuch, meiner Frau die unangenehme Nachricht zunächst vorzuenthalten, scheiterte schon am ersten Abend«, schreibt Ulrich später in seinen Memoiren. »Sie sah mein bedrücktes Gesicht und fragte mich, was denn passiert sei.«[360] Als Ulrich ihr alles erzählt, setzt sich Eva auf eine der noch nicht ausgepackten Umzugskisten und bricht in Tränen aus. »Hier sah ich meine Mutter das erste Mal weinen«[361], erinnert sich Thomas de Maizière, damals noch nicht einmal sieben Jahre alt.

Aber es hilft nichts. Befehl ist Befehl. Zwar gelingt es Ulrich, seinen Dienstbeginn in Koblenz bis zum 1. Juni 1960 hinauszuzögern. Doch im Frühjahr steht erneut ein Möbelwagen vor der Tür und ein neuer

Lebensabschnitt für Ulrich, Eva, Barbara, Cornelia, Andreas und Thomas beginnt.

* * *

Am 6. November 1957 notiert Unterleutnant Wunderlich im Bericht an seinen Vorgesetzten: »Als der Mitarbeiter zum Ausdruck brachte, daß ihm der Name Ulrich de Maizière wohl bekannt sei, er aber nicht gewußt habe, daß hier verwandtschaftliche Beziehungen beständen, erzählte der Kandidat einiges aus der militärischen Vergangenheit seines Bruders und las auch einen Auszug aus dem jüngsten Brief seiner Mutter bezüglich seines Bruders vor.«[362] Der Kandidat, von dem der Stasi-Unterleutnant hier schreibt, ist niemand anderes als Clemens de Maizière. Wunderlich besucht Clemens am Abend zuvor in dessen Anwaltsbüro, um ihn für eine Zusammenarbeit mit dem Ministerium für Staatssicherheit (MfS) zu gewinnen. Monatelang hatte das MfS ihn beobachtet und war zu der Überzeugung gekommen, dass Clemens de Maizière in der Lage sei, »über Stimmungen und besondere Vorkommnisse in der Justiz und unter den Rechtsanwälten beider Teile Berlins zu berichten.«[363] Und weiter heißt es in den Unterlagen: »Wenn es gelingt, einen guten Kontakt zu dem Kandidaten herzustellen, so ist es nicht unmöglich, daß auch in der Perspektive in Verbindung mit den zuständigen Stellen des MfS die bestehenden Beziehungen des M. zu seinem Bruder und zu den anderen Militärs des Bonner Kriegsministeriums ausgenutzt werden können.«[364]

In diesen Tagen des Novembers 1957 beginnt eines der dunkelsten Kapitel der Familiengeschichte der de Maizières, das mit einer kleinen Unterbrechung sein Ende erst mit dem Tod von Clemens de Maizière im Jahr 1980 finden wird. In dessen Familie bleibt die Zusammenarbeit mit der Stasi nicht lange verborgen. Zuerst wird für Clemens' Frau Christine aus einer Ahnung bald Gewissheit. Wenig später folgen die Kinder. Michael, als Jüngster noch im elterlichen Haus lebend, kann sich noch gut daran erinnern: »Zu einem runden Geburtstag meines Vaters kamen zwei in Ledermäntel gekleidete Herren, um zu gratulieren. Sie überreichten ihm eine kostbare Bowle aus Glas. Meine Mutter ließ diese dann, noch während die Herren im Haus waren, laut klirrend auf den Steinfußboden fallen.«[365] Doch wie schon seine Geschwister verurteilt auch Michael seinen Vater nicht. Den allerdings spätestens jetzt nötigen Schritt, in der Familie darüber zu reden, gehen die Kinder nicht. Heute, nachdem sie sich mit dem Thema auseinandergesetzt haben, liefern sie dafür auch eine Begründung. »Ulrichs Kinder konnten sich Ende der sechziger Jahre, also über 20 Jahre nach Kriegsende, mit der Vergangenheit ihres Vaters auseinandersetzen. Zu der Zeit waren böswillige Verfemungen oftmals schon verklungen. Für uns war das anders. Für uns war es Gegenwart, bitter schmerzende Gegenwart in einer Diktatur«, erzählt Clemens' Tochter Dorothee 25 Jahre nach der Wende. Obwohl die Kinder über ihren Vater bis heute schützend die Hand halten, spürt man, wie tief der Schmerz auch jetzt noch sitzt.

Doch warum hat die Stasi seinerzeit überhaupt so großes Interesse an Clemens de Maizière? Neben dem beruflichen Aufstieg des Bruders in der Bundesrepublik sind für das MfS vor allem folgende Gründe ausschlaggebend. Clemens besitzt wie bereits geschildert eine Anwaltszulassung sowohl für den Osten als auch für den Westen Deutschlands. Dadurch hat er Kontakt zu Mandanten, die der DDR nicht nur zurückhaltend, sondern zum Teil auch ablehnend gegenüberstehen. Als Mitglied der CDU ist er zudem unverdächtig, ein »Roter« zu sein. Seine bürgerlich-intellektuelle Haltung verbirgt er nicht, die tiefe religiöse Bindung ist ihm wichtig.

Entscheidend ist jedoch, dass sich Clemens erpressbar gemacht hat. Durch den Mitte der 50er Jahre auf Clemens angesetzten IM »Georg«[366], die von Generalmajor Wolf im Mai 1954 angeordnete Postüberwachung[367] und intensive Recherchen hat die Stasi viel Material gesammelt, das sie nun gegen ihn verwendet. Längst weiß man, dass er nicht nur Parteianwärter, sondern NSDAP-Mitglied war und auch dem NS-Rechtswahrerbund angehörte. Auch die Tatsache, dass Clemens ab 1944 als Unterabteilungsleiter in der Berliner Gaurechtsberatungsstelle der Deutschen Arbeitsfront (DAF) arbeitete, ist der Stasi bekannt, obwohl Clemens diesen Berufsabschnitt in keinem seiner Lebensläufe erwähnt.[368]

Druckmittel, um Clemens von der Zusammenarbeit mit der Stasi zu überzeugen, bedarf es laut vorliegender Unterlagen des Bundesbeauftragten für die Unterlagen des Staatssicherheitsdienstes der ehemaligen DDR nicht. Danach stimmt Clemens einer Zusammenarbeit mit der Stasi bereitwillig zu. Ab November 1957 wird Clemens beim MfS als Geheimer Informator (GI) »Clemens« geführt. Jedoch kommt es im Sommer 1958 schon wieder zum vorläufigen Ende der Zusammenarbeit, da Clemens gegenüber Kollegen seine Zusammenarbeit mit dem MfS erwähnt und sich somit »dekonspiriert«, wie es im Stasi-Jargon heißt. Das »Öffentlichmachen« von Kontakten ist bis ins Jahr 1989 immer wieder ein bewährtes Mittel, um die Stasi wieder loszuwerden. In der Erinnerung von Clemens' Tochter Dorothee ist es seinerzeit der Berliner Generalsuperintendent Führ, der ihrem Vater den Rat zur Dekonspiration gibt. Letztendlich wird im »Beschluß über das Abbrechen der Verbindung« vermerkt: »Für eine weitere Zusammenarbeit besteht somit keine Perspektive.«[369] Wie schnell sich das jedoch wieder ändern kann, wird Clemens bereits drei Jahre später erfahren.

Endgültige Teilung

Alles ist bis ins kleinste Detail genau geplant, als in den frühen Morgenstunden des 13. August 1961 die »bewaffneten Organe der DDR« in Berlin damit beginnen, die Grenzen zu den Westsektoren zu schließen. Von der Öffentlichkeit fast unbemerkt werden ab 2 Uhr zunächst Fußwege mit Stacheldraht abgeriegelt, bevor kurz darauf in den Straßen mit schwerem Gerät Barrikaden errichtet werden. Der öffentliche Nahverkehr zwischen Ost- und West-Berlin kommt zum Erliegen, Panzer der Sowjetarmee beziehen Stellung an wichtigen Punkten. Entlang der Sektorengrenze stehen sowohl Verbände der DDR-Kampfgruppen als auch Einheiten von NVA und Volkspolizei. Innerhalb weniger Stunden ist der Westteil der Stadt nicht mehr erreichbar.

Lothar de Maizières nur ein Jahr jüngere Schwester Sabine hat das geahnt. Nach dem Abitur arbeitete sie in den Berliner NARVA-Werken und hatte viel von der Stimmung unter den Arbeitern mitbekommen. Ständig verschwanden von heute auf morgen Kollegen, hauten bei Nacht und Nebel in den Westen ab. Immer größer war in den letzten Monaten der Strom derer geworden, die dem sozialistischen Staat den Rücken kehrten, darunter sowohl Arbeiter und Bauern als auch Akademiker. Die DDR drohte »auszubluten«. Es war nur eine Frage der Zeit, bis die Ulbricht-Regierung einschreiten würde. Als »grünes Licht« aus Moskau kommt, ist die Geburtsstunde des »Antifaschistischen Schutzwalls« gekommen.

Doch bevor der Vorhang sich schließt, entscheidet sich Sabine de Maizière zur Flucht. Sie weiht ihre Eltern ein und fährt zu Schwester

Dorothee, um sich von ihr zu verabschieden. Dorothee entsinnt sich noch viele Jahre später mit Unbehagen an diesen Moment: »Meine Schwester kam zu mir, weil ihr bewusst war, dass wir uns für lange Zeit nicht würden sehen können. Insofern war für mich damals das emotionalere Erlebnis nicht der Mauerbau, sondern die Flucht meiner Schwester.«[370] Dorothees Mann Christoph hilft Sabine bei den Fluchtvorbereitungen und bringt in den Wochen vor der Grenzschließung mehrfach Koffer von ihr nach West-Berlin. Später geht Sabine dann nach Westdeutschland, wo sich lange Zeit Familie Girmes um sie kümmern wird; also die Familie, die vor Jahrzehnten schon ihren Vater Clemens und dessen Geschwister Suzanne, Ulrich und Irene sowie deren Mutter Elisabeth unterstützt hat. »Nach den Großeltern Rathje war Sabine nun die Nächste, die ›abhaute‹«, blickt Dorothee später auf die Wochen von damals zurück. »Jedes Mal ein neuer Abschied. Der Kreis der Vertrauten wurde bis zur Wende immer kleiner.«[371]

Die Situation rund um die Flucht seiner Schwester Sabine erinnert den erst dreizehnjährigen Michael hingegen ein wenig an ein Abenteuer. Als der jüngste Spross der de Maizières im Osten dann jedoch am Tag des Mauerbaus aufwacht, muss auch er erkennen, dass aus dem Abenteuer bitterer Ernst geworden ist. Zeit seines Lebens wird er den Tag nicht vergessen: »Mein Vater kam zu mir ins Zimmer gerannt und rief ›Micha, die machen die Grenze zu.‹«[372] Er will es erst nicht glauben, doch als er wenig später mit seinem Vater vor Stacheldraht und Polizisten steht, weiß Michael, dass er seine Schwester Sabine so schnell nicht wiedersehen wird. Drei Tage später fährt die Familie in den Urlaub nach Rheinsberg und Michael wird dort Zeuge von zum Teil heftigen Auseinandersetzungen zwischen seinen Eltern: »Ich höre noch heute, wie meine Mutter zu meinem Vater sagt: ›Siehst du, hätten wir doch nur rechtzeitig unsere Koffer gepackt.‹«[373]

182

Lothar de Maizière wiederum nimmt den 13. August 1961 zunächst nicht ernst. Er geht fest davon aus, »dass es sich um ein weiteres Machtspielchen von Kremlchef Chruschtschow handelt, das nach Protesten des Westens schnell wieder vorbei sein würde.«[374] Doch da hat er sich geirrt. Schon Ende Juli hatte Präsident Kennedy zu verstehen gegeben, dass sich die USA im Falle einer Grenzschließung nicht einmischen werde, solange der Status West-Berlins unangetastet bleibe. Auch Kanzler Adenauer verhält sich zurückhaltend und es dauert Tage, bis er sich überhaupt zu dem Ereignis äußert. Am Ende steht fest: Die DDR hat einen wichtigen Sieg errungen, der ihr zu mehr Stabilität verhelfen wird. Der Bau der Mauer zwingt die Menschen im Osten fortan, sich mit dem Land und dem System zu arrangieren.

Ein Jahr zuvor ahnt man auch im Westen nichts von dieser politischen Entwicklung. Ulrich de Maizières Tage als stellvertretender Divisionskommandeur in Hannover gehen zu Ende, die Vorbereitungen auf die neue Aufgabe laufen bereits. Im Mai 1960 bekommt er eine hervorragende Beurteilung, in der es heißt: »Beherrscht alle Gebiete der Ausbildung und genießt die Achtung und das Vertrauen der Truppe und des Offizierskorps. Sein besonderes Interesse gilt den Fragen der Truppenführung und der Erziehung des Soldaten.«[375] Es überrascht daher nicht, dass man ausgerechnet Ulrich de Maizière ab dem Sommer die Verantwortung für die Schule der Bundeswehr für Innere Führung in Koblenz überträgt. Er reiht sich damit ein in eine ganze Reihe von Neubesetzungen innerhalb der Bundeswehr, über die DIE ZEIT am 20. Mai 1960 unter der Überschrift »Nachkriegsgeneräle rücken vor« ausführlich berichtet. Ulrich wird dort als »Hüter und Künder der Ideen des Grafen von Baudissin«[376], einem der Väter der Inneren Führung, bezeichnet. Das Blatt beschreibt Ulrich weiter als »schlanken, feingliedrigen« Offizier, dem in der Koblenzer Schule künftig »alle Bataillonskommandeure der Bundeswehr, viele Generalstäbler, aber auch zahlreiche Unteroffiziere anvertraut«[377] werden.

Vor Ulrichs Dienstantritt reist die Familie in die Schweiz. Es ist einer der wenigen Urlaube, den alle zusammen verbringen. Als die Umzugskartons in Hannover verladen sind, fährt Eva mit den Kindern zunächst alleine los, bevor Ulrich wenige Tage später nachkommt. Nach dem Stress der letzten Wochen ist die Reise eine willkommene Ablenkung und alle genießen die gemeinsamen Tage. In ihren Erinnerungen blickt Eva gern auf diese Zeit zurück: »Wir hatten ein Hüsli gemietet hoch über dem Thuner See. Mit einem Blick geradezu ins Paradies, mit hohen Bergen, Himmel, Wiese und tief unter uns der blaue See. Wir waren ganz erfinderisch im Planen von Wanderungen, Spielen und Fröhlichkeit.«[378] Es sind unbeschwerte Tage und noch heute erinnern sich die Kinder gern an diese Zeit.

Am 1. Juni beginnt dann der Dienst für Ulrich auf der Pfaffendorfer Höhe, oberhalb von Koblenz. Er macht auch noch Jahre später in seinen Memoiren kein Hehl daraus, dass er von dieser neuen Aufgabe zunächst nicht begeistert ist. Zwar ist er auch in Koblenz Kommandeur, doch hatte er auf die Führung einer Division gehofft. Aber ganz Soldat und vor allem seinem Charakter entsprechend klagt er nicht, sondern stürzt sich in die neue Arbeit und erkennt schon bald, was die größte Herausforderung für ihn ist. Das Konzept der Inneren Führung war für die Gesamtstreitkräfte entwickelt worden, fand jedoch fast nur Berücksichtigung beim Heer. Luftwaffe und Marine glaubten indes, eigene Wege gehen zu können. Nach dem Besuch mehrerer Einrichtungen der Luftwaffe und der Teilnahme an einem Flottenmanöver war für Ulrich als Kommandeur der Schule klar, dass »die Bedingungen der Menschenführung in der Luftwaffe und Marine stärker als bisher in unsere Überlegungen einbezogen werden«[379] müssen.

Allerdings wird Ulrich de Maizière bei seinen zahlreichen Truppenbesuchen immer wieder mit der Frage konfrontiert, was denn Innere Führung eigentlich sei? Er entschließt sich daher zu einem Wettbewerb unter den Mitarbeitern der Schule, bei dem Vorschläge für eine klare Begriffsdefinition eingereicht werden sollen. Trotz zahlreicher guter Vorschläge genügt jedoch keine der eingereichten Arbeiten den Ansprüchen einer allgemein gültigen Definition. Sie bilden aber eine gute Grundlage für die am Ende verabschiedete Kurzfassung: »Die Innere Führung ist die Aufgabe aller militärischen Vorgesetzten, Staatsbürger zu Soldaten zu erziehen, die bereit und willens sind, Freiheit und Recht des deutschen Volkes und seiner Verbündeten im Kampf mit der Waffe oder in der geistigen Auseinandersetzung zu verteidigen. Hierbei geht sie von den politischen und gesellschaftlichen Gegebenheiten aus, bekennt sich zu den Grundwerten unserer demokratischen Ordnung, übernimmt bewährte soldatische Tugenden und Erfahrungen in unsere heutigen Lebensformen und berücksichtigt die Folgen der Anwendung und Wirkung moderner technischer Mittel.«[380] Diese Definition findet mit einigen Anpassungen und Änderungen bis heute Anwendung.

Ulrich de Maizière verfolgt während seiner Kommandeurszeit in Koblenz jedoch noch ein anderes Ziel als die Vermittlung geistiger und praktischer Grundlagen für die Führungskräfte der Bundeswehr. Um die Grundsätze der Inneren Führung auch der interessierten Öffentlichkeit zugänglich zu machen, öffnet Ulrich die Pforten der Schule auch für Informationslehrgänge. So finden bald zahlreiche Veranstaltungen mit Seminarcharakter statt, die sich gezielt an Lehrer, Journalisten, Pfarrer, Gewerkschafter oder Unternehmer wenden. Jedes Seminar beendet der Kommandeur der Schule persönlich mit einem Vortrag, stellt sich anschließend der Diskussion und lernt so »alle Argumente der öffentlichen Auseinandersetzung für oder gegen die Existenz, den Auftrag und die innere Ordnung der Bundeswehr kennen.«[381]

Schon in den vergangenen Jahren hat Ulrich de Maizière der »Unterrichtung der Öffentlichkeit« viel Zeit und Aufmerksamkeit gewidmet. Auf Anfrage von Chefredakteur Dr. Reinhold Heinen schreibt er seit März 1955 unter dem Pseudonym »Cornelius« regelmäßig Artikel für die »Kölnische Rundschau«. Ziel der Artikel ist es, in der Bevölkerung um Verständnis für sicherheitspolitische Entscheidungen der Bundesregierung bzw. des Parlaments zu werben. Während es zu Beginn seiner »journalistischen Karriere« meist kleinere Abhandlungen zur Aufstellung der Bundeswehr sind, greift Ulrich mit dem Artikel »Atomwaffen-›kopflos‹ – Die atomare Ausrüstung der Bundeswehr« vom 20. Mai 1959 direkt in die Diskussion ein. Die »Kampf dem Atomtod«-Bewegung bestimmt die öffentliche Debatte und Ulrich versucht nun, mit Argumenten gegenzuhalten, indem er erläutert, dass die »Bundesregierung im Frieden keine eigene Verfügungsberechtigung über Atomköpfe irgendwelcher Art« erhält. Und weiter: »Dies kann zur Beruhigung aller derer im In- und Ausland klar festgestellt werden, die in dieser Vorstellung einen Anlass zur Sorge sehen könnten.«[382]

Im Dezember 1960, dann schon nach Koblenz versetzt, bezieht »Cornelius« Stellung zum Verteidigungshaushalt und wendet sich damit – bewusst oder unbewusst – nicht nur an die Bevölkerung, sondern auch an den Haushaltsgesetzgeber, das Parlament. In dem Artikel »Der Preis der Freiheit« kommt er zu dem Schluss: »Wer die Verteidigung der Bundesrepublik … als eine politische Notwendigkeit bejaht, muß durchaus bereit sein, die entsprechenden Konsequenzen auf sich zu nehmen. Diese heißen: Wehrpflicht und moderne Bewaffnung. Und das wiederum heißt: wachsende Verteidigungshaushalte.«[383] Wohl kein Verteidigungsminister würde in der heutigen Zeit einen solchen Artikel, geschrieben von einem hohen General, dulden. Insofern muss es durchaus erstaunen, dass Ulrich de Maizière mit ausdrücklicher Erlaubnis des jeweiligen Ministers über zehn Jahre lang Cornelius-Artikel veröffentlichen kann. Erst 1966, kurz vor seiner Ernennung zum Generalinspekteur der Bundeswehr, wird Ulrich de Maizière vom SPIEGEL »enttarnt«.

Trotz dieses zusätzlichen Arbeitsaufwandes hat Ulrich in Koblenz mehr Zeit für sich und die Familie, die ihre neue Heimat in einem freistehenden Einfamilienhaus gefunden hat. Zwar ist das Haus nach Ulrichs Erinnerung ein »wenig ansprechender Klotz mit flachem Dach«[384], doch liegt es nur wenige Minuten von seinem Büro entfernt. Daher ist Ulrich auch häufig beim gemeinsamen Mittagessen dabei, wenn die Kinder aus der Schule zurückkommen. Sie sind froh, wieder im Rheinland zu sein, in der Nähe der Bonner Freunde. Insgesamt sind die Schulen und das Lebensumfeld aber eher provinziell.

Der Vater hört auch von Freundschaften, Vorlieben und Sorgen seiner Kinder und erfährt, dass der abermalige Neubeginn in Koblenz für Tochter Barbara und Sohn Thomas schulische Herausforderungen birgt. Barbara muss zwei Jahre Französisch nachholen. Sie besucht den letzten Jahrgang, für den die Besatzungsmacht Frankreich Französisch als erste Fremdsprache vorschreibt. Allerdings vermittelt ihr der gelungene Zusatzunterricht eine Sicherheit und Begeisterung für die französische Sprache, von der sie zeitlebens bei ihren Urlaubsreisen nach Frankreich profitiert.

Thomas, vor wenigen Monaten erst eingeschult, wird nun mit einer veränderten Leselernmethode konfrontiert. Statt der »Ganzschriftmethode« muss er nun die Worte wieder aus einzelnen Buchstaben zusammensetzen. Seine Schwester Cornelia hatte deshalb bereits im Schweizer Urlaub vor dem Umzug nach Koblenz mit ihm täglich Schreiben und Lesen geübt. Allerdings war das für beide eher ein Spiel und nun ist es der Ernst der Schule. Hier lernt Thomas jedoch schnell neue Freunde kennen und gehört schon bald zu den Besten. Schon im ersten Schulhalbjahr bemerkt sein Klassenlehrer auf dem Zeugnis: »Besonderes Merkmal: überdurchschnittlich begabt.«[385] Und ein Jahr später hält der Lehrer fest: Thomas »übernimmt gern freiwillig Verantwortung ... und ist gegenüber seinen Klassenkameraden stets hilfsbereit.«[386] Besondere Freude bereitet ihm neben Sport das Fach Lesen. Wie alle Kinder in diesem Alter hat auch Thomas ein Lieblingsbuch, aus dem ihm die Mutter abends immer vorlesen muss. Es ist »Jim Knopf und Lukas der Lokomotivführer«. Fasziniert ist er vor allem von Tur Tur, dem Scheinriesen. Alle Welt fürchtet sich vor ihm, weil er aus der Ferne so riesig wirkt. Allerdings wird er immer kleiner, je näher man ihm kommt, und so wird aus einem Scheinriesen ein ganz normaler, freundlicher kleiner Mann, der allerdings sehr einsam ist, weil alle vor ihm Angst haben. Noch heute erzählt Thomas de Maizière gern diese Geschichte. Auch in der Politik, unter Journalisten, Gewerkschaftern oder Wirtschaftsvertretern sei er schon häufig solchen Scheinriesen begegnet, die nur aus der Ferne bedrohlich wirken und bei näherer Betrachtung mitunter eher bemitleidenswert sind. 1960 liegen für ihn diese Erfahrungen aber noch sehr fern.

Die kulturellen Höhepunkte in der Stadt am Zusammenfluss von Mosel und Rhein sind zur damaligen Zeit noch rar. Aufführungen und Konzerte übersteigen nach Ulrich de Maizières Erinnerung »nur selten provinzielles Niveau«[387]. Dafür bietet die bezaubernde Umgebung von Koblenz mit Hunsrück, Westerwald und Lahntal Gelegenheit für ausgedehnte Wanderungen.

Auch zum Musizieren bleibt der Familie viel Zeit. Eva spielt regelmäßig in einem Streichquartett und selbst Ulrich hat in Koblenz wieder häufiger Gelegenheit zum Klavierspielen. Dies wohl auch, weil in seine Arbeit schnell Routine kommt und er sich schon bald nach einer neuen Aufgabe sehnt. In seinen Memoiren zieht er daher später auch ein wenig kritisch Bilanz: »An mir selbst konnte ich beobachten, wie leicht man Gefahr läuft, sich in seine eigenen Gedanken und Formulierungen zu ›verlieben‹ und es damit genug sein zu lassen, anstatt sich ständig um Aktualität in Stoff und Sprache zu bemühen.«[388] Es ist für ihn daher bereits im Herbst 1961 klar, dass es Zeit wird, sich nach neuen Herausforderungen umzuschauen. In der Leitung der Führungsakademie der

Bundeswehr in Hamburg, die ihm kurz darauf in Aussicht gestellt wird, sieht er eine solche Herausforderung.

* * *

Ende März 1962 heißt es erneut Kofferpacken, allerdings zunächst nur für Ulrich und Tochter Barbara. Aus den ersten Andeutungen der Personalabteilung im Verteidigungsministerium war nun Gewissheit geworden. Zum 1. April soll Ulrich das Kommando der Führungsakademie der Bundeswehr in Hamburg übernehmen. Da seinerzeit das neue Schuljahr jeweils nach den Osterferien beginnt, darf Barbara bereits zu dieser Zeit mit.

Die Führungsakademie der Bundeswehr befand sich seit 1958 in Hamburg-Blankenese und war bei ihrer Gründung nicht unumstritten gewesen. Hatten anfangs vor allem die Luftwaffe und die Marine entsprechend der militärischen Tradition für eigenständige Akademien gekämpft, setzte sich erst nach und nach die Idee einer bundeswehrgemeinsamen Akademie durch. Ähnlich der Koblenzer Schule wurde auch bei der Offiziersausbildung in Hamburg neben der Vermittlung militärischer Fachkenntnisse der berufsbezogenen Allgemeinbildung große Aufmerksamkeit geschenkt.

Die Wahl des neuen Kommandeurs der Hamburger Akademie fällt nicht zufällig auf Ulrich. Im Herbst 1962 werden die ersten Offiziersteilnehmer erwartet, die ihre Laufbahn in der Bundeswehr begonnen haben. Alle anderen zuvor hatten bereits eine militärische Vergangenheit in der Wehrmacht. In Ulrich, einem glühenden Verfechter des Konzepts der Inneren Führung, sieht man den geeigneten Mann, um jungen Offizieren ein Beispiel zu geben und die Akademie auf zukünftige Aufgaben vorzubereiten. Schon im Mai, gerade mal einen Monat nach Dienstantritt, wird ihm das in seiner Beurteilung bestätigt: »Auf der Führungsakademie der Bundeswehr ist seine überlegene Art, an Erziehungs- und Ausbildungsfragen heranzugehen, bereits spürbar gewor-

den. Den besonders schwierigen Lehrgang für Landesverteidigung hat
er musterhaft geleitet und trug wesentlich dazu bei, dass dieser Lehrgang
ein voller Erfolg wurde. Er hat unter Beweis gestellt, dass er der richtige
Mann für die Leitung der Führungsakademie der Bundeswehr ist.«[389]

Durch diese Beurteilung gestärkt und Ende Juli 1962 zum Generalmajor befördert, stellt er sich den Herausforderungen, mit denen sich
die Akademie konfrontiert sieht. Es ist vor allem der in den Augen Ulrich de Maizières bestehende »Widerspruch zwischen der Stofffülle und
der zur Verfügung stehenden Zeit«[390], der immer wieder zu Konflikten
führt. Nicht nur einmal muss sich Ulrich dabei gegen die Versuche erwehren, die Ausbildungszeit zu verkürzen. Zusätzliche Argumente für
seine Position bekommt er ausgerechnet durch die Kuba-Krise im Spätsommer 1962, der ersten Machtprobe zwischen den Großmächten
UdSSR und USA. Die Stationierung sowjetischer Mittelstreckenrake-
ten auf Kuba bringt die Welt an den Rand eines Atomkrieges, da der
Einsatz von Kernwaffen von beiden Seiten nicht mehr ausgeschlossen
wird. Nur durch intensive diplomatische Verhandlungen gelingt die
Beilegung des Konfliktes und damit die Verhinderung des 3. Weltkrieges. An der Ausbildungsstrategie der Führungsakademie der Bundeswehr, in deren Mittelpunkt sowohl das Erlernen des militärfachlichen
Handwerkszeuges als auch die Vermittlung allgemein-politischer Bil-
dungsinhalte stehen, gibt es spätestens jetzt keine Zweifel mehr.

Ein knappes halbes Jahr nach seinem Wechsel von Koblenz nach
Hamburg steht Ulrich vor einer Herausforderung ganz anderer Art. Im
Rahmen seiner Deutschlandreise im September 1962 möchte Frankreichs Staatspräsident Charles de Gaulle die Führungsakademie der
Bundeswehr besuchen. Zu Ulrichs Erstaunen verlangt die Hamburger
Polizei von der Bundeswehr, für die Sicherheit de Gaulles auf dem Akademiegelände selbst zu sorgen. Es beginnen Wochen intensiver Vorbereitungen und protokollarischer Abstimmungen zwischen Paris, Bonn
und Hamburg. Als de Gaulle dann gemeinsam mit Verteidigungsminis-

ter Strauß nach Hamburg kommt, zeigt sich die Akademie von ihrer besten Seite. Von der Person des französischen Staatspräsidenten zutiefst beeindruckt, hält Ulrich de Maizière eine kurze Rede in französischer Sprache, in der er von der historischen Dimension des Besuches spricht und sich »zu den verpflichtenden Traditionen der ersten durch Scharnhorst gegründeten militärwissenschaftlichen Akademie«[391] bekennt. De Gaulle wiederum antwortet in seiner Ansprache auf Deutsch, indem er Carl Zuckmayer zitiert: »War es gestern unsere Pflicht, Feinde zu sein, ist es heute unser Recht, Freunde zu werden.«[392] Nach einer kurzen Feierstunde verlässt Frankreichs Staatspräsident die Akademie wieder und Ulrich ist froh, »ihn wieder unversehrt in die Obhut der Hamburger Polizei übergeben zu können.«[393]

Weniger erfreulich als dieses Ereignis ist die sich anschließende SPIEGEL-Affäre, die der Bundeswehr am Ende einen neuen Verteidigungsminister bescheren wird. Alles beginnt am 26. Oktober 1962, als Beamte des Bundeskriminalamtes, unterstützt von der Polizei, die Redaktionsräume des Hamburger Nachrichtenmagazins DER SPIEGEL stürmen und zudem mehrere Wohnungen durchsuchen. In der Hand haben sie Haftbefehle gegen Herausgeber Rudolf Augstein und dessen stellvertretenden Chefredakteur Conrad Ahlers. Auslöser der Aktion ist die SPIEGEL-Titelgeschichte von Anfang Oktober mit der Überschrift »Bedingt abwehrbereit«. Darin wird über die NATO-Übung »Fallex 62« berichtet, die nach Auffassung des SPIEGEL zu einem desaströsen Ergebnis geführt habe, weil die Verteidigungsbereitschaft der Bundeswehr völlig unzureichend sei. Schon in den Wochen und Monaten zuvor hatte sich das Blatt immer wieder kritisch zu Strauß und vor allem zu seinen Atomwaffenplänen geäußert. Nun will dieser zurückschlagen, lässt dabei jedoch jegliches Verständnis für den Rechtsstaat und die Pressefreiheit vermissen. Der Vorwurf gegen den SPIEGEL lautet Landesverrat, bis nach Spanien streckt die Justiz ihre Finger nach den »Schuldigen« aus. Womit die Adenauer-Regierung allerdings nicht gerechnet hat, ist der Protest der Öffentlichkeit. Kritisch äußern sich dabei nicht nur linke Bevölkerungsgruppen; auch konservative Medien und Kulturschaffende sind bestürzt. Noch auf der 7. Kommandeurtagung der Bundeswehr im November versucht Strauß sein Vorgehen zu verteidigen, doch es ist das letzte Mal, dass ihn Ulrich de Maizière als Verteidigungsminister erlebt. Wenige Wochen später wird Strauß, nachdem der Druck auf ihn und Kanzler Adenauer immer größer geworden ist, zurücktreten. Strauß' Nachfolger wird am 10. Januar 1963 Kai-Uwe von Hassel.

Im Herbst 1962 ist Familie de Maizière in Hamburg dann wieder vollzählig. Eva kommt mit den Kindern Cornelia, Andreas und Thomas nach und alle beziehen gemeinsam eine großzügige Klinkervilla in einer wunderschönen Parkanlage auf dem Akademiegelände. Schon bald verlieben sich alle in Hamburg. Eva kommt selbst noch mit dem Abstand von über 20 Jahren ins Schwärmen. In ihren 1985 erschienenen Erinnerungen schreibt sie: »Allmählich wurden wir alle zu ›Hamburgern‹ … Die große Stadt, die kulturellen Möglichkeiten, das hübsche alte Blankenese. Schwimmbad und Tennisplätze. Viel Jugend und nette Soldatenfamilien.«[394] Tochter Barbara, die bereits einige Monate in der Stadt lebt, stimmt ihrer Mutter rückblickend zu: »Nach dem ›engen‹ Koblenz war Hamburg für mich wie ein Aufbruch. Die Stadt war groß, weltoffen und modern.«[395]

Durch Ulrichs Mitarbeit bei der Gründung des Rotarier Clubs Hamburg-Altona lernen er und Eva bald interessante und einflussreiche Leute kennen. In seinen Memoiren erinnert Ulrich vor allem an die Begegnungen in den Häusern der Bankiers Eric Warburg und Alwyn Münchmeyer, der Reederin Liselotte von Rantzau, des Alt-Bürgermeisters Kurt Sieveking oder des Druckers und Verlegers Carl Wolfgang Dingwort und seiner Frau Julia Dingwort-Nussek, der späteren Präsidentin der Landeszentralbank Niedersachsen.[396]

Den kulturellen Veranstaltungen in Hamburg bescheinigt Ulrich, anders als noch in Koblenz, das »Niveau einer Weltstadt«[397]. Besonders begeistert sind er und Eva von Gustav Gründgens am Schauspielhaus, etwa als »Mephisto« in Goethes Faust. Aber auch von der Oper und Rolf Liebermann ist das Ehepaar de Maizière sehr angetan. Die beiden Töchter nutzen vor allem die von den Schulen geförderten Angebote. »In manchen Monaten war ich wöchentlich zwei Abende im Schauspielhaus oder im Konzert, habe für Will Quadflieg geschwärmt, in einer AG über Sartre oder Camus debattiert. Es war eine höchst anregende und beigeisternde Zeit«[398], beschreibt Cornelia ihre damaligen Erlebnisse.

Die schulischen Anforderungen in der Hansestadt sind zur damaligen Zeit höher als in Rheinland-Pfalz. Thomas bereitet der dritte Wechsel der Grundschule jedoch keine Schwierigkeiten. Die Noten sind gut, wobei auf dem Zeugnis der 4. Klasse vor allem die Einsen in Musik und Leibesübungen herausragen. Allerdings notiert seine Klassenlehrerin auch, dass er »die Hausaufgaben sorgfältiger machen«[399] könnte. Und in der Tat. Thomas setzt sich nachmittags nur widerwillig an den Schreibtisch. Viel lieber geht er rüber zum Fußballplatz und freut sich, wenn ihn die jungen Offiziere fragen, ob er nicht Schiedsrichter spielen will. Was für die Spieler eher ein Spaß ist, nimmt Thomas sehr ernst. Er duldet keinen Widerspruch und scheut auch keine strittigen Entscheidungen, wie er heute noch weiß: »Mein Lieblingsspruch auf dem Platz war damals: ›Schiedsrichterentscheidung gilt.‹«[400] Schnell wird er daher auch »der kleine General« genannt.

Neben dem Sport beginnt Thomas sich in dieser Zeit schon für Politik zu interessieren. Wenn er aus der Schule nach Hause kommt, schnappt er sich die Frankfurter Allgemeine Zeitung. Beim Lesen muss er jedoch Rücksicht auf die Seiten nehmen, denn sein Vater will am Abend keine zerknitterte Zeitung vorfinden. »Ich habe daher die FAZ immer auf dem Fußboden gelesen und anschließend die Seiten wieder ordentlich aufeinander gelegt, sodass die Zeitung auch danach noch wie neu aussah«[401], erinnert sich der damals Neunjährige. Das erste politische Ereignis, das er bewusst wahrnimmt, ist die Ermordung John F. Kennedys im November 1963. »Das hat mich sehr geprägt und ich erinnere mich noch gut, wie bei uns zu Hause über das Attentat und die möglichen Folgen diskutiert wurde.«[402]

Insgesamt ist die Hamburger Zeit eine sehr glückliche Zeit für die Familie. Es wird wieder gemeinsam musiziert, viele Freundschaften entstehen, man feiert und trauert gemeinsam, hilft sich gegenseitig und genießt das internationale Großstadtleben. Doch es sollen abermals nur zwei Jahre werden, bevor die Familie erneut Abschied nehmen muss. Schon als Ulrich im Sommer 1963 von einer Tagung aus Dortmund zurückkehrt, ahnt Eva, dass möglicherweise bald wieder Veränderungen ins Haus stehen. Ulrich berichtet ihr abends von einem Gespräch mit dem Leiter der Personalabteilung im Verteidigungsministerium, Karl Gumbel. Dieser hatte Ulrich beim Abendessen eher beiläufig gesagt, dass er sich für ihn auch noch eine andere Verwendung vorstellen könne.[403] Was das aber genau heißen könnte, darüber lässt Gumbel Ulrich noch im Unklaren.

Erst am 29. Februar 1964 wird es konkreter, als der Journalist Adelbert Weinstein in der Wochenendausgabe der FAZ darüber spekuliert, dass Ulrich de Maizière der neue Inspekteur des Heeres werden könnte. Ulrich trifft dieser Artikel laut eigener Aussage völlig unvorbereitet. Da er Weinstein aus der belgischen Kriegsgefangenschaft kennt, befürchtet Ulrich nun, dass man in ihm den Informanten Weinsteins vermutet. Sofort ruft Ulrich daher den amtierenden Inspekteur des Heeres, Generalleutnant Alfred Zerbel, an und versichert ihm, von diesen Spekulationen selbst nichts zu wissen. Auch aus dem Ministerium heißt es kurz darauf, »es sei überhaupt noch nichts entschieden, doch sei die Möglichkeit nicht ganz auszuschließen.«[404] Als Weinstein in der FAZ vom 9. Mai 1964 das Thema erneut aufgreift, erhält die Debatte zusätzlich Schärfe, zumal mittlerweile auch andere Namen für die Besetzung der herausragenden Position des Heeres-Inspekteurs im Raum stehen.

Einer, über den in den zurückliegenden Wochen ebenfalls spekuliert wurde, ist Generalleutnant Meyer-Detring, Kommandierender General des I. Korps. Nachdem Weinstein in seinem zweiten Artikel behauptet, dass die Sache längst zugunsten Ulrich de Maizières entschieden ist, ein klares Dementi des Verteidigungsministeriums jedoch ausbleibt, schreibt Meyer-Detring am 12. Mai einen Brief an Ulrich. Darin wird gleich zu Beginn seine Enttäuschung über das Verteidigungsministerium deutlich, indem er schreibt: »Nach dem Lesen des Weinstein-Artikels… war mein erster Impuls, Ihnen einen Gruss zu schicken, der meiner Freude über Ihre Designierung Ausdruck geben sollte. Ich habe das aufgeschoben, weil ich annahm, dass sich irgendjemand in Bonn dazu aufraffen würde, mir offiziell oder privat mitzuteilen, dass ich nicht mehr im Gespräch sei. Offenbar habe ich jedoch irrige Vorstellungen von Höflichkeit.«[405] Ulrich macht er jedoch keine Vorwürfe und schreibt daher weiter: »Ich glaube, dass Sie von dem Artikel am peinlichsten berührt sein werden, der den Stempel einer gezielten Indiskretion trägt und beweist, dass die Verbindungen des Autors besser sind als die Qualität seiner Artikel.«[406] Damit trifft Meyer-Detring den Nagel auf den Kopf. Auch Ulrich ist erbost über die erneuten Spekulationen in der FAZ und die Nennung seines Namens. Freilich ist ihm spätestens jetzt klar, dass die Angelegenheit nicht völlig aus der Luft gegriffen sein kann.

Gewissheit bekommt Ulrich am 12. Juni 1964, als ihm der gerade erst zum Staatssekretär ernannte Karl Gumbel in einem Gespräch eröffnet, dass die Wahl endgültig auf ihn gefallen ist. Damit haben die Spekulationen ein Ende. Ulrich de Maizière übernimmt es selbst, die Korpskommandeure des Heeres von dieser Entscheidung zu unterrichten. An Meyer-Detring schreibt er bereits einen Tag darauf und dankt ihm für seine im Brief von Anfang Mai zum Ausdruck gekommene »kameradschaftliche Haltung«. Gleichzeitig bittet er ihn, »mir bei der großen Verantwortung, die man mir anvertrauen will, zu helfen. Ich weiß, dass ich die Aufgabe nicht allein erfüllen kann.«[407]

Was in den Tagen und Wochen darauf folgt, sind zahlreiche Glückwunschschreiben, die Ulrich meist alle persönlich beantwortet. Sein alter Jahrgangskamerad Ernst Prager, mit dem er schon gemeinsam in der Reichswehr diente, erinnert sich in seinem Brief daran, »schon im Jahre 1931 ausgesprochen zu haben: ›Maize ist der General im Reichsheer schon als Fahnenjunker sicher – wenn er keine silbernen Löffel stiehlt – und daß er das nie tun wird, weiß ich genau‹.«[408]

Andere hingegen erinnern Ulrich, wenn auch versteckt, an die Traditionslinien zwischen Wehrmacht und Bundeswehr. Zu ihnen gehört auch Walter Wenck. Mit dem General der Panzertruppe a. D. hatte Ulrich während des Krieges in der Operationsabteilung des Heeres zusammengearbeitet. Knapp zwei Jahrzehnte später schreibt er an Ulrich, »daß es mir immer eine besondere Freude ist, wenn Generalstabsoffiziere innerhalb der Bundeswehr, die unter mir einstmals gestanden haben, ihren erfolgreichen Weg weitergehen. Ganz besonders freue ich mich über diejenigen, die damals schon mit besonderer Auszeichnung ihres Könnens in die Operationsabteilung des Heeres geholt worden sind.«[409] Damit verweist Wenck, wenn auch unbeabsichtigt, auf eine der großen Herausforderungen für Ulrich bei der bevorstehenden Aufgabe: die Wahrung der Tradition bei gleichzeitiger Weiterentwicklung des Heeres zu einer modernen Teilstreitkraft der Bundeswehr.

* * *

Der 30. März 1962 ist zweifellos der berufliche Höhepunkt von Wolfgang Immerwahr Fränkel. Der weithin anerkannte Jurist wird als dritter Generalbundesanwalt der Bundesrepublik Deutschland im ehemaligen

Erbgroßherzoglichen Palais in Karlsruhe in sein neues Amt eingeführt, nachdem er bereits eine Woche zuvor von Bundespräsident Heinrich Lübke berufen wurde. Fränkel folgt Dr. Max Güde, der nach seiner Wahl in den Bundestag das Amt aufgeben musste. Viele Wochen blieb die Stelle zunächst vakant und mit dem Züricher Rechtsgelehrten Bader war eigentlich ein anderer als Fränkel für die herausragende Position des Generalbundesanwaltes vorgesehen. Nachdem Bader jedoch abgesagt hatte, entschied sich die Bundesregierung schnell für Fränkel. Der Bundesrat folgte unverzüglich diesem Vorschlag und so hört der neue Generalbundesanwalt Fränkel bei seiner Amtseinführung nun nicht nur die lobenden Worte über seinen Vorgänger, sondern wird zugleich allgemein als Idealbesetzung gesehen. Die Badischen Neuesten Nachrichten schreiben tags darauf: »Bundesjustizminister Stammberger sprach Dr. Güde den Dank der Bundesregierung aus und bezeichnete seinen Nachfolger als den rechten Mann für dieses schwere Amt.«[410] Und in der Tat: Mit Fränkel hat man einen Mann gefunden, der das juristische Handwerkszeug beherrscht und sich durch hohen Intellekt und stets korrektes Auftreten auszeichnet. Der 1905 geborene Pfarrerssohn hatte von 1928 bis 1932 in Berlin, Göttingen und Kiel Rechtswissenschaften studiert. Aufgrund hervorragender Abschlussnoten war er in den Staatsdienst übernommen worden und arbeitete erst als Gerichtsassessor und später als Staatsanwaltschaftsrat in Kiel und Kassel, bevor er zur Reichsanwaltschaft nach Leipzig wechselte.

Nach Kriegsende konnte er schnell wieder Fuß fassen und war bereits Anfang 1947 wieder als Jurist beim Amtsgericht Rendsburg beschäftigt. Trotz anfänglicher Zweifel innerhalb des Bundesrates, ob ein ehemaliger Mitarbeiter der Reichsanwaltschaft die Voraussetzung für eine Tätigkeit bei der Bundesanwaltschaft mitbringt, wurde Fränkel im Sommer 1951 zum Bundesanwalt ernannt. Schnell erarbeitet er sich dort den Ruf, außerordentlich begabt und fleißig zu sein, sodass es nur folgerichtig ist, als ihn Dr. Max Güde Anfang 1962 als seinen Nachfolger vorschlägt. Zweifel über seine Befähigung, wie noch 1951, sind nicht mehr zu hören. Und so notieren auch die Badischen Neuesten Nachrichten mit Blick auf Fränkels Antrittsrede am 30. März 1962: »Fränkel sprach ohne Manuskript, bedacht und ungezwungen. Er vermittelte so das sympathische Bild einer allseits geschätzten Persönlichkeit.«[411]

In »Pankow«, so der damals im Westen weit verbreitete Begriff für den Sitz der DDR-Regierung, hat man auf eine solche Gelegenheit lange gewartet. Seit Jahren schon sammelt man dort belastendes Material über westdeutsche Persönlichkeiten aus Politik, Wirtschaft, Justiz und Militär. Die DDR nutzt dafür intensiv den Zugang zu Akten von Behörden der NS-Zeit, die jetzt auf dem Gebiet der DDR liegen. Darunter zählt auch die ehemalige Reichsanwaltschaft in Leipzig. Schnell wird man im dortigen Aktenkonvolut in Bezug auf die Person Fränkel fündig. Unter Hochdruck erstellt man die Dokumentation »Von der Reichsanwaltschaft zur Bundesanwaltschaft«, die Anfang Juni in Ost-Berlin im Rahmen einer Pressekonferenz vorgestellt wird. Schon in der Einleitung der in einem kleinen Buch zusammengefassten Dokumentation lässt der Herausgeber keinen Zweifel an Sinn und Ziel des vorgelegten Aktenmaterials: »Aus nationalem Verantwortungsbewußtsein fühlen wir uns verpflichtet, ebenfalls Stellung zu nehmen zu der Frage, ob die Wahl Fränkels keine schlechte Wahl gewesen ist: Wir haben dabei allerdings nicht nur Erkundigungen eingezogen, sondern exakte Ermittlungen geführt und Hunderte von Originaldokumenten ausgewertet.«[412] Was folgt ist die tendenziöse Darstellung von Fränkels Lebenslauf, eine detaillierte Zusammenstellung diverser beruflicher Beurteilungen vor 1945 und die Auflistung zahlreicher Fälle, bei denen vor allem Fränkels Votum im Rahmen sogenannter Nichtigkeitsbeschwerden zur Todesstrafe für einige Angeklagte geführt haben soll.

Die Veröffentlichung der Dokumentation wird in den DDR-Medien natürlich zum Anlass genommen, um die These zu untermauern, dass die alten Eliten der NS-Zeit das Fundament des westdeutschen

Staates bilden. Doch nicht nur »Neues Deutschland« und diverse SED-Bezirkszeitungen berichten über die umfangreichen Recherchen zu Fränkels Vergangenheit. Auch in der Bundesrepublik ruft die Dokumentation ein breites Echo hervor. DER SPIEGEL widmet sich auf zwei Seiten dem Thema und bemerkt gleich zu Beginn seines Artikels vom 11. Juli 1962, dass die »Agitprop-Kanoniere der DDR«[413] einen Volltreffer gelandet hätten. Schnell wird zudem eine Verbindung zwischen Fränkel und dem ehemaligen Volksgerichtshof-Präsidenten Freisler hergestellt: »Mit seinen Kopf-ab-Plädoyers übertraf Wolfgang Immerwahr Fränkel… gelegentlich sogar den Fallbeil-Monomanen Roland Freisler, der … mit Todesurteilen so flink bei der Hand war wie heutigentags beflissene Radarpolizisten mit gebührenpflichtigen Verwarnungen.«[414]

Der DDR-Regierung geht es im Fall Fränkel allerdings um mehr als einen propagandistischen Erfolg. Sie will internationale Anerkennung und spekuliert darauf, dass die Bundesrepublik ganz offiziell um Einsichtnahme in die Originalakten bittet. Doch im Bonner Justizministerium zögert man, weiß aber zugleich, dass auch die westdeutsche Öffentlichkeit eine Reaktion erwartet. In einem Gespräch mit der Nachrichtenagentur Associated Press (AP) informiert Bundesjustizminister Stammberger darüber, dass man derzeit ein offizielles Rechts- und Amtshilfegesuch prüfe, »ohne daß von sowjetzonaler oder dritter Seite darauf eine völkerrechtliche Anerkennung des Sowjetregimes seitens der Bundesregierung abgeleitet werden könnte.«[415]

Bis es soweit ist, werden im Osten schon die nächsten Schritte vorbereitet. Ende Juni informiert der Berliner Staatsanwalt Ender den Genossen Rehahn beim ZK der SED darüber, »daß bei uns zur Zeit vier Strafanzeigen wegen Mordes bzw. versuchten Mordes gegen Fränkel vorliegen.«[416] Die Anzeigen beziehen sich auf die in den vierziger Jahren gefällten Urteile gegen Karl Birkfeld, Alex Gambka, Willi Träumer und Willi Liebetreu, an denen Fränkel im Rahmen von Nichtigkeitsbeschwerden beteiligt war. Birkfeld und Gambka wurden seinerzeit mit dem Tode bestraft, Träumer und Liebetreu entkamen dem Henker nur mit Glück. Alle vier hatten sich wegen kleinerer Delikte strafbar gemacht, trugen in Fränkels Augen jedoch den »Makel«, entweder Halbjude, Kommunist oder ein aufgrund von geistiger Minderwertigkeit nicht lebenswerter Volksschädling zu sein. Nach Fränkels Ernennung zum Generalbundesanwalt hatten sich die damals Verurteilten oder deren Nachkommen an die DDR-Justiz gewandt, um nachträglich Gerechtigkeit zu erfahren. Dabei muss ihnen allerdings von Anfang an klar gewesen sein, auf was sie sich einlassen, denn Staatsanwalt Ender schließt sein Schreiben ans ZK der SED mit der Bemerkung, dass »mit jedem einzelnen der Antragsteller persönlich gesprochen und sie auf die Bedeutung der Angelegenheit hingewiesen«[417] wurden.

Was man nun im Osten noch braucht, ist ein fähiger Rechtsanwalt mit Zulassung für den Westen, der im Namen der Antragsteller gegen Fränkel zu Felde zieht. In Clemens de Maizière wird dieser schnell gefunden. Die Frage, warum ausgerechnet er in den Fokus gerät, ist dabei leicht zu beantworten. »Es erschien den politisch Verantwortlichen einfach günstiger, wenn dies ein sogenannter Bürgerlicher und kein Kommunist machen würde«[418], glaubt Lothar de Maizière noch heute. Dass man darüber hinaus die Chance nutzen wollte, auch Ulrich de Maizière zu schaden, möchte er im Nachhinein ebenfalls nicht ausschließen.

Als man sich im Sommer 1962 bei Clemens de Maizière erkundigt, ob er Interesse an einer Übernahme dieser heiklen und politisch brisanten Fälle hat, zögert er nicht lange. Mit großem Eifer und Engagement arbeitet er sich ein und bereits am 27. August 1962 erstattet er im Namen seiner Mandanten beim Landgericht Karlsruhe Strafanzeige gegen den mittlerweile in den einstweiligen Ruhestand versetzten Fränkel. Das auf über 33 Seiten verfasste Schriftstück beendet Clemens mit den Worten: »In keinem der Fälle wäre… bei einer gerechten, demokratischen und humanitären Justiz ein Todesurteil gerechtfertigt gewesen. Nur durch das zutiefst unmenschliche Verhalten des Beschuldigten, der sich zum willigen Werkzeug der nazistischen Gewalthaber hat machen lassen, war die Ermordung dreier Menschen und der Mordversuch an zwei weiteren möglich. Ihn muß die ganze Härte des Gesetzes treffen.«[419] Damit hat die Propagandafeldzug der DDR einen weiteren Höhepunkt erreicht.

Nun aber folgen einige Monate der Ruhe. Clemens hört lange Zeit nichts von den westdeutschen Justizbehörden. Allerdings meldet sich Bruder Ulrich. Nachdem beide keinen direkten Kontakt mehr miteinander pflegen, fragt dieser schriftlich über die in Hannover lebende Mutter, ob es ausgerechnet Clemens sein müsse, der den Fall Fränkel bearbeite. Das Vorgehen von Clemens würde seiner Karriere schaden. Clemens zeigt sich davon unbeeindruckt und antwortet erneut über Mutter Elisabeth, dass er bis jetzt nicht habe feststellen können, dass Ulrich auf die Karriere von Clemens Rücksicht nehme. Damit ist der Graben zwischen beiden Brüdern vorerst noch tiefer geworden.

Nachdem ihm die Staatsanwaltschaft Monate später endlich den Eingang der Strafanzeige bestätigt, unterrichtet Clemens seine Mandanten von der Einleitung des Ermittlungsverfahrens gegen Fränkel, bittet sie jedoch gleichzeitig um Geduld in Bezug auf den Fortgang der Angelegenheit: »Wir müssen … damit rechnen, daß darüber Wochen oder gar Monate vergehen.«[420]

In den Zeitungen der Bundesrepublik ist der Fall Fränkel in der Zwischenzeit längst auf die hinteren Seiten gerückt. Nur noch selten nimmt man daher in der Öffentlichkeit Notiz von der Angelegenheit. Auch den Badischen Neuesten Nachrichten ist es am 15. Februar 1963 nur noch eine kleine Meldung wert, als der Karlsruher Oberstaatsanwalt Schnerr über den Stand des Ermittlungsverfahrens berichtet und dabei erwähnt, »über Bonn und Stuttgart seien ihm verschiedene Anzeigen des Ostberliner Rechtsanwaltes Clemens de Maizière zugeleitet worden«[421] und dass er sich aufgrund der darin enthaltenen schwerwiegenden Vorwürfe »von Amts wegen einschalten müsse.«[422]

Weder für Clemens noch für die DDR-Behörden kommt es im Sommer 1963 überraschend, als die Staatsanwaltschaft Karlsruhe die Einstellung des Ermittlungsverfahrens mitteilt. In der Begründung wird vor allem darauf verwiesen, dass Fränkel als Hilfsarbeiter bei der Reichsanwaltschaft über keinerlei Entscheidungsbefugnis verfügt habe. Doch damit nicht genug. Abschließend heißt es: »Die Reichsanwaltschaft war wie alle Staatsanwaltschaften ›bürokratisch‹ organisiert … und ihre Beamten hatten den dienstlichen Anweisungen ihres Vorgesetzten nachzukommen.«[423] Damit liefert man der Öffentlichkeit – ohne dies kritisch zu hinterfragen – einen Beweis für die These, dass der NS-Staat nur funktionieren konnte, weil die Masse lediglich das tat, was man von ihr verlangte.

Für Clemens de Maizière ist der Fall Fränkel trotz dieser vorhersehbaren Entwicklung noch lange nicht abgeschlossen. Nachdem auch sein Einspruch abgewiesen wird, stellt er im November 1963 beim Oberlandesgericht Karlsruhe einen »Antrag im Klageerzwingungsverfahren«[424]. Damit will er die Weiterführung des von der Staatsanwaltschaft Karlsruhe aus seiner Sicht unberechtigt eingestellten Verfahrens erreichen. In der Antragsbegründung verweist Clemens darauf, dass Fränkel während seiner Tätigkeit bei der Reichsanwaltschaft sehr wohl in der Lage gewesen sei, »anders zu entscheiden und seine Entscheidung stichhaltig zu begründen.«[425] Als auch dieser Antrag im September 1964 verworfen wird, unternimmt Clemens einen letzten Versuch und stellt im April 1964 noch einmal einen Antrag auf Weiterführung des Verfahrens. Doch am Ende muss auch er einsehen, dass sein Kampf vorüber ist. Zwar konnte er unter Beweis stellen, dass er ein guter Anwalt ist. Doch unter dem Strich bleiben der moralische Freispruch und die volle Rehabilitation Fränkels, die ihm auch in den westdeutschen Medien bestätigt werden. So ist in der Karlsruher Presse am

17. Juli 1965 abschließend zu lesen: »Es läge … nun beim Bundesjustizministerium, dem Mann volle Genugtuung widerfahren zu lassen, den es 1962 allzu schnell fallen ließ … Das müßte zunächst in Worten geschehen, dem die Taten folgen sollten. Fränkel hätte jetzt Anspruch auf ein im Verhältnis zur Position eines Generalbundesanwalts gleichwertiges Amt.«[426] Dazu wird es jedoch nicht kommen.

Clemens' Kinder Dorothee und Lothar bekommen von dieser Geschichte nur am Rande etwas mit. Längst gehen sie ihre eigenen Wege. Dorothee hat mittlerweile den Pfarrer Christoph Mücksch geehelicht, obwohl sie eigentlich nie heiraten wollte. »Ich hatte mir doch vorgenommen, Missionarin zu werden. Da brauchte ich keinen Mann«[427], erinnert sich Dorothee an das Jahr 1957. Doch als Christoph sie davon überzeugt, dass sie auch in der DDR Missionarin sein könne, gibt sie seinem Werben nach und verliebt sich ihn. Nachdem sie 1960 ihr Theologiestudium an der Berliner Humboldt-Universität mit Bestnoten abgeschlossen hatte, wäre auch sie gern Pfarrerin geworden. Doch verheirateten Frauen ist das zur damaligen Zeit auch in der evangelischen Kirche noch verwehrt, sodass Dorothee Katechetin wird und mit ihrem Mann in den Harz nach Neinstedt zieht. Zwischen 1960 und 1964 werden die drei Kinder Peter, Andreas und Ulrike geboren.

Lothar de Maizière geht derweil in seinem Musikstudium auf. Mit den Noten Eins bis Zwei hatte er die Aufnahmeprüfung im April 1960 bestanden und gehörte nach kurzer Zeit schon zu den »Lieblingsstudenten« von Prof. Buchholz. Seine Träume, bald ein erfolgreicher Berufsmusiker zu sein, bekommen 1963 allerdings kurzzeitig einen Dämpfer. Ein Jahr zuvor war in der DDR die Wehrpflicht eingeführt worden und so erhält auch Lothar eine Einladung zur Musterung. »Dort wurde ich dann gefragt, ob ich mit dem General im Westen verwandt sei«[428], erinnert sich Lothar. Er antwortet, was denn diese Frage solle: »Das steht in ihren Unterlagen doch längst drin.«[429] Mit der Bemerkung, dass er regelmäßig mit seinem Patenonkel Kontakt habe, glaubt Lothar vom Wehrdienst befreit zu werden. Doch so einfach macht man es ihm nicht. Es bedarf der Hilfe von Prof. Buchholz, der damit droht, zurückzutreten und sich »nach ganz oben zu wenden«, wenn Lothar einberufen wird. Und das wirkt. Die Einberufung wird ausgesetzt. Damit jedoch alle Seiten ihr Gesicht wahren können, muss Lothar zustimmen, nach dem Studium dort hinzugehen, wo »Vater Staat« ihn als Musiker braucht. Zu der Zeit gilt noch nicht die sogenannte Absolventenlenkungsverordnung, die später dann generell vorsehen wird, dass alle Hochschulabsolventen für einen bestimmten Zeitraum, an den Ort gehen müssen, wohin sie »gelenkt« werden.

Der Zeitpunkt, da man Lothar an seine Zusage aus dem Jahr 1963 erinnert, wird schneller kommen, als er in diesem Moment ahnt. Jetzt aber hat er erst einmal seine Ruhe und kann sich neben dem Studium ganz dem Privatleben widmen. Er heiratet 1963 seine Freundin Ilse, die er 1959 in der Berliner Charité kennengelernt hat. Ein Jahr darauf wird Tochter Cordelia geboren, ihr folgt im April 1966 Tochter Ines. 1974 kommt dann noch Henriette dazu.

Da allerdings das Einkommen von Lothars Frau für den Lebensunterhalt der Familie nicht ausreicht, arbeitet der junge Vater neben dem Studium bereits als Musiker im Berliner Rundfunksinfonieorchester. 1966, ein Jahr nach Studienende, ist es dann soweit, dass man Lothar de Maizière mit seinem Versprechen aus dem Jahr 1963 konfrontiert. Im Elbe-Elster Theater in Wittenberg wird dringend ein Solobratschist gesucht. Zwar versucht er sich anfangs noch dagegen zu wehren, doch es nützt alles nichts. Fortan ist Lothar allein in Wittenberg, wohnt in einem kleinen Zimmer zur Untermiete und sieht seine Frau und die Töchter nur noch selten. Über 45 Jahre später erinnert er sich noch gut daran: »Die Zeit in Wittenberg werde ich nie vergessen, weil es eine sehr schwere Zeit war. Ich sah meine Familie kaum und hatte pro Monat 26 Abenddienste. Und das bei einem Gehalt von 484 DDR-Mark.«[430] Als er dann davon hört, dass beim Staatlichen Tanzensemble der DDR ein stellvertretender Solobratschist gesucht wird, sieht er die Chance zur Rückkehr nach Berlin gekommen. Er bewirbt sich und wird nach einem ersten Vorspielen sofort engagiert.

* * *

Als Ulrich und seine Familie im Herbst 1964 nach fast acht Jahren Abwesenheit in die Bundeshauptstadt zurückkehren, ist die Bonner Republik eine andere als noch 1958. Ein Jahr zuvor war die »Ära Adenauer« zu Ende gegangen und das Land wird nun von einer CDU/FDP-Koalition unter Kanzler Ludwig Erhard regiert. Deutschlands Teilung ist nach dem Mauerbau zementiert und von einer Wiedervereinigung spricht man auch in konservativen Kreisen immer seltener. Ausgelöst durch die Debatte um die Atombewaffnung und die SPIEGEL-Affäre stellt die Jugend immer häufiger Fragen zu Deutschlands Vergangenheit, zu Schuld und Aufarbeitung. Der im Dezember 1963 begonnene Auschwitz-Prozess konfrontiert die Deutschen nach fast zwei Jahrzehnten mit einer Zeit, die die überwiegende Mehrheit der Bevölkerung am liebsten vergessen würde. Der Aufbau der Bundeswehr ist abgeschlossen und vor ihr liegt nun die Phase der Konsolidierung. Vor allem das Heer steht vor großen Herausforderungen. Über die Rückkehr Ulrich de Maizières nach Bonn wird daher in der Presse ausführlich berichtet, zumal man mit seiner Ernennung zum Inspekteur des Heeres hohe Erwartungen verknüpft. Auch Politiker äußern sich parteiübergreifend durchweg positiv, hat Ulrich in den vergangenen Jahren doch bewiesen, dass er den von ihm geführten Bereichen einen »modernen Stempel« aufdrücken kann. Und genau das erwartete man jetzt von ihm auch als Heeresinspekteur. Auch wenn Ulrich die Vorschusslorbeeren von Presse und Politik mit der für ihn typischen Zurückhaltung als belastend empfindet, nutzt er diese gute Position, um gegenüber Verteidigungs-Staatssekretär Gumbel wichtige personelle und organisatorische Forderungen durchzusetzen. So wird statt der von Gumbel vorgeschlagenen Kandidaten Generalmajor Josef Moll zu Ulrichs Stellvertreter. Dieser gilt »als zupackender, pragmatisch denkender, modernen Ideen aufgeschlossener, liberaler Württemberger.«[431] Moll ist in Ulrichs Augen genau der Richtige, der ihn in seiner Abwesenheit vertreten soll. Und das ist häufig der Fall, denn in Truppenbesuchen sieht der neue Inspekteur des Heeres das entscheidende Führungsinstrument. So wird Ulrich in den kommenden 22 Monaten seiner Amtszeit insgesamt 150 Arbeitstage außerhalb von Bonn verbringen.

Schon in Hamburg hatte Eva geahnt, was die neue Aufgabe ihres Mannes für sie bedeuten würde. In einem Brief an den Patenonkel von Sohn Thomas schreibt Ulrich daher noch vor der Rückkehr nach Bonn: »Meine Frau fürchtet – und sicher zu Recht –, dass der Vater in den nächsten Jahren noch weniger Zeit für seine Familie hat als bisher. So stimmt sie voll der Formulierung… meiner Geschwister zu, die mir nur einen ›gequälten Glückwunsch‹ übermittelt haben.«[432]

Da Ulrich sich schon in Bonn befindet, muss Eva im November dann auch den Umzug erneut allein bewältigen. Wieder sind viele Tränen der Kinder zu trocknen. Einzig Tochter Barbara kann in Hamburg bleiben, da ihr die Eltern vor der Abiturprüfung im Frühjahr 1965 keinen weiteren Schulwechsel zumuten wollen. Sie wohnt daher in den nächsten Monaten in der Familie von Ulrichs Nachfolger Jürgen Bennecke. Auch Schwester Cornelia würde gern weiter in Hamburg bleiben. Sie genießt die interessanten kulturellen Angebote, die Schule fällt ihr leicht, sie spielt Klavier und Geige und hat sehr gute Freundinnen gewonnen. Doch sie muss mit nach Bonn umziehen und nimmt das ihren Eltern bis heute ein wenig übel. Nicht zufällig wechselt sie daher später in der Mitte ihres Studiums nach Hamburg und wohnt dort bis heute.

Auch Thomas verlässt nur ungern das Hamburger Christaneum und zeigt dies fortan auf seine eigene Art. In der neuen Schule in Bonn, dem Nicolaus-Cusanus-Gymnasium, stört er mitunter den Unterricht, beschießt während der Chorprobe ältere Mitschüler mit Papierkugeln oder verschwindet bei einem Klassenausflug, ohne sich abzumelden. Im Zeugnis im Herbst 1965 reicht es in einigen Fächern nur noch für ein »Befriedigend«[433], so in Deutsch, Latein, Kunst und Religion; für ihn ein deutlicher Abfall.

Thomas ist in dieser Zeit aber nicht allein, denn in seiner neuen Klasse findet er schnell einen Freund: Jan Krieger. Sein Vater ist Abteilungsleiter im Justizministerium, die Mutter Hausfrau und wie Thomas hat auch er noch drei Geschwister. An das Kennenlernen der beiden erinnert sich Jan Krieger noch genau: »Als gefragt wurde, wer sich um den Neuen kümmern wolle, habe ich mich gemeldet, weil ich das interessant fand.«[434] Beide sitzen zunächst nebeneinander, was aber nicht lange gut geht. »Wir erwarben uns schnell den Ruf, ein ›schwer zu bändigendes Team‹ zu sein. Und es dauerte nicht lange, bis wir wieder auseinandergesetzt wurden«[435], so Krieger rückblickend. Allerdings hält das Thomas und Jan nicht davon ab, auch weiterhin während des Unterrichts miteinander zu kommunizieren, selbst über mehrere Bankreihen hinweg. Ihre schon etwas ältere Englischlehrerin veranlasst dies irgendwann zu den Worten: »Jetzt schaut euch diese Impertinenz an.« Zwar wissen beide nicht, was Impertinenz bedeutet, sind aber hochzufrieden, erneut zur Belustigung der Klasse beigetragen zu haben. Als die de Maizières dann aus der anfangs bezogenen Wohnung genau wie die Kriegers in ein kleines Häuschen auf dem Heiderhof, einem neuen Wohngebiet in Bad Godesberg, ziehen, werden aus Thomas de Maizière und Jan Krieger unzertrennliche Freunde. Noch heute treffen sie sich regelmäßig in Berlin oder Dresden.

Thomas' Vater Ulrich sieht sich unterdessen mit einem Berg von Problemen konfrontiert. Das größte davon ist der gravierende Mangel an Offizieren und Unteroffizieren. Zwar kommt es durch die Verlänge-rung der Verpflichtungsdauer von Soldaten auf Zeit zu einer leichten Entspannung der Situation. Die Personallage im Heer bleibt jedoch ein dauerhaftes Problem während der Amtszeit von Ulrich de Maizière, auch weil es gegen manche Maßnahmen massive Widerstände inner-halb der Bundeswehr gibt.

Gefordert ist Ulrich auch im Dezember 1964, als der »Stern« über vermeintlich unmenschliche Ausbildungsmethoden in einem Fall-schirmjägerbataillon in Wildeshausen berichtet. Schnell wird klar, dass die Vorwürfe zu einem großen Teil berechtigt sind. Ulrich begibt sich daraufhin selbst nach Wildeshausen, um nicht nur Präsenz zu zeigen, sondern auch um Konsequenzen zu ziehen. Er missbilligt das vor-schriftswidrige Verhalten der Vorgesetzten, löst einige Ausbilder ab, lei-tet Disziplinarmaßnahmen ein, übergibt einige besonders gravierende Fälle der Justiz und informiert anschließend in einer Pressekonferenz die Öffentlichkeit.[436] Ulrich de Maizière ist enttäuscht von den Ereig-nissen, hatte er doch geglaubt, auf dem Weg zu einer »zeitgemäßen Menschenführung«[437] innerhalb der Bundeswehr schon einen Schritt weiter zu sein. Zustimmung und damit Rückhalt erfährt er, als ihm im Februar 1965 zusammen mit Graf von Kielmansegg und Graf Baudissin in der Hamburger Universität der Freiherr-vom-Stein-Preis verliehen wird. Mit der Auszeichnung wird das Engagement der drei Generale bei der »Entwicklung und Durchsetzung der Grundsätze der Inneren Füh-rung«[438] gewürdigt, und vor allem für Ulrich ist der Preis zugleich Be-stätigung dafür, auf dem richtigen Weg zu sein. Allerdings wird er in den nächsten Monaten und Jahren spüren, dass die Bundeswehr immer stärker ins Spannungsfeld von zum Teil rückwärtsgewandten Traditio-nalisten und einer sich immer kritischer äußernden Jugend gerät. Nicht ohne Grund notiert er im Zusammenhang mit der Preisverleihung an der Hamburger Universität später in seinen Memoiren, dass schon drei Jahre später »eine Auszeichnung von drei Generalen im vollbesetzten

Auditorium Maximum mit feierlichem Einzug des Rektors und der De-
kane im Talar und der Preisträger in Uniform nicht mehr ohne Störun-
gen denkbar gewesen«[439] wäre.

Für viel Diskussion sorgt dann im Juli 1965 der vom Verteidigungsministerium herausgegebene Traditionserlass, an dem Ulrich bereits
während seiner Koblenzer Zeit mitgearbeitet hatte. Mit dem Erlass trat
man einem bereits in den Anfangsjahren der Bundeswehr entstandenen
»Traditionswildwuchs« entgegen und versuchte nun, die Tradition als
Mittel der Erziehung eng mit dem Auftrag der Streitkräfte zu verbinden. Zwar findet der Erlass breite Zustimmung sowohl in der Öffentlichkeit als auch in der Bundeswehr selbst, jedoch wird gerade bei älteren Soldaten nicht mit Kritik gespart. So ist es auch Ulrichs Aufgabe als
Inspekteur des Heeres, für den Traditionserlass zu werben, ohne einen
Keil zwischen die jüngere und ältere Soldatengeneration zu treiben. Bei
seinen zahlreichen Truppenbesuchen gelingt ihm dieser Spagat. Und
auch auf dem Traditionstreffen der Panzer- und Panzergrenadierdivisio-
nen der Wehrmacht im Herbst 1965 in Münster findet seine Rede viel
Beachtung, die mit dem Satz endet: »Tradition pflegen heißt nicht nur
der Vergangenheit gedenken, sondern bedeutet, die auch heute noch
gültigen Kräfte der Vergangenheit so zu stärken und für uns fruchtbar
zu machen, daß sie uns helfen, Gegenwart und Zukunft zu bestehen.«[440]

Insgesamt befindet sich die Bundeswehr Mitte der 60er Jahre in einer schwierigen Situation. Nicht nur die Auseinandersetzungen zwischen Traditionalisten und Reformern innerhalb der Armee nehmen
zu. Auch die äußeren Umstände gehen nicht spurlos an ihr vorüber. Die
ersten Anzeichen der Wirtschaftskrise sind unverkennbar, massive
Haushaltskürzungen treffen auch das Militär. In Bundeskanzler Erhard
hat man keinen großen Fürsprecher und Verteidigungsminister von
Hassel steht wegen der zahlreichen Starfighter-Unfälle unter Druck. Im
Jahr 1965 stürzen insgesamt 26 dieser hochmodernen Jagdflugzeuge ab,
15 Piloten sterben. Hinzu kommen Konflikte zwischen der politischen

und militärischen Führung, die sich vor allem an Staatssekretär von Gumbel auf der einen Seite und an Luftwaffeninspekteur Werner Panitzki sowie Generalinspekteur Heinz Trettner auf der anderen Seite festmachen. Als Panitzki am 12. August 1966 wegen der aus seiner Sicht mangelnden Unterstützung bei der »Starfighter-Affäre« zurücktritt, ist die Bundeswehr in einer schweren Krise. Kurz darauf reicht auch Trettner seinen Rücktritt ein, als er sich im Zuge eines Erlasses über die Betätigung von Gewerkschaften innerhalb der Bundeswehr übergangen fühlt. Ulrich befindet sich zu diesem Zeitpunkt mit Eva in einem vierwöchigen Urlaub in Braunlage im Harz. Schon im Vorfeld waren ihm die Auseinandersetzungen nicht entgangen und so ist er auch wenig überrascht, als ihn Verteidigungsminister von Hassel am 24. August aus dem Urlaub zurückholen lässt und noch am gleichen Tag anbietet, neuer Generalinspekteur zu werden. Da Ulrich nicht ganz unvorbereitet ist, sagt er zu, verknüpft das Ganze aber mit einigen Bedingungen, denen der Verteidigungsminister ohne Zögern zustimmt. So ernennt von Hassel Ulrich de Maizière bereits tags darauf »vor surrenden Kameras zum Generalinspekteur der Bundeswehr.«[441] Damit ist er auf dem Höhepunkt seiner militärischen Karriere angelangt.

* * *

Die Monate zwischen dem Dienstantritt im August und dem Regierungswechsel im Herbst 1966 gehören für Ulrich de Maizière zu den schwierigsten und anstrengendsten in seinem bisherigen Leben. Das erste Mal war mit Heinz Trettner ein Generalinspekteur nicht aus Altersgründen zurückgetreten, sondern weil er und Teile der Generalität sich mit politischen Entscheidungsträgern überworfen hatten. Die Bundeswehr hatte dabei großen Schaden genommen. So sind die Vorzeichen für den neuen Generalinspekteur alles andere als günstig. Die Erwartungshaltung sowohl innerhalb der Armee als auch in der Öffentlichkeit ist hoch. Zudem wird die schnelle Amtsübernahme nach dem

Rücktritt Trettners dem neuen Mann an der Spitze mitunter als »Karrierestreben« oder auch »Nachgiebigkeit gegenüber der Politik« angelastet. Doch davon kann bei genauerer Betrachtung keine Rede sein. Zwar zögert Ulrich im entscheidenden Moment nicht lange, benötigt nur kurz Bedenkzeit. Dies aber vor allem deshalb, weil er durch die Spekulationen in den Medien und zahlreiche Gespräche auf diesen Zeitpunkt gut vorbereitet ist. Ermutigt durch den Zuspruch vieler Kameraden und bestärkt durch seine Frau Eva stellt er sich den neuen Herausforderungen. Als wichtigste Aufgabe erscheint ihm dabei vor allem die Verbesserung der Beziehung zwischen politischer und militärischer Führung.

Getragen von diesem Ziel ringt Ulrich Verteidigungsminister von Hassel einige Zugeständnisse ab, die seinem Vorgänger nicht zugestanden worden waren. So fordert er im Zuge seines Amtsantritts, dass der Generalinspekteur jederzeit direkten Zugang zum Minister haben und er im Ministerium noch vor den beiden zivilen Hauptabteilungsleitern als »dritter Mann« rangieren müsse. Von Hassel stimmt ohne Zögern zu, weil auch ihm bewusst ist, dass er jetzt einen starken Mann an der Spitze der Bundeswehr braucht. Der Forderung Ulrich de Maizières, wonach der Generalinspekteur auch über truppendienstliche Befugnisse über die gesamte Armee verfügen solle, will von Hassel jedoch nicht so ohne weiteres folgen. Er sichert Ulrich aber zu, die Frage solcher Disziplinarbefugnisse auf die politische Agenda der nächsten Monate zu setzen. Allerdings weiß er in diesem Moment nicht, dass er nur noch wenige Wochen im Amt des Verteidigungsministers sein wird.

Ulrich fühlt sich dennoch gestärkt durch diesen Rückhalt. Die nächsten Tage und Wochen verbringt er damit, um Unterstützung für seine Vorstellungen von einer modernen militärischen Führung zu werben. Bereits am 29. August 1966 informiert er die Spitzengenerale der Bundeswehr in einem persönlichen Gespräch. Es folgt am 5. September ein Gespräch bei Bundeskanzler Erhard im Beisein des Verteidigungsministers, bei dem Ulrich ebenfalls die Grundlinien seines künftigen Handelns erläutert. Im Protokoll zu dem Treffen heißt es: »Das Wesentliche sei der Abbau des ›Vorbehaltes des Vertrauens‹ gegenüber den Soldaten seitens der politisch verantwortlichen Kräfte. Das Offizierskorps anerkenne die Grundlagen der Verfassung und bejahe den Primat der Politik.«[442] Nach Gesprächen mit dem CDU-Fraktionsvorsitzenden Rainer Barzel und weiteren Abgeordneten informiert er mit einem persönlichen Schreiben sowohl die Inspekteure als auch alle Kommandierenden Generale der Bundeswehr über die Ziele seiner künftigen Arbeit.

Zahlreiche Truppenbesuche gehören in dieser Zeit ebenfalls zu Ulrichs Alltag. Ruprecht von Butler, jüngerer Bruder von Ulrichs Kamerad Peter von Butler, erinnert sich noch gut an den Besuch des neuen Generalinspekteurs an der Infanterieschule in Hammelburg im Spätsommer 1966: »Ich weiß noch, dass er auf mich und vielleicht manch anderen, der ihn vorher noch nie erlebt hatte, zuerst zurückhaltend wirkte. Als er dann aber zu uns sprach, hingen wir alle nach zwei Minuten an seinen Lippen. Die Dinge, die er uns mitzuteilen hatte, trug er nicht in einer belehrenden, sondern in einer absolut überzeugenden Art und Weise vor.«[443]

Nach kurzer Zeit hat Ulrich alle wichtigen Partner und Entscheidungsträger persönlich informiert, die Truppe besucht und um Unterstützung für seine Ziele geworben. Einzig gegenüber der Presse zeigt er Zurückhaltung. Sämtliche Anfragen wehrt er in den ersten Wochen seiner Amtszeit ab. So schreibt er beispielsweise dem Journalisten Fritz Hirschner von der Koblenzer »Rhein-Zeitung«, den er durch den Rotarier-Club kennt: »Ich habe bewußt in den ersten Tagen nach Antritt meines neuen Amtes keiner Zeitung, auch nicht dem Rundfunk und dem Fernsehen, irgendein Interview gegeben. Ich möchte diese Haltung auch mindestens beibehalten, bis ich … dem Verteidigungsausschuss des Bundestages vorgestellt worden bin und dort gesprochen habe. Sie werden sicher Verständnis für diese aus politischen Überlegungen geborene Entscheidung haben.«[444] Eine klare Linie, die sowohl bei den Abgeordneten als auch in der Truppe gut ankommt.

Allerdings hat Ulrich die Rechnung ohne Leutnant a. D. Carl-Gideon von Claer gemacht. Von Claer arbeitet seit 1964 beim SPIEGEL, nachdem er bereits mit 52 Jahren wegen Dienstunfähigkeit in den Ruhestand versetzt worden war. Aufgrund seiner militärischen Laufbahn hält er sich für einen ausgewiesene Kenner der Bundeswehr und wohnt zudem in der Nachbarschaft der de Maizières. Ulrich und Carl-Gideon von Claer kennen sich gut. Im Hause der Familie des Offiziers Dr. Bucksch hatte von Claer bereits in den 50er Jahren für mehrere Offiziersfamilien in der Weihnachtszeit den Nikolaus gespielt. Außerdem war er auch schon mehrfach Gast bei den Musikabenden der de Maizières. So kann er mit Insiderwissen glänzen, als er Ende August 1966 in einem SPIEGEL-Artikel schreibt: »Der General, der an der Ostfront die Stalin-Orgeln hatte heulen hören, bietet seinen Kameraden Hausmusik; er spielt auf dem Flügel vorzugsweise Chopin; seine Frau streicht das Cello; seine vier Kinder spielen Blockflöte. Den Gästen reicht der Musikant in der Pause Rhabarbersaft.«[445] Auch wenn es sich eher um Bach statt Chopin handelt und nur eines der Kinder zeitweise Blockflöte spielte, hat die Geschichte zur Folge, dass sich die Töchter Barbara und Cornelia mitunter auf Partys die Frage gefallen lassen müssen, ob sie vielleicht ein Glas Rhabarbersaft haben möchten. Viel schwerer als dieser Spott wiegt aber, dass die Kinder ihren Vater ab Herbst 1966 kaum noch zu Gesicht bekommen. »Mein Vater war so gut wie nie da. Er hat mit uns Jungs auch nie eine Eisenbahn aufgebaut, mit uns gerauft oder Fußball gespielt«[446], erinnert sich Sohn Thomas. Und auch Cornelia hat diese Zeit und die Jahre zuvor noch genau vor Augen: »Unser Vater war bei all seinen Kindern aufgrund seiner geringen Präsenz besonders begehrt. Und wenn er dann mal da war, hieß es von unserer Mutter oft: ›Papa spielt Klavier und möchte nicht gestört werden‹ oder ›Papa sitzt am Schreibtisch und braucht Ruhe‹.« Um jedoch keine Missverständnisse aufkommen zu lassen, ergänzt sie: »Wenn er sich dann aber Zeit für uns nahm, hat er in Ruhe vorgelesen, ausführlich etwas erklärt oder auch interessiert zugehört.«[447] Und dass er sich gerade bei wichtigen Ereignissen die Zeit nimmt, beweist der Vater Anfang November 1966, als er im Rahmen der Abiturientenentlassungsfeier des Jahrgangs seiner Tochter Cornelia die Elternrede hält. Lange überlegt Ulrich de Maizière, was er den jungen Leuten mit Blick auf ihr künftiges Leben sagen möchte. Vor der Bundesrepublik liegen unruhige Zeiten, die Jahre des stetigen Aufstiegs scheinen vorerst vorbei. In Ulrichs Augen verlieren gesellschaftlicher Zusammenhalt, Wir-Gefühl und Verantwortung für den Staat gegenüber Individualität und einem immer stärker um sich greifenden Drang nach Verwirklichung von Eigeninteressen an Bedeutung. So entscheidet er sich für das Thema »Freiheit und Bindung«. In einer eindrucksvollen Rede in der Aula des Nicolaus-Cusanus-Gymnasiums in Bad Godesberg wirbt er dann bei den Abiturienten um die Verteidigung der Demokratie gegen innere und äußere Feinde. Er erinnert daran, dass eine lebendige Demokratie »nicht nur durch Einrichtungen und Gesetze verwirklicht« wird, »sondern in erster Linie durch Menschen, die von ihren Rechten Gebrauch machen und zugleich sich ihrer Pflichten bewußt sind.«[448] Die Abiturientinnen und Abiturienten mahnt er am Ende: »Wer das Maß an politischer Freiheit, das uns möglich ist, bewahren will, muß diesen doppelten Auftrag des Staatsbürgers, Souverän und Diener zu sein, erkennen und annehmen.«[449] Was folgt, ist anhaltender Beifall, und noch Jahre später wird im Nicolaus-Cusanus-Gymnasium an diese Rede erinnert.

Die Freude über diesen schönen Erfolg währt jedoch nur kurz, denn Ulrich erhält wenig später eine traurige Nachricht. Am Abend vor seiner ersten offiziellen Paris-Reise als Generalinspekteur besucht er mit seiner Frau Eva ein Diner beim belgischen Botschafter. Beide amüsieren sich gut und genießen den gemeinsamen Abend, bis Eva ans Telefon gerufen wird. Am anderen Ende ist Sohn Andreas. Mit leiser Stimme erzählt er der Mutter, dass Großmutter Elisabeth in Hannover gestorben ist. Eva beschließt, ihrem Mann erst nach dem Empfang davon zu erzählen. So erfährt Ulrich dann spät in der Nacht, dass seine geliebte Mutter »zwischen Mittagessen und Kaffeetrinken auf ihrem Sessel eingeschlafen«[450] ist. Obwohl sie bereits 85 Jahre alt war und jederzeit mit ihrem Tod gerechnet werden musste, trifft Ulrich der Verlust seiner Mutter hart. Stets hatte er eine besondere Beziehung zu seiner Mutter, und nun war sie nicht mehr da. Er wird lange brauchen, um über ihren Verlust hinwegzukommen. Alle Einladungen zu Veranstaltungen oder Empfängen sagt er in den nächsten Wochen ab. Die Reise nach Frankreich am nächsten Tag tritt er jedoch an. Noch in der Nacht hatte der französische Botschafter die Nachricht nach Paris durchgegeben, »so war man vorbereitet und konnte Ulrich mit allem Takt und Anteilnahme begegnen.«[451]

Nach Bonn zurückgekehrt erlebt Ulrich die letzten Tage der Regierung Erhard. Bereits Ende Oktober hatten die FDP-Minister der schwarzgelben Regierung ihre Ämter niedergelegt, am 30. November 1966 erklärt schließlich Bundeskanzler Erhard seinen Rücktritt. Angesichts der massiven Wirtschaftskrise waren in den letzten Wochen die Stimmen der Befürworter einer »Großen Koalition« immer lauter geworden, sodass es am 1. Dezember 1966 fast unweigerlich zur ersten CDU/SPD-Regierung unter Führung von Kanzler Kurt Georg Kiesinger kommt. Für Ulrich de Maizière bedeutet dies, dass er mit dem bisherigen Außenminister Dr. Gerhard Schröder einen neuen Verteidigungsminister bekommt. Neben der Freude, dass »die Union auch weiterhin durch einen erfahrenen Außenpolitiker auf die Bündnis- und Sicherheitspolitik Einfluß nehmen«[452] kann, begrüßt Ulrich vor allem die Ernennung von Prof. Dr. Karl Carstens zum neuen Staatssekretär. Mit seinem Vorgänger Gumbel hatte sich die Zusammenarbeit schwierig gestaltet. Ulrichs Hoffnung auf eine konstruktive Zusammenarbeit mit Carstens wird nicht enttäuscht. In seinen Memoiren schreibt er später: »Carstens gelang es innerhalb kurzer Zeit, im gesamten Haus wieder ein vertrauensvolles Arbeitsklima herzustellen.«[453] In einer Zeit, in der seit Gründung der Bundeswehr der Verteidigungshaushalt 1967 erstmals zurückgefahren wird, ist dies ein nicht zu unterschätzender Aspekt. Insofern bedauert es Ulrich auch, als Carstens nur ein Jahr später das Haus wieder verlässt, um als Staatssekretär ins Kanzleramt zu wechseln. Doch auch mit seinem Nachfolger im Verteidigungsministerium, Karl-Günther von Hase, arbeitet er hervorragend zusammen. Von Hases Vergangenheit als Offizier in der Wehrmacht mit Ausbildung zum Generalstabsdienst mag mit ein Grund dafür sein.

Die erste große Bewährungsprobe muss das neue Führungsteam im Verteidigungsministerium im Sommer 1968 bestehen. Dieses Mal geht es um mehr als nur um Planspiele oder Manöver, sondern um eine tatsächliche Krisenlage. Die Sowjetarmee und Teile ihrer Verbündeten stehen an der Grenze zur Tschechoslowakei, um den Reformbestrebungen von Alexander Dubček ein Ende zu bereiten. Dubček war Anfang 1968 zum neuen Chef der Kommunistischen Partei gewählt worden und verfolgte mit seinen Anhängern das Ziel eines »Sozialismus mit menschlichem Antlitz«. Da er damit nicht nur große Zustimmung in der eigenen Bevölkerung findet, sondern auch bei den Menschen in der DDR und Polen, sind die Staaten des Warschauer Paktes bereit, die Reformbewegung mit militärischer Gewalt niederzuschlagen. Bereits im Frühsommer beginnt der Aufmarsch von Kräften der Roten Armee an der Grenze zur ČSSR, es folgen Truppen aus Polen, Ungarn, Bulgarien und der DDR. Anfang August sind die Vorbereitungen für einen Einmarsch abgeschlossen. Im Westen gehen die Meinungen darüber, ob es sich nur um ein Drohszenario gegenüber der Dubček-Regierung oder um eine tatsächlich geplante Besetzung der ČSSR handelt, in dieser Zeit noch weit auseinander. In den Überlegungen der Bundeswehr-Führung darf jedoch auch eine mögliche militärische Bedrohung der Bundesrepublik nicht ausgeschlossen werden. Ulrich bereiten diese

Überlegungen schlaflose Nächte. Auch seinen Kindern bleibt dies nicht verborgen. Besonders Sohn Andreas, der auch die Nachrichtensendungen intensiv verfolgt und um die Brisanz der politischen Ereignisse weiß, erinnert sich gut an diese Zeit: »Ich habe noch genau das Gesicht meines Vaters vor Augen. Er wirkte über Wochen sehr angespannt und wurde immer grauer vor Sorge.«[454]

Als dann in der Nacht vom 20. zum 21. August 1968 die sowjetischen Truppen die Grenze zur ČSSR überschreiten, herrscht große Aufregung und Teile der Bundeswehr werden in Alarmbereitschaft versetzt. Da sich Verteidigungsminister Schröder noch auf dem Rückweg von seinem Urlaub befindet und erst am nächsten Morgen erwartet wird, fährt Ulrich spät nachts noch einmal nach Hause, um ein paar Stunden Schlaf zu finden. Doch er ist viel zu aufgewühlt und sitzt noch lange mit seiner Frau Eva am Küchentisch. Andreas erinnert sich auch daran noch genau: »Ich wurde nachts – es muss so gegen 2 Uhr gewesen sein – wach und hörte meine Eltern miteinander reden. Ich sah dann durch einen Türspalt hindurch und bekam mit, wie angespannt beide waren. Auch sie wussten nicht, was der kommende Tag bringen würde.«[455] Am nächsten Morgen erzählt Andreas alles seinem Bruder Thomas und der versteht jetzt, warum die Mutter in den letzten Wochen im Keller die Kiste mit den haltbaren Lebensmitteln wieder aufgefüllt hatte.

Zu dieser Zeit ist Vater Ulrich schon längst wieder im Büro und bereitet sich auf seinen ersten Lagevortrag im Palais Schaumburg bei Kanzler Kiesinger vor. Sowohl im Gespräch bei ihm als auch in der kurz darauf folgenden Kabinettssitzung erläutert Ulrich de Maizière die Situation und kommt mit Blick auf die sich in der ČSSR befindlichen sowjetischen Truppen zu dem Schluss, dass diese »zu einer kurzfristig angesetzten größeren militärischen Aktion mit politischer Zielsetzung gegen die Bundesrepublik Deutschland und damit gegen die NATO«[456] nicht ausreichen würden. Diese Einschätzung wird wenig später bestätigt, als bekannt wird, dass die Sowjetunion schon in der

Nacht zuvor gegenüber Washington, London und Paris erklärt hat, ihre Militäraktion diene ausschließlich zur Lösung eines Konfliktes innerhalb des Warschauer Paktes. Dennoch bleibt die Situation auch in den folgenden Tagen angespannt. Täglich finden unter Leitung von Verteidigungsminister Schröder Lagebesprechungen statt, Abstimmungen mit anderen NATO-Mitgliedsstaaten sind zu organisieren und das Parlament ist fortlaufend zu unterrichten. Aber bereits eine Woche nach der Niederschlagung des »Prager Frühlings« zieht im Bonner Verteidigungsministerium langsam wieder der Alltag ein. Allerdings gehört zum Fazit der letzten Tage die Erkenntnis, dass sich aufgrund der nunmehr dauerhaften Präsenz mehrerer sowjetischer Divisionen in der ČSSR die militärische Lage in Europa zuungunsten der NATO verändert hat. Damit erhält die Bundeswehr innenpolitisch eine größere Bedeutung; ein Vorteil mit Blick auf die bevorstehenden Haushaltsverhandlungen. Thomas de Maizière weiß noch heute genau, wie sein Vater in dieser Zeit eines Abends von einem Gespräch mit dem CDU-Fraktionsvorsitzenden Rainer Barzel erzählte und wie dieser ihm zugesagt habe, dass die Bundeswehr alles bekommen werde, was sie benötige: »Doch mein Vater hat ihm geantwortet, dass die Bundeswehr keinen sprunghaften Anstieg ihres Etats braucht, sondern eine langfristige solide finanzielle Grundlage.«[457] Daher wirbt Ulrich de Maizière in den kommenden Wochen sowohl in der CDU- als auch in der SPD-Fraktion für einen Verteidigungsetat, der der neuen militärischen Lage gerecht wird. Auch gegenüber britischen Journalisten, die sich im Herbst 1968 auf einer Pressereise durch die Bundesrepublik befinden, erläutert der Generalinspekteur die veränderte Situation nach der Invasion sowjetischer Truppen in der ČSSR: »Wir gehen davon aus, daß der Warschauer Pakt in seiner Stärke … keinerlei wesentliche Änderungen erfahren hat, daß sich jedoch seine Möglichkeiten … seit dem Einmarsch in die Tschechoslowakei verbessert haben. Die Fähigkeit, einen Angriff ›without or little warning‹ gegen das Gebiet der Bundesrepublik Deutschland zu beginnen, ist gestiegen.«[458]

* * *

Wie schon bei der Rückkehr nach Bonn und dem Dienstantritt als Inspekteur des Heeres befürchtet, sieht Ulrich de Maizière seine Kinder meist nur am Abend oder an den Wochenenden. Längst hat Eva die Lasten des Alltags, der Kindererziehung sowie die großen und kleinen Sorgen meist allein zu tragen. So fühlt sich Thomas in der neuen Schule nicht sonderlich wohl. Er widerspricht immer häufiger und neigt zu Streichen, die manchmal nur mit viel Glück gut für ihn enden. So auch in der Geschichte um »Thomas Bockenheimer«. Thomas und Jan machen sich täglich einen Spaß daraus, auf dem Nachhauseweg bei einer älteren Dame die Fensterläden von außen zu schließen. Mit der Zeit werden sie leichtsinnig und bemerken zu spät, dass ihnen die Frau irgendwann einmal auflauert. Während Jan zunächst die Flucht ergreifen kann, wird Thomas am Kragen erwischt. Zornig fragt ihn die Dame nach seinem Namen und der Schule. Ohne zu zögern antwortet der »Gefangene«: »Thomas Bockenheimer, Cusanus-Gymnasium.« Jan, der mittlerweile aus Solidarität mit seinem Freund wieder zurückgekehrt ist, steht völlig verblüfft neben Thomas und bringt kein Wort heraus. Die ältere Dame kündigt an, sich am nächsten Tag sowohl in der Schule als auch bei den Eltern zu beschweren. Beide hören allerdings nichts mehr von ihr, machen aber fortan einen großen Bogen um ihr Haus.

In der Schule bekommt Thomas wiederholt Einträge ins Klassenbuch und Cornelia, die an der gleichen Schule Abitur macht, muss sich die Klagen der Lehrer über ihren kleinen Bruder anhören. Im Herbst 1966 bekommt Thomas nicht nur in den Fächern Latein, Englisch, Biologie und Mathematik lediglich ein »Befriedigend«, sondern auch in Führung.[459] Er selbst macht dafür die aus seiner Sicht »grottenschlechten Lehrer« verantwortlich. Die Eltern halten Thomas für unterfordert und beschließen gemeinsam mit den Eltern von Jan, beide Jungen am Aloisiuskolleg anzumelden, einem katholischen Gymnasium unter Trägerschaft des Jesuitenordens. »Hier begegnete mir mit dem Katholizismus und jesuitischem Denken viel Neues. Das beeindruckte mich sehr und war ein völliger Gegensatz zu meiner vorherigen Schule«[460], erinnert sich Thomas de Maizière noch heute gern an den Schulwechsel. Das AKO, wie die Schule kurz genannt wird, war in den zwanziger Jahren gegründet, 1938 von den Nazis aber wieder geschlossen worden. Nach der Wiedereröffnung 1945 erlangt das Aloisiuskolleg schnell den Ruf einer Eliteschule. Trotz der streng katholischen Ausrichtung entscheiden sich die Eltern von Thomas de Maizière für das AKO.

In der neuen Schule findet sich Thomas nicht nur schnell zurecht, er bekommt auch bald einen Spitznamen, der ihn bis in die heutige Zeit begleitet. »Es war damals bei uns üblich, dass der Name desjenigen, der Tafeldienst hatte, an die Tafel geschrieben wurde«, erinnert sich Jan Krieger noch heute schmunzelnd an diese Geschichte. »Eines Tages stand ›de Maizière‹ an der Tafel, allerdings ohne Vorname. Unser Lateinlehrer, ein Mann mit hintergründigem Humor, meinte daraufhin, das ›de‹ doch kein richtiger Vorname sei und schrieb kurzerhand ein großes ›E‹ davor, sodass ›Ede‹ daraus wurde.«[461] Und noch heute heißt es mitunter auf Klassentreffen: »Was macht eigentlich der Ede?«

Am Aloisiuskolleg kommt es auch zu einem ersten Konflikt zwischen Thomas und Jan. Während Thomas' Noten nach dem Schulwechsel wieder besser werden, bleibt Jan sitzen. Obwohl Jan zu Hause schon genug Ärger hat, belehrt ihn auch noch Thomas und meint, er hätte eben mehr lernen müssen. »Und da war ich eine Weile sauer auf ihn«, erzählt Jan Krieger rückblickend. »Allerdings legte sich das ziemlich schnell, auch weil ich erkannte, dass er einfach Recht hatte.«[462] Schnell wächst daher Gras über die Sache und beide sind fortan wieder unzertrennlich.

Dass es allerdings noch mehr als die Freundschaft geben kann, merken Thomas und Jan, als sie sich an der Organisation von Schülerbällen beteiligen. Hier lernen sie die attraktiven Schwestern Angela und Gabriele Rother kennen. Besonders Jan ist von beiden begeistert und hat die Situation von damals noch heute genau vor Augen: »Während ich mich nicht entscheiden konnte, ob mir Angela oder Gabriele besser gefällt, wurde Gabriele kurz darauf Thomas' erste Freundin und blieb dies auch für lange Zeit.«[463] Als die Beziehung irgendwann auseinandergeht, bleiben Thomas und Gabriele freundschaftlich verbunden. Anfang der achtziger Jahre treffen sie sich in Berlin wieder und auch Jan Krieger – inzwischen junger Architekt – ist dabei. Er verliebt sich in Gabriele und beide leben noch heute glücklich verheiratet in Berlin.

Bis dahin vergehen freilich noch viele Jahre. Jetzt wohnen Thomas und Jan in Bad Godesberg und gehen zur Schule. Sie beginnen sich immer stärker für Politik zu interessieren und engagieren sich fortan zunächst in der Schulpolitik am Aloisiuskolleg. Es dauert nicht lange, bis Thomas im Schülerparlament Klassenvertreter wird und Jan sogar »Parlamentspräsident«. Dabei vertreten beide klar konservative Positionen. Jan Krieger entsinnt sich noch viele Jahre später an diese Zeit: »Es gab damals im Lehrerkollegium zwei Lager. Das eine Lager wollte Reformen innerhalb des Bildungsplans und in Bezug auf die Ausrichtung der Schule. Das andere, konservative Lager wollte an Altbewährtem festhalten und sah den guten Ruf der Schule gefährdet. Letztere Gruppe wurde von uns unterstützt.«[464]

In der Veranstaltungsreihe »Schüler fragen – Kollegsleitung antwortet« geht es ebenfalls oft hoch her. Thomas und Jan gehören auch hier zu den konservativen Wortführern, was ihnen sowohl in Teilen der Lehrerschaft als auch unter den Schülern nicht nur Zustimmung einbringt. Doch das stört die beiden nicht. Längst haben beide ihre politische Heimat gefunden, auch außerhalb der Schule. Als die Junge Union im August 1968 wegen des Einmarsches der Roten Armee in Prag zu Protesten vor der sowjetischen Botschaft in Bonn aufruft, sind Thomas und Jan dabei. In einer aufgeheizten Atmosphäre verteilen sie Flugblätter, schreien und werfen Farbbeutel. »Insgesamt war Thomas hier aber viel besonnener und er bedachte auch seine Worte und Taten meist besser als ich«[465], so Jan Krieger heute.

Entsetzt von der Niederschlagung des »Prager Frühlings« sind auch Thomas' Schwestern Barbara und Cornelia, allerdings aus einer anderen politischen Motivation heraus. »Die Ereignisse in der Tschechoslowakei in den letzten Monaten verbanden wir mit der Hoffnung, dass es gelingen könnte, die Vorzüge einer sozialistischen Gesellschaft mit den Vorzügen einer freien Gesellschaft zu verbinden«[466], erzählt Barbara Jahre später. Sie ist gerade von Münster an die Isar gekommen, um ihr Soziologiestudium fortzusetzen. Eigentlich wollte sie nach Berlin: »Aber mein Vater hat mir das ausgeredet, weil er befürchtete, dass ich dann mitten in die politischen Auseinandersetzungen geraten würde.«[467] Allerdings ist es in München alles andere als ruhig. Auch hier gärt es und die insgesamt mehr als 40 000 Studenten an den Hochschulen stehen ihren Kommilitonen in Berlin oder Frankfurt in nichts nach. Schon zu Ostern war es zu massiven Protesten und blutigen Auseinandersetzungen gekommen, bei denen zwei Menschen starben.[468] Dies ist für Barbara genau so schockierend wie der Tod von Benno Ohnesorg ein knappes Jahr zuvor: »Die Tatsache, dass ein Mensch bei einer Demonstration von einem Polizeibeamten erschossen werden kann, war für mich bis zu diesem Zeitpunkt unvorstellbar. Und es war für mich eine Initialzündung.«[469]

Schwester Cornelia indes studiert in Tübingen Mathematik und Geschichte. Schon weit vor ihrem Studienbeginn im Winter 1967 sind politisch-historische Fragen zu einem wesentlichen Bestandteil ihres Lebens geworden. Dabei kommt sie auch früh in Konflikt mit Auffassungen ihrer Eltern. Sie erinnert sich gut an diese Zeit: »In Bonn hatte ich einen kolumbianischen Freund. Er war farbig, katholisch und hatte einen deutsch-jüdischen Emigranten als Vater. Das war durchaus eine Herausforderung für meine Eltern. Ich habe damals viele kritische Fragen nach dem Verhalten meiner Eltern und der ganzen Familie in Nazideutschland gestellt.«[470] Nicht zuletzt weil ihr Bonn in dieser Zeit zu eng wird, entscheidet sie sich für einen Au-pair-Aufenthalt in den USA. Sie hat das Glück, zu einer akademisch orientierten und an Kultur interessierten Familie in Cambridge bei Boston zu kommen. Politisch ist auch diese Zeit für Cornelia prägend: »Es war die Zeit des Vietnamkrieges und wir haben in meiner Gastfamilie viel darüber diskutiert. Gleichzeitig fand ich es unerträglich, dass Schwarze im Bus oder bei Konzerten immer hinten sitzen mussten und nach wie vor offen diskriminiert wurden, was mir vor allem in meiner anschließenden Rundreise mit Greyhound-Bussen immer wieder vor Augen geführt wurde.«[471]

Als Cornelia aus den USA zurückkommt, beginnt sie zunächst in Bonn mit dem Studium. Sie folgt damit dem Wunsch ihrer Eltern, die die Tochter nach dem langen Amerikaaufenthalt gern erst einmal zu Hause haben wollen. Sie sind aber einverstanden, dass Cornelia bereits nach einem Semester nach Tübingen wechselt. Damit kommt sie in eines der Zentren des studentischen Protestes. Seit Jahren gibt es in Westdeutschland heftige Kritik der jüngeren Generation an der fehlenden Aufarbeitung der Verbrechen des Nationalsozialismus und an all zu enger gesellschaftlicher Sexualmoral. Sie verschmilzt nun mit dem Protest gegen den Vietnamkrieg und die wirtschaftliche Zusammenarbeit mit Diktaturen wie in Persien sowie dem Kampf gegen die geplanten Notstandsgesetze und Forderungen nach einer überfälligen Hochschulreform. Mao Tse-tung, Ho-Tschi-minh oder Ernesto Che Guevara werden von einigen Gruppen zu revolutionären Galionsfiguren verklärt und auch Gewalt gehört zu den Mitteln der politischen Auseinandersetzung.

Anders als ein Großteil der Studenten, der nach politischen Umwälzungen ruft, konzentriert sich Cornelia zunächst auf Studentenpolitik.

Gemeinsam mit ihren Kommilitonen diskutiert sie unter dem Schlagwort »Demokratisierung der Hochschulen und Universitäten« mit Professoren, setzt sich für bessere Lehrbedingungen ein und organisiert als Fachbereichssprecherin erste »aktive« Streiks. Im fernen Bonn macht sich derweil Vater Ulrich seine eigenen Gedanken. Nachdem er von einem Bekannten erfährt, dass eine Tübinger Tageszeitung getitelt hat »Generalstochter führt Studentenstreiks an«, greift er zum Telefon und ruft Cornelia an. Als er zu seiner Tochter sagt: »Ich höre von dir nur noch aus der Zeitung«, antwortet sie: »Das ging mir jahrelang mit dir genauso.«[472]

Doch anders als es diese Begebenheit vermuten lässt, ist das Verhältnis von Vater und Mutter de Maizière zu ihren Kindern von hoher Gesprächsbereitschaft geprägt. Alle treffen sich gern an Wochenenden in Bad Godesberg, gehen spazieren oder diskutieren viel. Im Rückblick loben dies sowohl die »roten Schwestern«, wie sie hin und wieder genannt werden, als auch die eher konservativen Söhne. Nie wird es dabei laut, jede Meinung wird respektiert. »Sie musste nur mit guten Argumenten untersetzt sein«, erinnert sich Thomas de Maizière. »Den Satz: ›Das ist eben so‹ hat mein Vater nie akzeptiert.«[473] Auch Jan Krieger ist heute noch vom »gepflegten Umgangston« bei den de Maizières beeindruckt: »Häufig bekam ich die politischen Diskussionen innerhalb der Familie mit. Für mich war das eine hochinteressante ›Schule‹.«[474] Barbara versucht manchmal zwischen dem Vater und Schwester Cornelia zu vermitteln. Immer wieder gibt es aber auch Gespräche, die Barbara allein mit dem Vater führt. Schon als Schülerin an politischen Fragen interessiert, ist der Ausgangspunkt oft die Nazizeit: »Dabei wollte ich meinen Vater erst einmal verstehen – nicht gleich anklagen.«[475]

Bevor Cornelia von Tübingen nach Hamburg wechselt, bewirbt sie sich mit Erfolg für eine dreimonatige Studienreise nach Kolumbien. In Bogotá arbeitet sie in einem Heim für sieben- bis zwölfjährige Mädchen, die vorher auf der Straße gelebt hatten. Die Eindrücke von damals wird sie Zeit ihres Lebens nicht wieder vergessen: »Eine solche Armut, wie sie mir hier begegnete, war für mich bis dahin unvorstellbar gewesen.«[476] Sie und die mitgereisten Studenten organisieren gemeinsam eine öffentlichkeitswirksame Aktion gegen das »imperialistische Kapital«, das sie für mitverantwortlich für die Situation halten, geben Radiointerviews und schreiben Artikel. Das alles bleibt nicht unbemerkt, sodass sich die deutsche Botschaft gezwungen sieht, einen offiziellen Brief an Vater Ulrich zu schreiben. Darin wird er gebeten, »mäßigend auf seine Tochter einzuwirken«. Zurückgekehrt nach Deutschland engagiert sich Cornelia fortan verstärkt politisch. Die Verbindung von Politik und Subkultur, wie etwa von der Berliner Kommune 1 propagiert, betrachtet sie allerdings skeptisch. Von »freier Liebe« oder »antiautoritärer Erziehung« hält sie nicht viel.

* * *

Die »Achtundsechziger« in der DDR verfolgen andere Ziele als ihre Altersgenossen im Westen. Zwar kritisieren auch sie den Vietnamkrieg und verurteilen die Ungerechtigkeiten dieser Welt. Doch Veränderungen suchen sie vor allem im eigenen Gesellschaftssystem. Von einer Überwindung des Systems, so wie in der Bundesrepublik, ist hier keine Rede. »1968« hat daher für die de Maizières im Osten eine ganz andere Bedeutung als für die Verwandten in Westdeutschland. Dabei schauen Dorothee, Lothar und Michael mit jeweils ganz unterschiedlichem Blick auf die Ereignisse. Zu verschieden sind die Lebensmodelle der drei in der DDR verbliebenen Geschwister. So ist Michael seit einigen Jahren schon der »Exot« in der Familie. Zwar ist auch er ein kluger Junge, doch in der Schule gehört er nicht zu den Besten, weil er es allzu häufig am notwendigen Fleiß mangeln lässt. Er hat andere Vorlieben, interessiert sich für Kunst und Kultur, verreist gern, liest und zeichnet viel. Er genießt die von der SED-Führung ab 1963 für kurze Zeit propagierte Liberalisierung in der Jugend- und Kulturpolitik, in der Dichter wie Wolf Biermann und Heinz Kahlau zu bekannten Ikonen werden oder Bücher wie Christa Wolfs »Der geteilte Himmel« schnell Kultstatus erlangen. Michael ist in der »Szene« unterwegs, und so verwundert es nicht, dass er sich Mitte der sechziger Jahre für eine Lehre als Geigenbauer entscheidet. Damit ergreift auch das letzte Kind von Clemens und Christine de Maizière einen Beruf, von dem die Eltern nicht begeistert sind. Doch am Ende willigen sie auch hier ein und Michael wird Berlins erster Geigenbauerlehrling seit 1947.

Mit seinen Freunden ist Michael bereits 1966 und 1967 häufig in der Tschechoslowakei, bekommt so schon früh die ersten Vorboten des »Prager Frühling« zu spüren. Er ist begeistert von der Stimmung und plant, für längere Zeit in Prag zu leben. Da es in seinem Beruf zur damaligen Zeit üblich ist, nach der Ausbildung auf Wanderschaft zu gehen, um fern der Heimat weitere berufliche Erfahrungen zu sammeln, sucht Michael in Prag nach einem Geigenbauer. Als er diesen findet, muss er ihn zwar erst von seinen Qualitäten überzeugen. Doch am Ende willigt der Mann ein. Zurück in Berlin stellt Michael beim Kultusministerium den erforderlichen Antrag für seine Pläne, wird allerdings schon nach kurzer Zeit enttäuscht: »Ich wurde ziemlich deutlich ›abgebürstet‹ und man gab mir zu verstehen, dass ich das vergessen könne. Es war für mich das erste Mal, dass ich politisch reglementiert wurde.«[477] Somit hat Michael de Maizière an das Jahr 1968 und den »Prager Frühling« ganz besondere Erinnerungen.

Im fernen Neinstedt im Harz lebt Michaels Schwester Dorothee derweil in einer ganz anderen Welt. Nachdem sie Mutter von drei kleinen Kindern geworden und sechs Jahre als Katechetin tätig war, hatte sie 1966 mit Erfolg einen zweiten Anlauf unternommen, um doch noch Pfarrerin zu werden. Nach Zustimmung durch die evangelische Kirchenleitung war sie nach Quedlinburg zum Vikariat gegangen. »Hier musste ich bei einem sehr strengen Vikariatsvater jeden Morgen vor der eigentlichen Arbeit zunächst eine halbe Stunde aus dem griechischen Neuen Testament übersetzen«[478], erinnert sich Dorothee noch heute an die schwierige Zeit von damals, in der sie sich gleichzeitig um ihre Familie und die Ausbildung kümmern muss. Doch 1968 werden ihre Mühen belohnt. Von Werner Krusche, dem Bischof der Evangelischen Kirche der Kirchenprovinz Sachsen, wird sie ordiniert und damit erste verheiratete Pfarrerin in der DDR. Trotz der Anstrengungen verfolgt auch Dorothee die Entwicklungen in der Tschechoslowakei: »Allerdings war das damals weniger eine Zeit des Engagements, sondern eher eine Initialzündung.« Fortan verfolgt sie die politische Entwicklung in der DDR immer kritischer. »Und letztendlich mündete das für mich alles im Herbst 1989.«[479] Dann werden die Eheleute Christoph und Dorothee Mücksch eine maßgebliche Rolle bei der friedlichen Revolution im Raum Aschersleben, im heutigen Sachsen-Anhalt, übernehmen.

Lothar de Maizière hat 1968 zunächst ganz andere Sorgen. Zwar hat er die Stelle als stellvertretender Solobratschist beim Staatlichen Tanzensemble der DDR bekommen, doch bereitet ihm eine Nervenentzündung am linken Arm zunehmend Schwierigkeiten. Bereits in Wittenberg hatte er häufig unter Schmerzen gelitten, nach seinem Wechsel nach Berlin jedoch gehofft, dass bei geringerer Belastung des Arms eine Besserung eintreten würde. Aber er hat sich geirrt. Nach mehreren medizinischen Untersuchungen empfiehlt ihm sein Arzt, den Musikerberuf aus gesundheitlichen Gründen aufzugeben. Lothar ist am Boden zerstört. Doch er hat Glück im Unglück. Das Rechtsanwaltskollegium in Berlin hat zwischenzeitlich einen Beschluss gefasst, dass für Kinder von ausscheidenden Anwälten die Aufnahme in das Kollegium gesichert sein soll. Lothar beschließt daraufhin, Jura zu studieren, und bewirbt sich für ein Fernstudium an der Humboldt-Universität. Direkt nach der Bewerbung wird er zum Personalchef der Berliner Justiz bestellt und dort aufgefordert, eine Erklärung abzugeben, dass er nach dem Studium entweder als Staatsanwalt oder Richter arbeitet. Lothar lehnt dies ab und erklärt, »dass er in diesem Staat nur als Rechtsanwalt, nicht als Richter oder Staatsanwalt tätig sein wird.«[480] Die Zulassung zum Studium wird ihm daher zunächst verwehrt. Lothars Vater Clemens spricht kurz darauf mit dem Personalchef im Hauptvorstand der CDU, der zugleich Mitglied im Ortsvorstand der CDU in Berlin-Treptow ist. Dieser erreicht dann, dass Lothar doch noch zum Studium zugelassen wird.

Bis zum Beginn des Studiums dauert es aber noch ein Jahr, das Lothar fast komplett mit Tuberkulose in einer Lungenheilanstalt verbringt. So hat er genügend Zeit, sich mit den Ereignissen in Prag zu befassen. Auch Lothar erhofft sich davon mehr Freiheit und Lebensqualität. Doch geht es für ihn um mehr als nur um freie Meinungsäußerung, Abschaffung der Zensur oder demokratische Wahlen. »Ich war vor allem begeistert von den Ideen des tschechischen Wirtschaftsreformers Ota Šik«[481], erzählt Lothar de Maizière. Wie viele andere DDR-Bürger strebt auch er in dieser Zeit nicht nach einer Überwindung des Systems, sondern nach Reformen im System: »Wir träumten von einem ›Dritten Weg‹ und der Schlüssel dafür lag aus unserer Sicht in notwendigen Wirtschaftsreformen.«[482] Die Theorien von Ota Šik sind in der deutschsprachigen »Prager Volkszeitung« nachzulesen, die man seit dem Frühjahr 1968 auch im Tschechoslowakischen Kulturzentrum in Berlin am Bahnhof Friedrichstraße erwerben kann. Jeden Morgen fährt Lothar mit der S-Bahn dorthin, um sich die Zeitung zu besorgen. Doch im Sommer ist Schluss damit. Der Einmarsch der Sowjetarmee in die Tschechoslowakei beendet auch bei Lothar die Hoffnung auf einen Sozialismus mit menschlichem Antlitz: »Der 21. August 1968 war nach 1953 und 1961 der dritte Schock für uns.«[483] Dass er beim nächsten Versuch, das System zu reformieren, eine Hauptrolle spielen wird, kann Lothar de Maizière zu dieser Zeit freilich noch nicht ahnen.

* * *

Der Kandidat »Pfühl« wird im Juli 1961, einen Monat vor dem Mauerbau, von der Abteilung XV/A des Ministeriums für Staatssicherheit
(MfS) als »typischer Kleinbürger« beschrieben, bei dem auch »eine gewisse Überheblichkeit und Dünkelhaftigkeit zu spüren«[484] ist. Jedoch
unterstützt der Kandidat laut der MfS-Unterlagen »die sozialistische
Entwicklung in der DDR, weil er durch sie die humanistischen Gedanken des Christentums verwirklicht sieht.«[485] Mit dieser Einschätzung
findet die Zusammenarbeit zwischen der Stasi und Clemens de Maizière Anfang der sechziger Jahre ihre traurige Fortsetzung. Über die
Frage, warum es erneut dazu kommt, kann nur spekuliert werden. Ein
Erpressungspotenzial ist in den vorliegenden Akten aus der damaligen
Zeit nicht erkennbar. Wenig spricht also dafür, dass Clemens zur Zu-
sammenarbeit gezwungen wird. In einer ersten Analyse, ebenfalls vom
Juli 1961, werden Arbeitsergebnisse von »Pfühl« zusammengefasst, die
durchaus Rückschlüsse auf eine bereitwillige Kooperation zulassen.
Clemens soll laut der vorliegenden Akten die Stasi »über organisierte
Abwerbungen durch den Siemens-Konzern« sowie »die Republikflucht-
vorbereitung der Sekretärin des NDPD-Parteivorsitzenden Dr. Bolz«
informiert haben. Die »Beschaffung eines Gutachtens über Rechte und
Pflichten eines politisch Beschuldigten in Westdeutschland« oder »In-
formationen zur westberliner Justizkrise« werden ebenfalls erwähnt.[486]
Interessant ist zudem, dass »Pfühl« einen »Hinweis über Verleitung
Jugendlicher zur Republikflucht durch Superintendent Stachat aus
Münchberg«[487] gegeben haben soll. Laut Stasi-Unterlagen war es an-
geblich Stachat, der Clemens' Tochter Sabine wenige Wochen zuvor zur
Flucht verleitet hat.[488] Dieser Schuldzuweisung widerspricht die Fami-
lie heute allerdings vehement, obwohl Sabine im Januar 1961 mit einer
Tochter der Familie Stachat die DDR verlassen hatte und mit ihr später
auch zeitweise in München studierte. Aus Sicht der Familie könnte der
Eindruck bei der Stasi allenfalls dadurch entstanden sein, dass die
Kinder von Clemens mit den Kindern der Stachats befreundet waren.

Auch mit Blick auf die zweite Arbeitsanalyse über die Zusammenarbeit mit »Pfühl«, nunmehr als Geheimer Mitarbeiter (GM) geführt, ist ein freiwilliges Engagement nicht auszuschließen. In der entsprechenden Akte heißt es, nachdem zuvor ein gewisses Misstrauen gegenüber dem GM zum Ausdruck kommt: »Da dem GM ›Pfühl‹ weiter keine konkreten Aufgaben gestellt wurden, bemühte er sich aus eigenem Antrieb, uns nützlich zu sein.«[489] Unter anderem soll er auch »einen Brief seines Bruders«[490] übergeben haben, den dieser über die Mutter geschickt hatte.

Clemens' Bruder Ulrich ist für die Stasi besonders interessant, vor allem seit er Generalinspekteur der Bundeswehr ist. Daher will die Mielke-Truppe auch die Chance nutzen, als die Brüder im November 1966 anlässlich der Beerdigung ihrer Mutter Elisabeth in Hannover aufeinander treffen. Vor über fünf Jahren haben sie sich das letzte Mal gesehen und stehen sich nun äußerst distanziert gegenüber. Besonders Ulrich ist sehr zurückhaltend im Gespräch mit seinem Bruder. Es ist deshalb erstaunlich, was Clemens, für das MfS seit einigen Monaten als GM »Anwalt« tätig, in einem handschriftlich verfassten Aktenvermerk zu Papier bringt. Danach will er sich mit Ulrich über Kanzler Kiesinger genauso unterhalten haben wie über Strauß, Minister Schröder, die FDP oder Kielmansegg und Baudissin. Strauß soll Ulrich als »üblen Burschen«, Kiesinger als »keinen starken Mann« und die FDP als einen »Club von Individualisten« bezeichnet haben.[491] Mit dem Wissen von heute, wonach IM-Berichte häufig fantasievoll gestaltet wurden, müssen diese angeblichen Aussagen von Ulrich de Maizière allerdings stark bezweifelt werden. Es entspricht weder seinem Charakter noch der für ihn so typischen Zurückhaltung, mit seinem Bruder ein solches Gespräch geführt zu haben. Mit dem Abstand von fast vier Jahrzehnten bestätigt Ulrich de Maizière dann auch, anlässlich der Beerdigung von Mutter Elisabeth nur wenige private Worte mit seinem Bruder gewechselt zu haben.[492] Womöglich will Clemens nach seiner Rückkehr einfach seine Ruhe haben. Ein tatsächlicher Beweis für das gezielte Ausspionieren seines Bruders ist dieser handschriftliche Vermerk jedenfalls nicht. In den Augen von Clemens' Tochter Dorothee ist er stattdessen eher ein Beweis dafür, »dass Berichte damals besonders ausgeschmückt wurden, wenn einer nichts zu sagen hatte oder wenn er nichts sagen wollte. Und im Geschichtenerzählen war unser Vater Meister.«[493]

Tatsächlich ist der Tag der Beerdigung von Mutter Elisabeth seinerzeit auch für Clemens ein schwerer Tag. Nicht nur der Verlust der Mutter betrübt ihn sehr, sondern auch die offene Distanz, die ihm entgegenschlägt. In einem langen Brief an seine Tochter Dorothee schildert er nach seiner Rückkehr nach Ost-Berlin die Beerdigung. »In dem Brief beschrieb er, dass er nicht ein Wort mit seinem Bruder hätte wechseln können, ohne dass jemand dabeistand«[494], erinnert sich Dorothee. Sie weiß noch heute, wie weh das ihrem Vater damals tat.

Die Stasi scheint ab 1967 unterdessen zu ahnen, dass die »Quelle« Ulrich de Maizière auch künftig nicht besonders ergiebig sein wird. Zwar unternimmt sie mit GM »Anwalt« noch einige Versuche, um an Informationen aus dem Verteidigungsministerium oder der Bundeswehr zu kommen.[495] Doch schon bald verstärkt sie die Zusammenarbeit mit dem GM auf einem ganz anderen Gebiet – dem der Evangelischen Kirche in der DDR. Clemens de Maizière ist Mitglied der französisch-reformierten Kirche und Synodaler der Evangelischen Kirche Berlin-Brandenburg. Er kennt die wichtigsten Kirchenvertreter und genießt durch seine Tätigkeit als Rechtsanwalt großes Vertrauen. Die Stasi hat das schon früh erkannt und mehrfach erfolgreich genutzt. Sie zeigt sich daher großzügig und schlägt GM »Anwalt« im Januar 1967 nach der alljährlichen Provinzialsynode der Evangelischen Kirche Berlin-Brandenburg für eine Prämie in Höhe von 500 Mark vor. Zur Begründung heißt es: »Während der Synode nahm der GM an allen fünf Verhandlungstagen teil und berichtete in den anschließend stattgefunden Treffs ausführlich über den

Verlauf der Synode, interessante Gespräche und interne Absprachen. Weiterhin stellte er täglich die internen schriftlichen Materialien zum Fotokopieren zur Verfügung.«[496] Dass die Stasi das in einem Bericht vermerkt, muss zumindest überraschen, denn mit der Weitergabe von Schriftstücken wurden keine Interna der Synode weitergegeben. Diese sind seinerzeit immer öffentlich und Texte sind bewusst so formuliert, dass sie von der Öffentlichkeit gelesen und verstanden werden.

Unabhängig davon beschreibt die Stasi ein ähnliches Vorgehen von Clemens nach der 2. Tagung der 6. Provinzialsynode der Evangelischen Landeskirche Berlin-Brandenburg. Während seine Kinder die Hoffnungen auf Reformen in der DDR nach der Niederschlagung des »Prager Frühlings« begraben müssen und Tochter Dorothee gerade Pfarrerin geworden ist, bekommt Vater Clemens bestätigt, dass es dem MfS durch seinen Einsatz möglich war, »den Verlauf der Synode unter operativer Kontrolle zu halten und auf Grund seiner direkten Teilnahme operativ interessante Stimmungen und Meinungen rechtzeitig der Partei zu übergeben.«[497]

Die Stasi lässt Ende der sechziger Jahre nichts unversucht, ihren Einfluss innerhalb der evangelischen Kirche geltend zu machen, denn die Kirche ist zu dieser Zeit in zwei Lager gespalten. Während sich das eine Lager nach wie vor als Bestandteil der gesamtdeutschen Evangelischen Kirche in Deutschland (EKD) betrachtet, versucht sich das andere Lager mit den Verhältnissen im Osten zu arrangieren und forciert einen Zusammenschluss der auf dem Gebiet der DDR existierenden Landeskirchen. Die Gründe sind dafür zunächst einmal ganz pragmatische. Nach dem Mauerbau waren gemeinsame Tagungen der EKD nicht mehr möglich, sodass der Ruf einiger führender evangelischer Kirchenvertreter, sich von der EKD loszusagen, immer lauter wird. Darüber hinaus kann mancher Theologe in der DDR seine Sympathie für die »sozialistische Idee« nicht ganz verbergen. Nach der Bildung des Bundes der Evangelischen Kirche in der DDR (BEK) 1969 wird dafür bald die Formulierung der Bundessynode stehen: »Wir wollen Kirche nicht neben, nicht gegen, sondern Kirche im Sozialismus sein.« Bis zum Untergang der DDR wird dieser Satz so etwas wie der kleinste gemeinsame Nenner innerhalb des BEK sein.

Auch nach der Gründung des Bundes der Evangelischen Kirche in der DDR ist die Spaltung innerhalb der Berlin-Brandenburgischen Kirche nicht überwunden. Ihrem 1966 auf getrennten Regionalsynoden gewählten und in West-Berlin lebenden Bischof Kurt Scharf wird dauerhaft die Einreise in die DDR verweigert. Im Ostteil der Landeskirche wird er daher von Albrecht Schönherr, einem früheren Mitstreiter von Dietrich Bonhoeffer, vertreten. Ziel der DDR-Führung ist es nun, diesen Zustand spätestens auf der Frühjahrssynode 1970 zu beenden. Die Stasi übernimmt dabei im Vorfeld erneut eine entscheidende Rolle und greift auf den mittlerweile als IMS »Anwalt« eingestuften Clemens de Maizière zurück. In seiner Funktion als Synodaler hat er in Abstimmung mit Albrecht Schönherr ein Treffen mit Bischof Scharf in West-Berlin organisiert. Das als Vier-Augen-Gespräch geplante Treffen zwischen Scharf und de Maizière ist für den 1. Dezember 1969 terminiert. Vorab bekommt IMS »Anwalt« genaue Instruktionen. Im »Vorschlag zum Einsatz des ›IMS‹ Anwalt in Westberlin« steht dazu unmissverständlich, was aus Sicht der Stasi zu tun ist: »›Anwalt‹ soll im Gespräch mit Scharf sachlich, den politischen Realitäten entsprechend, im wesentlichen progressive Auffassungen vertreten, aber dabei genügend Toleranz lassen, um Grundgedanken von Scharf näher kennenzulernen.«[498] So macht sich Clemens de Maizière am 1. Dezember 1969 auf den Weg zu Bischof Scharf. Und nach Aktenlage des MfS erfüllt er seinen Auftrag zur Zufriedenheit seines Führungsoffiziers. Dieser hält in einem Vermerk vom 22. Dezember 1969 fest, dass »sich der IM an die gegebene Verhaltenslinie des MfS hielt und das Gespräch von ihm variabel und geschickt geführt wurde.«[499] Das Ergebnis wird »als operativ wertvoll eingeschätzt.«[500]

Zu einem Erfolg im Sinne der DDR-Führung, wonach sich die Berlin-Brandenburgische Landeskirche von ihrem West-Berliner Teil hätte lossagen sollen, führt der Einsatz von »Anwalt« allerdings nicht. Bis zur Friedlichen Revolution in der DDR 1989 werden innerhalb der Evangelischen Landeskirche Berlin-Brandenburg zwei Regionalsynoden bestehen. Im Januar 1970 verabschiedet die Ost-Synode folgenden Beschluss: »Die Organe beider Bereiche der Evangelischen Kirche in Berlin-Brandenburg sind in ihren jeweiligen Regionen bestellt worden und üben ihre Verantwortung für ihren Raum selbständig und unabhängig aus … Die Organe unserer Region sind Weisungen von Organen der anderen Region nicht unterworfen.«[501] Beim Aufbau der Strukturen in der Berlin-Brandenburgischen Kirche (Region Ost) arbeitet Clemens de Maizière im Grundlinienausschuss, einer Art verfassungsgebenden Versammlung für die Synode, mit. Dabei wird nicht nur sein juristischer Sachverstand von allen Beteiligten geschätzt, sondern auch seine Kompromissbereitschaft. Häufig versucht er zu vermitteln, formuliert Alternativvorschläge. Sohn Lothar berichtet noch Jahrzehnte später davon, mit welch hohem Engagement Vater Clemens in dieser Zeit für »seine« Kirche arbeitet: »Das hat ihm damals viel Spaß bereitet, wobei er auch manchmal der Verzweiflung nahe war.«[502]

Allerdings kommt es seinerzeit nicht zuletzt wegen der von Teilen der West-Berliner Kirche kritisierten Wahl eines eigenen Bischofs für die Ost-Region und den mitunter stark voneinander abweichenden politischen Vorstellungen innerhalb der Landeskirche immer wieder zu kontroversen Debatten. Einer der Wortführer im Osten ist neben Albrecht Schönherr auch Horst Kasner, Pfarrer in Templin und Vater der späteren Bundeskanzlerin Angela Merkel. Ihn kennt Clemens de Maizière schon länger und auch in der Folgezeit werden sich beide mitunter begegnen. Viele Jahre später meint Horst Kasner dann jedoch, Clemens de Maizière »nur flüchtig gekannt«[503] zu haben. Dass es eine »Zusammenarbeit« oder »andere gemeinsame Erlebnisse« gegeben haben soll, wird er dann bestreiten. Dabei ist in der kirchlichen Arbeit von Kasner, Schönherr oder auch von Clemens de Maizière nicht nur Kritisches zu sehen. Wer sich intensiv mit der Kirchengeschichte der DDR befasst, wird erkennen, dass es nach der Gründung des Bundes der Evangelischen Kirchen in der DDR im Jahr 1969 vor allem die Vertreter der Berlin-Brandenburgischen Landeskirche sind, die mit einem klaren Blick für die Realität einen Platz der »Kirche im Sozialismus« suchen. Ähnlich wie sein Vater befürwortet auch Lothar de Maizière diesen Kurs: »Für uns war dies damals ein emanzipatorischer Prozess. Wir hielten es für richtig, sich einerseits nicht mehr allein auf den Westen zu fokussieren und andererseits dem Staat ein starkes Gegenüber zu stellen.«[504] Ihnen geht es dabei nicht um Konfrontation mit der SED-Führung, sondern um den größtmöglichen Handlungsspielraum für Christen in der DDR. Das darf bei allen Verfehlungen, denen einige der hochrangigen Kirchenvertreter unterliegen, nicht verkannt werden. Eine Entschuldigung für eine mitunter allzu bereitwillige Zusammenarbeit mit der Stasi kann es jedoch ebenfalls nicht sein. Dorothee Mücksch fragt sich bis heute, warum ihr Vater Clemens damals diesen Weg beschritt und als IM tätig war. Ohne sein Verhalten entschuldigen zu wollen, glaubt sie, »dass er beim Versuch, als Anwalt anderen Menschen in irgendeiner Form helfen zu wollen, Schuld auf sich geladen hat. Er tat dies bewusst, aber nicht, um jemandem zu schaden oder daraus einen Vorteil für sich zu ziehen, sondern um zu helfen. Ich denke, deshalb hat er sich mit der Stasi eingelassen.«[505] Dorothee Mücksch hat nicht nur ihre eigene Akte bis heute nie gelesen. Sie lehnt auch die Einsicht in die Akte ihres Vaters ab, »weil ich meinen Vater nicht durch eine Behörde deuten lassen will, die es mit der Wahrheit mitunter nicht so genau genommen hat.«[506]

* * *

1968 macht die Polarisierung der Gesellschaft in der Bundesrepublik auch vor den Kasernentoren nicht halt. Eine besondere Herausforderung für die Bundeswehr ist vor allem die starke Zunahme der Zahl junger Männer, die den Dienst an der Waffe verweigern wollen. Mit fast 12 000 Anträgen auf Kriegsdienstverweigerung im Jahr 1968 werden fast doppelt so viele Anträge wie noch ein Jahr zuvor gestellt.[507] Häufig wird Ulrich de Maizière in dieser Zeit mit konkreten Fällen aus dem Bekanntenkreis konfrontiert oder auch um Hilfe gebeten, wenn etwa Geistliche sich für einen ihrer Schützlinge einsetzen. Häufig verwischen dabei die Grenzen zwischen politischer Verweigerung und tatsächlicher Gewissensentscheidung. An Pfarrer Lohmann in Bad Godesberg bringt Ulrich im Mai 1968 daher unmissverständlich seine Sorge über diese Entwicklung zum Ausdruck: »Es mehren sich die Zeichen, daß das von uns voll geachtete verfassungsmäßige Recht zur Kriegsdienstverweigerung in zunehmendem Maße von politischen Kräften mißbraucht wird, denen es nicht um eine ehrliche Gewissensentscheidung, sondern um einen Angriff auf unsere staatliche Ordnung geht.«[508]

Wesentlich problematischer für die Bundeswehr sind allerdings die politischen Auseinandersetzungen zwischen »Links« und »Rechts«, die längst zum Alltag gehören. Neben den Parteien, an deren Verfassungstreue kein Zweifel besteht, gewinnen sowohl NPD als auch DKP zunehmend an Einfluss. Besonders das von der NPD verbreitete Gedankengut findet in der Truppe zahlreiche Anhänger. Nicht erst jetzt sieht Ulrich de Maizière darin eine große Gefahr. Bereits im Sommer 1966 hatte er in einem Schreiben an den mit ihm befreundeten Generalleutnant a. D. Heinz Gaedcke von seinen Beobachtungen innerhalb des Heeres berichtet: »Ich glaube festgestellt zu haben – und es liegen dafür eine große Zahl von Informationen vor –, dass es nicht nur einzelne jüngere Offiziere sind, die einen Trend zu einem falsch verstandenen Nationalismus haben, sondern dass hier eine größere Anzahl betroffen sind. Mir bereitet die Entwicklung ernste Sorge.«[509] Als Generalinspekteur sieht sich Ulrich nun gezwungen, vom Gesetzgeber klare Regeln für parteipolitische Einflüsse zu verlangen, da das Soldatengesetz aus seiner Sicht hier keine ausreichenden Formulierungen enthält. Im Verteidigungsausschuss schlägt er daher vor, »die gesetzlichen Bestimmungen für die politische Betätigung von Soldaten zu überprüfen, falls man verfassungsfeindliche Parteien nicht verbieten wolle.«[510] Doch er kann sich nicht durchsetzen mit dieser Forderung. Schließlich muss er sich mit Weisungen und Erlassen weiterhelfen, in deren Mittelpunkt er die Pflicht zur parteipolitischen Neutralität der Soldaten stellt.

Die politischen Auseinandersetzungen Ende der sechziger Jahre werden von manchem Offizier aber auch zu einem »Generalangriff« gegen das Prinzip der Inneren Führung genutzt. Schon lange ist manchen von ihnen die bei Gründung der Bundeswehr entwickelte Konzeption einer modernen Armee ein Dorn im Auge. Ulrich de Maizière ist dies nicht verborgen geblieben. Dennoch ist auch er überrascht, als er im März 1969 von einer Rede des Generalmajors Helmuth Grashey an der Führungsakademie der Bundeswehr hört. In der Rede hatte Grashey massive Kritik am Zustand der Truppe geäußert und gefordert, endlich die »Maske« der Inneren Führung vom Gesicht zu nehmen. Da die Rede der Öffentlichkeit nicht verborgen bleibt, fordert Verteidigungsminister Schröder von Grashey eine Stellungnahme, während Ulrich de Maizière zwei Tage später vor dem gleichen Zuhörerkreis in Hamburg die Dinge wieder zurechtrückt. Auch zu umfangreichen Pressestatements sieht sich der Generalinspekteur veranlasst, in der er jedoch Grashey nicht übermäßig tadelt, sondern von missverständlichen Äußerungen spricht und auf das Wesen und den Charakter von Grashey verweist. Der Zeitung »DIE WELT« etwa sagt Ulrich de Maizière am 14. April 1969: »Sie müssen sich den General Grashey vorstellen. Er improvisierte vor Offizierskameraden. Er hat eine plastische, um nicht zu sagen drastische Art des Ausdrucks. Er ist ein Bayer …«[511]

Die Ereignisse der letzten Monate zeigen, in welchem Spannungsfeld sich die Bundeswehr seit längerem befindet. Die Notwendigkeit für eine kritische Bestandsaufnahme und für Reformen ist unübersehbar. Allerdings wird das keine Aufgabe mehr für die Große Koalition. Zwar gehen CDU und CSU aus den Bundestagswahlen im Herbst 1969 erneut als stärkste Kraft hervor. Doch die nur knapp in den Bundestag gewählte FDP entscheidet sich für eine Koalition mit der SPD. Willy Brandt wird Bundeskanzler und mit Helmut Schmidt bekommt Ulrich de Maizière erstmals einen Sozialdemokraten als Vorgesetzten.

Bereits wenige Tage nach dem Wahlsonntag ruft der designierte Verteidigungsminister bei Ulrich an und lädt ihn zu einem ersten Gespräch ein. Nach einer kurzen Information an den noch amtierenden Minister Schröder trifft sich Ulrich mit Helmut Schmidt bereits am gleichen Abend. Auch wenn sich beide schon viele Jahre kennen, liegt eine gewisse Spannung über dem Treffen. Schmidt war in all den Jahren seit Gründung der Bundeswehr einer der schärfsten Kritiker aller bisherigen Verteidigungsminister gewesen – egal ob Blank, Strauß, von Hassel oder Schröder. Besonders Letzterem hält er vor, mehr Verwalter als Gestalter gewesen zu sein. Insofern erwartet Ulrich von dem Gespräch mit Schmidt auch erste Antworten auf die Frage, was er anders als sein Vorgänger machen will. Und Schmidt, nicht dafür bekannt, lange um den »heißen Brei zu reden«, spricht sofort Klartext. Im Beisein des Abgeordneten und künftigen Parlamentarischen Staatssekretärs Willi Berkhan macht Schmidt deutlich, dass es ihm um klare Strukturen innerhalb des Ministeriums und der Bundeswehr gehe, er eine Neudefinierung der Rolle des Generalinspekteurs plane, das Konzept der Inneren Führung weiterentwickelt werden müsse und dass aus Sicht der SPD die Verkürzung des Grundwehrdienstes beschlossene Sache sei. Schmidt fragt am Ende des Gespräches bei Ulrich aber auch nach der Stimmung in der Truppe und will wissen, was man von ihm als möglichen Verteidigungsminister hält. Ulrich entgegnet ihm, dass gerade jüngere Offiziere viel von Schmidt halten und die älteren der Meinung sind: »Wenn schon SPD, dann Helmut Schmidt.«[512]

Nur einen knappen Monat später kommt es zur Vereidigung des neuen Verteidigungsministers. Ulrich schreibt kurz darauf an seinen ehemaligen Kameraden Generalleutnant a. D. Müller-Hillebrand, wie er die neue Situation einschätzt: »Minister Schmidt wird in der militärischen Spitzenbesetzung keine personellen Änderungen vornehmen. Auch ich bin bereit, vertrauensvoll mit ihm zu arbeiten, solange nicht etwa Entscheidungen getroffen werden, die zu vertreten nicht möglich sein sollte.«[513] Für die leise Skepsis, die aus diesem Brief zu hören ist, wird Ulrich wenige Monate später eine erste Bestätigung bekommen. Verteidigungsminister Schmidt verliert keine Zeit in der Frage der Spitzengliederung der Streitkräfte und bei der Definierung der Rolle des Generalinspekteurs. Bereits im März 1970 regelt er in seinem »Blankeneser Erlass« die Aufgabenverteilung, Zuständigkeiten sowie die Zusammenarbeit der Führungsspitzen des Ministeriums und der Truppe neu. Dabei unterstellt er die Teilstreitkräfte Heer, Marine und Luftwaffe direkt dem Minister und nicht dem Generalinspekteur. Für Ulrich ist das eine schwere Niederlage, die er Jahrzehnte später in seinen Memoiren wie folgt beschreibt: »In meinem seit 1966 verfolgten Anliegen hatte ich mich nicht durchsetzen können. Während die Inspekteure durch den Blankeneser Erlaß gestärkt wurden, blieb die Position des Generalinspekteurs zwar unangetastet, aber im Gesamtgewicht der militärischen Spitze … doch geschwächt.«[514]

Der Verteidigungsminister weiß um die Gedanken seines Generalinspekteurs und will ihn daher an anderer Stelle öffentlichkeitswirksam stärken. Gemeinsam mit seinen Staatssekretären Berkhan, Birckholtz und Mommsen hat Schmidt eine Art Kollegium für wichtige interne Abstimmungen und politische Diskussionen gebildet, dass wenig später unter dem Namen »Kleeblatt« Bekanntheit erlangen wird. Schmidt entscheidet sich, Ulrich de Maizière mindestens einmal wöchentlich zu den Beratungen des »Kleeblatts« hinzuziehen. Noch im Herbst 2008 erinnert sich Helmut Schmidt gut daran: »Aus meiner Erinnerung heraus war dies eine wesentliche positive Veränderung seiner dienstlichen Einflussmöglichkeiten. Er hatte zuvor seine Minister meist nur bei offiziellen Gelegenheiten gesehen oder aber, wenn er dem jeweiligen Minister etwas vorzutragen hatte. Dass er aber in eine Runde wie die unserige gebeten wurde, war neu für ihn.«[515]

Ulrich de Maizière kann diese Stärkung seiner Position gut gebrauchen. Die Loyalität zu seinem Minister und dessen politischen Entscheidungen gehen mitunter zu Lasten seines Ansehens in der Truppe. Dort wünscht man sich einen Generalinspekteur, der auch mal »mit der Faust auf den Tisch haut«, was aus Sicht einiger Offiziere längst nötig wäre. Da dies ausbleibt, kommt es immer häufiger zu kritischen Wortmeldungen, die nicht nur politisches Verständnis, sondern häufig auch jegliche Form von Anstand und Disziplin vermissen lassen. Kann Ulrich de Maizière der sogenannten »Schnez-Studie«, die eine gesunkene Kampfkraft des Heeres beklagt, in Teilen noch zustimmen, so zeigt er für das Thesenpapier »Der Leutnant 1970« kein Verständnis. Junge, aus Sicht de Maizières »unreife Leutnante«[516], erheben in dem Papier einen politischen Gestaltungsanspruch, der klar gegen den Primat der Politik verstößt. Nur wenige Monate später erfolgt durch 30 Hauptleute der 7. Panzerdivision in Unna ein erneuter Angriff auf das Prinzip der Inneren Führung. Jetzt ist von zunehmendem Disziplinverfall und einem massiven Vertrauensverlust in die militärische Führung die Rede. Bei seinen häufigen Truppenbesuchen spürt Ulrich immer häufiger, wie sehr es in den Streitkräften rumort.

Wie zum Beweis für Ulrich de Maizières eigene Wahrnehmung bestätigt im Mai 1970 das sogenannte »Weißbuch – Zur Sicherheit der Bundesrepublik Deutschland und zur Lage der Bundeswehr« die Situation innerhalb der Streitkräfte. Das Buch war in den zurückliegenden

Monaten unter Federführung des ZEIT-Journalisten Theo Sommer entstanden, den sich Schmidt vorübergehend bei Marion Gräfin Dönhoff ausgeliehen hatte. Jetzt war Sommer Chef des Planungsstabes und verantwortlich für die von Schmidt bei Dienstantritt angekündigte kritische Bestandsaufnahme und die sich daraus ableitenden Maßnahmen. Dass der Journalist dabei nicht immer auf »offene Türen« stößt, liegt auf der Hand. Ulrich de Maizière und Theo Sommer arbeiten hingegen gut zusammen, nicht zuletzt weil sie sich schon Anfang der sechziger mehrfach in Hamburg begegnet sind und ihre Zusammenarbeit von Anfang an von gegenseitiger Achtung und von Wertschätzung geprägt ist. Ulrich begrüßt daher auch Schmidts Entscheidung, einen »Externen« mit der Arbeit am Weißbuch zu beauftragen. In seinen Augen erweist sich Sommer »in einer Mischung von hoher Intelligenz und Unbekümmertheit als erfrischendes Element«[517] im Verteidigungsministerium. Und auch Theo Sommer schätzt die Zusammenarbeit mit Ulrich und bekennt später im Rückblick, dass »General de Maizière das frettchenhafte Treiben des Planungsstabes nicht nur mit souveräner Würde über sich hat ergehen lassen«, sondern ohne »seine mitziehende Kooperationsbereitschaft« das Weißbuch nicht in so kurzer Zeit hätte entstehen können.[518]

Obwohl das Weißbuch parteiübergreifend durchaus begrüßt wird, zieht die Führungsspitze des Ministeriums aus Ulrichs Sicht nicht immer die richtigen Schlüsse. Manche daraus abgeleitete Reformmaßnahme bereitet ihm großes Kopfzerbrechen. Dazu zählt etwa der im Sommer 1970 von Helmut Schmidt herausgegebene »Anrede-Erlass«, mit dem festgelegt wird, dass sich fortan alle Soldaten untereinander mit »Herr und Dienstgrad« anzureden haben. Auch die nur wenige Monate später vom Verteidigungsminister getroffene Entscheidung, den Soldaten freie Hand bei der Gestaltung ihrer Haar- und Barttracht zu lassen, stößt auf Ulrichs Widerstand. Zur Groteske verkommt das Ganze, als im Februar 1971 ein »Haarnetz-Erlass« folgt, der die Verwendung eines Haarnetzes während des Dienstes zulässt. Der Bundeswehr bringt dieser Erlass in der Öffentlichkeit den wenig schmeichelhaften Namen »German Hair Force« ein.

An die Grenzen seiner Loyalität gelangt Ulrich de Maizière, als Helmut Schmidt ein Jahr nach Amtsantritt 21 Generäle, Admiräle und Oberste in den vorzeitigen Ruhestand versetzt. Ulrich kennt die meisten von ihnen persönlich und die Mitteilung des Verteidigungsministers über diese Entscheidung bereitet ihm schlaflose Nächte. Schmidt entsinnt sich auch viele Jahre später noch gut an diese Tage: »De Maizière war nicht einverstanden mit dieser Entscheidung und bat mich, meine Pläne bei dem ein oder anderen zu überdenken. Eine Zustimmung zu meinem Vorgehen fiel ihm schwer. Aber letztendlich war de Maizière ein tadellos loyaler Mann und ein hervorragender Soldat und trug meine Entscheidung mit.«[519]

Kritisch begleitet Ulrich de Maizière auch die Diskussion um die Verkürzung des Grundwehrdienstes, der er sich zwar nicht grundsätzlich verschließt, die aber aus seiner Sicht nicht ohne gründliche Vorbereitung umgesetzt werden kann. Häufig berät er sich in dieser Zeit mit den sich bereits im Ruhestand befindenden Generalen Graf von Kielmansegg und Meyer-Detring, die beide in einer von Helmut Schmidt einberufenen Wehrstrukturkommission mitarbeiten. Am Ende folgt Ulrich de Maizière auch hier seinem Minister, als der Bundestag die Verkürzung des Grundwehrdienstes von 18 auf 15 Monate beschließt.

Aber auch zahlreiche Erfolge kennzeichnen die Zusammenarbeit zwischen Helmut Schmidt und Ulrich de Maizière. Vor allem in Fragen der Neuordnung von Ausbildung und Bildung in den Streitkräften ziehen beide an einem Strang. So ist auch im Rückblick die Gründung der Bundeswehrhochschulen in Hamburg und München eng mit dem Namen Ulrich de Maizières verbunden. Darüber hinaus gehen die Erarbeitung eines ersten Rüstungsplanes oder die Ausstattung der Bundeswehr mit Waffen und Fahrzeugen der zweiten Generation auf sein Konto, sodass Ulrich de Maizière voller Stolz und mit Genugtuung im März 1972 in den Ruhestand gehen kann. Die Bundeswehr verabschiedet ihren Generalinspekteur mit einer großen Feldparade sowie Zapfenstreich, der Minister und der Verteidigungsausschuss ehren Ulrich de Maizière mit einem Abschiedsessen. Knapp vierzig Jahre später bilanziert Helmut Schmidt die Zusammenarbeit mit Ulrich de Maizière voller Respekt mit den Worten: »Er agierte immer loyal und geschickt im Spannungsverhältnis zwischen soldatischem und rechtsstaatlichem Denken. Auch wenn ihm das sicherlich nicht immer leicht fiel und es ihm von einem Teil der Generalität mitunter übel genommen wurde. Er lebte die Rolle des Staatsbürgers in Uniform in geradezu vorbildlicher Art und Weise.«[520]

Die nächste Generation

Die sozialliberale Koalition in Bonn lässt nach Übernahme der Regierungsverantwortung Ende 1969 schnell erkennen, dass sie es mit der Modernisierung von Staat und Gesellschaft ernst meint. Geplante Reformvorhaben wie der Ausbau der sozialen Sicherheit, die Ausweitung des betrieblichen Mitbestimmungsrechtes, die Stärkung der Frauen im Ehe- und Familienrecht oder Änderungen im Bereich des Bildungswesens werden schnell in Angriff genommen. Die neue Regierung steht dabei für sich wandelnde Moral- und Wertvorstellungen. Zahlreiche Forderungen der »68er« wurden zum Kern des Regierungshandelns.

Einen Wandel ganz anderer Art erfährt die DDR Anfang der siebziger Jahre. Die von Ulbricht forcierte Wirtschaftspolitik bringt nicht die erhofften Erfolge. In einer Mischung aus Realitätsverlust und Altersstarrsinn bemerkt der SED-Führer nicht, wie sich Moskau langsam von ihm abwendet und sich innerhalb des Politbüros eine oppositionelle Gruppe um Erich Honecker[521] formiert. Immer offener agiert diese gegen Ulbrichts Führungsstil, gibt ihm die alleinige Schuld für die Versorgungsmängel in der DDR. Als man sich im Frühjahr 1971 der Unterstützung von Kremlchef Breschnew sicher ist, kommen Honecker und seine Getreuen aus der Deckung und konfrontieren Ulbricht offen mit Vorwürfen und Kritik. Jetzt erst erkennt er seine prekäre Lage und tritt Anfang Mai zurück. Nachfolger als Erster Sekretär des Zentralkomitees der SED wird Erich Honecker. In den DDR-Medien heißt es dazu, Ulbricht habe aus Altersgründen darum gebeten, ihn von dieser Funktion zu entbinden, und dem ZK Honecker als seinen Nachfolger vorgeschlagen. Von nun an steht ein Mann an der Spitze der DDR, der sein Land zwar im engen Schulterschluss mit der Sowjetunion sieht, ihm aber gleichzeitig einen modernen »Anstrich« verpassen will. Mit der Losung von der »Einheit von Wirtschafts- und Sozialpolitik« verfolgt er einen Kurs, der schnell zu einer Verbesserung der wirtschaftlichen und sozialen Lage der Bevölkerung führen soll. Zwar wird dieses Ziel nur durch die Aufnahme immer neuer Kredite erreicht. Doch der Erfolg gibt Honecker zunächst Recht. Die DDR-Bevölkerung honoriert in weiten Teilen, dass die Renten steigen, das Durchschnittseinkommen wächst, die medizinische Versorgung verbessert wird, preiswerter Wohnraum zur Verfügung steht, neue Schulen und Kindergärten entstehen. Dass mit dieser Entwicklung gleichzeitig ein Schuldenkreislauf seinen Anfang nimmt, der 1989 mit ein Grund für den Niedergang der DDR sein wird, ahnt die Bevölkerung zu dieser Zeit nicht.[522]

Michael de Maizière verfolgt diese Entwicklung eher mit Desinteresse. Nach der Niederschlagung des »Prager Frühlings« hat er die Hoffnung auf Reformen in der DDR aufgegeben und widmet sich anderen Dingen. Er bekommt eine Stelle als Regieassistent am Theater in Senftenberg angeboten und will Berlin verlassen. Freunde halten ihn jedoch davon ab und so absolviert er zunächst bis 1970 ein Abendstudium an der Hochschule für Bildende Kunst in Berlin-Weißensee. Nebenbei arbeitet er anfangs als Beleuchter am Deutschen Theater, wenig später dann wird er Gemälderestaurator für die Staatlichen Museen in Berlin. Dass Michael de Maizière damit nicht ins vorherrschende Familienbild passt, ist pure Absicht: »Es war schon immer meine Strategie, anders zu sein als die anderen. Das hat nämlich den Vorteil, dass man mit niemandem verglichen werden kann. Unsere Familie war immer kompetent in Geschichte, Jura oder Musik, aber nicht unbedingt im Bereich der Bildenden Kunst.«[523]

Michael setzt diesen Weg konsequent fort, studiert zwischen 1970 und 1974 Grafik und Design an der Fachschule für Werbung und Gestaltung. In den darauffolgenden beiden Jahren arbeitet er dann als Grafiker erneut bei den Staatlichen Museen. Hier kommt er immer öfter in Kontakt mit oppositionellen Gruppen aus der Künstlerszene. Man trifft sich auch in der Freizeit, diskutiert und feiert viel. Gern erinnert sich Michael an diese Zeit: »Die Staatliche Museen waren damals ein Hort der ›Konterrevolution‹. Es gab zwar, wie vielleicht überall, zwei bis drei überzeugte Parteianhänger. Der Rest aber waren kritische, hoch gebildete, distinguierte Leute. Dort habe ich mich sehr wohl gefühlt.«[524] Dennoch verlässt er die Staatlichen Museen bald wieder und wird 1976 freiberuflicher Grafiker und Illustrator. Er arbeitet von nun an erfolgreich für Kunstverlage, Museen, Galerien und Künstler, bekommt mehrfach für seine Arbeit die Auszeichnung »Bestes Plakat des Jahres« verliehen.

Den kritischen Blick auf die Verhältnisse bewahrt er sich. Als Ende der siebziger Jahre Wolf Biermann nicht wieder ins Land gelassen wird, Manfred Krug selbiges freiwillig verlässt und Robert Havemann unter Hausarrest gestellt wird, ist Michael mittlerweile fest integriert in die Künstlerszene am Prenzlauer Berg in Berlin. Er und seine Freunde leben in dem Bewusstsein, machen zu können, was sie wollen. Rückblickend hat er seine ganz eigene Sicht auf die damalige Zeit: »Wir dachten damals, die da oben sind doof und wir sind die Schlauen. Letztendlich hatten wir alle das Gefühl, in einer Parallelwelt zu leben. Unsere Welt am Prenzlauer Berg war eine andere als die da ›draußen‹. Und wenn man sich nicht allzu weit aus dem Fenster gelehnt hat, musste man aus meiner Sicht auch nichts befürchten. Ich kann mich jedenfalls an keine Zeit erinnern, in der ich ein Blatt vor den Mund genommen habe.«[525] Für ihn bleibt dies bis zum Ende der DDR auch so. Andere hingegen haben weniger Glück.

Michaels Schwester Dorothee geht in den siebziger Jahren auch ihren eigenen Weg, der jedoch ganz anders verläuft als der ihres jüngsten Bruders. Nachdem sie die erste verheiratete Pfarrerin der DDR geworden ist, übernimmt Dorothee Mücksch 1970 eine Pfarrstelle in Weddersleben am Rande des Harzes. Dies bleibt jedoch nur ein kurzes Intermezzo. Bereits ein Jahr später zieht die Familie nach Ermsleben, einem kleinen Ort zwischen Aschersleben und Ballenstedt, im heutigen Sachsen-Anhalt. Während ihr Mann Superintendent wird, arbeitet Dorothee wieder als Katechetin. Allerdings haben beide noch einen »Nebenberuf«. Der baufällige Zustand vieler Kirchen in der DDR zwingt Christoph und Dorothee Mücksch, Schaufel und Kelle in die Hand zu nehmen, Material und Handwerker zu beschaffen sowie für das »leibliche Wohl« auf den Baustellen zu sorgen. Was das in der DDR bedeutete, ist heute kaum noch vorstellbar.

Oft denken beide, dass der Tag mehr als 24 Stunden haben müsste. Arbeit in der Gemeinde, gesamtkirchliche Aufgaben, Sanierungsarbeiten, die Familie, Freunde und Bekannte – mitunter wissen sie nicht, womit sie zuerst anfangen sollen. Klagen hört man sie trotzdem nie. Im alljährlichen Rundbrief, den Dorothee immer an alle Familienmitglieder in Ost und West schickt, schreibt sie Ende 1974: »Das gegenseitige Zuarbeiten und Ergänzen in katechetischen und pastörlichen Dingen, in Kindererziehungsfragen und in theologischen Problemen, in häuslichen Aufgaben und im Mitdurchdenken von Aufgabenstellungen im größeren Raum und Kreis, das alles empfinden wir als Geschenk.«[526] Noch heute, wenn man das Ehepaar Mücksch trifft, spürt man diese innere Zufriedenheit; verbunden mit ein wenig Stolz, diesem Staat in manch schwieriger Zeit die Stirn geboten zu haben.

Nachdem Christoph Mücksch 1975 Superintendent im Kirchenkreis Aschersleben-Ermsleben und Dorothee ein Jahr später Pfarrerin in der St. Stephani-Kirche in Aschersleben wird, zieht die Familie erneut um. Zuvor sind jedoch wieder umfangreiche Bau- und Sanierungsmaßnahmen nötig, denn sowohl Kirche als auch Pfarrhaus bieten einen traurigen Anblick.

Trotz dieser Herausforderungen nimmt sich die Familie jedes Jahr die Zeit für einen ausgiebigen Sommerurlaub; meist in Brandenburg, mitunter aber auch im »sozialistischen Ausland«. So führt sie ihr Weg einmal in die Tschechoslowakei, in eine Gegend nahe der polnischen Grenze. Zahlreiche Wanderungen gehören zum täglichen Programm und im Rundbrief 1972 kommen Dorothee fast visionäre Gedanken, als sie schreibt: »Eine Grenze, auf deren Grenzsteinen man ungehindert sitzen konnte, war uns noch fremd. Ein Bein in Polen, eins in der Tschechoslowakei und das als Deutscher, das sind fast märchenhafte Zukunftsvisionen einer heilen Welt, die weiß, daß sie ein gutnachbarliches Verhältnis braucht, um überleben zu können.«[527]

In Berlin muss sich Anfang der siebziger Jahre auch Dorothees Bruder Lothar jeden Tag aufs Neue beweisen: als einziger Nicht-Genosse in einer ansonsten von SED-Mitgliedern dominierten Seminargruppe. Lothar ist klar, dass man ihn ganz besonders im Auge hat. Gleich zu Beginn des Jurastudiums macht er sich bei seinen Kommilitonen unbeliebt. Weil er als Einziger nicht der SED angehört, ist die Gruppe gezwungen, sowohl Partei- als auch Seminargruppensitzungen abzuhalten. Wären alle in der Partei, hätte man diese Sitzungen zusammenlegen können. Nun aber muss man dies wegen Lothar, dem Christen und CDU-Mitglied, trennen. Mit Genugtuung nimmt Lothar dann ein paar Monate später zur Kenntnis, dass der Kommilitone, der sich zu Beginn des Studiums am lautesten über ihn beschwert hatte, am Tag der ersten Klausur zu ihm sagt: »Du, ich habe dir neben mir einen Platz freigehalten.«[528] Längst haben alle in der Seminargruppe erkannt, dass Lothar mit Abstand der Beste von ihnen ist. So ist er auch in der Folgezeit immer wieder ein begehrter Sitznachbar bei Klausuren. »Mich hat dieses Alleinstellungsmerkmal innerhalb unserer Seminargruppe angestachelt. ›Euch werde ich's zeigen!‹, habe ich mir damals gedacht«[529], erzählt Lothar de Maizière im Rückblick.

Am Ende des Studiums hält Lothar dann ein Abschlusszeugnis in den Händen, auf dem »Sehr gut« steht. Doch anders, als man erwarten könnte, erbost ihn dieser Umstand. Da er auch in der Examensarbeit ein »Sehr gut« hat und diese von ihm auch mit »Sehr gut« verteidigt wurde, hat er Anspruch auf das Prädikat »Auszeichnung«. Das sieht die Diplomordnung der DDR vor. Und weil Lothar weiß, dass derjenige mit dem besten Examen die Abschlussrede halten darf, beschwert er sich bei der Uni-Leitung. Dort sagt man ihm zu, die Sache noch einmal gründlich zu prüfen. Tage später erhält Lothar dann tatsächlich das Zeugnis mit »Auszeichnung«. Allerdings ist zu diesem Zeitpunkt die Abschlussfeier längst Geschichte und die Rede hat natürlich ein SED-Mitglied gehalten. Nach der Wende im Jahr 1989 bekommt Lothar de Maizière dann von der Humboldt-Universität sogar noch bestätigt, dass er zwischen 1945 und dem Ende der DDR das beste Staatsexamen gemacht hat. Ihm selbst ist das nicht wichtig. Noch heute sagt er lediglich, »damals ein recht gutes Examen abgelegt zu haben.«[530] Spezialisiert auf Zivil-, Steuer- und Wirtschaftsrecht beginnt Lothar im August 1975 seine Assistenzzeit, wird Praktikant im Berliner Rechtsanwaltskollegium, in dem auch sein Vater arbeitet. Hier wird sein Talent schnell erkannt und aufgrund sehr guter Zwischenzeugnisse beantragt der Kollegiumsvorsitzende Häusler bereits Mitte Dezember beim Justizministerium eine Auftrittsbefugnis. Im dazugehörigen Schreiben heißt es über Lothar: »Die bisherigen Ausbildungsergebnisse werden als sehr gut eingeschätzt. Er ist zur selbständigen Wahrnehmung von Terminen voll in der Lage.«[531]

Vater Clemens bearbeitet zu dieser Zeit seinen letzten großen Fall, der ihm wie schon im »Fall Fränkel« deutschlandweit Beachtung bringen wird. Es geht um Bärbel und Ota Grübel, die einen gescheiterten

Fluchtversuch am Ende mit der Trennung von ihren Kindern bezahlen müssen.[532] Beide hatten im Sommer 1973 nur ein Ziel: gemeinsam mit dem sechsjährigen Sohn und der vierjährigen Tochter die DDR über die tschechisch-österreichische Grenze zu verlassen. Alles war akribisch geplant, ein vertrauenswürdiger Helfer schnell gefunden. Nachts sollte es passieren, und damit die Kinder nicht weinten, gaben ihnen die Eltern Beruhigungstabletten und Waschäther in minimaler Dosis auf die Kleidung. Kurz nachdem der Helfer die Grübels verlassen hatte und sie allein auf sich gestellt waren, werden sie von tschechischen Grenzern erwischt.

Was nun folgt, ist ein monatelanges Martyrium, das Bärbel und Ota Grübel ans Ende ihrer physischen und psychischen Kräfte bringen wird. Über Budweis und Plauen kommen sie Ende August 1973 schließlich in ein Ost-Berliner Gefängnis in der Barnimstraße. Von ihren Kindern sind sie da schon längst getrennt. Nach unzähligen Verhören erfahren sie jedoch von Bärbels Mutter, dass Tochter und Sohn zur Adoption frei gegeben werden sollen. Der Anwalt, der die Grübels seit Mai 1974 vertritt, stellt in der ersten Gerichtsverhandlung »die Rechtmäßigkeit der ... von der Jugendhilfe gegenüber Bärbels Mutter angedrohten Adoption in Frage.«[533] Der Anwalt, der Bärbel und Ota Grübel damit neue Hoffnung macht, ist Clemens de Maizière. Wochenlang hat er sich in den Fall eingearbeitet, ist überzeugt davon, die Sache zu einem guten Ende zu bringen. Ein »gutes Ende« bedeutet in diesem Fall die Ausreise der Familie Grübel in die Bundesrepublik. Clemens arbeitet daher eng mit Rechtsanwalt Wolfgang Vogel zusammen, der in der DDR nicht nur eine wichtige Rolle beim sogenannten Häftlingsfreikauf spielt, sondern mit dem er auch befreundet ist. Als Clemens erfährt, dass die Richter einen Schwerpunkt ihrer Argumentation darauf setzen werden, Bärbel und Ota Grübel hätten durch die Beruhigungsmittel das Leben ihrer Kinder gefährdet, lässt er ein medizinisches Gutachten erstellen, das diese These eindeutig widerlegt und zum Ergebnis kommt, »die Beruhigungsmittel seien harmlos gewesen.«[534] Doch die Richter lassen sich davon nicht beirren. Im November 1974 werden Bärbel und Ota Grübel zu jeweils zwei Jahren und fünf Monaten Gefängnis verurteilt. Über die Zukunft der Kinder verlieren die Richter kein Wort.

Unmittelbar nach der Urteilsverkündung bitten die Grübels Rechtsanwalt Vogel darum, einen Ausreiseantrag für sie und die Kinder zu stellen. Vogel erledigt dies umgehend, doch nicht nur in diesem Fall arbeiten die Mühlen der ostdeutschen Bürokratie langsam. Im Mai 1975 dann schließlich überbringt Anwalt Vogel den Grübels die Nachricht, dass sie die DDR verlassen können – allerdings ohne die Kinder. Wenn sie jedoch in der DDR blieben, würden sie ihre Kinder wieder bekommen. Nicht zuletzt in der Hoffnung, ihre Kinder bald in die Bundesrepublik nachholen zu können, entscheiden sich Bärbel und Ota Grübel für die alleinige Ausreise.

Auch nach der Urteilsverkündung im November 1974 lässt Clemens der »Fall Grübel« keine Ruhe. Sohn Lothar wird noch über dreißig Jahre später davon berichten, wie sehr seinen Vater die Angelegenheit aufgeregt hat: »Ich kannte meinen Vater gut, aber so aufgewühlt hatte ich ihn noch nie gesehen. Er konnte nächtelang nicht schlafen, weil ihn das ganze Verfahren sehr beschäftigt hat.«[535] Mit Blick auf die bevorstehende Zwangsadoption der Kinder von Bärbel und Ota Grübel wendet sich Clemens de Maizière Anfang 1975 dann an den Präsidenten des Obersten Gerichtes der DDR und schreibt: »Ein solches Verhalten ist mit den humanitären Grundsätzen unserer Verfassung nicht vereinbar.« Und weiter: »Wegen eines einmaligen Fehlverhaltens sollen den Angeklagten ihre Kinder für ewige Zeit entzogen werden.«[536] Doch es nützt nichts.

Im Sommer 1975, Bärbel und Ota Grübel haben die DDR gerade verlassen, zieht Clemens seinen letzten Trumpf. Kardinalstaatssekretär Casaroli aus dem Vatikan hat seinen Besuch in Ost-Berlin angekündigt. Hintergrund sind die laufenden Verhandlungen zwischen der DDR und dem Vatikan über Fragen der katholischen Kirche im Osten Deutschlands und die völkerrechtliche Anerkennung der DDR durch den Vatikan. Clemens sieht darin die Chance, die SED-Führung vielleicht doch noch davon zu überzeugen, auch die Kinder der Grübels in den Westen ausreisen zu lassen. Er fährt daher nach West-Berlin und lässt Casaroli verschiedene Unterlagen zu dem Fall überbringen. Doch es ist nicht nur Casaroli, der jetzt vom »Fall Grübel« erfährt, sondern auch die Medien. Als das ZDF abends darüber berichtet, erkennt Lothar de Maizière sofort die Gefahr. Ihm ist klar, dass man nun seinen Vater verdächtigen werde, die Unterlagen an die Westpresse gegeben zu haben. Deshalb fahren beide sofort ins Büro und holen die Grübel-Akten nach Hause. Am nächsten Morgen meldet sich dann der damalige Vorsitzende des Berliner Rechtsanwaltskollegiums bei Clemens de Maizière. Er bittet ihn ins Büro zu kommen und die Akten zum »Fall Grübel« mitzubringen. »Einen deutlicheren Beweis, dass man im Büro meines Vaters also schon nach der Akte gesucht hatte, konnte es gar nicht geben«[537], erinnert sich Lothar de Maizière noch heute. Bei der Durchsicht der Handakte ergibt sich dann jedoch zweifelsfrei, dass es nicht Clemens de Maizière gewesen sein kann, der dem ZDF die Unterlagen gegeben hat. Das im Fernsehbeitrag zitierte Urteil muss dem Sender von den Eheleuten Grübel selbst übergeben worden sein.

Auch wenn für Clemens der »Fall Grübel« damit nun endgültig erledigt ist, taucht sein Name wenig später noch einmal in den Westmedien auf. Anders als von Anwalt Vogel und seinem West-Berliner Partner Stange empfohlen, wenden sich Bärbel und Ota Grübel an den SPIEGEL, um auf ihr Schicksal aufmerksam zu machen. Mit Verweis darauf, dass er der Bruder des ehemaligen Bundeswehr-Generalinspekteurs Ulrich de Maizière sei, wird auch Clemens in mehreren Artikeln zitiert. Ärger bringt ihm das nun jedoch nicht mehr ein; wohl auch, weil er unmittelbar vor dem Ausscheiden aus dem Berliner Rechtsanwaltskollegium steht.

Die juristische Familientradition setzt bald darauf Sohn Lothar fort, der im Mai 1976 auf Beschluss der Mitgliederversammlung neu ins Kollegium aufgenommen wird.[538] Zum Abschied aus dem Berufsleben sagt Clemens noch zu seinem Sohn: »Denk immer daran: Der magerste Vergleich ist besser als der fetteste Prozess.«[539] Es ist nicht nur dieser Satz, den Lothar fortan immer im Hinterkopf behält. Nicht zuletzt aus Respekt vor seinem Vater und dessen Erfahrung fragt er ihn bei schwierigen Fällen oft um seine Meinung. Sein Rat ist Lothar wichtig. Allerdings kommt es auch manchmal zu kleinen Auseinandersetzungen, etwa wenn Lothar der Argumentation seines Vaters nicht folgen will: »Ich sagte dann zu ihm: ›Vater, ich habe dich um deine Meinung gebeten. Das heißt aber nicht, dass ich diese dann auch verwende.‹«[540]

Zu Beginn seiner Tätigkeit im Berliner Rechtsanwaltskollegium begegnet Lothar de Maizière nicht nur vielen ehemaligen Weggefährten seines Vaters, sondern auch einem Menschen, mit dem ihn bis heute eine enge Freundschaft verbindet: Gregor Gysi. Allerdings ist es anfangs nicht gleich Zuneigung, sondern zunächst Konkurrenz, die das Verhältnis der beiden beschreibt. Gysi ist jünger als Lothar, aber schon ein gestandener und anerkannter Anwalt. »Er wusste aber auch, dass meine Assistenzzeit aufgrund sehr guter Leistungen verkürzt und ich früher als erwartet als Anwalt zugelassen wurde«[541], blickt Lothar de Maizière auf das damalige Kennenlernen zurück. Beide begegnen sich jedoch von Beginn an mit Respekt und erkennen bald, dass sie als Team noch viel erfolgreicher sein können als jeder nur für sich allein. Auch Gregor Gysi erinnert sich noch viele Jahre später genau an diese Zeit: »Wir verstanden uns gut, trotz oder gerade wegen unserer unterschiedlichen Begabungen. Mit diesen Unterschieden konnten wir uns gut ergänzen, nicht nur bei gemeinsamen Fällen, sondern auch in der Arbeit innerhalb des Kollegiums.«[542] Insgesamt 17 Jahre werden Lothar de Maizière und

Gregor Gysi als Anwälte zusammenarbeiten, bevor die Wucht der historischen Ereignisse im Jahr 1989 für beide andere Herausforderungen bringen wird.

* * *

Obwohl jünger als sein Bruder Clemens ist Ulrich de Maizière seit 1972 bereits im Ruhestand. Anders als manchem seiner Kameraden fällt ihm zu Hause jedoch nicht die Decke auf den Kopf. Endlich hat er Zeit, Unterlagen, Briefe und andere Dokumente zu ordnen. Nicht nur das Militärgeschichtliche Forschungsamt in Freiburg wird Jahrzehnte später von Ulrichs gewissenhafter Arbeit profitieren. Schnell werden ihm auch neue Aufgaben angeboten, wie etwa die Mitarbeit an Publikationen zur Entstehungsgeschichte der Bundeswehr. Auch um Reden und Vorträge wird er häufig gebeten.

Ulrich will aber im Ruhestand vor allem eins: mehr Zeit mit seiner Frau verbringen und ihr damit ein Stück von dem zurückgeben, was sie all die Jahre zu opfern bereit gewesen war. Die Gelegenheit dazu bekommt er schon bald nach seiner Pensionierung. Für Eva de Maizière beginnt Anfang der siebziger Jahre eine Lebensphase, in der sie sich mit großer Hingabe der Bildenden Kunst widmet. Nachdem sie zunächst das Malen und Zeichnen ihrer Jugendjahre wieder aufgreift, entdeckt sie bald ihr Talent als Bildhauerin. Aus dem Hobby wird Berufung. Nichts fasst diese Entwicklung besser zusammen als die folgenden Sätze aus ihren Lebenserinnerungen: »Allmählich formen die Hände eigenwillig Bewegungsabläufe, die im Kopf kaum gedacht sind. Ich lasse sie gewähren, es ist immer ein schöpferischer, intensiv tätiger, beglückender Vorgang. Mühsam und quälend auch zuweilen, heilsam in der nötigen eigenen Kritik. So schält sich behutsam der Entwurf bis zum fertigen Modell heraus.«[543]

Als erste Werke der Öffentlichkeit präsentiert werden können, plant Eva gemeinsam mit einer Freundin eine Ausstellung. Allein der geeignete Ort fehlt dazu. Doch dieser ist bald gefunden, nachdem Ulrich zustimmt, das eigene Haus dafür zu nutzen. So kommt auch Ulrich im Pensionsalter mit einer Welt in Berührung, die bis dahin nicht die seine war. Nicht nur bei der ersten, sondern auch bei allen noch folgenden Ausstellungen im Hause de Maizière wird Ulrich zum »Museumsdiener«, wie ihn seine Frau Eva liebevoll nennt: »Er spielt diese nicht einfache Rolle fabelhaft, schenkt Kaffee aus, kommt mit Sherry, schreibt Bestellungen auf, rennt zur Tür, wenn nicht andere Hilfe dort steht, und er plaudert auch gerne selbst mit Gästen.«[544]

Ihr Atelier hat Eva zunächst in einem der Kinderzimmer. Die beiden Töchter haben das Haus mittlerweile verlassen, sind verheiratet und haben mit ihrer Hochzeit den oft als schwierig empfundenen Namen »de Maizière« abgelegt. Barbara Pieper, die Älteste, arbeitet seit ihrem Abschluss als Diplom-Soziologin am Institut für Soziologie an der Münchener Universität; erst als wissenschaftliche Assistentin, später dann als wissenschaftliche Geschäftsführerin des Sonderforschungsbereiches »Theoretische Grundlagen sozialwissenschaftlicher Berufs- und Arbeitskräfteforschung«. 1974 macht sie mit der Geburt ihres ersten Kindes Eva und Ulrich zu Großeltern.

Barbaras jüngere Schwester, Cornelia von Ilsemann, legt 1973 ihr 1. Staatsexamen ab und arbeitet danach als Referendarin an verschiedenen Gymnasien in Hamburg. Während dieser Zeit tritt sie ins »Sozialistische Büro« ein, und als ihr Vater Barbara fragt, was das denn sei, antwortet diese: »Das ist links von der SPD das sympathischste.« Ulrich de Maizière antwortet darauf nur: »Zum Glück ist es nicht die DKP.«[545] Das wäre für Cornelia angesichts der Erfahrungen der Verwandten in der DDR allerdings auch nie in Frage gekommen.

Am Ende des Studiums nimmt Cornelia Kontakt zu den ostdeutschen Verwandten auf, weil sie wissen will, wie diese leben, was sie denken. Sie besorgt sich die Telefonnummer und ruft in Ost-Berlin an. Als Clemens de Maizière am Apparat ist, sagt Cornelia: »Hier ist deine

Patentochter. Ich möchte dich gern kennenlernen und wollte daher fragen, ob ich euch mal besuchen kann.«[546] Clemens sagt sofort zu und so macht sich Cornelia wenig später das erste Mal auf den Weg in die DDR. Sie ist aufgeregt, sorgt sich zudem, ob ihr die Sicherheitsorgane an der Grenze Probleme bereiten werden. Immerhin gilt ihr Vater in diesem Land als Kriegsverbrecher. Doch alles geht gut, als sie von West-Berlin aus über den Bahnhof Friedrichstraße in die DDR einreist. Cornelias Sorge, sie würde ihren Onkel womöglich nicht gleich erkennen, erweist sich als unbegründet: »Als ich ihn sah, wusste ich sofort, dass er mein Onkel sein musste. Er sah meinem Vater so unwahrscheinlich ähnlich.«[547] Es folgt ein wunderschöner Tag in Ost-Berlin und Cornelia beschließt, von nun an die Verwandten in der DDR öfters zu besuchen.

Bruder Andreas studiert zwischen 1971 und 1975 Betriebswirtschaftslehre an der Universität Köln und tritt nach einem Auslandsaufenthalt in die Commerzbank AG ein. Er absolviert ein zweijähriges Traineeprogramm und beginnt anschließend in der kleinen, neu eröffneten Zweigstelle Köln-Rodenkirchen seine Filiallaufbahn, die ihn bis in den Vorstand der Bank führen wird. Andreas heiratet 1974 und 1976 kommt das erste von vier Kindern zur Welt.

Für Thomas de Maizière ist die DDR Mitte der siebziger Jahre noch ein ferner, unbekannter Ort. Den Reiz der Landschaft zwischen Rügen und dem Erzgebirge wird er erst knapp zwei Jahrzehnte später schätzen und lieben lernen. Jetzt fühlt er sich westeuropäischen Staaten und vor allem den USA viel näher. Daher sind er und sein Freund Jan Ende 1969 auch empört, als sie auf den Bänken in den Klassenzimmern ein Flugblatt finden, das sich gegen den Vietnam-Krieg und die USA richtet. Beide vertreten die Meinung, dass die Bundesrepublik den Amerikanern moralisch zur Seite stehen muss. Schnell entwerfen Thomas und Jan gemeinsam mit noch ein paar Freunden ein »Gegen-Flugblatt«, mit dem sie für eine differenzierte Betrachtung der politischen Zusammenhänge werben, auch weil die USA ein wichtiger Bündnispartner Deutschlands seien. Mit diesem Flugblatt rufen sie freilich ganz unterschiedliche Reaktionen hervor. Von der Schulleitung werden sie offiziell getadelt, weil das Verteilen politischer Flugblätter im Aloisiuskolleg strengstens verboten ist. Allerdings spüren die Jungen bei manchem Lehrer insgeheim Zustimmung. Von einigen Schülern hingegen werden sie beschimpft, andere wiederum klopfen Thomas und Jan anerkennend auf die Schulter. Auch von älteren Mitgliedern der Jungen Union werden die beiden Freunde angesprochen. »Die waren der Meinung, mit dieser Einstellung seien wir richtig bei ihnen«, erinnert sich Thomas de Maizière rückblickend. »Doch die wollten uns nur als ›Stimmvieh‹ für eine bevorstehende Kampfkandidatur. Da haben wir allerdings nicht mitgemacht und uns anders verhalten, als man erwartet hatte.«[548] Zwar arbeiten Thomas und Jan eine Zeit lang in der Jungen Union mit, engagieren sich aber nicht sonderlich. Stattdessen machen sie 1971 »Nägel mit Köpfen« und treten zum Entsetzen von Thomas' Schwestern Barbara und Cornelia in die CDU ein.

Wenig später, im Mai 1972, macht Thomas dann am Aloisiuskolleg sein Abitur mit einem Durchschnitt von 1,8 und es beginnt ein neuer Lebensabschnitt für ihn. Nur vier Monate, nachdem sein Vater als Generalinspekteur in den Ruhestand verabschiedet wurde, geht Thomas zur Bundeswehr. Die Frage, ob auch er Berufssoldat werden solle, hat er sich zuvor nur kurz gestellt: »Ich habe den Gedanken daran ziemlich schnell verworfen, weil ich nicht ständig mit meinem Vater verglichen werden wollte.«[549] Dennoch holt sich Thomas Rat bei ihm. Ulrich de Maizière, einer Glorifizierung des Soldatentums sicherlich unverdächtig, hätte nichts dagegen, wenn der jüngste Sohn in seine Fußstapfen treten würde. Keinesfalls will er ihn jedoch dazu drängen. Am Ende verpflichtet sich Thomas für 21 Monate und wird Zeitsoldat, »auch weil ich ein bisschen mehr als die anderen verdienen wollte.«[550] Er kommt zum Panzergrenadierbataillon 142 nach Koblenz, wird im Juli 1973 zum Fahnenjunker und im Herbst des gleichen Jahres zum Fähnrich befördert. Anders als sein Vater muss sich Thomas im Kalten Krieg nicht wirklich mit dem Gebot »Du sollst nicht töten« auseinandersetzen. Die militärischen Auseinandersetzungen der früheren Zeiten sind weit weg, der Feind ist eher abstrakt. Dass der Kalte Krieg ein heißer werden könnte, hält er für unwahrscheinlich. Im März 1974 wird Thomas de Maizière dann schließlich als Leutnant der Reserve entlassen, später nach einigen Wehrübungen zum Oberleutnant befördert und setzt damit am Ende doch die von seinem Großvater und Vater begründete Offizierstradition ein Stück weit fort.

Direkt nach der Bundeswehrzeit beginnt Thomas im Sommersemester 1974 an der Westfälischen-Wilhelms-Universität in Münster mit dem Jurastudium. Seine Mutter hatte lange Zeit gehofft, dass ihr Jüngster Medizin studiert: »Sie wollte immer, dass eines ihrer Kinder Arzt wird, und ich war ihre letzte Hoffnung.«[551] Thomas aber will Jurist werden. Er beginnt voller Elan mit dem Studium, entdeckt aber schon bald, dass es neben Vorlesungen und Seminaren noch andere interessante Betätigungsfelder für Studenten gibt. Er beginnt sich für die Arbeit des RCDS, des Ringes Christlich-Demokratischer Studenten, zu interessieren. Durch Gespräche mit Gleichgesinnten, Flyer und Plakate war er auf die hochschulpolitische Gruppe aufmerksam geworden. Da Thomas gerade anfangs viel Zeit hat und in Münster bis jetzt nur wenige Leute kennt, geht er bei nächstpassender Gelegenheit zu einem RCDS-Treffen. »Wir verabredeten uns in dieser Zeit immer in einer Dachgeschosswohnung zu sogenannten Gruppenarbeiten. Dort kam Thomas irgendwann dazu und so lernten wir uns kennen«[552], erzählt rückblickend Ulrich Schröder, damals ebenfalls Jurastudent in Münster und heute Vorstandschef der KfW-Bank.

Die Situation an den westdeutschen Hochschulen Mitte der siebziger Jahre ist mit der Zeit der Studentenunruhen wenige Jahre zuvor nicht mehr zu vergleichen. Gleichwohl dominieren auch jetzt noch linksorientierte Bündnisse die hochschulpolitische Arbeit. Das macht die Arbeit von eher konservativen Gruppen wie dem RCDS nicht gerade einfach. Doch genau das ist der Punkt, der Thomas reizt. Er will etwas an der Dominanz von Jungsozialisten und MSB Spartakus ändern und zögert deshalb auch nicht, als ihn Hans Reckers, später in den neunziger Jahren Finanzstaatssekretär in Sachsen, fragt, ob er nicht sein Nachfolger als Leiter der Fachschaft Jura werden wolle. Gewählt im Januar 1975 arbeitet Thomas fortan neben Schröder und Reckers auch eng mit Leuten wie Ruprecht Polenz und Georg Milbradt zusammen. Während sie zwar auch über weltpolitische Themen diskutieren, gilt ihr Hauptaugenmerk besseren Studienbedingungen. Das Spektrum reicht dabei vom Kampf um längere Bibliotheksöffnungszeiten bis hin zur Entwicklung eines neuen Studienplanes für den Fachbereich Rechtswissenschaft.

Das ausschließliche Vertreten von studentischen Interessen und den Verzicht auf ein allgemein-politisches Mandat für alle Studenten verlangt der RCDS in dieser Zeit auch vom AStA, dem Allgemeinen Studentenausschuss an der Uni Münster. In der RCDS-Studentenzeitung vom Juni 1975 schreibt Thomas daher: »Statt sich auf die Vertretung der hochschulpolitischen Interessen der Studenten zu beschränken …, betreibt der AStA Außen- und Globalpolitik in großem Stile. Das ist arrogant und undemokratisch.«[553] Zu dieser Auffassung herrscht Konsens innerhalb des RCDS. Doch über den Weg, wie man dagegen vorgehen müsse, kommt es bald zu einem handfesten Streit, in dessen Mittelpunkt Georg Milbradt und Thomas de Maizière stehen. Milbradt, zu dieser Zeit schon Assistent und eines der älteren Mitglieder im RCDS, vertritt die Auffassung, dass der AStA mit juristischen Mitteln in die Knie gezwungen werden muss, damit die politischen Agitationen künftig ausbleiben. Das Recht weiß er auf seiner Seite, die Rechtslage ist eindeutig. Das sehen auch Thomas und einige andere so. Dennoch wollen sie den AStA durch Wahlen erobern und durch entsprechende

Mehrheiten für Änderungen sorgen. »Mir war das politische Werben um eine Sache wichtiger als ein Klage«[554], erinnert sich Thomas de Maizière an die damalige Auseinandersetzung. Zunächst kann er sich auch durchsetzen. Im RCDS initiiert er einen Beschluss, der ein juristisches Vorgehen gegen den AStA ablehnt. Diesen Beschluss akzeptiert Georg Milbradt zwar zähneknirschend, an seinem Vorhaben hält er dennoch fest. Nun klagt er gegen den AStA als Privatperson. Vor Gericht bekommt er Recht und dem AStA wird ein Ordnungsgeld auferlegt. Dort nimmt man die Steilvorlage dankend auf. Jetzt hat man für die bevorstehenden Wahlen endlich ein Feindbild. Fortan sind auf dem gesamten Uni-Gelände Anti-RCDS-Plakate zu sehen mit der Überschrift »Milbradt – Chefankläger gegen die Studenten«. Bei den nächsten Wahlen gibt es dafür die Quittung: Der RCDS mit Thomas an der Spitze verliert trotz anfänglich guter Siegchancen. Im Ergebnis hat man einen juristischen Erfolg errungen zum Preis einer politischen Niederlage. Thomas de Maizière wird noch viele Jahre später davon berichten, wie ihn dieses Ereignis mit Blick auf seine politische Karriere geprägt hat: »Dieser methodische Unterschied, ob ich politisch um etwas werbe oder ob ich eher etwas mit der Brechstange mache, ist bei Georg Milbradt und mir immer erhalten geblieben.«[555] Gleichwohl werden beide Jahrzehnte später erfolgreich in Sachsen zusammenarbeiten; trotz oder gerade wegen dieses Unterschieds.

Fortan bleibt für Thomas aber immer noch sein Engagement im Studentenparlament und in der Fachschaft Jura. Nach einem Jahr guter Arbeit hat er sich dort Anerkennung verschafft und wird im Januar 1976 erneut in die Fachschaft gewählt. Er spürt jedoch eine gewisse »politische Müdigkeit« und weiß, dass er mehr für sein Studium machen müsste. In der »Jur-Info«, dem Newsletter der Fachschaft Jura, wird er im Juni 1976 bei der Vorstellung seiner Person dann auch wie folgt zitiert: »Ach so, meine Hobbies: Musik und Studieren (im Moment wirklich nur Hobby!).«[556] Ulrich Schröder, noch heute einer der besten Freunde von Thomas de Maizière, kann das bestätigen: »Unser politisches Engagement hat mitunter dazu geführt, dass wir das Studium nicht zu jeder Zeit so ernst nahmen und nicht jede Vorlesung und jedes Seminar besuchten.«[557] Um Abstand von der Hochschulpolitik zu bekommen, wechselt Thomas nach dem 4. Semester nach Freiburg. Zuvor kommt es für ihn aber noch zu einer Premiere: seiner ersten Reise in die DDR. Anlass ist der 70. Geburtstag von Onkel Clemens. Jetzt erst lernt Thomas die Verwandten im Osten kennen, nachdem seine Schwester Cornelia bereits einige Jahre zuvor erstmals in der DDR war. Thomas hat die Feier von damals noch heute genau vor Augen: »Ich erinnere mich vor allem an angenehme Gespräche, wobei das Thema Politik vermieden wurde.«[558] Nur wenige Jahre später, nachdem Thomas nach West-Berlin gezogen ist, wird sich das allerdings ändern.

Bereits Anfang 1977, nach nur einem Semester, kehrt Thomas nach Münster zurück und arbeitet erneut beim RCDS mit. Nicht nur seine alten Freunde trifft er hier wieder, sondern auch Maria Beckel, die Tochter des früheren Oberbürgermeisters und jetzigen Landtagsmitgliedes. Schnell wächst aus anfänglicher Sympathie Zuneigung und schon bald wird Maria Thomas' große Liebe. Jede freie Minute verbringen beide fortan miteinander. Gemeinsam mit anderen Freunden ist man häufig unterwegs, redet in Kneipen »über Gott und die Welt« und ruft eine Tradition ins Leben, von der man sich heute noch erzählt. So lädt Thomas gemeinsam mit Maria die Freunde zur Adventszeit immer in seine Studentenbude ein. Auf dem Programm steht, für die damalige Zeit in Studentenkreisen sicherlich ungewöhnlich, das gemeinsame Hören des Weihnachtsoratoriums von Bach. Auch Ulrich Schröder ist seinerzeit immer mit dabei und freut sich jedes Mal auf dieses vorweihnachtliche Ereignis: »Thomas hat seine bürgerliche Herkunft überhaupt nicht verleugnet und es kam mir so vor, dass er damit in dieser zum Teil politisch wirren Zeit ganz bewusst eine Art Kontrapunkt im studentischen Milieu setzen wollte.«[559]

Anfang 1978 hat Thomas de Maizière im Rahmen seiner RCDS-Arbeit noch eine Begegnung, die aus heutiger Sicht fast schicksalhafte Züge trägt. Mit Kurt Biedenkopf, der im Jahr zuvor gerade sein Amt als CDU-Generalsekretär niedergelegt hatte, begegnet ihm in Münster nach Georg Milbradt der zweite Mann, in dessen Kabinett Thomas später Minister sein sollte. Thomas hatte Kurt Biedenkopf zu einer Vortragsreihe an die Uni eingeladen und Wochen zuvor mit dessen Büroleiter alle Details besprochen. Biedenkopf sollte über das Thema »Massen- oder Eliteuniversität« reden. Als Thomas dann Biedenkopf am Auto begrüßt, ist dessen erste Frage, worüber er eigentlich reden solle. »Mir rutschte das Herz in die Hose. Im Hörsaal saßen 2000 Leute und der Mann fragt mich, worüber er reden soll«[560], beschreibt Thomas rückblickend seine damalige Gefühlslage. Doch er fasst sich schnell. Auf dem Weg vom Auto zum Hörsaal beschreibt Thomas kurz die Situation an der Uni, nennt Themen, die die Studenten an diesem Abend gern hören würden. Thomas' Aufregung legt sich jedoch erst, als Kurt Biedenkopf mit seiner Rede beginnt: »Ich traute meinen Ohren nicht. Er begann eine druckreife Rede zu halten und ließ hin und wieder ein paar Anmerkungen von mir mit einfließen, sodass er den Eindruck hinterließ, er sei ein intimer Kenner der Hochschulszene in Münster.«[561] Die Mehrzahl der Studenten ist begeistert und der Abend für Thomas gerettet. Als Chef der Staatskanzlei in Mecklenburg-Vorpommern wird er ab 1994 dem sächsischen Ministerpräsidenten oft begegnen und Ende 1998 erneut mit ihm sprechen, wenn dieser ihn fragen wird, ob er nicht nach Sachsen kommen wolle.

Im Sommer 1979 legt Thomas de Maizière dann sein erstes juristisches Staatsexamen mit der Note »befriedigend« ab. Es folgt die Referendarzeit, die ihn zum Landgericht Münster, zur Staatsanwaltschaft, einem Rechtsanwalt und zum Wettbewerbssenat des Oberlandesgerichts in Hamm führt. Als Wahlstation entscheidet er sich 1981 für das Bundeskartellamt in Berlin, wo er sich hauptsächlich mit Problemen der Fusionskontrolle auf dem Energiesektor beschäftigt. Nach dem zweiten Staatsexamen mit der Note »gut« Anfang 1982 schmiedet Thomas große Pläne. Er hat die Zusage für einen Studienplatz an der Columbia-Universität in New York bekommen und sitzt eigentlich schon auf gepackten Koffern. Doch als ihn Friedbert Pflüger, ein Bekannter aus früheren RCDS-Tagen, anruft, wird alles anders.

Wandel und Annäherung

Das Jahr 1980 beginnt für Lothar mit einer faustdicken Überraschung. Früher als erwartet bekommt er per Post mitgeteilt, dass der von ihm vor vielen Jahren bestellte Trabant zur Abholung bereitsteht. Lothars Freude ist groß, doch er hat ein Problem. Zwar arbeitet er nun schon vier Jahre als Anwalt und kann sich über sein Einkommen nicht beklagen, doch das Geld für den Trabant hat er noch nicht zusammen. »Ratenzahlung« oder »Leasing« sind Begriffe, die im Zusammenhang mit dem Erwerb eines Autos im DDR-Wortschatz nicht vorkommen. Entweder man hat das Geld oder man hat es nicht. Lothar bleibt somit nur ein Ausweg: Er muss seinen Vater bitten, ihm die noch fehlenden 2000 Mark zu leihen. Doch dieser reagiert zunächst zurückhaltend und meint: »Mein Sohn, ich habe mir im Leben nie etwas gekauft, was ich mir nicht leisten konnte. Dennoch: Du sollst das Geld bekommen.« Allerdings besteht der Vater auf einen klassischen Darlehensvertrag mit banküblicher Verzinsung: »Anders geht es nicht, denn ich würde deine Geschwister benachteiligen, wenn ich dir das Geld zinslos geben würde. Immerhin sprechen wir hier von eurem Erbe.«[562] Nur auf den ersten Blick mag diese Entscheidung kühl erscheinen. Am Ende ist sie ein weiterer Beleg dafür, dass Clemens und Christine bis ins hohe Alter streng darauf achten, dass keines ihrer Kinder bevorteilt wird.

In seinem Testament macht Clemens de Maizière dann aber doch einen Unterschied. Der Grund ist die im Westen lebende Tochter

Sabine, sodass er folgenden Wortlaut wählt: »Für den Fall meines Todes bestimme ich, dass die alleinige Erbin meine geliebte Ehefrau Christine sein soll. Sollte diese vor mir sterben, bestimme ich als Erben zu gleichen Teilen meine Tochter Dorothee, Pfarrerin in Aschersleben, meinen Sohn Lothar, Rechtsanwalt in Berlin, und meinen Sohn Michael, Grafiker in Berlin. Meine Tochter Sabine, geb. de Maizière, geb. 2.9.1941, Studienrätin in München, enterbe ich in guter Absicht im Hinblick auf die bestehenden devisenrechtlichen Vorschriften. Ich mache es jedoch ihren Geschwistern zur Pflicht, sie nach Kräften schadlos zu halten.«[563] Clemens weiß genau, was sich der Staat bei deutsch-deutschen Erbangelegenheiten in die eigene Tasche steckt.

Es ist aber nicht nur das Erbe, um das sich Clemens in dieser Zeit Gedanken macht. Regelmäßig kommt es zu Auseinandersetzungen mit seiner Frau, wenn es darum geht, wo beide später beerdigt werden sollen. Christine wünscht sich ein Grab in Berlin-Stralau an der Spree auf einem alten Fischerfriedhof. Clemens hingegen besteht darauf, dass seine letzte Ruhestätte der Friedhof der französisch-reformierten Gemeinde sein wird. Lothar, der die Diskussion seit längerem verfolgt, macht beiden irgendwann einen Vorschlag, der den Streit beendet: »Derjenige, der von euch beiden zuerst von uns geht, dessen Wunsch geht in Erfüllung. Und der andere geht dann ohne zu Murren nach.«[564] Dass die Entscheidung schon bald zugunsten seines Vaters fallen wird, kann Lothar in diesem Moment noch nicht ahnen. Doch als sein Vater wenige Wochen darauf erkrankt und seinem ältesten Sohn einen Brief übergibt, in dem er alle Dinge, die nach seinem Ableben zu erledigen sind, bis ins kleinste Detail erläutert, weiß Lothar, dass er Abschied von seinem Vater nehmen muss. Am 9. Juni 1980 stirbt Clemens de Maizière an Lungenkrebs, und was folgt, ist eine Beerdigung, von der man in ganz Ost-Berlin noch lange Zeit reden wird. Hunderte von Menschen nehmen Abschied von einem Mann, der bis an sein Lebensende nicht den Glauben daran verloren hat, auf der Seite der Gerechtigkeit zu stehen. Dass er dabei manchen Irrungen und Wirrungen unterlegen war und nicht zuletzt auch Schuld auf sich geladen hat, ist Clemens an seinem Lebensende als Christ durchaus bewusst. Seinen langjährigen Freund Hartmut Grüber, der auf Wunsch von Clemens die Predigt halten soll, bittet er kurz vor dem Tod darum, folgenden Bibelvers zu verwenden: Ich bin ein Schuldner der Griechen und der Nichtgriechen, der Weisen und der Nichtweisen (Römerbrief Kap. 1, Vers 14). Lothar de Maizière erinnert sich noch heute genau an diese Stelle in der Ansprache: »Unser Vater wusste, Vielem und Vielen nicht gerecht geworden zu sein, seiner Familie, seinen Mandanten und auch seiner Kirche. Und nun bat er um Vergebung.«[565]

Clemens de Maizières Beerdigung ist ein letzter Beleg dafür, in welchem Spannungsfeld er sich zeit seines Lebens bewegt hat. »Verzweiflung über die objektiven Schwierigkeiten eines Rechtsanwaltes in der DDR und gleichzeitig der Wille, das Beste für seine Mandanten herauszuschlagen – das war die Gratwanderung, die er tagtäglich bewältigen musste«[566], schaut Tochter Dorothee auf das Leben ihres Vaters zurück.

Meist direkt nebeneinander sitzen nun bei der Beerdigung Familienmitglieder und Freunde, Menschen aus Ost und West, Vertreter der französisch-reformierten Kirche, Anwälte und Mitarbeiter des DDR-Justizministeriums, Mitglieder von CDU und SED. Auch Dr. Friedrich Wolff, lange Jahre Vorsitzender des Berliner Rechtsanwaltskollegiums zeigt sich noch heute beeindruckt von dieser Trauerfeier: »Ich dachte mir damals: Es ist doch traurig, dass man jahrelang mit dem Mann als Kollege zusammengearbeitet hat und ihn als Mensch erst bei seiner Beerdigung kennenlernt.«[567]

Die Trauer über den Verlust des Vaters ist bei Lothar und seinen Geschwistern kaum überwunden, da müssen sie auch von ihrer Mutter Abschied nehmen. Genau ein Jahr später, am gleichen Tag wie ihr Mann Clemens, stirbt Christine de Maizière an einer Bauchspeicheldrüsenentzündung, gegen die sich ihr von einer schweren Zuckerkrankheit geschwächter Körper nicht mehr wehren kann. Vierzehn Tage vorher sagt sie Lothar noch am Krankenbett in der Berliner Charité, welchen Psalm und welche Musikstücke sie sich für ihre Beerdigung wünscht. Kurz darauf folgt sie ihrem Mann, so wie vereinbart, auf den Friedhof der französisch-reformierten Kirche in der Berliner Chausseestraße zu ihrer letzten Ruhestätte. Trost finden die Kinder vor allem in der Tatsache, dass ihre Eltern Clemens und Christine in den letzten gemeinsamen Jahren das Zusammensein sehr genossen haben. Gerade Lothar spürte damals, wie Mutter und Vater in ihrem Lebensabend wieder stärker zueinander fanden: »Bei allen Höhen und Tiefen und bei allen Prüfungen, die beide miteinander bestehen mussten, waren sie am Ende ihres Lebens vor allem stolz darauf, in schwierigen Zeiten vier Kinder großgezogen zu haben.«[568] Eine schönere Lebensbilanz kann es kaum geben.

Die kurz aufeinander folgenden Beerdigungen von Clemens und Christine de Maizière sind zugleich die Wiedergeburt der früher von der Großmama in Hannover initiierten Familientreffen. Auf der Trauerfeier für Christine verabreden Lothar, Dorothee und Cornelia, für die jüngere Generation die Tradition der Familientreffen wieder ins Leben zu rufen. Jedoch muss das erste Treffen 1982 zunächst dazu genutzt werden, »sich wieder näher kennenzulernen oder sich gar erst einmal gegenseitig vorzustellen«[569], wie sich Lothars Schwester Dorothee erinnert. Die Treffen finden bis 1989 immer in Ost-Berlin statt und folgen dabei einem schönen Ritual. Neben dem gemeinsamen Musizieren und Essen hält immer ein Familienmitglied eine Rede. Politik spielt dabei allerdings kaum eine Rolle.

1983 kommt erstmals auch Ulrich de Maizière zum Familientreffen. Die Reise nach Ost-Berlin fällt ihm nicht leicht und es kostet ihn viel Überwindung, sich an der innerdeutschen Grenze von deutschen Soldaten kontrollieren zu lassen. Im Osten angekommen bittet Ulrich seinen Neffen Lothar dann, mit ihm zum Französischen Friedhof an das Grab von Clemens zu fahren. Zur Beerdigung seines Bruders vier Jahre zuvor konnte Ulrich nicht kommen, weil er seinerzeit noch immer unter den Geheimhaltungsvorschriften der NATO stand. Unter Tränen sagt er nun zu Lothar: »Ich hoffe, dass es die nächste Generation, also ihr und meine Kinder, besser macht als Clemens und ich und die familiären Beziehungen mit mehr Verständnis gestaltet.«[570] Es ist die Bilanz eines brüderlichen Verhältnisses, das neben starken familiären Banden auch geprägt war von Krieg, Diktatur, Bespitzelung und Verrat. Beide Brüder blieben dabei nicht frei von Schuld. Ohne Vorwurf an Vater oder Onkel kommt Clemens' Tochter Dorothee letztendlich zu dem Schluss: »Beide wollten und konnten in den oftmals schwierigen und undurchschaubaren Situationen in ihrem Leben nicht ausweichen, nicht abtauchen oder anderen die Verantwortung überlassen. Von Martin Luther stammt der Spruch: ›Peccare fortiter – Sündige tapfer‹. Ich bin der Meinung, diese Tapferkeit haben beide gelebt.«[571] Diese Auffassung muss man als Außenstehender nicht teilen, als Bilanz der Kinder gegenüber ihren Vätern ist sie jedoch zu akzeptieren.

Mit dem Verlust der Eltern beginnt vor allem für Lothar ein Jahrzehnt, das für ihn zum bewegendsten und spannendsten seines Lebens werden wird. Nach dem Tod des Vaters ist Lothar de Maizière der einzige Anwalt in Ost-Berlin, der ein CDU-Parteibuch in der Tasche hat. Diese Besonderheit im Vergleich zu seinen Kollegen und sein kirchliches Engagement bringen ihm eine Sonderstellung ein, die ihn in den achtziger Jahren zu einem begehrten Mann bei Ausreisewilligen, Wehrdienstverweigerern und oppositionellen Gruppen werden lässt. Einen guten Ruf hat sich Lothar in den ersten Berufsjahren aber vor allem als sogenannter Allround-Anwalt erarbeitet. Er gilt als guter Anwalt für Zivilrecht, Verwaltungsrecht, Strafrecht, Arbeitsrecht und Steuerrecht. Nicht zuletzt weil er bald zehn Jahre älter als sein Freund Gysi und andere junge

Anwälte ist, »klotzt er in dieser Zeit besonders ran.«[572] Er will zu den Besten gehören, und dass ihm das gelingt, daran zweifelt heute auch mancher Kritiker nicht.

Während Anwälte in der DDR noch in den fünfziger und sechziger Jahren lediglich geduldet waren und als »bourgeoise Relikte« galten, verbessert sich ihre Stellung mit Beginn der siebziger Jahre deutlich. Die DDR strebt nach internationalem Ansehen, wird Mitglied in der UNO und bemüht sich, im KSZE-Prozess ein gleichberechtigter Partner zu sein. Das führt dazu, dass man sich der Diskussion um rechtsstaatliche Grundsätze nicht weiter entziehen kann.

Nach Änderungen in der Strafprozessordnung und der Zivilprozessordnung kommt es 1980 zur Verabschiedung des Gesetzes über die Kollegien der Rechtsanwälte, nachdem es vorher nur eine Verordnung gab. An der Tatsache, dass »das Recht dem Primat der Politik«[573] unterliegt, ändert ein solches Gesetz freilich nichts. Jeder, der in der DDR als Anwalt arbeitet, weiß das. Juristischer Sachverstand muss also häufig einhergehen mit der Sensibilität für das politisch gerade noch Vertretbare. »Weil schon die Inanspruchnahme verbriefter Rechte schnell als Aufbegehren gegen die herrschende Ordnung gedeutet wird, steht jeder Anwalt unter besonderer Beobachtung.«[574]

Diese Zwänge dürfen jedoch nicht darüber hinwegtäuschen, dass Anwälte in der DDR zu den privilegierten Berufsgruppen gehören; in mehrfacher Hinsicht. So verdienen Anwälte ein Vielfaches von dem, was ansonsten in Akademikerberufen üblich ist. Nachdem zuvor vom Umsatz 40 Prozent als Kostenpauschale an das Kollegium abgeführt werden, sind Jahreseinkommen von 70 000 Mark keine Seltenheit und übersteigen damit häufig sogar das Gehalt eines Ministers.

Privilegiert sind Anwälte aber auch im Wissen um die dunklen Seiten des Sozialismus. Während der Rest der Bevölkerung über die staatlichen Medien nur am Rande von großen Verbrechen und den Abgründen menschlicher Verwerfungen erfährt, sind Anwälte tagtäglich damit konfrontiert. Das führt mitunter dazu, dass mancher Ostdeutsche in nostalgischer Verklärtheit bis heute glaubt, Raub, Mord, Totschlag, Vergewaltigung und Kindesmisshandlungen habe es in der DDR so gut wie nie gegeben. Ein Irrtum, wie auch ein spektakulärer Fall zeigt, den Lothar de Maizière und Gregor Gysi Mitte der achtziger Jahre bearbeiten.

Gemeinsam übernehmen sie die Verteidigung eines Mannes, der beschuldigt wird, einen Homosexuellen ermordet zu haben. Der Fall verspricht zunächst wenig Aufregung, zumal der Mandant ein Geständnis abgelegt hat. Als sich Lothar und Gregor Gysi jedoch immer mehr ins Aktenstudium vertiefen, stoßen sie auf einige Dinge, die sie nachdenklich machen. So stellen sie zunächst fest, dass das Geständnis des Beschuldigten nach einem 72-stündigen Verhör zustande kam. Immer wieder sprechen sie mit ihrem Mandanten, vergleichen seine Aussagen mit den Akten, die sie Stück für Stück durcharbeiten. Hellhörig wird Lothar dann eines Tages, als der Beschuldigte nebenbei erwähnt, dass man ihm schon dreimal Blut abgenommen habe. Als Lothar ihn fragt, wie das kommt, meint sein Mandant: »Wahrscheinlich wollen die mich zum Blutspenden haben. Meine Blutgruppe ist doch ›0 Rhesus negativ‹ und das ist wahrscheinlich ganz selten.«[575] Lothar stutzt. Stand in den Akten nicht, dass im Rahmen der Ermittlungen anhand von Haaren, die das Opfer dem Täter ausgerissen hatte, festgestellt wurde, dass der Mörder die Blutgruppe »AB« haben muss? Sofort fährt Lothar mit seinem Freund Gregor zum Gericht, um die Unterlagen erneut einzusehen. Doch das Ergebnis der Blutgruppenuntersuchung fehlt plötzlich in der Akte. Beide schauen sich an, und als Gysi sagt: »Du Lothar …«, antwortet dieser nur kurz: »Gregor, sprich nicht weiter. Lass uns draußen bei einer Zigarette reden.«[576] Zu groß ist die Gefahr, dass ihr Gespräch abgehört wird.

Spätestens jetzt ist den beiden klar, dass sie es nicht nur mit einem heiklen Fall, sondern auch mit der Unterdrückung von Beweismitteln zu tun haben. Seite für Seite arbeiten sie die Akte erneut durch und beweisen am Ende, dass ihr Mandant unmöglich der Täter sein kann. Das Gericht lehnt daraufhin die Eröffnung des Hauptverfahrens ab, ordnet die Freilassung des zu unrecht Inhaftierten an und billigt ihm zudem eine Haftentschädigung zu. Zwischen den Anwälten und der Staatsanwaltschaft kommt es daraufhin zu gegenseitigen Schuldzuweisungen. »Während die Staatsanwaltschaft behauptete, wir hätten uns für die Freilassung eines Mörders eingesetzt, hielten wir ihr vor, dass sie den Falschen gefasst hatte«, erzählt Lothar de Maizière rückblickend. Auch Gregor Gysi erinnert sich über dreißig Jahre später noch genau daran: »Das war ein sehr schwieriger Fall, der uns auch Ärger eingebracht hat, weil wir trotz eines vorliegenden Geständnisses unseres Mandanten die Arbeit der Ermittlungsbehörden anzweifelten.«[577] Wie schnell Ärger in Lob umschlagen kann, erfahren beide dann wenige Wochen später. Bei einem Raubmord wird ein Täter auf frischer Tat ertappt, dem nicht nur der Mord an dem Homosexuellen nachgewiesen werden kann, sondern auch noch vier weitere Morde, für die zum Teil ebenfalls Unschuldige in Haft sitzen. Plötzlich werden Lothar de Maizière und Gregor Gysi nicht mehr beschimpft, sondern für ihre akribische Arbeit gelobt.

Viele Jahre später wird Gregor Gysi allerdings auch von einem Fall berichten, in dem er und sein Freund Lothar nicht miteinander, sondern gegeneinander agierten. In einem Scheidungsfall vertreten beide seinerzeit ein Ehepaar; Lothar de Maizière den Mann und Gregor Gysi die Frau. In der Frage von Unterhaltszahlungen geraten die beiden Anwälte vor Gericht furchtbar aneinander, obwohl man bei dem Paar selbst den Eindruck hat, dass man sich einigen könne. Von einer Freundschaft zwischen Lothar und Gregor ist in diesem Moment nichts zu spüren. Es kommt zu einem Streit, der aber schon bald wieder vergessen ist. »Später mussten wir über uns lachen«[578], erinnert sich Gysi schmunzelnd an diesen Fall.

Zu Beginn der achtziger Jahre verschärft sich die wirtschaftliche Lage der DDR zusehends. Die Gründe dafür liegen sowohl in den wirtschaftspolitischen Verfehlungen seit dem Machtantritt Erich Honeckers als auch in den weltweit gestiegenen Rohstoff- und Energiepreisen. Nur mit Hilfe zweier von CSU-Ministerpräsident Strauß vermittelter Kredite in den Jahren 1983 und 1984 kann ein Staatsbankrott vermieden und die Kreditwürdigkeit der DDR wieder hergestellt werden. Die Verschärfung der wirtschaftlichen Lage geht einher mit gesellschaftlichen Krisenerscheinungen. Mit dem Blick nach Polen, wo die Gewerkschaftsbewegung »Solidarność« Änderungen am System fordert, bilden sich auch in der DDR kleinere oppositionelle Gruppen. Erste Ansätze einer Umweltbewegung werden deutlich und es kommt zu einem massiven Anstieg der Zahlen an DDR-Bürgern, die einen Ausreiseantrag stellen. Unter dem Dach der Kirche formiert sich Widerstand gegen die zunehmende Militarisierung in der Gesellschaft. Dem Protest gegen die Einführung des Wehrkundeunterrichts an den Schulen folgt die Initiative »Schwerter zu Pflugscharen«. Das vom sächsischen Jugendpfarrer Harald Brettschneider entworfene Symbol sieht man als Aufnäher immer öfter an Jacken und Taschen von Jugendlichen.

Es ist die Zeit, in der Lothar de Maizière zunehmend von »seiner« Kirche um Unterstützung gebeten wird. Oft ist dabei jedoch nicht nur sein Rat als Anwalt gefragt. Auch die Rolle eines Seelsorgers muss Lothar immer häufiger übernehmen, etwa bei Verfahren gegen Wehrdienstverweigerer; junge Männer, die analog zum Zivildienst im Westen Deutschlands auch in der DDR einen vergleichbaren sozialen Friedensdienst fordern. Sowohl den Wehrdienst als auch den Wehrersatzdienst bei den Baueinheiten der Nationalen Volksarmee lehnen sie ab. Sie wollen weder in einem Panzer sitzen noch die Straßen bauen, auf denen die Panzer fahren. Das ist in den Augen der DDR-Obrigkeit und nach geltender Rechtslage eine Straftat, sodass es in jedem Fall zu einem Gerichtsverfahren kommt, an dessen Ende eine Gefängnisstrafe steht.

Lothar de Maizière vertritt zahlreiche junge Männer in solchen Verfahren; nicht weil er auf das Obsiegen hofft, sondern weil er darin auch eine Pflicht zum moralischen Beistand sieht. Zwar verliert Lothar jedes dieser Verfahren, macht sich aber schon bald den Umstand zunutze, dass der DDR an einem guten Verhältnis zur Bundesrepublik gelegen ist. An einer Berichterstattung in den Westmedien über Gefängnisstrafen von Wehrdienstverweigerern in der DDR hat der SED-Staat kein Interesse. Als Anwalt und Vertreter der Berlin-Brandenburgischen Kirche geht Lothar regelmäßig zum Staatssekretär für Kirchenfragen und berichtet ihm von neuen potenziellen Wehrdienstverweigerern: »Ich habe ihn dann gefragt, ob er öffentliche Verfahren will, die im Westen das entsprechende Echo hervorrufen würden, oder ob er Ruhe haben will. Meist wollte er natürlich kein großes Aufsehen.«[579] Und so kommt es, dass diese jungen Männer bei der Einberufung »vergessen« werden. Allerdings unter einer Bedingung, wie sich Lothar de Maizière erinnert: »Wir durften solche Fälle ›nicht an die große Glocke hängen‹.«[580]

Mitte der achtziger Jahre kommt es innerhalb des Berliner Rechtsanwaltskollegiums zu Konflikten, die sich vor allem an der Person des Kollegiumsvorsitzenden Häusler festmachen lassen. Immer häufiger äußert sich eine kleine Gruppe junger Anwälte um Gregor Gysi – genannt die »Viererbande« – kritisch zu Häusler. Zwar gehört Lothar selbst nicht zu der Gruppe. Doch auch er fordert Veränderungen an der Spitze des Kollegiums und unterstützt seinen Freund Gysi, der 1984 gern selbst Kollegiumsvorsitzender werden will. Allerdings ist es dafür noch zu früh. Zwar gilt er im Justizministerium durchaus als Perspektivkader, er soll sich zunächst aber als Parteisekretär bewähren. Die Führung des Kollegiums übernimmt daher erneut Dr. Friedrich Wolff. Neu in den Vorstand kommt wenig später auch Lothar de Maizière. Durch seine besonnene, oft ausgleichende Art wird er sowohl von den jüngeren als auch den älteren Anwälten geschätzt. Kollegiumsvorsitzender Wolff erwähnt dies 1987 sogar in Lothars Beurteilung: »Als Vorstandsmitglied genießt Koll. de Maizière unter den Mitgliedern ein hohes Ansehen. Dies drückt sich in der Tatsache aus, daß er in geheimer Wahl einstimmig gewählt worden ist. Auch aus dem sonstigen Verhalten der Mitglieder des Kollegiums ist ablesbar, daß Koll. de Maizière hohes Ansehen und Vertrauen genießt.«[581] Es ist daher auch keine Überraschung, als Lothar 1988 auf Vorschlag von Gregor Gysi zum stellvertretenden Vorsitzenden des Kollegiums gewählt wird, während Gysi selbst den Vorsitz übernimmt. Lothar erinnert sich auch mehr als zwanzig Jahre später noch gut an die damalige Wahl: »Gregor wollte mich gern als seinen Stellvertreter, weil ich mich ganz gut in Steuer- und Finanzfragen auskannte und fortan für alle Haushaltsfragen des Kollegiums zuständig sein sollte. Das war nicht so seine Welt.«[582] Doch der Wunsch Gysis ist nicht so ohne weiteres umzusetzen, denn Lothar hat das falsche Parteibuch. Dass bei Abwesenheit des Vorsitzenden ein CDU-Mitglied das bedeutendste Anwaltskollegium der DDR leiten würde, ist unvorstellbar. Da Gysi jedoch auf Lothar als stellvertretenden Vorsitzenden besteht, wird kurzerhand die Satzung geändert und bald darauf ein zweiter Stellvertreter gewählt. Natürlich ein SED-Mitglied. Am Ende ist auch Lothar zufrieden mit dieser Lösung: »Ich habe mich damals allerdings zu der Bemerkung hinreißen lassen, dass wir künftig also zwei Stellvertreter haben – einen für die Partei und einen für die Arbeit.«[583]

Die Zusammenarbeit der beiden befreundeten Anwälte beschränkt sich in den nächsten Monaten weniger auf gemeinsame Fälle als vielmehr auf die Führung und Außendarstellung des Kollegiums. Die nach wie vor geringe gesellschaftliche Anerkennung von Rechtsanwälten in der DDR wollen sie verbessern, indem sie ihre Arbeit verstärkt ins Licht der Öffentlichkeit rücken. Darüber hinaus haben sich die Zeiten geändert. Im Land des »Großen Bruders« hat mittlerweile Michail Gorbatschow das Sagen und beim Versuch, Änderungen und Reformen zu erreichen, wagt man sich auch in der DDR mehr und mehr aus der Deckung. Das bezieht sich nicht nur auf oppositionelle Gruppen unter dem Dach der Kirche, sondern auch auf manches SED-Mitglied. Obwohl einer Fundamentalopposition gegen die DDR-Obrigkeit sicherlich unverdächtig, versucht Gregor Gysi mit einem Interview auszuloten, wie weit er gehen kann. Im Sommer 1988 spricht er mit der Parteizeitung »Neues Deutschland« und sagt Sätze wie: »Zur Wirksamkeit des Rechts auf Verteidigung gehört … auch, daß die Öffentlichkeit die Tätigkeit eines Verteidigers versteht oder zumindest akzeptiert, besser noch unterstützt.«[584] Allerdings ist das schon die einzige, vorsichtig kritische Aussage in dem Interview, die am Ende auch gedruckt wird. Der Rest wird laut Gysi gestrichen: »Das hat mich sehr geärgert, weil das Interview dadurch einen sehr einseitigen Eindruck hinterließ.«[585] Doch der Ärger verfliegt schnell, denn das Kollegium bekommt kurz darauf erneut die Gelegenheit, sich zur Arbeit von Rechtsanwälten in der DDR zu äußern. Jetzt ist es Lothar, der im Gespräch mit der »Berliner Zeitung« all das sagen will, was bei Gysi noch der Zensur zum Opfer fiel. Er weiß natürlich, um welche Aussagen es sich dabei gehandelt hat. Und zum Erstaunen des gesamten Kollegiums sind am Tag darauf in der Zeitung Aussagen zu lesen wie: »Konkret könnte ich mir vorstellen, daß die Fälle erweitert werden, in denen einem Beschuldigten oder Angeklagten, der keinen Verteidiger gewählt hat, ein solcher vom Gericht bestellt wird. Denkbar und wünschenswert wäre auch, daß die Zulässigkeit von Bedingungen für die Rücksprache von Verteidiger und inhaftiertem Mandanten im Ermittlungsverfahren wegfielen.«[586] Das sind für ein Interview in einer DDR-Zeitung geradezu revolutionäre Aussagen.

Dass sich die Machthaber aber nach wie vor nicht alles gefallen lassen, bekommt Lothar wenige Monate später zu spüren. Gemeinsam mit drei Kollegen verteidigt er im Frühsommer 1989 vier Skinheads, die nach einem Discobesuch vier französisch sprechende Afrikaner erst beleidigt und kurz darauf geschlagen und getreten hatten. Nicht zuletzt weil die DDR die Existenz von Neonazis bestreitet und das Phänomen Fremdenfeindlichkeit negiert, sind die vier jungen Männer lediglich wegen Rowdytums und Körperverletzung angeklagt. Noch zwei Jahre zuvor, in einem Prozess gegen Skinheads, die an einem Überfall auf ein Punkkonzert in der Berliner Zionskirche beteiligt waren, hatte Lothar sich in seinem Plädoyer ebenfalls auf diese Anklagepunkte beschränkt und von »verirrten Rowdys« gesprochen.[587] Nun aber, nachdem neonazistische Entwicklungen in der DDR unübersehbar geworden sind, hat er seine Meinung geändert. Mit dazu beigetragen hat nach eigener Aussage auch die im Rechtsanwaltskollegium vorgestellte Studie einer Berliner Soziologie-Professorin über den gesellschaftlichen Zustand der DDR, in der das Thema Fremdenfeindlichkeit erstmals offen – wenn auch im kleinen Kreis – thematisiert wurde.

Im Glauben, die Studie würde ihm den nötigen Rückhalt liefern, spricht er nun im Gerichtssaal davon, dass in dem gesamten Verfahren die gesellschaftlichen und sozialen Umstände komplett ausgeblendet wurden und statt der Jugendlichen eigentlich auch die Eltern, Lehrer und Vertreter der FDJ sitzen müssten. Sie alle hätten nämlich versagt. Doch Lothar geht in seinem Plädoyer zu weit. So etwas macht man in der DDR auch wenige Monate vor der Wende nicht ungestraft. Es beginnt damit, dass in der FDJ-Zeitung »Junge Welt« sein Auftreten vor Gericht scharf kritisiert wird. Über Lothar schreibt die Redakteurin: »Er spricht in merkwürdiger Verallgemeinerung davon, daß es gerade der Jugend an der Verinnerlichung humanistischer Ideale mangele.«[588] Und wenige Zeilen später fährt sie fort: »Gerade unsere sozialistische Gesellschaft hat wie keine andere deutsche zuvor humanistische Ideale zum Inhalt und verwirklicht sie in einem tiefgreifenden Prozeß ökonomischer, politischer, geistig-kultureller Wandlungen.«[589] Mit solchen Artikeln kann Lothar leben; zu oft hat er derlei lesen müssen. Schwerer wiegt jedoch, dass sich der am Verfahren beteiligte Staatsanwalt beim

Generalstaatsanwalt der DDR über ihn beschwert. Dieser fordert vom Vorsitzenden des Berliner Anwaltskollegiums Konsequenzen. Gregor Gysi kommt daraufhin wenige Tage später mit ernstem Gesicht zu Lothar ins Büro und sagt: »Ich soll mit dir eine erzieherische Aussprache führen«, und fügt eine Sekunde später schmunzelnd hinzu: »Das ist hiermit geschehen.«[590] Für beide ist der Fall damit erledigt.

* * *

Kassandra, Seherin und Königstocher von Troja, Heldin der griechischen Mythologie, steht in gewisser Weise am Anfang der politischen Karriere von Thomas de Maizière. Das gleichnamige Buch von Christa Wolff, das bis heute zu den bedeutendsten Werken der herausragenden Schriftstellerin zählt, erscheint 1983 gleichzeitig in der DDR und der Bundesrepublik und ruft auch bei Thomas Begeisterung hervor. Er liest viel DDR-Literatur in dieser Zeit, weiß von dem Land, in dem seine Verwandten leben, allerdings noch nicht allzu viel. Die Bücher von Christa Wolff, Monika Maron, Thomas Brasch und anderen haben es ihm jedoch angetan. »Kassandra« liest Thomas innerhalb weniger Tage und trifft kurz darauf auf einen Gesprächspartner, von dem er nicht erwartet, dass der mit ihm über genau jenes Buch lange sprechen wird. Es ist Richard von Weizsäcker, der Regierende Bürgermeister von West-Berlin. Hinter dem Zusammentreffen steckt der Anruf von Friedbert Pflüger bei Thomas wenige Wochen zuvor. Pflüger ist Redenschreiber bei von Weizsäcker, soll nun aber zum Büroleiter innerhalb der Berliner Senatskanzlei aufsteigen. Allerdings unter der Bedingung, seinem Chef einen geeigneten Nachfolger als Redenschreiber vorzuschlagen. Und Pflüger denkt dabei an Thomas, den er aus gemeinsamen RCDS-Zeiten kennt. Im Rahmen eines CDU-Parteitages kommt es bald darauf zu einer ersten Begegnung zwischen Richard von Weizsäcker und Thomas de Maizière. Der Name »de Maizière« ist dem Regierenden Bürgermeister nicht unbekannt: »Die Eltern von

Thomas kannte ich schon, bevor ich ihn eingeladen hatte, zu mir zu kommen. Ich habe sie als außerordentlich kultivierte und eindrucksvolle Menschen kennen- und schätzen gelernt.«[591] Es verwundert somit nicht, dass er dem Vorschlag Pflügers sehr aufgeschlossen gegenübersteht und Thomas zum Gespräch einlädt. »Das Gespräch unterschied sich von allen anderen Vorstellungsgesprächen, die ich bisher absolviert hatte. Richard von Weizsäcker kam nur kurz auf meinen Lebenslauf zu sprechen, bevor wir uns lange über Politik und vor allem Kultur unterhielten«[592], erinnert sich Thomas. Als er auf die Frage von Weizsäckers, welches Buch er gerade lese, antwortet: »›Kassandra‹ von Christa Wolff«, entsteht eine lebhafte Diskussion, denn auch der Regierende Bürgermeister kennt das Buch sehr gut. Am Ende des Tages steht für von Weizsäcker fest, dass er Thomas de Maizière als neuen Redenschreiber möchte. Dieser zögert allerdings noch, denn eigentlich will er in die USA und hat bereits einen Studienplatz an der Columbia-Universität in New York: »Ich habe mich nach dem Treffen lange mit der Familie und Freunden beraten und am Ende dann für Berlin und für Richard von Weizsäcker entschieden.«[593]

Bereits kurz nach seinem Dienstantritt im April 1983 lernt Thomas seinen neuen Chef als sehr streng kennen, der nicht nur viel sich selbst, sondern auch seinen Mitarbeitern abverlangt. Häufig zerreißt von Weizsäcker ganze Redeentwürfe oder schreibt sie komplett um. Für Thomas irritierend ist dabei mitunter, »dass von Weizsäcker bei solchen Entwürfen manchmal meinte, sie seien ganz gut gewesen. Für Reden, die er aber fast eins zu eins übernahm, gab es oftmals sogar Kritik.«[594] Diese Praxis übernimmt Thomas de Maizière übrigens auf seinem weiteren Berufsweg. Jahre später, als er selbst längst Minister ist, geht er mit Mitarbeitern, denen Fehler unterlaufen, milde um. Bei guten Vorlagen und Entwürfen spart er hingegen oft nicht mit Kritik.

Insgesamt gestaltet sich die Zusammenarbeit zwischen Richard von Weizsäcker und Thomas de Maizière sehr gut, sodass beide noch heute voller Hochachtung übereinander reden. Schnell sieht von Weizsäcker in Thomas auch bald mehr als nur den Redenschreiber. »Der Begriff ›Redenschreiber‹ ist eine Einengung dessen, worum es in unserer Zusammenarbeit ging. Thomas de Maizière war aktiv in die Gestaltung meiner Politik als Regierender Bürgermeister eingebunden«[595], erinnert sich von Weizsäcker an die damalige Zeit. Wie zum Beweis dieser Aussage beschreibt er die Vorbereitung seiner Rede anlässlich des Evangelischen Kirchentages in der DDR im Sommer 1983 in Wittenberg: »Ich bekam auf diesem Kirchentag die Gelegenheit, vor tausenden Bürgern der DDR zu sprechen. Und ich erinnere mich noch, wie ich mit Thomas de Maizière meine Rede besprochen und vorbereitet habe. Hier galt es jedes Wort genau zu überlegen.«[596] Diese Herausforderung ist die bis dato größte für Thomas, aber sie gelingt ihm mit Bravour. Aus seiner Feder stammen folgende Worte, die noch heute in den Berichten über den damaligen Kirchentag Erwähnung finden: »Wir sind hüben wie drüben Deutsche, wenn auch in zwei Staaten. Uns verbindet mehr als Sprache, Kultur und die Hoffnung für unsere Gesellschaft. ... Wir atmen die gleiche Luft, sie macht nicht an unseren Grenzen halt. Sie rein zu halten, ist unser gemeinsames Interesse.«[597] Da Thomas seinen Chef nicht nach Wittenberg begleiten kann, bekommt er von der Wirkung dieser Worte nichts mit. Anders als sein Vetter Lothar, der Teilnehmer dieses Kirchentages ist.

Im Herbst 1983 wird Richard von Weizsäcker von CDU und CSU zum Kandidaten für die Wahl des Bundespräsidenten ernannt und im Mai 1984 dann auch gewählt. Sein Amt als Regierender Bürgermeister übernimmt im Februar 1984 Eberhard Diepgen, der sich zuvor innerhalb der Berliner CDU gegen Hanna-Renate Laurien durchgesetzt hatte. Richard von Weizsäcker bietet Thomas de Maizière an, mit ihm nach Bonn zu gehen. Doch dieser lehnt ab. Auch der Liebe wegen, denn wenige Monate zuvor hat er Martina kennengelernt.

Martina Willeke ist die 1955 in Detmold geborene Tochter von Klaus und Christa Willeke und hat nach eigener Aussage »keine großbürgerliche, aber eine bildungsbürgerliche Herkunft.«[598] Ihr Vater Klaus stammt aus der Gegend von Braunschweig und war im 2. Weltkrieg Marineoffizier. Nach dem Krieg absolvierte er eine Tischlerlehre und arbeitete sich in den folgenden Jahren schrittweise und mit viel Fleiß und Engagement noch bis zum Betriebsdirektor der Firma Wella GmbH & Co KG hoch, einem angesehenen Betrieb der Holzindustrie in Lippe/ Westfalen. »Er war stolz auf das, was er ohne Studium beruflich alles erreicht hatte«, erzählt Martina de Maizière im Rückblick auf ihren Vater, der 2011 stirbt.

Martinas Mutter Christa (geb. Kühne) hatte ihre Wurzeln in der Magdeburger Börde. Hier besaßen ihre Eltern ein Rittergut, das sie 1945 auf der Flucht vor den Russen jedoch verlassen mussten. Zu dieser Zeit war Christa Kühne, die 1940 ihren Abschluss als Krankengymnastin gemacht hatte, in britischer Kriegsgefangenschaft. Während des Krieges hatte sie in einem Lazarett in Brüssel gearbeitet, wo sie von britischen Soldaten kurz vor Kriegsende gefangen genommen wurde. Nachdem sie Weihnachten 1946 aus der Gefangenschaft entlassen wurde, arbeitete sie erneut als Krankengymnastin und machte sich später mit einer eigenen Praxis selbstständig. 1952 lernte Christa Kühne dann Klaus Willeke kennen und beide heirateten 1953. Nach der Geburt von Tochter Martina kam 1957 noch Sohn Arndt-Christian zu Welt.

Martina de Maizière hat ihre Kindheit als »sehr wohlbehütet«[599] in Erinnerung. Sie hat liebevolle Eltern und in Detmold fühlt sich die Familie wohl. Zwar wird Martina von den Eltern konservativ erzogen, doch in ihrer Jugend entwickelt sie sich zu einer jungen Frau, die sich im Rückblick als »romantisch links«[600] bezeichnet: »Dies lag zu einem großen Teil an meinen damaligen Freunden und auch an der linken Lehrerschaft, was vor allem meinen Vater sehr gestört hat.«[601] So hat

Klaus Willeke keinerlei Verständnis dafür, dass in der Schule Habermas gelesen wird.

Zu Auseinandersetzungen wegen Martinas politischen Ansichten kommt es innerhalb der Familie aber kaum. Nur wenn die Schule darunter leidet, versteht ihr Vater keinen Spaß. »Ich habe mich in der damaligen Zeit sehr für die amerikanische Bürgerrechtlerin Angela Davis interessiert. Und einmal haben Freunde und ich gemeinsam die Schule geschwänzt, um Plakate für die Freilassung von Angela Davis zu kleben. Das gab natürlich Ärger zu Hause«[602], erzählt Martina de Maizière viele Jahre später.

1973 macht sie dann ihr Abitur und arbeitet nach einer Ausbildung zur Rechtspflegerin ab 1977 bei der Staatsanwaltschaft in Bonn. Doch die Stadt wird ihr irgendwann zu eng und sie geht nach Hamburg, wo sie in ihrem Beruf allerdings auch nicht glücklich wird: »Ich musste nur Mahnbescheide erstellen, und das machte mich sehr unzufrieden.«[603] Nach einer längeren Krankheit beschließt sie 1980 daher den Beamtenstatus aufzugeben und beginnt mit dem Studium der Sozialpädagogik an der Fachhochschule Hamburg. Nebenbei arbeitet sie in dieser Zeit ehrenamtlich als Bezirksvorsitzende für »amnesty international«.

Nach dem Examen geht sie nach Berlin und tritt im April 1983 ihr sogenanntes Anerkennungsjahr beim Jugendamt im Stadtteil Wedding an, bevor sie ab 1984 dort eine Stelle in der Familienfürsorge übernimmt. In Berlin lernt sie dann auch Thomas kennen: »Wir trafen uns das erste Mal bei Freunden zu einem gemeinsamen Abendessen und stellten fest, dass wir nur zwei Häuser voneinander entfernt in der gleichen Straße wohnten.«[604] Als im Verlauf des Abends ein schweres Gewitter aufzieht, gibt Thomas Martina seine Autoschlüssel, damit sie schnell nach Hause fahren kann, um die Fenster zu schließen. »Das fand Martina ziemlich nett, sodass wir uns später lange unterhielten und uns immer sympathischer wurden«[605], erinnert sich Thomas de Maizière an die erste Begegnung mit seiner späteren Frau. Bis beide ein

Paar werden, vergeht allerdings noch ein halbes Jahr. Doch bereits im April 1984 ziehen sie in eine gemeinsame Wohnung. Zu diesem Zeitpunkt hat sich Thomas längst entschieden, fortan auch für den neuen Regierenden Bürgermeister Eberhard Diepgen zu arbeiten.

Eberhard Diepgen kommt nach seiner Wahl im Februar 1984 schnell zu Thomas und fragt ihn, ob er nicht bei ihm bleiben möchte. Beide kennen sich durch die Fraktion und Diepgen weiß, dass Thomas von Richard von Weizsäcker ein Angebot hat, nach dessen Wahl zum Bundespräsidenten mit nach Bonn zu gehen. Eberhard Diepgen kann sich noch gut an die ersten Wochen seiner Amtszeit erinnern: »Wir haben nach von Weizsäckers Weggang mehrmals darüber gesprochen, ob er bei mir in der Senatskanzlei bleibt und welche Aufgaben und Perspektiven damit verbunden wären. Ich hatte ihm mein Interesse deutlich gemacht und er hat dann letztendlich zugesagt. Ihn reizten die Aufgabe und die Stadt. Sicher hatte auch seine Freundin und spätere Frau in diesem Sinne votiert.«[606]

Die Perspektiven, von denen Diepgen spricht, sind für Thomas wichtig, denn er möchte nicht ewig Redenschreiber bleiben. Im Zusammenhang mit einem möglichen Aufstieg innerhalb der Berliner Senatskanzlei setzt er deshalb große Hoffnungen auf die Wahl zum Berliner Abgeordnetenhaus im März 1985. Die Chancen auf einen Wahlsieg Diepgens stehen gut. Als »rundum ›positiv besetzt‹ werten die Demoskopen einen Mann, der im Februar 1984 in der Nachfolge Richard von Weizsäckers noch als Verlegenheitslösung galt.«[607] Diepgen ist in der Berliner Bevölkerung beliebt, die unter Peter Radunski entwickelte Wahlkampagne mit dem Motto »Einer von uns« ist daher direkt auf ihn zugeschnitten. Sein SPD-Gegenkandidat Hans Apel, der ehemalige Bundesfinanz- und Verteidigungsminister, hat keine Chance. Trotz leichter Verluste gewinnt die Berliner CDU mit Eberhard Diepgen an der Spitze die Wahl am 10. März 1985.

Thomas wird bald darauf Leiter des Grundsatzreferates, direkt dem Chef der Senatskanzlei unterstellt. Er kann sich ein kleines Team aufbauen und übernimmt erstmals Führungsverantwortung. Die Zusammenarbeit mit Diepgen funktioniert reibungslos, zumal dieser in Thomas auch den politischen Berater sieht, etwa bei politisch heiklen Themen. »Wichtig waren die konzeptionelle Arbeit und auch die Wahl der richtigen Begriffe in der politischen Auseinandersetzung. Bis heute benutze ich immer wieder den Begriff des ›aufgeklärten Patriotismus‹, den mir Thomas de Maizière damals in der Diskussion um nationale Identität vorgeschlagen hat«[608], erzählt Diepgen noch Jahre später.

In der Zusammenarbeit mit Eberhard Diepgen erkennt Thomas de Maizière bald, dass es in der politischen Auseinandersetzung um mehr als globale Gedanken und allgemein gehaltene konzeptionelle Ideen und Visionen geht. Er ist nun Referatsleiter in einer Stadt, die nicht nur eine international herausragende Stellung, sondern auch viele kleine und manch größere Probleme zu lösen hat. Viele Bereiche sind ihm neu. Häufig sitzt er bis spät in die Nacht im Büro, um alle Sachverhalte zu verstehen und um jeden Gedanken genau zu erfassen. Das wird von ihm verlangt und Diepgen ist ihm darin auch Vorbild. Thomas de Maizière sieht darin bis heute einen wichtigen Baustein für seine eigene politische Karriere: »Während ich bei von Weizsäcker lernte, das Große und Ganze im Blick zu haben, bekam ich durch Diepgen vermittelt, dass es genauso notwendig ist, sich bei wichtigen Themen bis ins kleinste Detail einzuarbeiten und dass man auch mal allein vornweg gehen muss, um ans Ziel zu kommen.«[609]

Nach relativ kurzer Zeit hat sich Thomas gut eingearbeitet. Der Job macht ihm Spaß, er fühlt sich wohl in Berlin und möchte mit Martina eine Familie gründen. Nachdem sie nun schon ein Jahr zusammen wohnen, heiraten beide im Sommer 1985; erst standesamtlich in Charlottenburg, im Juni folgt die kirchliche Hochzeit in der evangelisch-reformierten Kirche in Heiligenkirchen bei Detmold. 1986 promoviert

Thomas an seiner alten Universität in Münster zum Dr. jur. mit dem Thema »Die Praxis der informellen Verfahren beim Bundeskartellamt – Darstellung und rechtliche Würdigung eines verborgenen Vorgehens.« Ein Jahr darauf wird mit Tochter Nora dann das erste Kind von Thomas und Martina geboren. Ihr folgen später mit Kilian 1990 und Victor 1993 noch zwei Söhne.

Während es in den siebziger Jahren vor allem Cornelia war, die den Kontakt zu den Ostverwandten wieder intensivierte, ist es nun Thomas, der gemeinsam mit Martina am häufigsten in Ost-Berlin ist. Meist trifft man sich bei Michael de Maizière und seiner Frau, was vor allem am geringeren Altersunterschied liegt. »Erst später wurde der Kontakt zu Lothar stärker, als wir dann auch viele Abende über Politik diskutierten. Es entwickelte sich Stück für Stück immer größeres Vertrauen und jeder traute sich immer mehr aus der Deckung«[610], erinnert sich Thomas de Maizière. Durch Michael und Lothar erfährt er mehr über den Osten, als in jeder Tageszeitung West-Berlins zu lesen ist. Das Wissen nutzt ihm auch für seine Arbeit in der Senatskanzlei, etwa als es ab 1986 darum geht, die Feierlichkeiten zum 750-jährigen Jubiläum Berlins vorzubereiten.

Thomas gehört zu einem kleinen Kreis um Eberhard Diepgen, der lange darüber diskutiert, welches Konzept man dem Jubiläum zugrunde legen und wie dabei mit Ost-Berlin umgegangen werden soll. Dort hat man sich hinsichtlich des Charakters der Feierlichkeiten längst entschieden. Die DDR will die 750-Jahr-Feier Berlins dazu nutzen, um die Überlegenheit des sozialistischen Systems zu dokumentieren. Von einem reinen Stadtjubiläum wollen die SED-Machthaber nichts wissen. Geplant sind daher nicht nur Feiern im eigentlichen Sinn, sondern auch eine eindrucksvolle Kundgebung und ein Staatsakt im Palast der Republik. Dafür werden weder Kosten noch Mühen gescheut. Die Stadt soll glänzen im Jahr ihres 750-jährigen Bestehens. Tausende Bauarbeiter aus dem ganzen Land werden bereits in den Jahren zuvor nach Ost-Berlin beordert, um der Stadt in weiten Teilen ein neues Gesicht zu geben. Internationale Stars wie Santana, Bob Dylan oder auch Udo Jürgens und Peter Maffay kommen zu Konzerten in die Hauptstadt der DDR. Sportliche Höhepunkte, wie der Start der internationalen Friedensfahrt, und zahlreiche Stadtfeste runden das Bild ab. Die Läden in Ost-Berlin sind ebenfalls gut gefüllt, was freilich zu großem Unmut im Rest des Landes führt.

Im Westteil der Stadt geht man einen anderen Weg, will den 750-jährigen Geburtstag als das begehen, was er auch ist: als Stadtjubiläum einer geteilten Stadt mit einer gemeinsamen Geschichte. Große, pompöse Feierlichkeiten sind nicht geplant. An der DDR und den politisch Verantwortlichen in Ost-Berlin kommt man aber auch dabei nicht vorbei. Allerdings betritt man dabei »vermintes Gelände«, was spätestens bei protokollarischen Fragen erkennbar wird. West-Berlin ist für die DDR Ausland, also sieht man dort das Außenministerium in der Pflicht. Die Verantwortlichen in Bonn halten sich bewusst zurück und verweisen auf den Charakter eines Stadtfestes. Zudem werden die Aktivitäten in West-Berlin argwöhnisch von den westlichen Alliierten beobachtet, die in Gesprächen mit Vertretern der Senatskanzlei immer wieder den Vier-Mächte-Status der Stadt betonen. Wer wen und wozu einlädt, wird zu einer Gratwanderung; Diepgen und seine Mitarbeiter stecken in einem Dilemma. »Letztendlich haben wir uns dann dafür entschieden, Honecker einzuladen. Diepgen hingegen sollte vom Ost-Berliner Bürgermeister eingeladen werden. Das war eine Variante, der auch Schäuble als damaliger Kanzleramtsminister gewisse Sympathie entgegenbrachte«[611], beschreibt Thomas de Maizière die damalige Situation. Doch am Ende scheitern derartige Überlegungen. Beide Teile der Stadt feiern für sich, wohl auch, weil die DDR befürchtet, dass bei gemeinsamen Feierlichkeiten mehr das Verbindende als das Trennende in den Vordergrund rücken könnte.

Ab Mitte der achtziger Jahre muss Thomas dann auch erkennen, welch dunkle Seiten das Politikgeschäft haben kann. Schwierigen politischen Diskussionen, etwa um die Wohnungsnot, die Zukunft der Berliner Krankenhäuser oder den Kreuzberger Krawallen, folgt mit der sogenannten »Antes-Affäre« ein schwerer Schlag für die West-Berliner CDU, von dem sie sich so schnell nicht erholen wird. Antes, Baustadtrat und Charlottenburger CDU-Chef, steht im Mittelpunkt eines Skandals um Korruption im Berliner Bau- und Immobiliengewerbe. Auch Diepgens Name taucht auf der »Spendenliste« eines Bauunternehmers auf, was zu unangenehmen Fragen und Diskussionen im Parlament und in den Medien führt. Die Stimmungslage in der Bevölkerung ändert sich allerdings zunächst nicht wesentlich gegen die CDU, was auch an den nach wie vor guten Sympathiewerten Diepgens liegt. Noch wenige Monate vor den Wahlen zum Berliner Abgeordnetenhaus im Januar 1989 sehen Christdemokraten und Liberale wie die sicheren Sieger aus. Doch eine unglückliche Wahlkampagne, das Erstarken der rechten Partei »Die Republikaner«, eine von der Bundesregierung geplante Steuererhöhung, massive Schüler- und Studentenproteste und eine immer schwächer werdende FDP führen zum vorläufigen Ende von Diepgens Amtszeit als Regierender Bürgermeister von Berlin. Am 29. Januar 1989 kommt es zu einer verheerenden Niederlage für die CDU, und Thomas de Maizière erlebt den Wahlabend als den bisher schlimmsten Abend seiner politischen Karriere. Gemeinsam mit zahlreichen geladenen Gästen verfolgt er in der CDU-Zentrale die erste Prognose und muss danach mit ansehen, wie schnell sich ehemalige Freunde und Gefährten von einem Wahlverlierer abwenden: »Bereits vor den ersten Hochrechnungen waren von den ungefähr hundert Leuten nur noch sechs bis sieben übrig. Alle anderen hatten sich bereits vom Verlierer verabschiedet. Ich sehe mich noch heute mit den anderen vor einem riesigen Buffet stehen. Das war ein Schlüsselerlebnis für mich in Bezug auf Wahlniederlagen.«[612]

Zwar kommt es in den folgenden Tagen zwischen Wahlsieger Momper und Diepgen zu einem »Scheingespräch« über eine Große Koalition, wie Thomas es nennt. Die Weichen für Rot-Grün in West-Berlin sind da jedoch längst gestellt. Für kurze Zeit geht Thomas ins Justiziariat der Senatskanzlei, wechselt nach einem langen Gespräch mit Diepgen aber bald in die Fraktion und wird deren Pressesprecher. Er lernt nun erstmals die Arbeit in der Opposition kennen: »Ich hatte zwar plötzlich wieder mehr Zeit für meine Frau und unsere Tochter, aber beruflich war es eine schwierige Phase. Kein Journalist interessierte sich für unsere Pressemitteilungen, und Pressekonferenzen mussten mitunter mangels Interesse abgesagt werden. Es war einfach trostlos.«[613] Die Ereignisse in Ungarn, der Tschechoslowakei und bald auch in der DDR sorgen allerdings dafür, dass diese trostlose Zeit nicht von langer Dauer ist.

* * *

Nachdem Lothar de Maizière Anfang der achtziger Jahre auf Bitten der evangelischen Kirche bereits mehrfach Wehrdienstverweigerer verteidigt hat, kommen in den Jahren darauf immer öfter junge Leute zu ihm, die sich unter dem Dach der Kirche mit Umweltthemen, Menschenrechten oder Friedensfragen beschäftigen und dabei häufig in Konflikt mit der Justiz geraten. So kommt es für Lothar 1985 nicht gänzlich überraschend, als er in die Synode des Bundes der Evangelischen Kirche der DDR (BEK) berufen wird. In der Synode, einer Art Parlament des BEK, sind 60 Synodale vertreten, von denen 50 aus den acht ostdeutschen Landeskirchen gewählt und zehn von der Konferenz der Kirchenleitung berufen werden. »Die zehn Berufenen wurden meist unter dem Gesichtspunkt der Nützlichkeit ausgewählt und als Anwalt hatte ich da gute Karten«[614], erinnert sich Lothar. Kurz darauf, im Januar 1986, wird er dann Vizepräses der Synode. Dass er für diese Position vorgesehen ist, erfährt Lothar eines Abends von Oberkirchenrat Ziegler auf dem sogenannten »Pulloverempfang« in der Ständigen Vertretung der Bundesrepublik in Berlin: »Der Empfang hieß so, weil sich dort auch viele Maler, Literaten und andere Künstler trafen. Und die erkannte man meist an ihrer etwas lockeren Kleidung.«[615]

Über die Neuwahl des Präsidiums der Bundessynode in der DDR wird abends ausführlich in der »Tagesschau« berichtet. Auch Gregor Gysi erfährt so von der Wahl seines Freundes. Lothar erinnert sich noch gut daran, dass Gysi ihn wenig später anruft: »Er sagte zu mir: ›Jetzt bist du unangreifbar. Einem Vizepräses kann man so ohne weiteres nichts mehr anhaben. Jetzt kannst du sagen, was du willst. Nun musst du aber auch sagen, was gesagt werden muss.‹«[616] Gerade über den letzten Satz denkt Lothar noch lange nach.

Aufgabe des Präsidiums der Synode ist nicht nur die Vorbereitung der Bundessynoden, sondern in deren Vorfeld auch oft die Vermittlung zwischen den einzelnen Synodalen und deren jeweiligen Positionen und Ansichten. Als sich die innere Krise der DDR immer mehr verschärft, werden von der Synode zunehmend auch Antworten auf Fragen zum gesellschaftlichen Zustand des Landes erwartet. Dies führt nicht selten zu innerkirchlichen Auseinandersetzungen, was auch an der unterschiedlichen Interpretation des Grundsatzes »Kirche im Sozialismus« liegt. So wird dieser von manchem Kirchenvertreter als klare Loyalitätsbekundung zum sozialistischen Staat betrachtet, während andere darin das genaue Gegenteil sehen und den Grundsatz keinesfalls als »Kirche für den Sozialismus« verstanden wissen wollen. Ihnen geht es um eine klare Absage an den SED-Staat. Für Menschen wie Lothar de Maizière besteht dieser Grundsatz zunächst mal aus einer reine geografischen Verortung: »Der Ort, an den uns der liebe Herrgott geführt hat, ist mit dem Auftrag verbunden, das Evangelium zu verkünden. Mir ging es darum, das Christsein unter den gegebenen Umständen nicht nur zu akzeptieren, sondern auch zu praktizieren. Nicht mehr, aber auch nicht weniger verstand ich unter dem Grundsatz ›Kirche im Sozialismus‹.«[617]

Diese Auffassung bestärkt allerdings zahlreiche Kritiker, die darin eine ungenügende Positionierung ihrer Kirche gegen den Sozialismus sehen. Deshalb formiert sich gerade im Raum Berlin-Brandenburg in einigen Basisgruppen Widerstand gegen die Kirchenleitung, was im Sommer 1987 zur Bildung der Bewegung »Kirche von Unten (KvU)« führt, die dann einen »Kirchentag von Unten« organisiert. Hauptkritikpunkt ist aus Sicht der »KvU« der zu enge Schmusekurs der Amtskirche mit den SED-Machthabern. Erstmals tritt damit der Konflikt innerhalb der evangelischen Kirche offen hervor. Lothar hat die damaligen Auseinandersetzungen noch gut in Erinnerung: »Wir haben über die Situation auch in der Synode viel diskutiert und uns am Ende auf eine Haltung gegenüber der Bewegung ›Kirche von unten‹ geeinigt. Die lautete: ›Wenn es schwierig wird, stellen wir uns vor euch. Aber wir stellen uns nicht in allen Fragen hinter euch.‹ Damit war die Beziehung zwischen Amtskirche und ›Kirche von unten‹ letztendlich beschrieben.«[618]

Das Jahr 1987 ist eines der bedeutendsten in der Geschichte der DDR. Nach wie vor reagieren die SED-Machthaber ablehnend auf die von Gorbatschow eingeleiteten Reformen in der Sowjetunion, spüren aber zugleich, dass es in der Bevölkerung immer stärker rumort. Dem versucht die Regierung nicht nur durch eine großzügigere Handhabung von Reiseanträgen ins westliche Ausland zu begegnen, sondern auch mit einer allgemeinen Amnestie, von der nicht zuletzt politisch Inhaftierte profitieren. Darüber hinaus wird die Todesstrafe abgeschafft. Der von verschiedenen Friedensinitiativen der DDR, der Tschechoslowakei, der Bundesrepublik und Österreichs initiierte Olof-Palme-Friedensmarsch kann ungehindert im Land stattfinden. Selbst gegen Transparente, die sich kritisch zu den Zuständen in der DDR äußern, gehen die Sicherheitsorgane nicht vor. Hintergrund dieser »Zugeständnisse« ist nicht zuletzt der im September stattfindende Besuch Erich Honeckers in der Bundesrepublik. Dieser ist nicht nur ein persönlicher Erfolg für

Honecker selbst, sondern wird auch von weiten Teilen der DDR-Bevölkerung durchaus wohlwollend zur Kenntnis genommen.

In dieser Phase einer vermeintlichen innenpolitischen Entspannung findet im September, kurz nach Honeckers Empfang bei Helmut Kohl, in Görlitz die Tagung der Synode des Bundes der Evangelischen Kirche in der DDR statt. Als Vizepräses ist Lothar de Maizière gemeinsam mit den anderen Präsidiumsmitgliedern schon Wochen vorher mit der Vorbereitung der Tagung der Bundessynode beschäftigt. Zu den Aufgaben gehört dabei auch eine thematische Schwerpunktsetzung, bei der die verschiedenen Interessengruppen und Strömungen innerhalb der evangelischen Kirche zu berücksichtigen sind. Nicht zuletzt unter dem Eindruck der Ereignisse im Land wird neben Fragen der Umweltzerstörung, der Reisefreiheit oder den Problemen im Gesundheitswesen das »Bekennen in der Friedensfrage« zu einem zentralen Thema. Für das Präsidium ist die Tagung dann immer wieder eine schwierige Gratwanderung, denn es kommt »innerhalb der Synode zu einer Kontroverse darüber, welche Forderungen die Kirche dem Staat ›zumuten‹ dürfe, zumal in einer Situation, in der er sich für Reformen zu öffnen beginne.«[619]

Diese Auseinandersetzung wird im Verlauf der Tagung vor allem in Bezug auf die Beschlussvorlage »Bekennen in der Friedensfrage« deutlich, in deren Mittelpunkt das Thema Wehrdienstverweigerung steht. Lothar de Maizière, der die Tagung der Bundessynode teilweise leitet, hat die lebhaften Debatten von damals heute noch vor Augen: »Es gab heftige Diskussionen um die Formulierung der Beschlussvorlage, wonach sowohl der Dienst mit der Waffe als auch der Dienst ohne Waffe und natürlich auch die Totalverweigerung Ausdruck von Glaubensgehorsam seien.«[620] Um der Beschlussvorlage die Schärfe zu nehmen, schlägt der Thüringer Landesbischof Werner Leich vor, von »persönlichem Glaubensgehorsam« zu sprechen. Doch dagegen wehrt sich Lothar, »denn damit hätten wir den Betroffenen den Schutz der Kirche entzogen und der Staat hätte in jedem Einzelfall sagen können, dass es sich um einen verwirrten Spinner handeln würde.« Daraufhin kommt es immer wieder zu neuen Formulierungsvorschlägen, die vor allem zeigen, dass die Synode uneins ist in dieser Frage. »Daß die Beschlussvorlage schließlich mit einer stabilen Mehrheit angenommen wurde, ist nicht zuletzt auf gewisse Undeutlichkeiten in den Formulierungen zurückzuführen, die unterschiedliche Auslegungen des Textes ermöglichten.«[621]

Weitere staatskritische Beschlüsse sowie der gesamte Verlauf der Synode führen dazu, dass sich in der Folge das Verhältnis von Staat und Kirche wieder verschlechtert. »Damit mussten und konnten wir aber umgehen«, sagt Lothar heute im Rückblick auf die Tagung in Görlitz. Allerdings beschäftigen ihn der Verlauf der Tagung und vor allem die sich daran anschließende Kritik mehr, als diese Aussage vermuten lässt. Auf einem erneuten Empfang in der Ständigen Vertretung der Bundesrepublik in Berlin im Dezember 1987 fragt er den Chefredacteur der CDU-Monatszeitschrift »Standpunkt«, Karl Henning: »Wieso wird das Präsidium einer Synode für Diskussionen verantwortlich gemacht, die die Bürger dieses Staates bewegen und auf die sie im gesellschaftlichen Raum keine Antwort erhalten?«[622] Henning lässt diese Frage unbeantwortet, doch bereits knapp zwei Jahre später wird der Ruf des Volkes nach Antworten immer lauter.

Neue Zeiten

Ende der achtziger Jahre sind die Vorboten des Untergangs der DDR unübersehbar. Die SED-Machthaber distanzieren sich von den Demokratiebestrebungen in Ungarn oder Polen, lehnen Gorbatschows Kurs der politischen und wirtschaftlichen Erneuerung ab und propagieren stattdessen mit der Losung vom »Sozialismus in den Farben der DDR« die Eigenständigkeit ihres Landes. Traurige Berühmtheit erlangt die Aussage von Chefideologe Kurt Hager, wonach man seine Wohnung nicht unbedingt neu tapezieren müsse, nur weil der Nachbar dies tue.[623] Reformen stehen nicht auf der Tagesordnung, dabei wären sie bitter nötig. Die Wirtschaft steht vor einem Kollaps; durch die hohe Verschuldung gegenüber dem Westen und die immer weiter ausufernde Subventionspolitik droht die Zahlungsunfähigkeit. Immer mehr Menschen kehren der DDR den Rücken. Andere formieren sich in oppositionellen Gruppen, meist unter dem Dach der Kirche. Der Druck auf die SED-Führung steigt und der wachsende Unmut in der Bevölkerung ist auch aufgrund der Berichterstattung der West-Medien nicht mehr totzuschweigen. Auch Dorothee und Christoph Mücksch spüren dies in Aschersleben in ihrer täglichen Arbeit. 1987 bekommen sie selbst das erste Mal politischen Ärger. Dorothee wird gebeten, als Vertreterin der Kirche bei den offiziellen Feierlichkeiten anlässlich des internationalen Frauentages am 8. März ein paar Worte an die anwesenden Frauen zu richten. Zunächst ist sie überrascht, begreift diese Gelegenheit aber bald als Chance, vor einer größeren nicht-kirchlichen

Gruppe politisch Stellung zu beziehen, und widmet sich dem Thema Frieden. Sie erinnert sich dabei an den russischen Kinderbuchautor Samuil Marschak. Dieser hatte einst Kinder dabei beobachtet, wie sie Krieg spielten. Als er ihnen darauf vorschlug, doch stattdessen Frieden zu spielen, sollen ihn die Kinder gefragt haben, wie das denn gehe. »In meiner Rede habe ich dann mit Blick auf den sogenannten Wehrkundeunterricht gesagt, dass ich es besser fände, wenn wir unseren Kindern beibringen würden, Frieden statt Krieg zu spielen.«[624] Der Beifall der Anwesenden an dieser Stelle fällt verhalten aus und am Ende wird Dorothees Mann Christoph in seiner Funktion als Superintendent zur Abteilung »Inneres« beim Rat des Kreises einbestellt. Dort bittet man ihn, dafür zu sorgen, dass seine Frau künftig solche Reden unterlassen möge. »Aber mein Mann hat darauf nur geantwortet, dass er weder seinen Pfarrern noch seiner Frau Vorschriften mache«[625], erinnert sich Dorothee. Damit ist der Fall erledigt.

Dieses Ereignis ist ein Beleg dafür, welchen Herausforderungen sich das Ehepaar Mücksch tagtäglich stellen muss. Immer häufiger ist ihr Rat gefragt; etwa bei Jugendlichen, denen wie ihren eigenen Kindern der Weg zum Abitur verwehrt wird. Darüber hinaus ist die Zerstörung der Umwelt auch im Raum Aschersleben bedrohlich, ehemals herrliche Altbauten verfallen zusehends und in den Zeitungen sind zu all den Themen die immer gleichen Phrasen zu lesen. Ihre Gedanken dazu formuliert Dorothee unmissverständlich im alljährlichen Rundbrief, den sie auch 1987 an die Familie in Ost und West schickt: »Wir suchen nach richtigen Entscheidungen, schwankend zwischen weisem Zurückhalten und mutigem Anpacken und merken, daß jeder Tag wieder ganz neue Forderungen an uns stellt und erneutes Bedenken von uns erwartet.«[626]

Bedenken sind auch beim Bund der Evangelischen Kirche in der DDR zu spüren, als er am 19. September 1989 auf der Synode in Eisenach intensiv um einen Beschluss ringt, mit dem sowohl Forderungen an den Staat formuliert als auch die Rolle der Kirche kritisch betrachtet werden soll. Lothar de Maizière leitet die Sitzung an diesem Tag, vermittelt zwischen unterschiedlichen Gruppen und Ansichten und ist froh, als spät in der Nacht ein Ergebnis auf dem Tisch liegt, dem alle zustimmen können. Mit Blick auf die aktuelle Situation heißt es in dem Beschluss: »Wir sehen uns heute vor die Herausforderung gestellt, Bewährtes zu erhalten und neue Wege in eine gerechtere und partizipatorische Gesellschaft zu suchen.«[627] Und weiter: »Auf der Suche nach Wegen, die Zukunft eröffnen, werden wir der Tatsache ins Auge sehen müssen, dass uns Veränderungen nicht in den Schoß fallen. Es bedarf geduldiger und beharrlicher Bemühungen.«[628]

Parallel zur Synode wenden sich vier CDU-Mitglieder und Kirchenvertreter – unter ihnen die Pastorin Christine Lieberknecht – mit dem »Brief aus Weimar« an ihre Parteiführung, um Reformen anzumahnen und die Verhältnisse innerhalb der CDU deutlich zu kritisieren. Der Brief gilt heute als erster Schritt der ostdeutschen CDU auf dem Weg einer Blockpartei hin zu einer demokratisch erneuerten Union. Es verwundert wenig, dass er in der DDR kaum Aufmerksamkeit erregt, von den alten Männern rund um den Parteivorsitzenden Götting ignoriert wird und in den Medien keine Erwähnung findet. Gleiches gilt für den Beschluss der Synode. Lothar de Maizière entschließt sich daher Ende September 1989, einen Artikel für die CDU-Tageszeitung NEUE ZEIT zu schreiben. Ihm ist klar, dass er dabei jedes Wort genau überlegen muss, denn zu dieser Zeit ist es immer noch mit Gefahren verbunden, wenn man offen seine Meinung äußert. Am Ende glaubt er, die richtigen Worte gefunden zu haben, wenn er schreibt: »Die Ereignisse der letzten Tage und Wochen machen mir deutlich, vor welchem großen Lernprozess wir stehen. Gemeinsam müssen wir lernen, Fragen zu stellen und Antworten zu finden, und zwar dies auf eine Art und Weise, die eine hohe Kultur des Streits ermöglicht.«[629] Nachdem er den Artikel dem Chefredakteur der NEUEN ZEIT übergeben hat, hofft Lothar auf einen baldigen Abdruck. Doch nichts geschieht. Als er schon nicht mehr an ein Erscheinen des Artikels glaubt, hört er am Morgen des 18. Oktober im Berliner Rundfunk, dass sich ein »kirchlicher Würdenträger« zu den »Fragen unserer Zeit« geäußert habe. »Meine damalige Frau sagte daraufhin, ich möge mich schon einmal anziehen, denn gleich käme die Stasi und werde mich abholen«[630], erinnert sich Lothar de Maizière an diesen Tag. Doch die Stasi kommt nicht, denn die Zeiten haben sich geändert. Mittlerweile überschlagen sich täglich die Ereignisse.

Die Leipziger Montagsdemonstration vom 9. Oktober hat den entscheidenden Durchbruch im Kampf gegen das SED-Regime gebracht. Nur eine Woche später fordern 100 000 Menschen an gleicher Stelle erneut demokratische Reformen und den Rücktritt Honeckers. Jetzt sieht Egon Krenz seine Chance gekommen. Gemeinsam mit anderen Politbüro-Mitgliedern beschließt er die Absetzung Honeckers am 17. Oktober. In einer Fernsehansprache am Abend spricht Krenz dann von einer »Wende«, die die politische Führung des Landes eingeschlagen habe und für die man die Unterstützung der Bevölkerung benötige. Genau einen Tag später erscheint Lothars Artikel in der NEUEN ZEIT. Nicht zuletzt aufgrund der Ereignisse an den Tagen zuvor glaubt Lothar, dass niemand von seinen Zeilen Notiz nehmen werde. Doch er irrt sich. Sowohl an der Basis als auch in der CDU-Parteiführung ist man auf ihn aufmerksam geworden. Neben zwei weiteren Kandidaten wird Lothar de Maizière plötzlich als neuer Parteivorsitzender gehandelt.

In West-Berlin verfolgt man die Ereignisse in der DDR ebenfalls sehr genau. Diepgens CDU hat schon vor Wochen Kontakte zu Oppositionsgruppen in der DDR geknüpft. Verantwortlich bei den West-Berliner Christdemokraten ist dafür vor allem Ansgar Vössing, der am 6. Oktober 1989 in Leipzig erstmals an einem konspirativen Treffen zwischen Vertretern des Arbeitskreises Gerechtigkeit und der Arbeitsgruppe Menschenrechte teilnimmt. »Ich war dem Kreis um Pfarrer Wonneberger gemeldet und gut beleumundet, anfängliche Unsicherheit wich rasch großer Offenheit«[631], berichtet Vössing Jahre später. Während er in den nächsten Wochen die Zusammenarbeit mit den Leipziger Gruppen ausbaut, ist Thomas de Maizière für die Kontakte zur Ost-Berliner CDU verantwortlich. Das ist ebenfalls heikel, denn die Bundes-CDU lehnt es strikt ab, mit den alten »Blockflöten« im Osten gemeinsame Sache zu machen. Doch Diepgen beschließt, sich dem zu widersetzen. »Diepgen und wir alle um ihn herum sahen trotz mancher Bedenken in der Ost-CDU unseren natürlichen Verbündeten. Die Ost-CDU war eine Art Markenname, den man aus Sicht von Diepgen nicht einfach aufgeben sollte«[632], begründet Thomas de Maizière den damaligen Weg der West-Berliner CDU. So kommt es am 2. November in Ost-Berlin in einem Gästehaus der dortigen CDU zu einem ersten Treffen. Auf Seiten der Partei aus der DDR nimmt neben dem Bezirksvorsitzenden Siegfried Berghaus auch Lothar de Maizière teil. Der hatte am Abend zuvor seinen Vetter Thomas per Telefon »vorgewarnt«, war ihm allerdings eine genaue Erklärung schuldig geblieben. Nun sitzen sich beide als Mitglied verschiedener CDU-Organisationen gegenüber. Im Wesentlichen spricht man über die aktuelle Entwicklung in der DDR, über mögliche Reiseerleichterungen für DDR-Bürger und die weitere Zusammenarbeit der beiden Parteien. »Auffällig war für uns, dass immer Lothar das Wort ergriff, wenn die Themen etwas schwieriger wurden«[633], erinnert sich Thomas. Während einer kleinen Pause auf der Toilette fragt er seinen Vetter nach dem Grund. »Ich habe Thomas dann erzählt, dass ich möglicherweise neuer Parteivorsitzender werden soll und einfach mal schauen wollte, wie solche Gespräche laufen«[634], so Lothar. Obwohl das Treffen im Geheimen stattfinden sollte, ist die Presse informiert und wartet nun auf Statements von Diepgen und Berghaus. Diese sind jedoch recht allgemein gehalten und eher belanglos. Allerdings schreibt die Berliner Presse am nächsten Tag: »An dem Gespräch nahm auch der Präses der Synode der evangelischen Kirche in der DDR, Lothar de Maizière, teil. CDU-Sprecher Thomas de

Maizière freute sich, seinen Cousin in Ost-Berlin begrüßen zu können.«[635] Damit ist der Grundstein für die bald folgende monatelange Zusammenarbeit zwischen Lothar und Thomas de Maizière gelegt. Am gleichen Abend des Treffens im Ost-Berliner Gästehaus der CDU tritt der Parteivorsitzende Götting zurück. Der Weg für einen Neuanfang ist nun frei.

Die revolutionären Ereignisse im Herbst 1989 beschränken sich nicht nur auf Berlin, Leipzig oder Plauen. Auch in vielen kleineren Städten gibt es Demonstrationen und Proteste; so auch in Aschersleben, der Heimat von Dorothee und Christoph Mücksch. Der Superintendent und die Pfarrerin sind für viele Menschen der Region ein Fixpunkt in einer so schwierigen Zeit. Wesentliche Ereignisse in Aschersleben während des Wendeherbstes sind auch hier eng mit der Kirche verknüpft, gelten doch die Kirchen in der DDR als die einzig wirklich demokratischen Institutionen. Als Anfang Oktober 1989 Gerüchte aufkommen, auf dem Stephanikirchhof sei eine Demonstration geplant, sind Dorothee und ihr Mann überrascht. Sie wissen nichts davon, treffen aber Vorkehrungen, um für den Fall der Fälle vorbereitet zu sein. Christoph Mücksch fährt zunächst zum Rat des Kreises, um dort gegenüber den Behörden zu versichern, dass die Kirche nicht zu einer Demonstration aufgerufen habe. Er erklärt aber gleichzeitig, dass er niemanden wegschicken werde, wenn sich die Menschen auf dem Kirchhof versammeln würden. Den Verantwortlichen ringt er zudem das Versprechen ab, alle Menschen unbehelligt nach Hause gehen zu lassen, sofern es zu Protesten vor und in der Kirche kommen werde. Am 6. Oktober versammeln sich dann tatsächlich viele, zumeist junge, Menschen vor der Kirche und Dorothee und Christoph öffnen die Tore von St. Stephani für ein Friedensgebet. Doch beim Verlassen der Kirche kommt das böse Erwachen. Alle Wege von und zur Kirche sind von der Polizei abgeriegelt. Christoph geht daraufhin zum Einsatzleiter und erinnert ihn an die Zusage des Rates des Kreises und erreicht letztendlich mit viel Geschick, dass alle Menschen zunächst unbehelligt nach Hause gehen können. Es ist jedoch nur ein vorübergehender Erfolg, denn kurz darauf schlägt die Staatsmacht zu. Im alljährlichen Rundbrief an die Familie schreibt Dorothee wenig später: »Trotzdem gab es in den folgenden Tagen Zuführungen und Verhöre und wir haben viel trösten müssen.«[636]

Dennoch sind die Ereignisse des 6. Oktober in Aschersleben die Initialzündung, weitere Proteste werden geplant. Immer mehr Menschen erheben ihre Stimme und so sind es nach dem nächsten Friedensgebet am 27. Oktober bereits 3000 Menschen, die mit Kerzen in der Hand friedlich durch die Stadt ziehen. »Mein Mann und ich haben damals vereinbart, dass er an der Spitze des Demonstrationszuges mitläuft und ich am Ende. Gerade am Ende passieren oftmals wichtige und entscheidende Dinge«[637], erinnert sich Dorothee Mücksch an den damaligen Tag. Die Demonstration endet schließlich ohne besondere Vorkommnisse mit dem Abstellen der Kerzen vor dem Rathaus. Auch Dorothee und ihr Mann gehen zufrieden nach Hause. Dort machen sie sich jedoch Sorgen; weniger über mögliche erneute Verhaftungen, sondern über die Brandgefahr, die von den Kerzen ausgeht. Sie ziehen sich wieder an, gehen spät abends erneut zum Rathaus und löschen alle Kerzen. »Dafür wurden wir in den nächsten Tagen häufig belächelt und die Leute sagten zu uns: ›Ihr macht Revolution, löscht dann aber die Kerzen.‹«[638], erzählt Dorothee Mücksch viele Jahre später mit einem Schmunzeln.

Das Amtszimmer von Christoph und Dorothee ist zu dieser Zeit schon längst zum Besprechungs- und Versammlungsraum für alle oppositionellen Gruppen und manch neu gegründete Partei geworden. Auch die Vorbereitungen zum 1. Diskussionsforum in der Stadthalle am 2. November finden im Wesentlichen hier statt. Es ist die erste Veranstaltung in Aschersleben, in der sich die politisch Verantwortlichen der Stadt an der Diskussion beteiligen. Es kommt zum Teil zu tumultartigen Szenen und nicht immer werden Anstand und Fairness gewahrt. Bei allem Verständnis für die Protestler und Demonstranten lehnt Dorothee Mücksch eine Hexenjagd auf die bisherigen Machthaber ab. In den folgenden Tagen denkt sie viel über das künftige Miteinander nach und entscheidet sich schließlich für einen offenen Brief. Unter der Überschrift »Weiter auf dem Weg zu Toleranz und Gerechtigkeit« schreibt sie: »Ist es Ihnen wohl aufgefallen, wie wir stellenweise mit Menschen umgegangen sind? Ich halte es nicht für gut, wenn wir Menschen nicht ausreden lassen, auch dann wenn sie eine andere Meinung vertreten. … Wir stehen erst am Anfang eines Weges. Er soll so umsichtig, gewaltlos und verantwortungsvoll weitergehen, wie er begonnen hat.«[639] Der Brief erscheint am 9. November, dem Tag, der die Welt verändern wird.

Der 9. November 1989 ist ein grauer und trüber Tag. Lothar de Maizière fährt am Abend direkt von der Kanzlei in die Französische Friedrichstadt-Kirche, wo eine Diskussion mit Parteien und verschiedenen Gruppierungen zum Thema »Wie weiter in unserem Land?« stattfinden soll. Lothar ist von der CDU gebeten worden, dort die neuen Positionen der Partei zu vertreten, nachdem die alte Parteiführung zurückgetreten ist. Da die Redezeit auf maximal fünf Minuten begrenzt ist, beschränkt sich Lothar dabei auf zwei wesentliche Punkte: eine stärkere Bindung der CDU an kirchliche Positionen und den Rückzug der Partei aus dem Blockbündnis mit der SED. Er will die Veranstaltung ganz bewusst dafür nutzen, um seine Vorstellungen von der künftigen Rolle der CDU zu äußern, denn am nächsten Tag soll deren neuer Vorsitzender gewählt werden. Und Lothar ist einer der Kandidaten. Als gegen Ende der Veranstaltung nur noch zwei Redner an der Reihe sind, kommt plötzlich ein junger Mann in die Kirche gerannt und ruft: »Die Mauer ist auf.« Alle Anwesenden zweifeln zunächst, doch wenig später wird die Neuigkeit von anderen bestätigt. Lothar hat die Situation heute noch genau vor Augen: »Ich dachte, dass die Veranstaltung nun sicherlich vorbei sei, weil alle davonstürmen würden. Doch nichts dergleichen geschah. Alle blieben da und die Diskussion wurde ordentlich zu Ende geführt.«[640]

Während im Anschluss daran tausende Menschen zu den Grenzübergängen strömen, geht Lothar nach Hause. Er setzt sich an seinen Schreibtisch, denn seine Rede für den nächsten Tag muss er nun komplett umschreiben. Die neue Situation und die möglichen Konsequenzen für das Land kann er nicht unerwähnt lassen. Zudem bestärken ihn die Ereignisse noch in seinem Zweifel, ob er sich überhaupt um den Parteivorsitz bewerben soll. Mit drei Menschen hat er sich schon in den vergangenen Tagen intensiv beraten: seiner Frau, Bischoff Gottfried Forck und Gregor Gysi. Alle drei haben ihm am Ende zu dem Schritt geraten, wenn auch mit ganz unterschiedlichen Intentionen. Gerade sein Freund Gysi steht vor der gleichen Frage, denn er soll den Vorsitz der SED übernehmen. Sowohl Lothar als auch Gregor Gysi ahnen in dem Moment, dass eine Entscheidung für den Parteivorsitz auch zu einer Herausforderung für ihre Freundschaft werden kann. »Letztendlich hat er mich damals gefragt, ob er es machen soll, und ich habe ihn umgekehrt auch gefragt, ob ich es machen soll. Und beide haben wir jeweils dem anderen zugeraten, den Parteivorsitz zu übernehmen«[641], erzählt Gregor Gysi viele Jahre später. Und so wird am 10. November 1989 Lothar de Maizière vom Hauptvorstand der CDU in Berlin zum neuen Parteivorsitzenden gewählt; auch, weil er sich im Gegensatz zu seinem Gegenkandidaten Wolk dazu bereit erklärte, den Vorsitz über den für das kommende Frühjahr geplanten Parteitag hinaus zu übernehmen und nicht nur für eine Übergangszeit. Lothar erfährt nach der Wahl viel Zuspruch. Auch Schwester Dorothee begrüßt die Wahl ihres Bruders zum neuen CDU-Vorsitzenden und erinnert sich noch heute gut an die Tage im Spätherbst 1989: »Aus meiner Sicht war das damals eine Zeit, in der jeder an seinem vorgesehenen Platz die erforderlichen Aufgaben zu erledigen hatte. Insofern fand ich es auch richtig, dass Lothar den Parteivorsitz übernahm. Und ich war davon überzeugt, dass er diese Aufgabe bewältigt.«[642] Was zu dieser Aufgabe alles gehört, bekommt Lothar de Maizière ziemlich schnell zu spüren. In der Parteizentrale am Gendarmenmarkt in Berlin stößt er zunächst auf große Zurückhaltung bei den Mitarbeitern, die sich bei einigen sogar bis zu einer offenen Feindschaft steigert. Lothar de Maizière wird zuweilen als »Störenfried« empfunden, der es wagt, kritische Fragen zu stellen, und der versucht, der Partei ein neues Profil zu geben. Doch er lässt sich nicht beirren und beleuchtet zunächst das Finanzgebaren seines Vorgängers. Was er dabei erfährt, verschlägt ihm mitunter die Sprache. Götting hatte während seiner Jahrzehnte dauernden Vorsitzzeit massiv Gelder veruntreut; Kosten für sein Wochenendgrundstück wurden durch die Partei beglichen und auch die Hochzeit seiner Tochter soll die CDU gezahlt haben. Der von Lothar eingesetzte Untersuchungsausschuss der Partei, dessen Arbeit wenig später von einem Untersuchungsausschuss der Volkskammer fortgesetzt wird, trägt dazu bei, dass der ehemalige CDU-Vorsitzende Götting bald darauf zur Bewährung und zu einer hohen Geldstrafe verurteilt wird.

Neben der Aufarbeitung der Vergangenheit hat Lothar aber auch Schwierigkeiten mit Personen in seinem Umfeld, die glauben, auch mit ihm an der Spitze der Partei den alten Kurs fortsetzen zu können. Nur mit viel Mühe gelingt es Lothar mit einigen wenigen Vertrauten, den »Augiasstall Ost-CDU«[643], wie die FAZ später schreiben wird, auszumisten. Endgültig bestätigt wird der neue Kurs der Partei allerdings erst auf einem Sonderparteitag, der Mitte Dezember 1989 im Berliner Kino »Kosmos« in der Karl-Marx-Allee stattfinden wird. Zuvor treffen Lothar und seine Partei noch einige Entscheidungen, die bei der CDU im Westen für Kopfschütteln sorgen. Das beginnt zunächst damit, dass man sich zu einer Beteiligung an der neuen Modrow-Regierung entschließt. Modrow war am 13. November zum neuen Ministerpräsidenten gewählt und mit der Bildung einer neuen Regierung beauftragt worden. Dabei war er auch auf Lothar zugegangen, um mit ihm über die Mitarbeit der CDU in einer neuen Regierung zu sprechen. Unter der Bedingung, den Führungsanspruch der SED aus der Verfassung zu streichen und baldmöglichst demokratische Wahlen abzuhalten, entscheidet sich die CDU für eine Zusammenarbeit. »Ich war damals der Meinung, dass diejenigen, die die Karre mit festgefahren hatten, auch dafür sorgen mussten, dass die Karre wieder loskomme«[644], erinnert sich Lothar mit dem Blick auf die Rolle seiner Partei in den vergangenen vierzig Jahren. Darüber hinaus hält Lothar de Maizière den neuen Regierungschef für einen integeren Menschen: »Ich respektierte ihn schon allein aus dem Grund, dass er der einzige der fünfzehn SED-Bezirkschefs war, der in einer schwierigen Zeit Verantwortung übernahm. Alle anderen haben sich einfach weggeduckt oder aus dem Staub gemacht.«[645]

Lothars Vetter Thomas erfährt von diesem Schritt aus der Zeitung. Seit dem Zusammentreffen am 1. November im Gästehaus der Ost-CDU haben beide nichts mehr voneinander gehört. Zwar verfolgt Thomas die Entwicklung in der DDR intensiv über die Medien, die Entscheidung der Schwesterpartei im Osten überrascht ihn dennoch: »Ich war entsetzt, und hätte mich Lothar vorher gefragt, so hätte ich ihm abgeraten. Die DDR war immer noch eine Diktatur und da macht man nicht mit. Auch nicht, wenn die Diktatur gerade dabei war, sich zu öffnen.«[646] Entsetzt ist auch die CDU im Westen. Sie sieht sich erneut in ihrer Auffassung bestätigt, dass man mit den »Blockflöten« im Osten nicht ernsthaft zusammenarbeiten kann. Dass die Zweifel im Westen nicht verstummen, dazu tragen auch verschiedene Äußerungen von Lothar de Maizière bei. Besonders seine Aussagen zum Sozialismus sorgen für großen Unmut. So sagt er in der Volkskammer in seiner Stellungnahme zur Regierungserklärung Modrows: »Wir sind der Überzeugung: nicht der Sozialismus ist am Ende, wohl aber seine administrative, diktatorische Verzerrung.«[647] Diese Meinung unterstreicht Lothar de Maizière wenige Tage später in einem Gespräch mit der Zeitung DIE WELTWOCHE, als er sagt: »Sozialismus ist eine schöne Vision, wir haben ihn nur noch nicht ausprobiert.«[648] Dass solche Aussagen in Kohls CDU im Westen keine große Begeisterung hervorrufen, mag nachvollziehbar sein. Lothar de Maizières Auffassung ist Mitte November jedoch noch weit verbreitet bei der Bevölkerung in der DDR. Eine Erklärung dafür ist, dass das wahre Ausmaß des wirtschaftlichen Niedergangs, der ökologischen Schäden in weiten Teilen des Landes und der volle Umfang der Stasi-Umtriebe zu diesem Zeitpunkt kaum jemandem bekannt sind. Nicht nur die SED, sondern auch die CDU, die Bürgerrechtsbewegung und zahlreiche oppositionelle Gruppen halten daher den Sozialismus und damit das Land, in dem sie leben, für reformierbar. Erst nach und nach werden sich in den folgenden Tagen und Wochen andere Auffassungen und der Ruf nach der deutschen Einheit durchsetzen. Auch in der Ost-CDU. In seiner Grundsatzrede auf dem Sonderparteitag am 15. Dezember fordert dann auch Lothar de Maizière die »Abkehr vom Sozialismus«, verbunden mit einem »klaren Bekenntnis zum Ziel der Herstellung der nationalen Einheit.«[649]

Trotz dieser eindeutigen Positionierung bleibt die CDU in der Modrow-Regierung und Lothar de Maizière weiterhin stellvertretender Ministerpräsident und Minister für Kirchenfragen. Das »Warum?« ist für ihn dabei leicht zu beantworten. So ist er nicht nur überzeugt davon, dass die Bevölkerung keine SED-Alleinregierung mehr dulden würde und damit die Gefahr von Gewalt und Blutvergießen nach wie vor im Raum steht. Auch die Vorstellung, den Wandel nicht mehr aktiv mitsteuern zu können, lässt die CDU zu dieser Zeit noch von einem Austritt aus der Regierung Abstand nehmen. Ein Schlüsselerlebnis in diesen Tagen des Novembers 1989 ist für Lothar de Maizière ein Gespräch zwischen ihm, Hans Modrow sowie Bischof Georg Sterzinsky und Bischof Werner Leich. In seiner Funktion als Minister für Kirchenfragen hatte Lothar das Treffen organisiert, nicht zuletzt weil Modrow die Kirchen um Unterstützung für den weiteren friedlichen Verlauf der Revolution bitten wollte. »Auf die Frage der Kirchenvertreter, was denn das Ziel seiner Regierung sei, hat Modrow damals geantwortet, dass er die Bevölkerung der DDR ohne Hungern und Frieren und ohne Blutvergießen durch den Winter bringen will, bevor es dann freie Wahlen geben werde«[650], entsinnt sich Lothar de Maizière. Da dies zum damaligen Zeitpunkt auch das Ziel seiner CDU ist, bleibt die Partei in Modrows Regierung und nimmt das Ignorieren durch die Schwesterpartei im Westen weiter in Kauf. Allerdings tritt Kohls CDU in dieser Frage nicht geschlossen auf. War es zunächst nur Diepgen, der von West-Berlin aus den Kontakt mit der Partei im Osten suchte, sind es bald darauf auch die hessische CDU um Generalsekretär Franz Josef Jung oder der CSU-Politiker Jürgen Warnke, Bundesminister für Wirtschaftliche Zusammenarbeit. Warnke ist zu dieser Zeit Mitglied des Präsidiums der Evangelischen Kirche Deutschlands (EKD) und nicht zuletzt aufgrund seines Wahlkreises in der bayerischen Stadt Hof gut über die DDR informiert. Als Lothar ihn im November 1989 kennenlernt, verstehen sich beide auf Anhieb. Organisiert hat das Treffen Hans-Christian Maaß, Warnkes Pressesprecher. Maaß stammt selbst aus der DDR und war in den siebziger Jahren nach einem missglückten Fluchtversuch von der Bundesrepublik freigekauft wurden. Seiner Heimat Brandenburg blieb er jedoch immer verbunden und nicht zuletzt deshalb zieht es ihn nach dem Mauerfall wieder in den Osten. In wenigen Wochen wird er einer der wichtigsten Berater Lothar de Maizières werden.

Trotz Skepsis gegenüber der Schwesterpartei im Osten beobachtet Kohls CDU die Entwicklung in der DDR sehr genau. Den Ruf nach der Deutschen Einheit, erstmals auf der Leipziger Montagsdemonstration vom 6. November erklungen, kann sie nicht länger unbeantwortet lassen. Als Mitte November aus der Sowjetunion erste Signale zu vernehmen sind, dass sich Gorbatschow nicht grundsätzlich gegen eine Konföderation beider deutscher Staaten stellen würde, und sich selbst Modrow dazu positiv in der Volkskammer äußert, steht für Kohl und seine Partei die Frage nach der Wiedervereinigung ganz oben auf der Tagesordnung. Bereits am 28. November 1989 präsentiert der Bundeskanzler im Rahmen einer Haushaltsdebatte im Bundestag sein »Programm zur Überwindung der Teilung Deutschlands«, kurz »Zehn-Punkte-Plan« genannt.[651] Im Mittelpunkt des Planes steht die stufenweise Annäherung von BRD und DDR mit dem mittelfristigen Ziel der Wiedervereinigung, eingebettet in den europäischen Einigungsprozess.

Parallel zur Vorstellung von Kohls »Zehn-Punkte-Plan« laufen in der DDR die Vorbereitungen zur ersten Sitzung des »Runden Tisches« in Berlin Anfang Dezember. Noch im November hatte Lothar de Maizière einen Beschluss des Präsidiums der CDU herbeigeführt, wonach die Partei aus dem sogenannten »Demokratischen Block« austreten sollte: »Ich vertrat die Auffassung, dass die darin vertretenen Parteien nicht als Block zum ›Runden Tisch‹ zu gehen hätten, sondern als ›Freigelassene‹.«[652]

Der »Runde Tisch« soll fortan neben Regierung und Volkskammer zur dritten wichtigen Institution werden, nicht zuletzt um auf die politische Entwicklung im Land Einfluss zu nehmen. Am »Runden Tisch« sitzen Vertreter aller politischen Gruppen und Parteien; die Moderatoren sind hochrangige Kirchenvertreter. Für die CDU sitzen neben Lothar de Maizière noch Marion Walsmann, später Justizministerin in Thüringen, sowie Rudolf Krause, ab Herbst 1990 dann für kurze Zeit Innenminister im Freistaat Sachsen, mit am »Runden Tisch«. Lothar de Maizière hat den Beginn der ersten Sitzung noch heute als recht chaotisch in Erinnerung: »Häufig redeten mehrere Teilnehmer durcheinander und nur dem Geschick der Moderatoren ist es zu verdanken, dass nicht gleich das erste Zusammentreffen des ›Runden Tisches‹ im Chaos versank.«[653] Nicht zuletzt deshalb zieht er sich in einen Nebenraum zurück und entwirft eine Geschäftsordnung. Auch weil er durch seine Arbeit in der Synode des Bundes der Evangelischen Kirchen in der DDR (BEK) Erfahrung damit hat, ist er mit dem ersten Entwurf schnell fertig. Nach kurzer Diskussion und einigen wenigen Ergänzungen und Änderungen wird die Geschäftsordnung von den Teilnehmern angenommen und hat bis zum Ende des »Runden Tisches« Bestand. Als Lothar kurz darauf seinen Töchtern davon erzählt, machen diese sich über ihn lustig: »Sie sagten zu mir: ›Das ganze Land macht Revolution und unser Vater schreibt dazu die Geschäftsordnung.‹«[654]

Lothar de Maizières Blick auf den »Runden Tisch« ist bis heute ambivalent. Einerseits erkennt er an, dass das Gremium nach einer anfänglichen Zurückhaltung durch ein immer größer werdendes Selbstbewusstsein mit dazu beigetragen hat, dass schnellstmöglich freie Wahlen stattfinden konnten und das Land vor Chaos bewahrt wurde. Andererseits sieht er viele der am »Runden Tisch« vertretenen unrealistischen Vorstellungen zur weiteren Entwicklung des Landes bis heute kritisch: »Da wurde mitunter die Wirklichkeit ausgeblendet, als man nach wie vor für einen sogenannten ›3. Weg‹ eintrat, während die Bevölkerung lautstark nach der Deutschen Einheit rief.«[655] Auch dass der »Runde Tisch« seinerzeit nicht durch freie Wahlen zustande kommt, behagt Lothar de Maizière nicht. Das trifft jedoch auf die Volkskammer und Regierung Modrows ebenfalls zu.

Nachdem sich Helmut Kohl kurz vor Weihnachten 1989 anlässlich der Öffnung des Brandenburger Tors in Berlin noch geweigert hat, mit Lothar de Maizière zu sprechen, unternimmt dieser Ende Januar 1990 einen erneuten Versuch. Mit einigen Vertrauten entwirft Lothar laut eigener Aussage den Plan, ein Treffen mit Kohl zu erzwingen. Der Plan sieht vor, am 27. Januar gegen 18 Uhr im Pressehaus in Neuss über die Neuss-Grevenbroicher Zeitung im Rahmen einer Pressekonferenz der

West-CDU »die Pistole auf die Brust zu setzen.« »Unsere Strategie war klar: Entweder Kohl würde sich bis zu diesem Zeitpunkt bewegen oder wir würden verkünden, den bevorstehenden Wahlkampf allein zu bestreiten«[656], so Lothar de Maizière. Die Volkskammerwahlen sind mittlerweile auf den 18. März festgesetzt worden und der Vorsitzende der CDU im Osten befürchtet, dass die Zeit für einen gut vorbereiteten Wahlkampf knapp wird. So begibt er sich wie vorgesehen am 27. Januar nach Neuss und trifft sich wenige Stunden vor der Pressekonferenz mit Willy Wimmer, Bundestagsabgeordneter und zudem Kohl-Vertrauter. »Ich habe ihm dann gesagt, dass wir nun noch einige Zeit hätten, um in mehreren Telefonaten abzuklären, ob Kohls CDU bereit wäre, mit uns gemeinsame Sache zu machen oder nicht«[657], erzählt Lothar de Maizière rückblickend auf den damaligen Tag. Er werde jedenfalls um 18 Uhr vor die Presse treten. Neuss hatte man als Ort für diese Pressekonferenz gewählt, weil die dortige Neuss-Grevenbroicher Zeitung bereit ist, die Pressekonferenz vorzubereiten. Unterstützt wird die Partei aus dem Osten dabei auch von Rita Süssmuth.

In der Erinnerung von Lothar gelingt es Wimmer dann tatsächlich, Kohl von einem baldigen Treffen zu überzeugen. Bereits für die darauffolgende Woche ist das erste Gespräch der beiden Parteichefs vorgesehen. Zu diesem Treffen wird es auch kommen, allerdings sehen der damalige Bundeskanzler und Wimmer selbst die Entstehungsgeschichte ein wenig anders. In seinen Erinnerungen schreibt Kohl: »Das bürgerliche Lager musste zusammengeführt werden. Daran arbeitete ich mit unermüdlichem Einsatz, denn das war die einzige Chance, Mehrheiten zu gewinnen und so den Weg zur Wiedervereinigung zu ebnen. Von vielen Seiten ermutigt, entschied ich mich, entgegen der Position des CDU-Generalsekretärs Volker Rühe, mit der Ost-CDU zu sprechen.«[658] Diese Version wird auch von Willy Wimmer gestützt, der seinerzeit von Kohl mit der Vorbereitung des »Ehenbahnungsgespräches« beauftragt worden sein soll. Rückblickend empört er sich über die Darstellung von Lothar de Maizière und sagt: »Ich verstehe es nicht, weshalb de Maizière eine derart üble Geschichtsklitterung betreibt.«[659] So haben die Beteiligten bis zum heutigen Tag ihr eigenes Bild, was das erste Zusammentreffen von Lothar de Maizière und Helmut Kohl betrifft. Dieses findet dann allerdings tatsächlich Anfang Februar in West-Berlin im Gästehaus der Bundesregierung statt und Lothar hat es »als sehr vernünftige Unterhaltung«[660] in Erinnerung.

Nicht zuletzt mit Blick auf die miserablen Umfragewerte der CDU beginnen kurz darauf Gespräche zur Bildung eines Wahlbündnisses zwischen CDU, Demokratischem Aufbruch (DA) und der DSU. Seitens des DA und der DSU besteht wegen der »Blockflötenvergangenheit« der CDU große Skepsis gegenüber einer solchen Zusammenarbeit und nur unter der Bedingung, dass es keine Listenverbindung geben werde und jede Partei unter ihrem eigenen Namen antreten dürfe, stimmen sie der Bildung der »Allianz für Deutschland« zu. Wesentlichen Anteil daran hat Helmut Kohl. Er schreibt später: »Ich hatte alle Mühe, die widerstrebenden Gesprächspartner von der Notwendigkeit eines Bündnisses zu überzeugen. Doch schließlich gelang es …«[661] Lothar de Maizière bestätigt die Schwierigkeiten und hat auch die anschließenden Diskussionen als kompliziert in Erinnerung: »Bei jedem Zusammentreffen der Parteien dieses Wahlbündnisses musste Helmut Kohl schlichten und dabei auf das gemeinsame Ziel hinweisen.«[662]

Anfang Februar zieht sich die CDU aus der Modrow-Regierung zurück, weil laut Lothar de Maizière »Modrow immer offener Politik ohne Abstimmung mit den Koalitionspartnern betrieb.«[663] Auch wenn dies sicherlich zutreffend ist, passt der CDU der Austritt gut ins Konzept. Der Wahlkampf hat mittlerweile Fahrt aufgenommen und die gesamten Anstrengungen der Partei gelten nur noch den Volkskammerwahlen am 18. März. Neben Hans-Christian Maaß hat Lothar de Maizière mittlerweile zwei weitere »West-Importe« an seiner Seite. Der eine ist

Fritz Holzwarth von der CDU-Bundesgeschäftsstelle in Bonn. Der andere ist sein Vetter Thomas. Eberhard Diepgen hatte zugestimmt, dass er zur Unterstützung der CDU im Osten abgestellt, aber nach wie vor von der West-Berliner CDU-Fraktion bezahlt werden würde. Sowohl Maaß, Holzwarth als auch Thomas de Maizière sind Profis, was Wahlkämpfe betrifft. Sie wissen, dass man auch in den letzten vier bis fünf Wochen vor der Wahl »das Ruder noch herumreißen kann.« Allerdings glauben auch sie zunächst kaum an einen Wahlsieg. In Umfragen liegt die CDU nur knapp über 10 Prozent, während die SPD auf eine absolute Mehrheit hoffen kann. Während diese Umfrage in der Bonner CDU Anlass für schlimmste Befürchtungen ist, bleibt Lothar de Maizière ruhig: »Ich habe dieser Umfrage nicht so viel Beachtung geschenkt. Es war eine Telefonumfrage und wenn man berücksichtigt, wer in der DDR ein Telefon besaß, bekam die Umfrage plötzlich eine ganz andere Aussagekraft.«[664] Nur der Punkt, dass zu diesem Zeitpunkt 60 Prozent der Wähler noch unentschlossen sind und dies vor allem die Arbeiterschaft im Süden des Landes sowie die Bauern betrifft, weckt Lothars Interesse. Allerdings ist ihm auch klar, was das bedeutet: Straßenwahlkampf. Bei dem Gedanken daran, vor tausenden von Leuten zu reden, ist ihm nicht wohl zumute. Doch seine Berater meinen, dass dies wohl nicht zu umgehen sei.

Auch in einem weiteren Punkt ziert sich Lothar de Maizière zunächst. Von Wahlplakaten mit seinem Konterfei hält er überhaupt nichts und nur mit Mühe kann er letztendlich davon überzeugt werden. Als er kurz darauf in Berlin überall verunstaltete Plakate mit Fotos von ihm entdeckt, sieht er sich bestätigt. Zu allem Überfluss ruft ihn auch noch sein Freund Gysi an und macht sich darüber lustig. Allerdings lässt die Retourkutsche nicht lange auf sich warten, denn auch in Gysis Partei hat man sich für Wahlplakate mit dem Foto des Parteivorsitzenden entschieden. Nachdem Lothar ein Plakat entdeckt, auf dem man seinem Freund Gregor Teufelshörner angemalt hat, ist er es nun, der zum Telefonhörer greift. Beide können am Ende über diese Episode lachen und gehen trotz unterschiedlicher politischer Auffassungen in der Zeit des Wahlkampfes fair miteinander um.

Anlässlich des 50. Geburtstages von Lothar am 2. März 1990 muss ihre Freundschaft jedoch eine kritische Situation bestehen. Zahlreiche Gäste sind bei der Feier anwesend, darunter viele Verwandte, CDU-Leute und Freunde. Nur einer fehlt: Gregor Gysi. »Lothar hatte mich nicht eingeladen und das verstand ich überhaupt nicht. Daraufhin schrieb ich ihm einen handschriftlichen Brief, in dem ich auf unsere Freundschaft und zahlreiche andere Dinge verwies. Ich erklärte auch, mit einem Bruch leben zu können, wenn unterschiedliche politische Forderungen dies seiner Meinung nach erfordern würden. Kurz darauf antwortete er mir und die Sache war glücklicherweise wenig später vergessen«[665], entsinnt sich Gregor Gysi über zwei Jahrzehnte später.

Thomas de Maizière ist anders als etwa Hans-Christian Maaß oder Fritz Holzwarth nicht direkt in den Wahlkampf involviert. Er arbeitet meist von früh bis spät in der Ost-Berliner CDU-Zentrale am Gendarmenmarkt an Parteipapieren und ist mit dem Aufbau neuer Strukturen beschäftigt. Nur ein einziges Mal greift er mit Diepgen, der offiziell immer noch sein Chef ist, indirekt ins Wahlkampfgeschehen ein. Anlass ist das Bekanntwerden der Stasimitarbeit von Wolfgang Schnur, dem Vorsitzenden des Demokratischen Aufbruchs. Nachdem mehrere Medien über dessen IM-Tätigkeit berichtet hatten, war Schnur mit einem Nervenzusammenbruch in ein Berliner Krankenhaus eingeliefert worden. Parteivorsitzender ist er eine Woche vor der Wahl allerdings immer noch. Da greift Kohl zum Telefon und bittet Eberhard Diepgen, zu Schnur ins Krankenhaus zu fahren und ihn vom Rücktritt zu überzeugen. Noch Jahre später kann sich Thomas de Maizière gut an diesen für die »Allianz« so wichtigen Tag erinnern: »Diepgen bat mich, ihn ins Krankenhaus zu begleiten. Bei seinem Gespräch mit Schnur war ich dann allerdings nicht dabei, sondern lief wie ein werdender Vater, der auf die Geburt seines Kindes wartet, den Gang auf und ab. Bis Diepgen mit der handgeschriebenen Rücktrittserklärung von Schnur wieder aus dem Zimmer kam.«[666]

Danach muss alles ganz schnell gehen, denn die Öffentlichkeit soll schnellstmöglich über den Rücktritt informiert werden. Thomas ruft daher bei der Pressesprecherin des Demokratischen Aufbruchs an, um sich mit ihr abzustimmen. Als er sie kurz darauf trifft, ist dies nicht nur die Begegnung zweier Pressesprecher, sondern das erste Aufeinandertreffen von Angela Merkel und Thomas de Maizière. »Viel Zeit zum Kennenlernen hatten wir an diesem Tag nicht. Stattdessen haben wir gleich heftig über den Ort der Pressekonferenz diskutiert. Ich schlug als Ort die Landesgeschäftsstelle der West-Berliner CDU vor und setzte mich auch durch, weil das leichter zu organisieren war. Angela Merkel wollte stattdessen in die Räumlichkeiten des Demokratischen Aufbruchs, was letztendlich die richtige Entscheidung gewesen wäre«[667], räumt Thomas de Maizière rückblickend ein. Die Pressekonferenz selbst, auf der er neben seinem Chef Diepgen sowie Schnurs Nachfolger Eppelmann und Angela Merkel sitzt, hat er nur noch als »gespenstisch« in Erinnerung. Zum Glück werden der CDU die Verfehlungen Schnurs nicht angelastet; einzig für den Demokratischen Aufbruch ist die Nachricht wenige Tage vor der Wahl ein Desaster.

Vetternwirtschaft

Am 17. März, nach kräftezehrenden Wochen des Wahlkampfes, trifft sich Lothar de Maizière mit Sylvia Schulz, seiner späteren Büroleiterin, Hans-Christian Maaß, Fritz Holzwarth, Vetter Thomas und einigen anderen Mitstreitern zum Abendessen in der »Gerichtslaube«, einem Restaurant im Berliner Nikolaiviertel. Die Stimmung ist gut. Die Wahlprognosen für die CDU hatten sich in den letzten Wochen stetig verbessert. Waren im Dezember 1989 gerade einmal 8 Prozent der Wahlberechtigten bereit, CDU zu wählen, kommt die Partei in Umfragen Anfang Februar bereits auf 11 und Anfang März dann sogar auf 21 Prozent.[668] Dass am nächsten Tag vielleicht sogar noch deutlich mehr möglich ist, erfährt die Runde an diesem Abend, wie sich Hans-Christian Maaß noch gut erinnert: »Während des Essens bekam Fritz Holzwarth die letzten Umfrageergebnisse, die schon erahnen ließen, dass es wohl am nächsten Tag zu einem großen Sieg für die Union kommen und diese somit den Ministerpräsidenten stellen würde. Lothar de Maizière wollte an diesem Abend gar nichts davon wissen und wir merkten, wie ihn bei dem Gedanken daran, bald Ministerpräsident der DDR zu sein, ein gewisses Unbehagen überkam.«[669] Und in der Tat: Lothar wird sogar richtig wütend, als er mit dieser Vorstellung konfrontiert wird. Er hält nichts von solchen Spekulationen und verweist auch jetzt noch auf die vielen Unsicherheiten, die in solchen Umfrageergebnissen stecken würden. Auf dem Nachhauseweg macht er sich dennoch Gedanken darüber, was die nächsten Wochen möglicherweise bringen werden. An einen ruhigen Schlaf ist in dieser Nacht jedenfalls nicht zu denken.

Am Tag darauf geht Lothar zu seinem Wahllokal in Berlin-Treptow, um seine Stimme abzugeben. Dort wird er bereits von zahlreichen Journalisten erwartet und es herrscht ein ziemliches Gedränge, wie sich Lothar entsinnt: »Eigentlich wollte ich den Moment, erstmals an einer freien Wahl teilzunehmen, genießen. Doch daran war in diesem Moment natürlich nicht zu denken.«[670] Nachdem er seinen Stimmzettel unter dem Blitzlichtgewitter der Fotografen abgegeben hat, fährt er in die Parteizentrale am Gendarmenmarkt. Dort setzt er sich mit seinen Beratern zusammen, um drei verschiedene Sprachregelungen für den Wahlausgang zu besprechen. Variante eins sieht vor, bei einer Niederlage Haltung zu bewahren und dem Gegner zu gratulieren. Variante zwei geht von einem achtbaren Ergebnis aus, bei dem man jedoch die weitere Entwicklung abwarten müsse. Und Variante drei ist die Option für einen klaren Sieg, bei der zunächst dem Wähler für das große Vertrauen gedankt und die Aussage gemacht werden soll, dass man sich der Verantwortung stellen werde. Schnell verständigt man sich darauf, dass Variante eins nicht in Frage kommt. Die beiden anderen werden jedoch mehrfach durchgesprochen und geprobt.

Als um 18 Uhr die ersten Prognosen veröffentlicht werden, ist klar, dass Variante drei zum Tragen kommt. »Als ich die Zahlen sah, rutschte mir das Herz in die Hose«[671], bekennt Lothar de Maizière noch über zwanzig Jahre später. Und auch sein Vetter Thomas erinnert sich gut daran, wie überrascht er war, »denn diese Prognose übertraf unsere kühnsten Erwartungen.«[672] Wenig später steht das Ergebnis fest: die CDU holt 40,6 Prozent der Stimmen, die SPD 21,8 Prozent, die PDS 16,3 Prozent, die DSU 6,3 Prozent, BFD 5,3 Prozent, Bündnis 90 2,9 Prozent und der DA lediglich 0,9 Prozent.[673] Insgesamt holt die »Allianz für Deutschland« damit 46,8 Prozent und es steht fest: Lothar de Maizière wird der neue Ministerpräsident der DDR.

Im Palast der Republik wird Lothar kurz darauf von der nationalen und internationalen Presse erwartet. Der Weg dorthin ist beschwerlich, es gibt keine Absperrungen, und Personenschutz hat Lothar auch noch nicht. Diese Rolle übernehmen daher Hans-Christian Maaß und Fritz Holzwarth. Letzterer bekommt dabei eine Kamera an den Kopf, die eine klaffende Wunde verursacht. Und auch Lothar selbst kommt nicht ungeschoren davon. Auf dem Weg zu den verschiedenen Fernsehstationen bekommt er einen Schlag gegen das Schienbein, sodass dieses zu bluten beginnt und Lothar notdürftig versorgt werden muss. Den Interview-Marathon hält er dennoch bis zum Schluss durch, bevor er anschließend durch einen Kellergang den Palast der Republik wieder verlässt.

Im Restaurant »Ahornblatt«, in dem die Wahlparty der CDU stattfindet, trifft Lothar dann neben Thomas und seinen engsten Mitarbeitern auch auf Heiner Geißler und Rudolf Seiters. Mit Helmut Kohl telefoniert er kurz, man verabredet sich für den 20. März in Bonn. Spät am Abend entscheiden sich Lothar und Thomas de Maizière, noch gemeinsam zur Wahlparty des Demokratischen Aufbruchs zu fahren. Dort kann von Partystimmung jedoch keine Rede sein. Mit einem Wahlergebnis von unter einem Prozent wurde die Partei bitter abgestraft. »Als wir dort ankamen, saßen Rainer Eppelmann, Angela Merkel und noch einige andere mit traurigen Minen in der Ecke. Unsere Euphorie konnten sie zwar nicht teilen. Aber darüber gefreut, dass wir zu ihnen kamen, haben sie sich trotzdem«[674], erinnert sich Thomas de Maizière. Anders als vielfach behauptet und wie bereits beschrieben, ist dies nicht die erste Begegnung zwischen Angela Merkel und Thomas de Maizière. Sicher ist jedoch, dass es nicht die letzte ist. Bereits wenige Wochen später werden sie sich nahezu täglich sehen.

Am Tag nach der Wahl überrascht Lothar de Maizière die Öffentlichkeit mit der Ankündigung, eine große Koalition anzustreben, der neben DSU und DA auch die Liberalen und die SPD angehören sollen. Sein Ziel ist es zum einen, möglichst viele der Kräfte einzubinden, die zu einem friedlichen Verlauf der Revolution beigetragen haben. Andererseits ist ihm klar, dass er die Sozialdemokraten braucht, vor allem bei den bevorstehenden Verfassungsänderungen. Lothars Onkel Ulrich scheint zu ahnen, vor welchen Herausforderungen sein Neffe nun steht. Kurz nach der Wahl schreibt er ihm: »Möge es dir gelingen, eine Regierung mit breiter Unterstützung zu bilden, damit die hohen Erwartungen der Bürger der DDR weitgehend erfüllt werden können. Es wird nicht einfach sein, Hoffnungen und reale Möglichkeiten in Übereinstimmung zu halten.«[675]

Das Angebot der CDU an die SPD zu Koalitionsverhandlungen stößt bei den Sozialdemokraten jedoch zunächst auf Ablehnung, was weniger an der Union selbst als vielmehr an der DSU liegt. Zwischen ihr und der SPD war es während des Wahlkampfes zu verbalen Auseinandersetzungen gekommen, die zum Teil deutlich unter die Gürtellinie gingen. Lothar lässt jedoch nichts unversucht. Über Reinhard Höppner, den er durch die BEK-Synoden gut kennt, kommt es zu einem ersten Gespräch mit Markus Meckel und Richard Schröder aus der SPD-Fraktion. Zu Richard Schröder, Dozent am Sprachenkonvikt, fasst er sofort Vertrauen. In den nächsten Monaten wird daraus eine Freundschaft, die bis zum heutigen Tag besteht.

Obwohl das Treffen in der CDU-Parteizentrale geheim bleiben soll, erfährt die Öffentlichkeit davon. Ein Fernsehteam filmt die Begegnung in Lothars Büro vom Turm des Französischen Doms aus und so sind Bilder davon abends in den Nachrichten zu sehen. Der SPD-Parteivorstand um den Vorsitzenden Ibrahim Böhme ist nicht begeistert und ein Scheitern der Koalition steht im Raum, noch bevor die eigentlichen Verhandlungen begonnen haben. Erst nachdem Böhme Anfang April wegen seiner IM-Tätigkeit zurücktreten muss und sich die DSU öffentlich für ihre Äußerungen während des Wahlkampfes entschuldigt, steht

Koalitionsverhandlungen nichts mehr im Wege. Die strittigsten Punkte in den anschließenden Beratungen sind der Weg zur Einheit und Eigentumsfragen. Auch im Bereich des Umweltschutzes, der Bildung oder der Land- und Forstwirtschaft kommt es zu langen Debatten. Am Ende findet man für alles einen Kompromiss, auch in der Frage des Beitritts der DDR zur Bundesrepublik nach Artikel 23 des Grundgesetzes.

Am 5. April 1990 konstituiert sich die erste frei gewählte Volkskammer; Sabine Bergmann-Pohl wird zur Präsidentin und damit zum Staatsoberhaupt gewählt. Der 12. April ist dann der bis dahin bedeutendste Tag in der politischen Laufbahn von Lothar de Maizière. Mit 265 von 382 Stimmen wählt ihn das Parlament zum Ministerpräsidenten der DDR. Im anschließenden Statement richtet er sich an die Bevölkerung des Landes und sagt: »Gehen Sie bitte von der festen Überzeugung aus, dass diese Regierung mit Zuversicht, mit Augenmaß, in großer sozialer Verantwortung die Probleme angehen wird, die vor uns allen stehen.«[676] Große Worte, denen Lothar de Maizières Regierung in den folgenden Monaten Taten folgen lassen muss.

Am Tag der Vereidigung fährt Lothar zusammen mit Thomas erstmals in den neuen Dienstsitz, das Amt des Ministerpräsidenten. Gemeinsam betreten sie das Büro, in dem kurz zuvor noch Hans Modrow gesessen hat. »In den Räumen war noch das alte Mobiliar, die Schränke selbst waren leer, nichts lag auf dem Schreibtisch oder stand in den Regalen. Es war gespenstisch und ich spürte, dass Lothar ein wenig unwohl war, als er die Räume betrat«[677], erinnert sich Thomas de Maizière an diesen Tag.

Viel Zeit, um über diese neue Situation nachzudenken, hat Lothar de Maizière jedoch nicht. In einem großen Saal des Gebäudes warten 700 Mitarbeiter auf die ersten Worte ihres neuen Chefs. Lothar wählt seine Worte mit Bedacht und sagt: »Mir ist klar, dass ich derjenige bin, den Sie sich wahrscheinlich am wenigsten gewünscht haben. Nun hat die Mehrheit der Bevölkerung aber so entschieden, und jetzt geht es um die Frage, ob Sie mit mir und meiner Regierung zusammenarbeiten wollen. Ich möchte mich dabei an der Kirchentagslosung von 1987 orientieren, die da lautete: ›Vertrauen wagen‹. Vertrauen ist immer ein Wagnis und ich möchte dieses Wagnis eingehen und Ihnen vertrauen. Wer glaubt, auf dieser Basis nicht mit mir arbeiten zu wollen, der kann sich bei meinem Staatssekretär melden. Dort wird man versuchen, eine sozial verträgliche Lösung für Sie zu finden. Von allen anderen erwarte ich Fleiß, Loyalität und Kompetenz.«[678] Diese Worte verfehlen ihre Wirkung nicht. Lothar spürt, wie ein Aufatmen durch den Saal geht. Noch Jahre später wird er davon berichten, dass ihn die Mitarbeiter mehrheitlich unterstützten und ihm stets mit Respekt und Achtung begegneten.

Kurz darauf, am Karfreitag, trifft sich Lothar in seinem neuen Büro noch einmal mit Hans Modrow zur Amtsübergabe. Er wird von Modrow freundlich begrüßt und dieser lässt sich anschließend die Übergabe verschiedener Akten auf Karteikarten quittieren. Auch im Abstand von über zwanzig Jahren legt Lothar de Maizière Wert auf die Feststellung, »dass die Übergabe fair und ordentlich erfolgte.«[679]

Wenige Tage nachdem Lothar Ministerpräsident geworden ist, bekommt er zu Hause Besuch von seinem Freund Gregor: »Ich klingelte an der Tür und sagte, hier sei der Oppositionsführer, der seinen Ministerpräsidenten sprechen wolle. Er ließ mich hinein, wir tranken ein Glas Wein miteinander und sprachen über alles Mögliche.«[680] Fortan haben beide allerdings weniger Kontakt, was aber nicht an politischen Streitigkeiten, sondern schlicht und einfach an der fehlenden Zeit liegt.

Zeit wird für Lothar de Maizière in den nächsten Wochen und Monaten zur wichtigsten Ressource. Das bekommt er gleich nach Dienstantritt zu spüren. Gerade einmal sechs Tage hat er Zeit, um mit seinen Mitarbeitern die erste Regierungserklärung vorzubereiten. Man weiß, dass die

Rede sowohl national als auch international sehr genau verfolgt werden wird. Es kommt auf jedes Wort an. Als Lothar am 19. April in der Volkskammer zum Rednerpult schreitet, hat er jedoch zunächst nicht seine Rede im Kopf, sondern das Bild des polnischen Ministerpräsidenten Mazowiecki, der ein Jahr zuvor bei seiner Regierungserklärung vor Aufregung umgekippt war. Doch obwohl ihm die Knie schlottern, hält Lothar am Ende eine viel beachtete Rede, in der er zum ersten Mal die Formel verwendet, wonach die »Teilung … nur durch Teilen aufgehoben werden«[681] kann. Auf die in der Rede aufgeworfene Frage, was denn die Bevölkerung der DDR in die deutsche Einheit einbringen werde, sagt er: »Wir bringen unsere Identität ein und unsere Würde. Unsere Identität, das ist unsere Geschichte und Kultur, unser Versagen und unsere Leistung, unsere Ideale und unsere Leiden.«[682] Es sind Sätze wie diese, die auch bei der Opposition Beifall hervorrufen, wie sich Gregor Gysi erinnert: »Die Regierungserklärung war gut und sie war auch nicht einseitig. Das hat übrigens meine gesamte Fraktion so gesehen.«[683]

Nach dem 19. April beginnen die Mühen des Regierungsalltags. Was Lothar neben fähigen Ministern dafür vor allem braucht, ist ein gutes Team. Dazu gehört auch sein Vetter Thomas. Er ist sein engster Begleiter in dieser Zeit; auf niemanden passt der so häufig zitierte Spruch »Blut ist dicker als Wasser« besser als auf Lothar und Thomas de Maizière. Hauptaufgabe von Thomas ist zunächst der Neuaufbau des Amtes des Ministerpräsidenten. »Wir haben tage- und nächtelang auf dem Boden gekniet und in riesigen Organigrammen geschrieben, wieder gestrichen und immer wieder geändert, bis endlich das Gerüst stand«[684], so Thomas de Maizière. Er ist verantwortlich für das sogenannte »Starterpaket« für jeden Minister. Darin enthalten sind nicht nur ein Organigramm des Ressorts, sondern auch Personalvorschläge mit jeweils zehn Leuten aus dem Osten und Westen. »Anfangs waren die meisten froh darüber. Erst nach einiger Zeit ordnete jeder Minister sein Haus selbst und gab ihm seine eigene Note«[685], erinnert sich Thomas de Maizière, der diese Zeit mit zur spannendsten seines Lebens zählt. Danach kümmert er sich vorrangig um das Funktionieren der Regierungsarbeit, entwickelt oder ändert Vorschriften, beschäftigt sich mit den Vorbereitungen für Kabinettsangelegenheiten, schreibt Geschäftsordnungen oder unterstützt den Aufbau sogenannter Spiegelreferate im Amt des Ministerpräsidenten. Als Lothar de Maizière irgendwann nicht mehr sämtliche Kabinettsvorlagen selbst lesen kann, übernimmt dies Thomas und votiert alle Vorlagen für seinen Vetter: »Das hatte auch zur Folge, dass ich damals als einziger Nicht-Staatssekretär an den Staatssekretärsrunden teilnahm, die die Kabinettssitzungen vorbereiteten.«[686] Auch bei der morgendlichen Lagebesprechung des engsten Kreises um den Ministerpräsidenten nimmt er teil.

Dort sitzt auch Hans-Christian Maaß, der seit dem Wahlerfolg mit allen Fragen rund um Medien zu tun hat und dafür die Strukturen schafft. Er wählt Personal aus, besorgt Technik oder kümmert sich um den Aufbau eines Presseverteilers. Auch in seinen Worten spürt man noch heute die Aufbruchstimmung von damals: »Lothar de Maizière hat mir weitestgehend ›freie Hand gelassen‹ und sich bei Personalfragen mit mir abgestimmt. So auch bei der Frage, wer neben Matthias Gehler stellvertretender Regierungssprecher werden soll.«[687] Die SPD hatte im Zuge der Koalitionsverhandlungen wider Erwarten keinen Anspruch auf den Posten erhoben. Und da Lothar der DSU diese Stelle nicht anvertrauen will, läuft es schnell auf den Demokratischen Aufbruch hinaus. Genau wie Thomas de Maizière erinnert sich in diesem Moment auch Hans-Christian Maaß an Angela Merkel, die er wenige Wochen zuvor kennengelernt hatte. Beide schlagen Angela Merkel als stellvertretende Regierungssprecherin vor. Lothar hatte Merkel schon zuvor bei gemeinsamen Wahlkampfauftritten in Erfurt, Rostock und Leipzig erlebt. Besonders an Leipzig kann sich Lothar gut erinnern, denn hier hatte die Pressesprecherin des Demokratischen Aufbruchs ihr Talent als Schlichterin bewiesen, nachdem es zuvor erneut zu Spannungen innerhalb der Allianz für Deutschland gekommen war. Lothar weiß also, wer da Ende April in seinem Büro vor ihm sitzt. »Es kam dann zu einem kurzen Vorstellungsgespräch und im Anschluss daran kam Lothar de Maizière zu mir und sagte: ›Die ist doch ganz nett, die nehmen wir‹«[688], erzählt Maaß. So wird Angela Merkel stellvertretende Regierungssprecherin. Ihr Wunsch, den sie noch in der Wahlnacht gegenüber Thomas de Maizière geäußert hatte, wonach man bitte den Demokratischen Aufbruch nicht vergessen solle, geht nun in Erfüllung.

Zum engeren Kreis um Lothar de Maizière gehören neben seinem Vetter Thomas, Hans-Christian Maaß und Angela Merkel nach wie vor Fritz Holzwarth, Regierungssprecher Matthias Gehler, Büroleiterin Sylvia Schulz und Sven Olaf Obst, der Persönliche Referent des Ministerpräsidenten. Auch zu seinem Redenschreiber Winfried Fest, dem pensionierten Staatssekretär aus West-Berlin, hat Lothar eine besondere Beziehung, wie sich Hans-Christian Maaß erinnert: »Fest und de Maizière zeichnete eine besondere emotionale Nähe aus. Da stimmte von Anfang an die Chemie. Fest verstand, wie Lothar dachte und fühlte.«[689] Allerdings wird Fests Loyalität gegenüber dem Ministerpräsidenten auch einmal auf eine harte Probe gestellt. Nach einem Interview, in dem Lothar de Maizière sich etwas überspitzt zu verschiedenen kulturellen Aspekten in Ost und West geäußert hat, hält er eines Tages einen Brief von Joachim Fest in der Hand. In dem Brief beschwert sich der anerkannte Historiker über die Aussagen und versucht, einige Dinge anders darzustellen. Lothar ist verärgert und bittet seinen Redenschreiber um eine deutliche Antwort an dessen »Namensvetter«. Diese verfasst Winfried Fest auch schnell, steht aber bald darauf vor seinem Chef und erklärt ihm, dass der Brief seine Loyalität fast überfordert hätte. Bei dem »Namensvetter« handele es sich nämlich um seinen Bruder. Obwohl Lothar de Maizière den Historiker Joachim Fest kennt, ist ihm bis zu diesem Tag noch nicht in den Sinn gekommen, dass dies der Bruder seines Redenschreibers sein könnte.

Im Team um Lothar de Maizière entwickelt sich schnell eine große Vertrautheit, von Ost-West-Befindlichkeiten ist kaum etwas zu spüren. Nur manche Anekdote unterstreicht rückblickend die unterschiedliche Herkunft der Mitarbeiter, was besonders bei den Themen Arbeitszeit und telefonische Erreichbarkeit deutlich wird. Zwar gewöhnen sich die westdeutschen Kollegen schnell daran, dass im Osten der Arbeitstag sehr viel früher beginnt als im Westen. Dass aber an festen Zeiten für Frühstück und Mittagessen konsequent festgehalten wird, ist für manchen nur schwer nachvollziehbar, wie sich Hans-Christian Maaß erinnert: »Als ich einmal gegen 12 Uhr ins Büro des Ministerpräsidenten kam, war dort gähnende Leere und ich hörte einsam so manches Telefon klingeln. Als ich Lothar de Maizière darauf ansprach, sagte er mir, dass zu dieser Zeit Mittagspause sei und alle Kollegen in der Kantine seien.«[690] Nur aufgrund der Anmerkung von Maaß, dass es nicht gut sei, wenn beispielsweise der Bundeskanzler anrufte und dieser niemanden erreichte, wurde das kollektive Mittagessen abgestellt. Fortan ist das Büro des Ministerpräsidenten immer besetzt, wenngleich mancher Mitarbeiter das als Revolution versteht.

Eine Erinnerung ganz anderer Art an das Mittagessen hat Thomas de Maizière. Er wundert sich anfangs, dass ausgerechnet in der DDR zwischen den Mitarbeitern der Ministerien und leitenden Angestellten der Häuser Unterschiede bei Qualität und Angebot der Speisen gemacht werden. Während sich die Mitarbeiter in einem allgemeinen Speiseraum treffen, steht für Minister und Führungskräfte ein »Casino« zur Verfügung. Und selbst dort hat der Ministerpräsident noch einmal eine herausgehobene Stellung, wie Thomas bald erkennen muss: »Oft gingen Lothar und ich etwas später zum Essen. Das hatte zur Folge, dass mitunter nicht mehr das komplette Speiseangebot da war. Als ich einmal vor Lothar an der Reihe war und Kassler bestellte, hieß es, dies gebe es nicht mehr. Daraufhin sagte Lothar: ›Schade, das wollte ich auch.‹ Da kam als Antwort vom Küchenchef: ›Na für Sie ist noch eins da.‹ So erfuhren wir, dass von jedem Essen immer eins bis zum Schluss für den Ministerpräsidenten aufgehoben wurde.« Allerdings beendet Lothar de Maizière sofort diese Praxis. Zudem gibt es bald darauf das gleiche Speisenangebot für alle – egal ob Mitarbeiter oder Minister.

Im politischen Alltag hat Lothar mit seinen Mitarbeitern mittlerweile den Fahrplan für den Weg zur deutschen Einheit entwickelt. Nicht zuletzt unter dem Eindruck der Wahl ist ihm dabei klar geworden, dass »die Bevölkerung erwartete, dass wir uns so schnell wie möglich überflüssig machen sollten.«[691] Dennoch will er keinen bedingungslosen Anschluss, sondern eine Vereinigung auf Augenhöhe. Im Mittelpunkt stehen für Lothar und seine Regierung dabei fünf Punkte. Als Erstes sollen freie Kommunalwahlen vorbereitet werden. Anschließend muss die Neuinstallierung der Länder anstelle der Bezirke vorangetrieben werden. Ihr folgen sollen die Aushandlung und Verabschiedung eines ersten Staatsvertrages zur Herstellung der Wirtschafts-, Währungs- und Sozialunion, bevor mit dem Einigungsvertrag der vierte Schritt in Angriff genommen wird. Mit dem fünften Punkt, der Erarbeitung internationaler Vereinbarungen im Zuge der 2+4-Verhandlungen soll dann der entscheidende und wahrscheinlich schwierigste Schritt gemacht werden.

Nicht zuletzt mit Blick auf die internationalen Herausforderungen, die die deutsche Einheit mit sich bringen würde, plant Lothar mit seinem Stab frühzeitig seine Auslandsreisen. Im Zuge der Vorbereitungen greift er dabei auf Mitarbeiter zurück, die schon zu DDR-Zeiten ihr Handwerk gelernt hatten und auf die Lothar nicht verzichten will. Dazu zählt auch Gerhard Beil, unter Honecker und Modrow Außenhandelsminister, nunmehr außenpolitischer Berater. Für Lothar erweist sich Beil bald als unerlässlich, wenn es um die Vorbereitungen von Auslandreisen geht. Als ihn Kohl wenig später fragen wird, warum denn der Beil immer noch da sei, antwortet Lothar, »weil man sich Herrschaftswissen nur von demjenigen holen kann, der es besitzt.«[692]

Lothar de Maizières erste Auslandsreise führt ihn nach Moskau. Neben Angela Merkel, Büroleiterin Sylvia Schulz und einigen anderen Mitarbeitern wird Lothar bei dieser Reise von einem Mann begleitet, der ebenfalls schon in früheren Regierungen der DDR gedient hatte: Franz Jasnowski, Protokollchef. »Ich war in protokollarischen Fragen natürlich höchst unerfahren und erklärte ihm deswegen, dass er das Recht habe, mich bei jeder Gelegenheit auf mögliche Fehler oder Gefahrenquellen hinzuweisen, mir notfalls sogar in die Kniekehlen zu treten, nur damit wir international eine gute Figur machten«[693], erinnert sich Lothar an seine erste Auslandsreise als Ministerpräsident. Auf dem Flug nach Moskau unterhält er sich lange mit Jasnowski, spricht mit ihm allerdings nicht nur über dienstliche Angelegenheiten, sondern interessiert sich auch für Jasnowskis Lebensweg und private Dinge. »Da hatte er plötzlich Tränen in den Augen und meinte, ich sei der erste Chef, der mit ihm darüber sprechen würde«[694], so Lothar de Maizière.

In Moskau fühlt sich der Ministerpräsident der DDR zunächst an alte Zeiten erinnert. Auf dem Weg zu Gorbatschows Büro muss er einen langen Gang durchlaufen, bevor er wenig herzlich vom Kreml-Chef empfangen wird. Die Gesprächsatmosphäre ist anfangs unterkühlt und wandelt sich erst, nachdem Lothar unmissverständlich klar macht, dass die Zeiten, in denen DDR-Staatschefs als Befehlsempfänger nach Moskau kamen, endgültig vorbei sind. Am Ende ist Lothar zufrieden mit dem Gespräch und kehrt mit der Erkenntnis nach Hause zurück, dass Gorbatschow auf dem Weg zur deutschen Einheit ein harter, aber fairer Verhandlungspartner sein würde.

Die nächste Auslandsreise führt Lothar in die USA. Auch wenn sich Honecker seinerzeit stark um einen Besuch in Amerika bemüht hatte, war nie ein DDR-Staatschef in Washington empfangen worden. Es erfüllt Lothar daher mit Stolz, nun als erster demokratisch gewählter Ministerpräsident der DDR bei George Bush sen. Gast zu sein. Der Empfang durch den US-Präsidenten ist herzlich und auch Bushs Gattin

Barbara empfindet Sympathie für Lothar, nachdem sie bemerkt, wie freundlich er mit ihrem Hund umgeht. »Wahrscheinlich nahm er an mir den Geruch meines Dackels wahr. Er wich jedenfalls fortan nicht von meiner Seite«, entsinnt sich Lothar.

In den USA hält er zudem Vorträge an der Georgetown-Universität und im außenpolitischen Ausschuss des Kongresses. Er trifft sich in New York mit UN-Generalsekretär Pérez de Cuéllar und sieht erstmals die von einem sowjetischen Bildhauer geschaffene Skulptur »Schwerter zu Pflugscharen«, die er bis dahin lediglich als Aufnäher auf den Jacken von oppositionellen Jugendlichen der DDR kannte. Diese jungen Leute hatte er als Anwalt noch wenige Jahre zuvor in zahlreichen Gerichtsprozessen vertreten und jetzt steht er vor der Skulptur neben dem UN-Gebäude.

Kaum wieder in die DDR zurückgekehrt, beginnen die Vorbereitungen für Lothars nächste Reise und das Treffen mit Frankreichs Staatspräsident François Mitterand. Dieser hatte wenige Monate zuvor im Dezember 1989 die DDR unter Führung der Regierung Modrows besucht und ist nun gespannt auf den neuen Ministerpräsidenten des Landes, das sich mit großen Schritten in Richtung deutsche Einheit bewegt. Anfängliche Zurückhaltung Mitterands weicht sofort, als er im Gespräch mit Lothar auf dessen hugenottische Herkunft zu sprechen kommt. Die beiden reden auch viel über Literatur, deutsche und französische Musik und vieles mehr. Nachdem sich Lothar nach einer Stunde von Mitterand verabschiedet hat, soll dieser zu einem Mitarbeiter gesagt haben: »Endlich mal wieder ein deutscher Politiker mit Kultur.«[695]

Den Besuch in Frankreich nutzt Lothar auch für einen kurzen Abstecher zu Thomas' Bruder Andreas. Dieser ist in Paris Mitleiter der Commerzbank-Filiale und freut sich besonders, seinen Vetter Lothar als Ministerpräsidenten begrüßen zu können. Intensiv verfolgt Andreas die Entwicklung in der DDR von Anfang an und hat dabei auch die Wahrnehmung der Franzosen zu diesem Prozess im Blick: »Ich erinnere mich noch genau, als ich bereits im Spätherbst 1989 in der Zeitung ›Le Monde‹ sinngemäß die Überschrift las: ›Ist eine Wiedervereinigung denkbar?‹. Da wurde mir erstmals richtig bewusst, was da in der DDR wirklich passierte. Das war visionär«[696], erzählt Andreas de Maizière Jahre später.

In den Monaten nach der Öffnung der Mauer setzen sich die Besuche der de Maizières aus dem Osten fort. Fast alle Verwandten aus der DDR kommen nach Paris; zum Teil mit ihren Kindern und Enkeln. Rückblickend wird von den meisten noch heute erwähnt, dass dieser erste Besuch in dem Land, aus dem der gemeinsame Name stammt, eine wichtige Erfahrung für das Verstehen der verwandtschaftlichen Beziehungen war. »Das war es übrigens für uns, meine Frau und unsere vier Kinder, auch«[697], erinnert sich Andreas de Maizière. Bei einem späteren Besuch von Lothar Anfang der neunziger Jahre im Rahmen einer internationalen Ost-West-Konferenz wird es dann sogar ein Abendessen bei Andreas mit ihm und Gregor Gysi geben. »Die Freundschaft zwischen den beiden wirkte also bis nach Paris«[698], so Andreas de Maizière.

Auch Andreas' Schwester Cornelia verfolgt mit großem Interesse, was in der DDR geschieht. Sie befindet sich in einem Sabbat-Jahr und nutzt daher seit Herbst 1989 häufig die Gelegenheit, um nach Berlin zu fahren. So begleitet sie Lothar aus einer anderen Perspektive als ihr Bruder Thomas, beobachtet seinen Weg vom Vermittler zwischen Kirche und Staat über seine Wahl zum Parteivorsitzenden bis hin zu seiner Zeit als Ministerpräsident. Auch wenn Lothars Zeit knapp ist, versucht er, sich mit ihr zu treffen – mitunter auch erst spät am Abend, wie sich Cornelia erinnert: »Wir haben einmal, nachdem wir uns eigentlich an der Haustür verabschieden wollten, zwei Stunden lang über die anstehende Herausforderungen und seine Aufgabe unterhalten – unter freiem Himmel und vor einem hell beleuchteten Hauseingang. Am nächsten Tag rief er mich an und meinte, er hätte von seinen Personenschützern einen ›Rüffel‹ bekommen, da man laut deren Auffassung so etwas als Ministerpräsident nicht machen könne.«[699] Doch in Cornelias Erinnerung passt dies zu Lothar, der auf Dinge wie Personenschutz keinen allzu großen Wert legte. Bei ihren Begegnungen mit Lothar spürt sie auch zusehends, wie kräftezehrend der politische Alltag für ihn ist. »Einmal erzählte er mir, dass er mitunter die Sonne vermisse. Er stehe auf, wenn die Sonne noch nicht aufgegangen sei, und fiele ins Bett, wenn die Sonne längst wieder untergegangen ist«[700], erzählt Cornelia rückblickend.

Lothars Schwester Dorothee engagiert sich indes in der Kommunalpolitik, nachdem sie und ihr Mann Christoph schon Mitglieder des Runden Tisches im Kreis Aschersleben waren. Im Mittelpunkt stehen dabei anfangs soziale Belange, später dann auch die religiöse Bildung an den Schulen. Im jährlichen Rundbrief an die Familie schreibt sie dazu: »Zur Zeit bemühen wir uns, in allen 10. Klassen des Kreises in 6 Unterrichtsstunden ein Minimalprogramm von Kirche und christlichem Glauben zu vermitteln. Das ist beschwerlich, da die Schüler oft ganz unverhohlen ihren Widerstand zum Ausdruck bringen.«[701]

* * *

Noch bevor Lothar Ende April nach Moskau gefahren war, hatte er sich mit Helmut Kohl getroffen, um ganz offiziell die Verhandlungen über die Wirtschafts- und Währungsunion zwischen den beiden deutschen Staaten zu eröffnen. Neben der Einführung der sozialen Marktwirtschaft in der DDR und damit der Herstellung eines einheitlichen Wirtschaftsraumes ist der Blick der Bevölkerung im Osten vor allem auf die Umstellung der Währung gerichtet. Lothar weiß, wie sehr die Zeit drängt. Nur die schnelle Einführung der D-Mark bietet die Garantie dafür, dass nicht immer mehr Menschen die DDR verlassen. Noch gut kann er sich an die Transparente auf den Leipziger Montagsdemonstrationen erinnern, die dies unmissverständlich zum Ausdruck brachten: »Kommt die D-Mark, bleiben wir. Kommt sie nicht, gehen wir zu ihr.«

Lothar beauftragt Günther Krause, seinen parlamentarischen Staatssekretär, mit der Verhandlungsführung. Trotz oder gerade wegen manch unterschiedlicher Auffassung ergänzen sich Lothar de Maizière und Günther Krause gut. Gleichwohl muss Lothar seinen Staatssekretär mitunter daran erinnern, »dass die Richtlinienkompetenz des Ministerpräsidenten für die Deutschlandpolitik auch ihm gegenüber gelte.«[702] Dann nämlich, wenn Günther Krause wieder einmal allzu eigenmächtig handelt. Ingesamt funktioniert die Zusammenarbeit zwischen beiden jedoch gut und Krause hat am Ende großen Anteil daran, dass bereits am 18. Mai 1990 der Staatsvertrag zur Herstellung der Wirtschafts-, Währungs- und Sozialunion unterzeichnet und die D-Mark zum 1. Juli in der DDR eingeführt werden kann.

Nicht nur für die Menschen im Land, sondern auch für Lothar ist dieser Sommertag etwas Besonderes. Organisiert von seinen Presseleuten soll der Ministerpräsident vor laufenden Kameras und dem Blitzlichtgewitter der Fotografen sein erstes Geld umtauschen. In einer Berliner Sparkasse ist alles vorbereitet, als Lothar den Schalterraum betritt. Zuvor war er noch einmal zu Hause gewesen und hatte seinen Anzug gewechselt, dabei jedoch vergessen, das Portemonnaie aus der Innentasche zu nehmen. So kommt er nun zum Geldumtausch ohne auch nur einen Pfennig dabeizuhaben. Glücklicherweise wird er von Sven Olaf Obst, seinem persönlichen Referenten, begleitet, der ihm dann aus der Patsche hilft und 100 Ost-Mark leiht. »Dazu brauchte es jedoch zunächst einige Überredungskünste«, wie sich Lothar erinnert, »denn Obst befürchtete, die 100 Mark würden ihm von seinem maximal umzutauschenden Kontingent von 2000 Mark abgezogen. Erst nachdem ich ihm sagte, dass er von mir die geliehenen 100 Ost-Mark in D-Mark wiederbekommen würde, lieh er mir das Geld.«[703]

Trotz kleinerer Turbulenzen und Schwierigkeiten im Land gilt der 1. Juli als der Tag, der dem Prozess der Wiedervereinigung einen ganz entscheidenden Schub gibt. Was nun folgt, sind die Verhandlungen zum zweiten Staatsvertrag, dem Einigungsvertrag. Die Bezeichnung stammt von Lothars Regierungssprecher Matthias Gehler, der mit Blick auf die Medien und die Öffentlichkeit nichts davon hält, von einem zweiten Staatsvertrag zu sprechen.[704] Wie schon in den Wochen zuvor ist Günther Krause Verhandlungsführer für die DDR, während sein Gegenüber Wolfgang Schäuble ist. Zu Beginn sitzt Lothar de Maizière noch selbst mit am Tisch. Kurz darauf macht man sich jedoch die Verhandlungstaktik des Westens zu eigen. »Nachdem Schäuble meinte, jedes Verhandlungsergebnis gelte nur unter Vorbehalt der Zustimmung des Kanzlers, habe auch ich mich zurückgezogen«, entsinnt sich Lothar de Maizière an den Beginn der Verhandlungen. »Damit hatte nun auch Günther Krause jederzeit die Möglichkeit zu sagen, dass er sich zu diesem oder jenem Punkt erst mit seinem Ministerpräsidenten abstimmen muss.«[705] Neben diesem schlauen Schachzug macht Lothar noch seinen Vetter Thomas zum Mitglied der Verhandlungsdelegation für den Einigungsvertrag; nicht nur weil er seinen juristischen Sachverstand zu schätzen weiß, sondern weil er ihm vertraut. Das schließt jedoch nicht aus, dass das Verhältnis von Lothar und Thomas in dieser Zeit auch einige Belastungsproben bestehen muss, wie Hans-Christian Maaß noch Jahre später zu berichten weiß: »Zwischen den beiden kam es mitunter auch zu heftigen Kontroversen, etwa bei der Frage, was alles im Einigungsvertrag berücksichtigt werden solle und was man erst später regeln müsse. Hier hatte Thomas eher das Große und Ganze im Blick, während Lothar auf kleinste Details Wert legte.«[706] Die Aussage von Maaß unterstreicht einmal mehr das Bild von Lothar de Maizière, das er im Zuge des Einigungsprozesses verkörpert. Er versteht sich als »Anwalt« für die Bürger der DDR und achtet während der Vertragsverhandlungen auch auf Kleinigkeiten. Im Laufe der Zeit gerät er dabei jedoch immer mehr in das Spannungsverhältnis zwischen dem Druck, die Einheit so schnell wie möglich zu vollenden, und dem Anspruch, mit Anstand und Würde in diese Einheit zu gehen. Die zunehmende

Verschlechterung der wirtschaftlichen Lage in der DDR, der mehrfache Versuch seines Koalitionspartners DSU, die Einheit sofort herbeizuführen, und der lauter werdende Ruf der Straße nach »Deutschland, einig Vaterland« schwächen dabei von Tag zu Tag Lothars Argumentation. Dies führt auch dazu, dass er von westlichen Medien mitunter als Querulant angesehen wird, der längst nicht mehr auf Augenhöhe mit dem Westen agieren kann. Als ihm DER SPIEGEL in diesem Zusammenhang im Sommer 1990 vorwirft, Lothar mache »Sperenzchen«, antwortet er: »Das ist wohl nicht die richtige Vokabel dafür, daß jemand versucht, sein Amt verantwortungsbewußt wahrzunehmen. Ich mache keine Sperenzchen. ... Ich will Formen haben, die das Zusammenwachsen gut und schnell erleichtern. Dies geht nicht, indem man aufeinander zustürzt und alles überstülpt, sondern indem man vernünftig aushandelt, was psychologisch und für beide Seiten auch politisch tragbar ist.«[707] Wolfgang Schäuble hat aus Sicht von Thomas de Maizière als einer der wenigen Vertreter der politischen Führung der Bundesrepublik gerade diesen psychologischen Aspekt im Prozess der Wiedervereinigung erkannt: »Er hat uns in dieser Zeit stets den Eindruck vermittelt, hier sitzen sich zwei gleichberechtigte Partner gegenüber, die auf Augenhöhe miteinander verhandeln. Auch wenn er wusste, dass das nicht wirklich der Fall war.«[708]

Dieser Punkt darf jedoch nicht darüber hinwegtäuschen, dass sich Schäuble während der Verhandlungen zwar Kompromissen nicht verschließt, in der Sache aber oft hart bleibt. Über viele Themen wird nächtelang gestritten und noch wenige Tage vor der geplanten Unterzeichnung des Einigungsvertrages steht dieser kurz vorm Scheitern. Auch DDR-Chefunterhändler Krause beharrt wie Schäuble auf seinen Positionen; und nur manche Sonderregelung bezogen auf das Gebiet der DDR führt zu einem Kompromiss. So erinnert sich Thomas de Maizière beispielsweise daran, wie seinerzeit der Konflikt um den Paragraphen 218 des Strafgesetzbuches und die in der DDR geltende Fristenlösung nur dadurch gelöst wird, dass für den Osten eine Zeit lang ein anderes Recht gelten soll als im Westen: »Für viele Abgeordnete der Volkskammer war gerade diese Frage von großer Bedeutung, die westdeutsche Gesetzeslage kam für sie in diesem Punkt überhaupt nicht in Frage.«[709] Aber auch in Bildungs-, Vermögens- und Eigentumsfragen lassen sich nur schwer Kompromisse finden. Bis zum letzten Verhandlungstag wird hart gerungen. Und noch in der Nacht vor dem 31. August, dem Tag der offiziellen Unterzeichnung des Einigungsvertrages, diskutiert eine kleine Gruppe um Wolfgang Schäuble, Joachim Gauck und Thomas de Maizière über den künftigen Umgang mit den Stasi-Akten. Doch keine 24 Stunden später ist es dann so weit: Staatssekretär Günther Krause und Bundesinnenminister Wolfgang Schäuble unterzeichnen in Berlin im Kronprinzenpalais »Unter den Linden« den Einigungsvertrag.

In den Wochen vor der Unterzeichnung muss die De-Maizière-Regierung noch einige Stürme überstehen. Erst verlassen die Liberalen die Koalition, und als Lothar Finanzminister Walter Romberg von der SPD entlässt, scheiden am 19. August auch die Sozialdemokraten aus. In dieser schwierigen Situation erfolgt wenige Tage später in der Nacht vom 22. auf den 23. August in der Volkskammer die Abstimmung über den Beitritt der DDR zum Geltungsbereich des Grundgesetzes nach Artikel 23. Es kommt teilweise zu tumultartigen Szenen. Manchen Bedenken, vor allem von Seiten der PDS oder Bündnis 90, wird mit wüsten Beschimpfungen aus den Regierungsfraktionen begegnet. Der Zeitpunkt des Beitrittes ist Gegenstand einer stundenlangen Debatte. Die Mehrheit der Abgeordneten will zwar den 41. Geburtstag der DDR am 7. Oktober nicht mehr feiern; mit Blick auf noch ausstehende internationale Entscheidungen im Rahmen der Zwei-plus-Vier-Verhandlungen ist ein sofortiger Beitritt, so wie von der DSU beantragt, ebenfalls unmöglich. Am Ende findet dann der 3. Oktober eine Mehrheit und unter lautem Jubel gehen Gregor Gysis Worte, wonach das Parlament soeben den Untergang der DDR beschlossen habe, fast unter. Gysi hat die Situation auch über zwanzig Jahre später noch genau vor Augen: »Nach der Abstimmung kamen Lothar und Günther Krause zu mir. Während Krause sich für das Verhalten von Teilen seiner Fraktion entschuldigte, sagte Lothar zu mir: ›Nun kommt die Einheit, Gregor. Nun musst du sie auch wollen.‹«[710]

* * *

Ende August ist jedoch nicht nur der Weg in die Einheit besiegelt, sondern längst auch der Bruch zwischen Lothar de Maizière und Helmut Kohl. Nachdem bereits das erste Aufeinandertreffen der beiden unter keinem guten Stern gestanden hatte, gestalten sich auch die folgenden Begegnungen meist als schwierig. Dies bleibt auch der Öffentlichkeit nicht verborgen, so wie auf dem alljährlichen Sommerfest des Bundeskanzlers Ende Juni 1990 im Bonner Palais Schaumburg. An diesem Abend herrscht bestes Sommerwetter, zahlreiche Gäste aus dem In- und Ausland sind anwesend und die Stimmung könnte kaum besser sein. Als Lothar vom Konzertmeister des Bonner Beethoven Orchesters gefragt wird, ob er bei der Eröffnung auf der Bratsche mitspielen wolle, lehnt dieser zunächst ab, lässt sich dann aber doch überreden. Der Auftritt gelingt und der Beifall für den Mann aus dem Osten ist groß, allerdings kann sich Kohl eine etwas flapsige Bemerkung nicht verkneifen. »Und da hat mich der Teufel geritten«, erzählt Lothar, »und ich habe das Instrument genommen und es ihm hingehalten, um ihm zu sagen ›Du kannst es ja nicht.‹ Das Gesicht werde ich nie vergessen, das er da gemacht hat.«[711]

Vielleicht hat Kohl diese Situation Anfang August noch im Hinterkopf, als er Lothar de Maizière aus dessen Sicht in der Öffentlichkeit bloßstellt. Lothar ist zusammen mit Günther Krause, Sylvia Schulz und Fritz Holzwarth ins Urlaubsdomizil des Kanzlers an den Wolfgangsee geflogen. Aufgrund der immer schwieriger werdenden Situation in der DDR will Lothar mit Helmut Kohl über einen baldigen Beitritt und vorgezogene Bundestagswahlen reden. Nicht nur Kohl sondern auch Lothar selbst hat verfassungsrechtliche Bedenken, die jedoch über den Weg einer möglichen Grundgesetzänderung oder eine Vertrauensfrage des Kanzlers vor dem Bundestag auszuräumen wären. Nach Lothars Erinnerung verständigen sich beide auf diesen Weg, bevor der Abend dann in geselliger Runde bei einem Glas Wein und Musik ausklingt.

Nach Berlin zurückgekehrt wird die stellvertretende Regierungssprecherin Angela Merkel beauftragt, für den nächsten Tag eine Pressekonferenz einzuberufen, auf der der Ministerpräsident der DDR das Vorziehen der ersten gesamtdeutschen Wahlen vom 2. Dezember auf den 14. Oktober verkünden will. Zuvor holt sich Lothar laut eigener Darstellung bei Helmut Kohl noch einmal telefonisch die Bestätigung dafür, das gemeinsam Vereinbarte nun der Presse zu verkünden: »Kohl ermutigte mich zu diesem Schritt und nichts deutete daraufhin, dass er von seiner Meinung abgerückt sein könnte.«[712] Nachdem Lothar die Öffentlichkeit informiert hat, dauert es nicht lang, bis das Bundespresseamt die angebliche Einigung zwischen dem Bundeskanzler und dem Ministerpräsidenten der DDR dementieren lässt. Lothar ist entsetzt und kann es nicht glauben. »Der Termin für die Pressekonferenz war bewusst auf einen Freitag gesetzt worden, um die Meldung das ganze Wochenende in den Medien zu halten«, so Lothar de Maizière. »Erst als Klaus Reichenbach, Günther Krause und ich am folgenden Montag nach Bonn flogen, erklärte uns Friedrich Bohl, dass der Kanzler unseren Plan aus verfassungsrechtlichen Gründen für nicht durchführbar hielt.«[713] Bis heute empfindet Lothar de Maizière das Vorgehen Kohls als großen Vertrauensbruch.

Dieser stellt die damaligen Ereignisse in seinen Memoiren freilich anders dar. Darin schreibt Kohl über das Treffen mit Lothar am Wolfgangsee: »Das böse Erwachen kam am nächsten Tag, dem 3. August – als Lothar de Maizière in Ost-Berlin vor die Presse trat und im Alleingang, ohne Rücksprache mit dem Koalitionspartner oder der Fraktion, verkündete, dass Beitritt, Landtagswahlen und die erste gesamtdeutsche Wahl am 14. Oktober stattfänden. Ich war fassungslos, als mich Wolfgang Schäuble in St. Gilgen anrief und mich über de Maizières Schritt informierte.«[714] Auch wenn es schwer vorstellbar ist, dass ausgerechnet der Jurist Lothar de Maizière die verfassungsrechtlichen Fragen seinerzeit ignoriert haben soll, steht in diesem Punkt bis heute Aussage gegen Aussage. Klar ist jedoch, dass das Verhältnis von Lothar de Maizière und Helmut Kohl Anfang August 1990 auf einem Tiefpunkt angekommen ist.

Als die Sozialdemokraten zwei Wochen später die Koalition verlassen, verliert Lothar auch Außenminister Markus Meckel. In Abstimmung mit seinem Team beschließt er daher, fortan auch noch das Amt Meckels zu übernehmen. Das hat zur Folge, dass Lothar plötzlich der einzige Regierungschef ist, der sein Land bei den Zwei-plus-Vier-Verhandlungen vertritt, denn für die Bundesrepublik Deutschland, die USA, die Sowjetunion, Frankreich und Großbritannien sitzen jeweils die Außenminister am Tisch. Eine weitere Besonderheit ist, dass mit Lothar de Maizière bereits der dritte Politiker der DDR dieser Runde angehört. Anfang 1990, als der Prozess begann, saß noch Modrows Außenminister Oskar Fischer hier, gefolgt von Markus Meckel und nun schließlich Lothar de Maizière. Als dieser das Amt übernimmt, sind die meisten der kritischen Punkte bereits geklärt, etwa die künftige Bündniszugehörigkeit des vereinten Deutschlands, Fragen zur Truppenstärke der deutschen Streitkräfte oder die Regelungen zum Abzug sowjetischer Truppen aus der DDR bzw. dann aus dem Osten der Bundesrepublik. Dennoch verlangen die abschließenden Verhandlungen zum Zwei-plus-Vier-Vertrag seine volle Konzentration und die Mobilisierung aller Kräfte. Dabei kommt Lothar schon vor der Übernahme des Außenministeramtes kaum noch zum Schlafen. Bereits morgens um 7 Uhr sitzt er an seinem Schreibtisch und kehrt selten vor 2 Uhr nachts nach Hause zurück. Sein Umfeld macht sich Sorgen um ihn, zumal er auch immer dünnhäutiger wird, wie sich sein Berater Hans-Christian Maaß erinnert: »Lothar de Maizière hat damals oft Themen und Probleme in sich ›hineingefressen‹ und alles persönlich genommen. Er wollte sich um alles selbst kümmern, was jeden Menschen jedoch irgendwann an seine psychischen und physischen Grenzen führt.«[715] Auch Lothars Cousine Cornelia bemerkt, wie seine Kräfte schwinden: »Ich sehe rückblickend in dieser Zeit einen hoch engagierten, aber auch abgekämpften Menschen vor mir, der erschreckend dünn war und viel zu viel rauchte.«[716] Hatte Lothar de Maizière zu Beginn seiner Amtszeit noch 65 Kilo gewogen, werden es Anfang Oktober nur noch 52 Kilo sein.

Doch beflügelt von der Euphorie und getragen von dem Gedanken, dass sein Auftrag noch nicht erfüllt sei, verfolgt Lothar auch in den letzten Wochen ohne Rücksicht auf seine Gesundheit das Ziel, die DDR in Würde aus der Geschichte zu verabschieden. Am 12. September 1990 folgt dazu ein letzter entscheidender Schritt, als es in Moskau im Konferenzraum des Hotels »Oktjabrskaja« zur Unterzeichnung des »Vertrages über die abschließende Regelung in Bezug auf Deutschland«, kurz Zwei-plus-Vier-Vertrag, kommt. Lothar sitzt jetzt neben Eduard Schewardnadse, Roland Dumas, Douglas Hurd, James Baker und Hans-Dietrich Genscher. Schon beim Betreten des Raumes waren Lothar die sechs goldenen Füllfederhalter auf dem Tisch aufgefallen. Er nimmt sich vor, seinen nach der offiziellen Unterzeichnung einzustecken, um ihn später einmal seinen Enkeln geben zu können. Nach der Zeremonie sieht er, dass er nicht der Einzige war, der diesen Gedanken hatte: »Beim Verlassen des Raumes lag keiner der Füllfederhalter mehr auf dem Tisch.«[717] Allerdings ist Lothars Exemplar heute nicht im Besitz eines seiner Enkel, sondern als Dauerleihgabe im Alliiertenmuseum in Berlin.

* * *

Am Morgen des letzten Tages der DDR, dem 2. Oktober 1990, sitzt Lothar de Maizière noch als einer von 250 ostdeutschen Delegierten in Hamburg auf dem ersten gesamtdeutschen Parteitag der CDU. Die fünf Landesverbände der DDR waren kurz zuvor der westdeutschen Partei beigetreten und Lothar mit 97,4 Prozent zum stellvertretenden Parteivorsitzenden gewählt worden.[718] Kurz darauf fliegt er zurück nach Berlin, denn bereits um 17 Uhr findet das letzte gemeinsame Treffen aller Volkskammerabgeordneten im Staatsratsgebäude statt. In einer kurzen Ansprache präsentiert Lothar de Maizière kurz vor Ende seiner Amtszeit die Bilanz seiner Regierung und verweist darauf, dass das Kabinett in fünfeinhalb Monaten 759 Kabinettsvorlagen bearbeitet – davon 143 Verordnungen und 96 Gesetze – und außerdem drei Staatsverträge ratifiziert hat. »Aus heutiger Sicht sind das schier unglaubliche Zahlen«[719], erzählt er mit dem Abstand von über zwanzig Jahren.

Nach dem Empfang folgt der Festakt im Schauspielhaus am Gendarmenmarkt, auf dem Lothar seine letzte Rede als Ministerpräsident der DDR hält und mit Blick auf die Zukunft sagt: »Nicht, was wir gestern waren, sondern was wir morgen gemeinsam sein wollen, vereint uns zum Staat.«[720] Mit Beethovens 9. Sinfonie, gespielt vom Gewandhausorchester Leipzig und den Rundfunkchören von Berlin und Leipzig unter Leitung von Kurt Masur, werden dann die letzten Stunden der DDR eingeläutet.

Gegen Mitternacht steht Lothar dann mit Helmut Kohl, Richard von Weizsäcker und anderen prominenten Politikern vor dem Reichstag; die Deutschlandfahne wird gehisst und die Nationalhymne erklingt. Als man sich nach der Zeremonie noch in kleiner Runde im Arbeitszimmer des Bundeskanzlers versammelt, tritt dieser immer wieder unter lauten »Helmut, Helmut«-Rufen ans Fenster und winkt den begeisterten Massen zu. Lothar aber sinkt völlig erschöpft und ausgelaugt in einen Sessel: »Ich war in dem Moment einfach nur froh, den Auftrag, der mir am 18. März erteilt worden war, nach bestem Wissen und Gewissen erfüllt zu haben.«[721]

Epilog

Die ersten gesamtdeutschen Bundestagswahlen sind gerade einmal eine Woche her, als DER SPIEGEL am 10. Dezember 1990 unter der Überschrift »Ehrlich, treu, zuverlässig« über die angebliche Tätigkeit Lothar de Maizières als IM »Czerny«[722] informiert: »Aus dem Riesenschlund der Stasi sind unvermutet Papiere aufgetaucht, die den nie verstummten Verdacht gegen de Maizière frisch beleben.«[723] Ganz so »unvermutet«, wie es das Nachrichtenmagazin hier darstellt, kommt dies jedoch nicht – weder für Lothar de Maizière selbst noch für die Öffentlichkeit. Bereits Anfang des Jahres waren erstmals Gerüchte aufgetaucht, wonach der damalige Spitzenkandidat der »Allianz für Deutschland« für die Volkskammerwahl im März als IM für die Stasi gearbeitet haben soll. DER SPIEGEL befeuert diese Gerüchte nun neu, indem er aus Unterlagen des Ministeriums für Staatssicherheit zitiert und als Kronzeugen den Führungsoffizier von IM »Czerny«, Major Edgar Hasse, benennt. Lothar de Maizière verwahrt sich gegen die Behauptungen und erklärt, dass »er weder eine Verpflichtungserklärung für die Stasi unterschrieben noch jemanden geschadet, geschweige denn Geld bekommen habe.«[724] Von seinem Posten als Bundesminister für Besondere Aufgaben, zu dem er nach der Wiedervereinigung ernannt worden war, tritt er trotz seiner Unschuldsbehauptung zurück: »Auch, weil ich die gerade beginnenden Koalitionsverhandlungen nicht belasten wollte.«[725]

Die Stasiunterlagenbehörde, seinerzeit geleitet von Joachim Gauck, wird von Bundesinnenminister Wolfgang Schäuble beauftragt, eine

Untersuchung zu den im SPIEGEL behaupteten Vorwürfen einzuleiten. Bereits einen Monat später, Ende Januar 1991, legt die Behörde einen Bericht vor, aus dem zweifelsfrei hervorgeht, dass IM »Czerny« und Lothar de Maizière ein und dieselbe Person sind. Beweise dafür, wonach Lothar de Maizière wissentlich mit der Stasi als IM zusammengearbeitet haben soll, finden sich in dem Bericht nicht. »Die Schlussfolgerung lautete, dass es zwar MfS-Papiere über mich gab, es jedoch nicht sicher sei, dass ich dies gewusst habe. Es war eine Art ›Freispruch zweiter Klasse‹ für mich«[726], erinnert sich Lothar de Maizière.

Bis heute bestreitet er nicht, Kontakte mit der Stasi gehabt zu haben. Seine Arbeit als Rechtsanwalt habe dies zwangsläufig mit sich gebracht. Da zu den mit Polizeibefugnissen ausgestatteten Ermittlungsorganen neben Kriminalpolizei, Transportpolizei und Zollfahndung auch das Ministerium für Staatssicherheit gehörte, »mussten wir auch mit denen reden. Ich habe aber immer peinlichst darauf geachtet, dass solche Treffen ausschließlich in meinem Büro stattfanden und nie in irgendwelchen konspirativen Wohnungen oder sonstigen Treffpunkten.«[727]

Unmittelbar nachdem die Vorwürfe gegen Lothar bekannt werden, ruft Helmut Kohl bei Eberhard Diepgen an und bittet ihn, mit Lothar über dieses Thema zu sprechen. Mehrfach trifft sich Diepgen daraufhin mit Lothar zu langen Spaziergängen, bei denen mitunter auch Thomas de Maizière dabei ist. »Einmal sind wir mehrmals um den Gendarmenmarkt spaziert und haben alle möglichen Hintergründe für diese Behauptungen besprochen. Meine Einschätzung damals wie heute ist, dass seine Kontakte mit der Stasi aufgrund seiner Tätigkeit als Anwalt staats- und systembedingt notwendig waren. Mehr nicht. Insofern halte ich die Vorwürfe bis heute nicht für gerechtfertigt. Es mag sein, dass das in unserer Partei einige anders sehen«[728], sagt Diepgen im Rückblick auf die damaligen Ereignisse.

Knapp zehn Jahre, nachdem die Stasiunterlagenbehörde ihren Bericht vorgelegt hat, beschäftigt sich der Historiker Walter Süß ebenfalls mit den Vorwürfen gegen Lothar de Maizière. Dabei untersucht er das vorliegende Material und muss zunächst darauf verweisen, dass ein Großteil der Akten zu IM »Czerny« bzw. »Czerni« im Dezember 1989 vernichtet wurde.[729] Aus den noch bestehenden Unterlagen zieht er daher den Schluss, »wie schwer oder gar unmöglich es ist, bei unvollständigen Akten verantwortungsvoll eindeutige Schlußfolgerungen zu ziehen.«[730] Bei seiner Bewertung muss sich Süß daher auf das noch vorhandene Aktenmaterial stützen. So findet sich in den Unterlagen beispielsweise ein Bericht über eine Rechtsanwältin, der auf Informationen von »Czerni« beruht.[731] Der Arbeitsplan der Abteilung XX des MfS für das Jahr 1986 enthält darüber hinaus eindeutige Aussagen, wonach die Position von »Czerni« im Zusammenhang mit der Synode des Bundes der evangelischen Kirchen in der DDR zu nutzen ist.[732] Darüber hinaus gibt es weitere Hinweise dafür, dass es sich bei »Czerni« um Lothar de Maizière handeln muss. »Nicht zu beweisen ist, daß er davon auch wußte und nicht nur ›abgeschöpft‹ wurde«[733], so das Fazit von Süß. Somit ist die Geschichte um »Czerni« womöglich ein weiterer Beweis dafür, dass die Stasi bis heute Biografien von Menschen befleckt, ohne dass diese sich dagegen wehren können. Im Ergebnis führt dies im Herbst 1991 dazu, dass Lothar de Maizière von sämtlichen Parteiämtern zurücktritt, sein Bundestagsmandat niederlegt und fortan wieder als Rechtsanwalt arbeitet. Dennoch bleibt die Frage, warum er sich nie gegen die Vorwürfe gewehrt hat. »Aus einer gewissen Naivität heraus war ich der Meinung, dass ich meine Unschuld nicht beweisen muss«, antwortet Lothar de Maizière. »Außerdem schwächt man seine Glaubwürdigkeit, wenn man sie ständig beteuert. Letztendlich wurde meine Schüchternheit damals ausgenutzt und fehlinterpretiert. Ich würde es heute aber dennoch wieder so machen.«[734]

Lothars Schwester Dorothee unterstützt ihren Bruder in dieser Auffassung. Sie versteht, dass er sich gegen derartige Vorwürfe und Anschuldigungen seinerzeit nicht verteidigt: »Die Tatsache, sich zu Dingen zu äußern, die sich irgendwelche Leute möglicherweise ausgedacht haben, erschien auch mir absurd. Ich hätte genauso gehandelt wie Lothar. Wenn er sagt, er habe sich nichts vorzuwerfen, so glaube ich ihm mehr als irgendwelchen Akten.«[735]

Für Dorothee Mücksch selbst ist die Zeit nach der friedlichen Revolution ebenfalls mit entscheidenden Weichenstellungen verbunden. Sie ist nicht nur in der Kommunalpolitik aktiv, sondern wird bereits im Januar 1990 gefragt, ob sie bereit wäre, sich dem Propstwahlkollegium, das einen neuen Propst für die Propstei Halberstadt-Quedlinburg sucht, vorzustellen. Sie stimmt zu, und nachdem die Vorstellung erfolgreich verläuft, wird sie im Sommer zur Pröpstin gewählt. »Auf der Herbstsynode im November wurde ich dann nach einer erneuten Befragung in dieses Amt berufen und im Juli 1991 in der St. Stephaniekirche in Aschersleben in das Amt eingeführt«[736], so Dorothee Mücksch, die damit die 1. Pröpstin im Osten Deutschlands wird. Im Herbst 1997 geht sie in den Ruhestand und erinnert sich noch heute an die Worte von Bischoff Dr. Demke anlässlich ihrer Verabschiedung: »Im Ruhestand muss man als Erstes Demut lernen. Man wird noch zu vielem gebraucht, aber an den Entscheidungsprozessen ist man nicht mehr beteiligt. Die Verantwortung tragen jetzt andere.«[737]

Auch für Lothars und Dorothees Bruder Michael bringt die Zeit nach 1990 viel Neues mit sich. Nachdem er mehrfach Preise anlässlich des Wettbewerbs »Beste Plakate des Jahres« erhalten und bis 1989 einen Lehrauftrag an der Humboldt-Universität Berlin übernommen hatte, gilt sein Interesse nun verstärkt der Skulptur. Es folgen bald viel beachtete Ausstellungen in Schwerin, Leipzig, München und zahlreichen anderen Orten. Michael de Maizière arbeitet heute nach wie vor als erfolgreicher Künstler in Berlin.

* * *

Als die ehemalige Bürgerrechtlerin Marianne Birthler im Herbst 1990 Bildungsministerin in Brandenburg wird und der Neuaufbau des Schulsystems eine der vorrangigsten Aufgaben ist, arbeitet auch Thomas de Maizières Schwester Cornelia von Ilsemann in verschiedenen Arbeitsgruppen mit. Schon vor dem 3. Oktober 1990 hatte sie sich im Rahmen eines Sabbatjahres in Jena, Potsdam und Berlin an Runden Tischen zum Thema Pädagogik beteiligt. Jetzt ist ihr Rat bei der Entwicklung von Richtlinien für die Erstellung von Lehrplänen im Land Brandenburg gefragt. Marianne Birthler hinterlässt bei Cornelia sofort Eindruck: »Ich erinnere mich noch heute, wie sie gleich zu Beginn der Zusammenarbeit mit den westdeutschen Pädagogen sagte: ›Eines möchte ich hier in dieser Runde nicht hören und zwar den Satz: Man müsste mal …‹. Sie stellte sofort klar, dass sie weniger auf den erhobenen Zeigefinger, sondern vielmehr auf konstruktive Mitarbeit zählte. Das hat mir sehr imponiert.«[738] Cornelia geht anschließend zurück nach Hamburg, wird dort später Abteilungsleiterin der Schulbehörde. Wenige Jahre darauf holt Willi Lemke, der Bildungssenator und frühere Werder-Manager, sie nach Bremen. Dort leitet sie bis zu ihrer Pensionierung Ende 2013 die Abteilung Bildung beim Senator für Bildung und Wissenschaft und parallel dazu den Schulausschuss der Kultusministerkonferenz (KMK) in Berlin.

Barbara Pieper, Cornelias ältere Schwester, arbeitet als promovierte Sozialwissenschaftlerin bis 1986 im Institut für Soziologie der Universität München, zunächst mit dem Schwerpunkt Stadtsoziologie. Anschließend wird sie in einem, dem Institut zugehörigen, Sonderforschungsbereich wissenschaftliche Geschäftsführerin und dann langjährige Mitarbeiterin im Forschungsprojekt »Arbeit und Familie«. Ab 1980 beginnt sie, zunächst eher privat, später dann mehr und mehr beruflich, sich mit der Feldenkrais-Methode, einer nach ihrem Gründer benannten speziellen Körpertherapie, zu beschäftigen. Nach Abschluss der Ausbildung eröffnet sie 1989 eine eigene Praxis und arbeitet als Assistenztrainerin in international akkreditierten Feldenkrais-Ausbildungen. Sie gründet mit Kollegen eine Fachzeitschrift, publiziert und engagiert sich für Feldenkrais und Forschung. Im Vorstand der »International Feldenkrais Federation (IFF)«, dem Dachverband der Feldenkrais-Verbände, entwickelt sie später mit anderen ein internationales Projekt zur Qualität und Kompetenz im professionellen Feld Feldenkrais.

Während Bruder Andreas seine Karriere als Banker bei der Commerzbank erfolgreich fortsetzt, stellt sich für Thomas de Maizière die Frage, wie es für ihn nach dem 3. Oktober 1990 beruflich weitergeht. Fest steht nur, dass er nicht zurück in die Berliner CDU-Fraktion will. Sein Freund Ulrich Schröder empfiehlt ihm, im Osten Deutschlands zu bleiben: »Ich habe ihn sehr bestätigt, dass wir im Zuge der Wiedervereinigung auch bereit sein müssten, politische Verantwortung in den neuen Bundesländern zu übernehmen.«[739] Was in Schröders Worten wie eine Pflicht klingt, ist für Thomas de Maizière jedoch keine. Er will gern im Osten bleiben und zögert daher auch nicht lange, als er nach der Landtagswahl in Mecklenburg-Vorpommern das Angebot bekommt, in der Regierung von Alfred Gomolka Staatssekretär im Kultusministerium zu werden. Minister wird Oswald Wutzke, ein ehemaliger Pfarrer, der in der Regierung von Lothar de Maizière Staatssekretär im Ministerium für wirtschaftliche Zusammenarbeit war.

Nach wenigen Wochen sieht der Alltag von Thomas bald wieder so aus: morgens zeitig ins Büro, abends derjenige, der das Licht ausmacht, und am Wochenende zur Familie nach Berlin pendeln. Das geht auf Dauer nicht gut. Irgendwann sieht Thomas de Maizière, wie seine Tochter ihre Puppe tröstet, und er fragt sie, was denn mit der Puppe los sei. »Da hat meine Tochter geantwortet, die Puppe sei traurig, weil der Papa immer nur am Wochenende da ist. Spätestens da war mir klar, dass sich etwas ändern muss.«[740] Mit seiner Frau Martina schmiedet er Pläne für den Umzug und beide träumen von einem kleinen Häuschen am See in der Nähe von Schwerin. Doch von diesem Gedanken müssen sie sich schnell verabschieden, denn gute Wohnungen oder Häuser sind Anfang 1991 in der Region noch Mangelware. Thomas und seine Familie landen daher in einer Plattenbau-Siedlung in Schwerin-Krebsförden. »Die Wohnung war zwar anfangs etwas gewöhnungsbedürftig, aber wir lebten uns schnell ein. Gut war zudem, dass ein Großteil der Ministerialverwaltung aus Ost und West hier ebenfalls wohnte und sich so auch schnell Freundschaften entwickeln konnten«[741], blickt Thomas de Maizière auf diese Zeit zurück. Erst zwei Jahre später zieht die Familie in ein kleines Häuschen am Rande von Schwerin.

Im März 1992 tritt mit Alfred Gomolka auch Oswald Wutzke zurück. Kultusministerin im neuen Kabinett von Ministerpräsident Bernd Seite wird Steffi Schnoor, über die Thomas de Maizière noch heute voll des Lobes ist: »Steffi Schnoor war eine exzellente Praktikerin, die wusste, wovon sie sprach. Mit ihr konnte man hervorragend arbeiten.«[742] Die Zusammenarbeit mit ihr währt jedoch nicht lange. Zwar gewinnt auch 1994 die CDU knapp die Wahl, muss aber eine Große Koalition mit der SPD eingehen. Thomas de Maizière wird Chef der Staatskanzlei und hat die folgenden vier Jahre als schwierig in Erinnerung, »vor allem, weil SPD-Chef Ringstorff Ministerpräsident Seite nie als seinen Chef anerkannt hat.«[743] Doch anders als von vielen Beobachtern erwartet, hält die Koalition vier Jahre. Allerdings wird die CDU 1998 abgewählt und eine SPD-PDS-Regierung übernimmt die Macht in Mecklenburg-Vorpommern. Jetzt werden die politischen Karten neu gemischt und Thomas de Maizière macht sich erstmals Sorgen um seine berufliche Zukunft.

Wenige Wochen nach der Wahl erhält er dann jedoch einen Anruf vom Chef der Sächsischen Staatskanzlei, Günther Mayer. Dieser lädt Thomas zu einem Gespräch nach Dresden ein, an dem neben Mayer selbst auch Ministerpräsident Kurt Biedenkopf teilnimmt. Schnell

kommen die beiden Herren gegenüber Thomas zum Punkt und erklären, dass man ihn gern als Nachfolger für Günther Mayer haben will.
»Das Problem war nur, dass das Gespräch im Herbst 1998 stattfand, in
Sachsen aber erst 1999 gewählt wurde. Und Mayer wollte bis zum Ende
der Legislatur Minister bleiben«, erinnert sich Thomas de Maizière. Daraufhin macht ihm Biedenkopf den Vorschlag, Berater der sächsischen
Regierung zu werden, um die Verhandlungen um den Solidarpakt II
federführend vorzubereiten. Thomas willigt ein, wird im Herbst 1999
Chef der Sächsischen Staatskanzlei und zieht bald darauf mit seiner
Familie nach Dresden. In den Jahren danach wird Thomas de Maizière
in Sachsen noch Finanz-, Justiz- und Innenminister, bevor ihn am
15. Oktober 2005, nach der Bundestagswahl und dem Ende der Koalitionsverhandlungen mit der SPD, Angela Merkel anruft und fragt, ob
er Chef des Kanzleramtes werden möchte. Aber das ist eine andere Geschichte.

* * *

Wie ein tiefer Riss ging die deutsche Teilung jahrzehntelang auch durch
die Familie de Maizière. Trotz vieler Briefe, zahlreicher Familientreffen,
einer engen Verbundenheit durch die Musik und den Glauben mussten
sich auch die de Maizières erst wieder neu kennenlernen. Zu unterschiedlich waren die persönlichen Entwicklungen in den zwei deutschen Staaten, die auch mit manch leidvoller Erfahrung einhergingen.
In einer Rede im Jahr 2008 sagt Lothar de Maizière in Bezug auf die
Gegensätze zwischen Ost und West: »Diese Verschiedenheiten, die aus
unterschiedlichen Lebenserfahrungen herrühren, müssen toleriert werden, und wenn wir gut sind, können wir sie sogar irgendwann als Bereicherung begreifen.«[744] Die Familie de Maizière ist dafür ein gutes Beispiel.

Dank

Dieses Buch hätte nicht geschrieben werden können, ohne die zahlreiche Unterstützung, die mir in den vergangenen Jahren zuteil wurde. Mein Dank gilt dabei vor allem den Familienmitgliedern, die in vielen Gesprächen geduldig meine Fragen beantwortet, mir Zusammenhänge aufgezeigt und mich auf viele wichtige Dinge hingewiesen haben. Darüber hinaus hat mir die Familie den Zugang zum Privatarchiv ermöglicht und zudem bisher unveröffentlichte Bilder zur Verfügung gestellt.

Dankbar bin ich auch dafür, im Jahr 2006 noch zwei ausführliche Gespräche mit Ulrich de Maizière geführt haben zu können. Trotz seines hohen Alters hat er in langen Telefonaten mit einer Klarheit Rede und Antwort gestanden, die mich bis heute tief beeindruckt. Leider ist es zu einem persönlichen Treffen nicht mehr gekommen.

Neben den Familienmitgliedern konnte ich auch mit verschiedenen Zeitzeugen des 20. Jahrhunderts und Wegbegleitern der Familie sprechen, darunter Helmut Schmidt, Richard von Weizsäcker, Peter und Ruprecht von Butler, Eberhard Diepgen, Ulrich Schröder und Gregor Gysi. Sie alle gaben bereitwillig Auskunft zu ihren persönlichen Erlebnissen und Erfahrungen mit den de Maizières. Auch ihnen gilt mein Dank.

Nicht unerwähnt lassen möchte ich die Mitarbeiter und Mitarbeiterinnen in Archiven, Forschungseinrichtungen, Museen oder Bibliotheken. Hervorheben möchte ich dabei Bernhard Thüne-Schoenborn

(Hugenottenkabinett Burg), Heidrun Staar (Behörde des Bundesbeauftragten für die Unterlagen des Staatssicherheitsdienstes der ehemaligen DDR) und Dr. Manfred Agethen (Archiv für Christlich-Demokratische Politik).

Danken möchte ich aber vor allem meiner Familie und hier zunächst meinen Eltern. Sie waren es, die in mir einst das Interesse für Geschichte und Bücher weckten und später oft großzügig reagierten, wenn ich diesen Interessen mehr Aufmerksamkeit schenkte als meinem Studium.

Zu danken habe ich aber vor allem meiner Frau, ohne deren jahrelange Unterstützung das Buch nicht möglich gewesen wäre. Sie hat mir nicht nur den Rücken freigehalten, sondern war auch kritische Begleiterin und Motivatorin. Meinen Kindern bin ich dankbar für ihr Verständnis, das sie für die Arbeit ihres Vaters gezeigt haben, obwohl sie viel zu oft auf ihn verzichten mussten. Ihnen widme ich dieses Buch.

Schließlich gilt mein Dank noch meinen Freunden Jan, Bertz, Uli und Niki, meinem Agenten Michael Neher, dem Journalisten Jürgen Kochinke (für einen ganz entscheidenden Tipp am Anfang) und schließlich Silly und Frank für das »Domizil«.

Bibliographie

Bauer, Erich: Die Tübinger Rhenanen, Zeulenroda 1936

Brandenburg, Ingrid und Klaus: Hugenotten – Geschichte eines Martyriums, Wiesbaden 1998

Brandis, Cord von: Vor uns der Douaumont – Aus dem Leben eines Soldaten, Leoni am Starnberger See 1966

Busse, Felix: Deutsche Anwälte – Geschichte der deutschen Anwaltschaft 1945–2009, Bonn 2010

Domröse, Lothar (Hg.): Ulrich de Maizière – Stationen eines Soldatenlebens, Herford 1982

Elstermann, Knut: Klosterkinder – Deutsche Lebensläufe am Gymnasium zum Grauen Kloster in Berlin, Berlin 2009

Frey-Donzdorf, Franz: Die Geschichte des Corps Rhenania Tübingen: 1827–1927, Stuttgart 1927

Fricke, Karl Wilhelm: Politik und Justiz in der DDR, Köln 1990

Gaus, Günther: Zur Person – Porträts in Frage und Antwort (Band II), München 1966

Grevelhörster, Ludger: Kleine Geschichte der Weimarer Republik 1918–1933, Münster 2005

Grönke, Hans-Jürgen: Nordhäuser Persönlichkeiten aus elf Jahrhunderten, Horb am Neckar 2009

Hilkenbach, Sigurd; Kramer Wolfgang: Die Straßenbahn der Berliner Verkehrsbetriebe (BVG-Ost / BVB) 1949–1991, Stuttgart 1999

Hinrichs, Ernst (Hg.): Kleine Geschichte Frankreichs, Stuttgart 2008

Hürter, Johannes: Die deutschen Oberbefehlshaber im Krieg gegen die Sowjetunion 1941/42, München 2006

Käppner, Joachim: Die Familie der Generäle – Eine deutsche Geschichte, Berlin 2007

Kirsten, Holm: Das sowjetische Speziallager Nr. 4 Landsberg/Warthe, Göttingen 2005

Kohl, Helmut: Erinnerungen 1990–1994, München 2007

Lapp, Peter Joachim: Ausverkauf. Das Ende der Blockparteien, Berlin 1998

Loringhoven, Bernd Freiherr Freytag von; Jacobsen, Hans-Adolf (Hg.): Im Dienste der Friedenssicherung – General Ulrich de Maizière, Frankfurt am Main 1972

Mählert, Ulrich: Kleine Geschichte der DDR, München 1998

Maizière, Carl Ernst Ulrich: Tagebuch aus dem französischen Kriege für die Zeit vom Ausmarsch bis zur Waffenruhe, Magdeburg 1896

Maizière, Lothar de: Ich will, dass meine Kinder nicht mehr lügen müssen, Freiburg im Breisgau 2010

Maizière, Ulrich de: In der Pflicht. Lebensbericht eines deutschen Soldaten im 20. Jahrhundert, Herford / Bonn 1989

Müller, Rolf-Dieter (Hg.): Der Zusammenbruch des Deutschen Reiches 1945, Zweiter Halbband: Die Folgen des Zweiten Weltkrieges, München 2008

Neitzel, Sönke: Weltkrieg und Revolution 1914–1918/19, Bonn 2011

Pötzsch, Horst: Deutsche Geschichte von 1945 bis zur Gegenwart, München 2006

Röhrbein, Waldemar R.: Kleine Stadtgeschichte Hannovers, Regensburg 2012

Rüddenklau, Wolfgang: Störenfried, Berlin 1992

Schmidt, Rainer F.: Der Zweite Weltkrieg – Die Zerstörung Europas, Berlin 2008

Schönherr, Albrecht: … aber die Zeit war nicht verloren – Erinnerungen eines Altbischofs, Berlin 1993

Schultze, Johannes: Geschichte der Stadt Neuruppin, Berlin 2012

Setzler, Wilfried; Schönhagen, Benigna; Binder, Hans-Otto: Kleine Tübinger Stadtgeschichte, Tübingen 2006

Silomon, Anke: Synode und SED-Staat – Die Synode des Bundes der Evangelischen Kirchen in der DDR in Görlitz vom 18. bis zum 22. September 1987, Göttingen 1997

Stankiewitz, Karl: München '68 – Traumstadt in Bewegung, München 2008

Suhler, Ed: Die letzten Monate der DDR, Berlin 2010

Thiem, Axel: Chronik der Stadt Burg – Fakten, Zahlen, Geschichten, Eggersdorf 2000

Tuchmann, Barbara: Der ferne Spiegel – das dramatische 14. Jahrhundert, Hamburg 2006

Wehler, Hans-Ulrich: Deutsche Gesellschaftsgeschichte 1914–1949, Bd. 4, München 2008

Wolff, Friedrich: Verlorene Prozesse 1953–1998, Baden-Baden 1999

Wyden, Peter: Die Mauer war unser Schicksal, Berlin 1995

Zimmermann, John: Ulrich de Maizière. General der Bonner Republik. 1912 bis 2006, München 2012

Anmerkungen

1 Lothar de Maizière: »Ich will, dass meine Kinder nicht mehr lügen müssen«, Verlag Herder GmbH, Freiburg im Breisgau, 2010, S. 72.

2 Vgl. dazu: Ingrid und Klaus Brandenburg: »Hugenotten – Geschichte eines Martyriums«, Genehmigte Lizenzausgabe Panorama Verlag, Wiesbaden, 1998, S. 51.
Die Schilderungen in diesem Kapitel basieren auf diesem Buch, den Erzählungen der Familie sowie genealogischen Unterlagen in deren Privatarchiv, wenngleich in der Vergangenheit auch die »Legendenbildung« eine nicht zu unterschätzende Rolle gespielt haben mag.

3 Siehe dazu ausführlicher: Ernst Hinrichs (Hrsg.): »Kleine Geschichte Frankreichs«, Verlag Philipp Reclam jun. GmbH & Co. KG, Stuttgart, 2008.

4 Vgl. dazu: Ingrid und Klaus Brandenburg: »Hugenotten – Geschichte eines Martyriums«, S. 51 f.

5 Die Schreibweise des Namens der Familie ändert sich im Laufe der Jahrhunderte mehrfach.

6 Siehe dazu ausführlicher: Barbara Tuchmann: »Der ferne Spiegel – das dramatische 14. Jahrhundert«, Lizenzausgabe des SPIEGEL-Verlags, Hamburg, 2006, S. 369.

7 Ebenda, S. 524.

8 Vgl. dazu: Ingrid und Klaus Brandenburg: »Hugenotten – Geschichte eines Martyriums«, S. 52 f.

9 Vgl. dazu: Ingrid und Klaus Brandenburg: »Hugenotten – Geschichte eines Martyriums«, S. 97 f.

10 Vgl. dazu: Ingrid und Klaus Brandenburg: »Hugenotten – Geschichte eines Martyriums«, S. 99 f.

11 Vgl. dazu: Familienchronik der Familie de Maizière, Privatarchiv von Dorothee Mücksch (geb. de Maizière).

12 Die hier dargestellten Schilderungen basieren auf Unterlagen der Familie sowie auf Informationen des Burger Hugenottenkabinetts (siehe dazu auch http://www.hugenottenkabinett.de).

13 Vgl. dazu: Axel Thiem: »Chronik der Stadt Burg – Fakten, Zahlen, Geschichten«, Verlag Pätzold & Völker, Eggersdorf, 2000, S. 28.

14 Vgl. dazu: Ebd., S. 28.

15 Gerhard Mittendorf, der ausgewiesene Lokalhistoriker von Burg, in der Magdeburger Volksstimme (»Burger Rundschau«) vom 25. November 1997.

16 Siehe dazu auch die Homepage der Stadt Tübingen: http://www.tuebingen. de/172.html#41 sowie das Buch »Kleine Tübinger Stadtgeschichte« von Wilfried Setzler, Benigna Schönhagen und Hans-Otto Binder, 1. Auflage, Silberburg-Verlag Titus Häussermann GmbH, Tübingen 2006.

17 Information des Corps Rhenania zu den Zielen des Corps in der Fassung von 1834.

18 Alle hier genannten Schilderungen zum Corpsleben sowie teilweise zum Lebenslauf von Carl Ernst Ulrich und Walter de Maizière basieren auf den Büchern »Die Tübinger Rhenanen« (von Erich Bauer, 1. Auflage, Zeulenroda 1936) und »Die Geschichte des Corps Rhenania Tübingen: 1827–1927« (von Franz Frey-Donzdorf, Stuttgart 1927).

19 Vgl. dazu: Axel Thiem: »Chronik der Stadt Burg – Fakten, Zahlen, Geschichten«, S. 29.

20 Siehe dazu: Ernst Hinrichs (Hrsg.): »Kleine Geschichte Frankreichs«, S. 328 ff.

21 Carl Ernst Ulrich Maizière: »Tagebuch aus dem französischen Kriege für die Zeit vom Ausmarsch bis zur Waffenruhe«, Verlag von Heinrichshofen, Magdeburg 1896, S. 2.

22 Ebenda, S. 5.

23 Ebenda, S. 47.

24 Ebenda, S. 47.

25 Privatarchiv von Dorothee Mücksch.

26 Carl Ernst Ulrich Maizière: »Tagebuch aus dem französischen Kriege für die Zeit vom Ausmarsch bis zur Waffenruhe«, S. 91.

27 Ebenda, S. 254.

28 Siehe hierzu auch die Homepage der Stadt Dortmund unter: http://www. dortmund.de/de/leben_in_dortmund/statdportraet/stadtgeschichte

29 Abschrift der Genehmigung des Magdeburger Regierungspräsidenten vom 20. August 1896, Privatarchiv von Dorothee Mücksch.

30 Aus: Magdeburgische Zeitung vom 1. September 1896, Privatarchiv von Dorothee Mücksch.

31 Nachruf von Corpsbruder Kroeber II in: G. Chr. Hirsch, »Kriegsalmanach der Tübinger Rhenanen 1914–1918«, 1918.

32 Aus: Schreiben von Herman Kreusler an Andreas de Maizière (August 1975), Privatarchiv von Andreas de Maizière.

33 Ebenda.

34 K. Pr. Standesamt Charlottenburg, Abschrift Heiratsurkunde, Registernr. 639, 15. Januar 1916, Privatarchiv von Dorothee Mücksch.

35 Siehe hierzu ausführlicher: Hans-Ulrich Wehler: »Deutsche Gesellschaftsgeschichte 1914–1949, Bd. 4, 3. Auflage, C. H. Beck Verlag, München, 2008.

36 Sönke Neitzel: »Weltkrieg und Revolution 1914–1918/19«, be.bra verlag GmbH Berlin-Brandenburg, 2008, Lizenzausgabe für die Bundeszentrale für politische Bildung, Bonn, 2011, S. 30.

37 Ebenda, S. 33.

38 Schreiben von Elisabeth de Maizière an Walters Corpsbruder Fritz Kroeber in: G. Chr. Hirsch, »Kriegsalmanach der Tübinger Rhenanen 1914–1918«, 1918, S. 520.

39 Sönke Neitzel: »Weltkrieg und Revolution 1914–1918/19«, S. 48.

40 Schreiben von Elisabeth de Maizière an Walters Corpsbruder Fritz Kroeber, a.a.O.

41 Erzählung des Burschen Erssert in: G. Chr. Hirsch: »Kriegsalmanach der Tübinger Rhenanen 1914–1918«, 1918, S. 623.

42 Ebenda, S. 623.

43 Cord von Brandis: »Vor uns der Douaumont – Aus dem Leben eines alten Soldaten«, Druffel-Verlag, Leoni am Starnberger See, 1966, S. 137.

44 Schreiben von Feldwebel Herger an Elisabeth de Maizière vom 31. Oktober 1915 in: G. Chr. Hirsch, »Kriegsalmanach der Tübinger Rhenanen 1914–1918«, 1918.

45 Ulrich de Maizière: »In der Pflicht. Lebensbericht eines deutschen Soldaten im 20. Jahrhundert«, Verlag E.S. Mittler & Sohn GmbH, Herford/Bonn, 1989, S. 12.

46 Ebenda, S. 13.

47 Ebenda, S. 17.

48 Ebenda, S. 18.

49 Dorothee Mücksch im Gespräch mit dem Autor am 4. Juli 2008.

50 Ebenda, S. 15.

51 Ebenda, S. 15.

52 Ebenda, S. 15.

53 Ulrich de Maizière 1972 im Gespräch mit Günter Gaus in: »Zur Person – Porträts in Frage und Antwort (Band II)«, Feder Verlag, München, 1966, S. 155.

54 Zitiert nach: John Zimmermann: »Ulrich de Maizière. General der Bonner Republik. 1912 bis 2006«, Oldenbourg Verlag, München, 2012, S. 17.

55 Ulrich de Maizière: »In der Pflicht«, S. 13.

56 aus: Corpszeitung des Corps Rhenania CZ XVI. Jg., Heft 6, November 1924, S. 123).

57 Siehe hierzu ausführlicher: Ludger Grevelhörster: »Kleine Geschichte der Weimarer Republik 1918–1933«, Aschendorff Verlag GmbH & Co. KG, Münster, 2005.

58 Ulrich de Maizière: »In der Pflicht«, S. 15.

59 Ebenda, S. 14.

60 Ebenda, S. 13.

61 Ebenda, S. 14.

62 Waldemar R. Röhrbein: »Kleine Stadtgeschichte Hannovers«, Verlag Friedrich Pustet, Regensburg, 2012, S. 112.

63 Siehe u. a. Brief Ulrich de Maizière an Helmut Coing, 28.12.1967, BArch N 673/38.

64 Siehe dazu ausführlicher: Ludger Grevelhörster: »Kleine Geschichte der Weimarer Republik 1918–1933«, S. 144 ff.

65 Ulrich de Maizière: »In der Pflicht«, S. 21.

66 Waldemar R. Röhrbein: »Kleine Stadtgeschichte Hannovers«, S. 101.

67 Ulrich de Maizière: »In der Pflicht«, S. 21.

68 Martin Gareis ist kein Verwandter, sondern ein enger Freund der Familie. Dennoch bezeichnet ihn Ulrich de Maizière bis zum Tod von Gareis immer als »Onkel Martin«. Siehe u. a. Brief Ulrich de Maizière an General a. D. Martin Gareis, 28.8.1968, BArch N 673/41 a.

69 Ulrich de Maizière: »In der Pflicht«, S. 22.

70 Ebenda, S. 22.

71 Brief General a. D. Martin Gareis an Ulrich de Maizière, 30.8.1966, BArch, N 673/41 a.

72 Personalakte Clemens de Maizière, Reichsjustizministerium, BArch R 3001/67442.

73 Schreiben Oberlandesgerichtspräsident von Garßen an den Preußischen Justizminister in Berlin, Personalakte Clemens de Maizière, Reichsjustizministerium, BArch R 3001/67442.

74 Schreiben des Preußischen Justizministeriums an Clemens de Maizière vom 25. Januar 1934, Personalakte Clemens de Maizière, Reichsjustizministerium, BArch R 3001/67442.

75 Auszug aus dem Verzeichnis der Justizbeamten im höheren Dienst des Oberlandesgerichtsbezirkes Celle, Nr. 175, S. 1, In: Personalakte Clemens de Maizière, Reichsjustizministerium, BArch R 3001/67442.

76 Ebenda, S. 2.

77 Die hier geschilderte Darstellung des Lebens von Johannes Rathje basiert auf seinen persönlichen Aufzeichnungen »Mein Leben. Aufgezeichnet für meine Kinder und Enkel.« (Herausgegeben und kommentiert von Matthias Wolfes für die »Mitteilungen der Ernst-Troeltsch-Gesellschaft«) und Erzählungen seiner Enkel Dorothee Mücksch und Lothar de Maizière. Nach deren Aussagen hat das Leben ihres Großvaters großen Einfluss auf das eigene Denken und Handeln gehabt.

78 Siehe hierzu auch die Geburtsurkunde Nr. 2650 der Stadt Karlsruhe vom 18. November 1910, Privatarchiv Dorothee Mücksch.

79 J. Rathje: »Mein Leben«, a. a. O., S. 110.

80 Ebenda, S. 132.

81 Personalakte Clemens de Maizière, Reichsjustizministerium, BArch R 3001/67442.

82 Lebenslauf Clemens de Maizière vom 25. März 1955, in: Personalakte DDR-Justizministerium, BArch DP 1/20509.

83 Ulrich de Maizière: »In der Pflicht«, S. 23.

84 Joachim Käppner: »Die Familie der Generäle – Eine deutsche Geschichte«, Berlin Verlag, Berlin, 2007, S. 83.

85 Ulrich de Maizière: »In der Pflicht«, S. 24.

86 John Zimmermann: »Ulrich de Maizière«, S. 17.

87 Peter von Butler im Gespräch mit dem Autor in Bad Rodach-Heldritt am 11.4.2008.

88 Manfred Beyer: »Dresden als Keimzelle des militärischen Widerstandes – die Garnison in der NS-Zeit«, in: »Dresdner Hefte« Nr. 53, Heft 1/1998, Michael Sandstein Grafischer Betrieb und Verlagsgesellschaft mbH, Dresden 1998, S. 54.

89 Ulrich de Maizière: »In der Pflicht«, S. 27.

90 Siehe Brief Ulrich de Maizière an Manfred Erwin Rommel, 20.12.1971, BArch, N 673/50a.

91 Ulrich de Maizière: »In der Pflicht«, S. 30.

92 Brief Ulrich de Maizière an Manfred Erwin Rommel, a.a.O.

93 Brief Ulrich de Maizière an Wilhelm List, 6.5.1970, BArch, N 673/45b.

94 Brief Ulrich de Maizière an Oberst a. D. Klaus Stange, 11.4.1967, BArch, N 673/52a.

95 Hermann Rahne: »Zur Geschichte der Dresdner Garnison von 1933–1945«, in: »Dresdner Hefte« Nr. 35, Heft 3/1993, Hg. Dresdner Geschichtsverein e.V., Michael Sandstein Verlagsgesellschaft mbH, Dresden, 1993, S. 66.

96 Ebenda, S. 66.

97 Ulrich de Maizière: »In der Pflicht«, S. 31.

98 Siehe dazu ausführlicher: Norbert Haase: »Bücherverbrennung und ›Säuberung‹ Dresdner Bibliotheken«, in: »Dresdner Hefte« Nr. 77, Heft 1/2004, Michael Sandstein Grafischer Betrieb und Verlagsgesellschaft mbH, Dresden, 2004, S. 52 ff.

99 Matthias Herrmann: »»Ein großes Charaktersterben hat eingesetzt‹ – Zur Entlassung Fritz Buschs durch die Nationalsozialisten im März 1933«, Ebenda, S. 44.

100 Ulrich de Maizière: »In der Pflicht«, S. 31.

101 Ebenda, S. 32.

102 Vgl. dazu: Johannes Schultze: »Geschichte der Stadt Neuruppin«, 4. Auflage, Verlag Duncker & Humblot, Berlin, 2012.

103 Ulrich de Maizière: »In der Pflicht«, S. 35.

104 Brief Polizeiobermeister Hans Laaß an Ulrich de Maizière, 27.2.1972, BArch, N 673/45b.

105 Ebenda.

106 Ulrich de Maizière: »In der Pflicht«, S. 34.

107 Ebenda, S. 36.

108 Ebenda, S. 38.

109 Ebenda, S. 38.

110 Ebenda, S. 39.

111 Rainer Blasius: »Ehrendienst in der Schule der Nation«, FAZ, 16.03.2010.

112 Sowohl die Mitglieder des IR 5 als auch die des IR 50 bleiben wie viele andere militärische Organisationseinheiten auch nach dem Krieg in engem Kontakt. Es kommt zu regelmäßigen Treffen, an denen gelegentlich auch Ulrich de Maizière teilnimmt. Wenn er aufgrund dienstlicher Verpflichtungen verhindert ist (so wie im Herbst 1967), schickt er wenigstens einen Gruß per Telegramm: »Allen Kameraden des alten Landsberg-Küstriner-Regimentes herzliche Grüße in kameradschaftlicher Verbundenheit.« BArch, N 673/45 b.

113 Ulrich de Maizière: »In der Pflicht«, S. 40.

114 Ebenda, S. 36.

115 Lebenslauf Clemens de Maizière vom 25. März 1955, Personalakte DDR-Justizministerium, BArch, DP 1/20509.

116 Ulrich de Maizière: »In der Pflicht«, S. 43.

117 Ebenda, S. 45.

118 Ebenda, S. 46.

119 Ebenda, S. 47.

120 John Zimmermann: »Ulrich de Maizière«, S. 45.

121 Ulrich de Maizière: »In der Pflicht«, S. 47. Hier schreibt er: »Wir fühlten, daß die Bevölkerung uns erwartet hatte, und daß wir willkommen waren. Das ließ die Erinnerung verblassen, unter welchen politischen Voraussetzungen dieser Einmarsch erzwungen worden war.«

122 Ebenda, S. 48.

123 Ebenda, S. 49.

124 Oberstleutnant Dr. Hans-Jürgen Rautenberg: »Ulrich de Maizière – Stationen aus einem Soldatenleben«, in: Lothar Domröse (Hrsg.): Ulrich de Maizière – Stationen eines Soldatenlebens«, Verlag E. S. Mittler & Sohn, Herford, 1982, S. 137.

125 Ulrich de Maizière: »In der Pflicht«, S. 51.

126 Joachim Käppner: »Die Familie der Generäle – Eine deutsche Geschichte«, Berlin Verlag, Berlin, 2007, S. 102.

127 Ebenda, S. 102.

128 Ulrich de Maizière im Gespräch mit dem Autor im September 2006.

129 Ulrich de Maizière: »In der Pflicht«, S. 52.

130 Ebenda, S. 52.

131 Ebenda, S. 53.

132 Ebenda, S. 58.

133 Ebenda, S. 59.

134 Ebenda, S. 60.

135 Ebenda, S. 61.

136 Ulrich de Maizière im Gespräch mit dem Autor im September 2006.

137 Ulrich de Maizière: »In der Pflicht«, S. 64.

138 Ebenda, S. 64.

139 Siehe hierzu ausführlicher: Johannes Hürter: »Die deutschen Oberbefehlshaber im Krieg gegen die Sowjetunion 1941/42«, Oldenbourg Verlag, München 2006.

140 Vgl. dazu: Rainer F. Schmidt: »Der Zweite Weltkrieg – Die Zerstörung Europas«, be.bra verlag GmbH, Berlin, 2008, S. 105.

141 Ulrich de Maizière: »In der Pflicht«, S. 66.

142 Ebenda, S. 82.

143 Lothar de Maizière im Gespräch mit dem Autor am 28. Februar 2014.

144 Ulrich de Maizière: »In der Pflicht«, S. 67.

145 Ebenda, S. 68.

146 Ebenda, S. 70.

147 Ebenda, S. 72.

148 Ebenda, S. 73.

149 Ebenda, S. 75.

150 Ebenda, S. 76.

151 Ulrich de Maizière im Gespräch mit dem Autor im September 2006.

152 Oberstleutnant Dr. Hans-Jürgen Rautenberg: »Ulrich des Maizière – Stationen aus einem Soldatenleben«, S. 146.

153 Ulrich de Maizière: »In der Pflicht«, S. 78.

154 Ebenda, S. 83.

155 Beurteilungsnotizen zur Beurteilung zum 1. März 1943, in: Personalakte Ulrich de Maizière, BArch, Pers 1/27800, Hauptteil E.

156 Ulrich de Maizière: »In der Pflicht«, S. 83.

157 Eva de Maizière (geb. Werner) zog 1985 Bilanz über ihr Leben in einem privaten Buch, das nie in einem Verlag erschien. Sie nannte es »Das Leben als Geschenk« und widmete es ihren Enkelkindern. Es existiert nur in einer geringen Stückzahl. Der Autor durfte mit Erlaubnis der Familie die Aufzeichnungen von Eva de Maizière für die Recherche dieses Buches nutzen.

158 Ebenda, S. 19.

159 Ebenda, S. 14.

160 Ebenda, S. 25.

161 Ebenda, S. 17.

162 Gemeint ist die später deutschlandweit bekannte und international anerkannte Keramikerin Hedwig Bollhagen. Bis zum Tod von Eva de Maizière hatten beide engen Kontakt, obwohl Hedwig Bollhagen in der DDR lebte.

163 Eva de Maizière: »Das Leben als Geschenk«, S. 26.

164 Ebenda, S. 20.

165 Schreiben von Polizeimeister August Bauer an General Ulrich de Maizière vom 26.8.1966, BArch, N 673/84.

166 Ansprache des Generalinspekteurs der Bundeswehr anlässlich des 80. Geburtstages von Generalfeldmarschall von Manstein, November 1967, BArch, N 673/59.

167 Eva de Maizière: »Das Leben als Geschenk«, S. 34.

168 Peter von Butler im Gespräch mit dem Autor in Bad Rodach-Heldritt am 11.4.2008.

169 Ulrich de Maizière: »In der Pflicht«, S. 89.

170 Ebenda, S. 89.

171 Vgl. dazu: »Handeln für den Staat – aus Mitverantwortung«, Ansprache des Generalinspekteurs der Bundeswehr Ulrich de Maizière am 20. Juli 1969 in der Bonner Beethovenhalle.

172 Ulrich de Maizière: »In der Pflicht«, S. 90.

173 Ulrich de Maizière im Gespräch mit dem Autor im September 2006.

174 Schreiben Ulrich de Maizière an Nina Gräfin von Stauffenberg vom 15.11. 1967, BArch, N 673/52 a.

175 Ulrich de Maizière: »In der Pflicht«, S. 96.

176 Eva de Maizière: »Das Leben als Geschenk«, S. 39.

177 Ebenda, S. 38.

178 Antrag auf Erteilung der Heiratserlaubnis vom 4.11.1944, Personalakte Ulrich de Maizière, BArch, Pers 1/27800, Hauptteil E.

179 Personalbogen Clemens de Maizière vom 26. März 1955, Personalakte DDR-Justizministerium, BArch DP 1/20509.

180 Dorothee Mücksch im Gespräch mit dem Autor am 28. Februar 2014.

181 Ebenda.

182 Zitiert nach mündlicher Überlieferung von Lothar de Maizière im Gespräch mit dem Autor am 4. Februar 2008.

183 Beitrag von Annemarie Beleites über Richard Kossinna in: »Nordhäuser Persönlichkeiten aus elf Jahrhunderten«, Hans-Jürgen Grönke (Hrsg.), Geiger-Verlag, Horb am Neckar, 2009, S. 164.

184 Eva de Maizière: »Das Leben als Geschenk«, S. 41.

185 Ebenda, S. 42.

186 Ulrich de Maizière: »In der Pflicht«, S. 97.

187 Beurteilung zum 1. März 1944, in: Personalakte Ulrich de Maizière, BArch, Pers 1/27800, Hauptteil E.

188 Ulrich de Maizière: »In der Pflicht«, S. 98.

189 Ebenda, S. 99.

190 Ebenda, S. 100.

191 Oberstleutnant Dr. Hans-Jürgen Rautenberg: »Ulrich de Maizière – Stationen aus einem Soldatenleben«, S. 153.

192 Ulrich de Maizière: »In der Pflicht«, S. 104.

193 Ulrich de Maizière im Gespräch mit dem Autor im September 2006.

194 Ebenda.

195 Ulrich de Maizière: »In der Pflicht«, S. 107.

196 Ulrich de Maizière im Gespräch mit dem Autor im September 2006.

197 Ulrich de Maizière: »In der Pflicht«, S. 109.

198 Ebenda.

199 Ebenda, S. 110.

200 Dorothee Mücksch im Gespräch mit dem Autor am 4. Juli 2008.

201 Ebenda.

202 Siehe hierzu auch die Homepage der Stadt Nordhausen unter: http://www.nordhausen.de/stadt/stadtgeschichte/stadtgeschichte.php.

203 Dorothee Mücksch im Gespräch mit dem Autor am 4. Juli 2008.

204 Ebenda.

205 Eva de Maizière: »Das Leben als Geschenk«, S. 43.

206 Ebenda, S. 43.

207 Ebenda, S. 43.

208 Siehe dazu ausführlicher: Rainer F. Schmidt: »Der Zweite Weltkrieg – Die Zerstörung Europas«, be.bra verlag GmbH, Berlin, 2008, S. 182.

209 Die Bezeichnung stammt von Clemens de Maizière selbst. In: Personalbogen Clemens de Maizière vom 26. März 1955, Personalakte DDR-Justizministerium, BArch DP 1/20509.

210 Vgl. dazu ausführlicher: Holm Kirsten: »Das sowjetische Speziallager Nr. 4 Landsberg/Warthe«, Wallstein Verlag, Göttingen, 2005.

211 Ebenda.

212 Zitiert nach mündlicher Überlieferung von Lothar de Maizière im Gespräch mit dem Autor am 4. März 2010.

213 Dr. Manfred Agethen: »Die Protokolle der Leitungsgremien der CDU in der SBZ, 1945–1949. Ein Editionsprojekt des Archivs Christlich-Demokratischer Politik«, Vortrag vom 22. November 1999 in Berlin-Lichterfelde zum Rahmenthema »Edition zur Geschichte der DDR«.

214 Zitiert nach mündlicher Überlieferung von Lothar de Maizière im Gespräch mit dem Autor am 4. März 2010.

215 Dorothee Mücksch im Gespräch mit dem Autor am 4. Juli 2008.

216 Lothar de Maizière im Gespräch mit dem Autor am 4. März 2010.

217 Zitiert nach mündlicher Überlieferung von Lothar de Maizière im Gespräch mit dem Autor am 4. März 2010.

218 Ebenda.

219 Lothar de Maizière im Gespräch mit dem Autor am 4. März 2010.

220 Lebenslauf Clemens de Maizière vom 25. März 1955, Personalakte DDR-Justizministerium, BArch DP 1/20509.

221 Ebenda.

222 Archiv für Christliche-Demokratische Politik (ACDP) Sankt Augustin, Bestand III-031-054.

223 Lothar de Maizière im Gespräch mit dem Autor am 4. März 2010.

224 Dorothee Mücksch im Gespräch mit dem Autor am 4. Juli 2008.

225 Ulrich de Maizière: »In der Pflicht«, S. 116.

226 Siehe dazu ausführlicher: »Der Zusammenbrauch des Deutschen Reiches 1945, Zweiter Halbband: Die Folgen des Zweiten Weltkrieges«, hrsg. v. Rolf-Dieter Müller im Auftrag des Militärgeschichtlichen Forschungsamtes, Deutsche Verlags-Anstalt, München, 2008, S. 465.

227 Ulrich de Maizière: »In der Pflicht«, S. 123.

228 Ebenda.

229 Eva de Maizière: »Das Leben als Geschenk«, S. 44.

230 Ulrich de Maizière: »In der Pflicht«, S. 123.

231 Ebenda, S. 124.

232 Ebenda.

233 Peter von Butler im Gespräch mit dem Autor in Bad Rodach-Heldritt am 11.4.2008.

234 Lagertagebuch von Peter von Butler aus dem Jahr 1946, Privatarchiv Peter von Butler.

235 Ulrich de Maizière: »In der Pflicht«, S. 123.

236 Ebenda, S. 124.

237 Joachim Käppner: »Die Familie der Generäle – Eine deutsche Geschichte«, S. 281.

238 Eva de Maizière: »Das Leben als Geschenk«, S. 44.

239 Ulrich de Maizière: »In der Pflicht«, S. 126.

240 Ebenda, S. 127.

241 Ebenda.

242 Eva de Maizière: »Das Leben als Geschenk«, S. 45.

243 Ulrich de Maizière: »In der Pflicht«, S. 128.

244 Bescheid des Öffentlichen Klägers bei dem Entnazifizierungs-Hauptausschuss im Kreis Burgdorf vom 14. Januar 1949, in: Personalakte Ulrich de Maizière, BArch, Pers 1/27800, Hauptteil A.

245 Ulrich de Maizière im Gespräch mit dem Autor im September 2006.

246 Eva de Maizière: »Das Leben als Geschenk«, S. 46.

247 Ulrich de Maizière: »In der Pflicht«, S. 132.

248 Eva de Maizière: »Das Leben als Geschenk«, S. 46.

249 Ulrich de Maizière: »In der Pflicht«, S. 132.

250 Schreiben des Deutschen Musikalienwirtschafts-Verbandes e.V. an Ulrich de Maizière vom 29. August 1966, BArch, N 673/39 a.

251 »Krieg und Frieden – ein Generalstäbler wird Buchhändlerlehrling« von Ulrich de Maizière, aus der Serie: Mein erstes Geld, in: Rheinischer Merkur vom 19.10.1984.

252 Ebenda.

253 Ulrich de Maizière: »In der Pflicht«, S. 135.

254 Schreiben von Ulrich de Maizière an Lieutenant Colonel Murray vom 3. November 1965, BArch, N 673 / 47 b.

255 Ulrich de Maizière: »In der Pflicht«, S. 137.

256 Ebenda, S. 138.

257 Ebenda.

258 Ebenda, S. 139.

259 Siehe dazu ausführlicher: Horst Pötzsch: »Deutsche Geschichte von 1945 bis zur Gegenwart«, Olzog Verlag, München, 2006, S. 65 ff.

260 Dorothee Mücksch im Gespräch mit dem Autor am 4. Juli 2008.

261 Vgl. dazu: Sigurd Hilkenbach / Wolfgang Kramer: »Die Straßenbahn der Berliner Verkehrsbetriebe (BVG-Ost/BVB) 1949–1991«, transpress Verlag, Stuttgart, 1999.

262 Lothar de Maizière im Gespräch mit dem Autor am 4. März 2010.

263 Ebenda.

264 Ebenda.

265 Ebenda.

266 Ebenda.

267 Ebenda.

268 Ebenda.

269 Michael de Maizière im Gespräch mit dem Autor am 4. Februar 2008.

270 Lothar de Maizière im Gespräch mit dem Autor am 4. März 2010.

271 Ebenda.

272 Ebenda.

273 Michael de Maizière im Gespräch mit dem Autor am 4. Februar 2008.

274 Ebenda.

275 Ebenda.

276 Schreiben des Magistrats von Groß-Berlin (Bezirksamt Treptow) an Clemens de Maizière vom 28. März 1951, Privatarchiv Lothar de Maizière.

277 Ebenda.

278 Lothar de Maizière im Gespräch mit dem Autor am 28. Februar 2014.

279 Ebenda.

280 Siehe dazu ausführlicher: Horst Pötzsch: »Deutsche Geschichte von 1945 bis zur Gegenwart«, S.111 ff.

281 Dorothee Mücksch im Gespräch mit dem Autor am 4. Juli 2008.

282 Lothar de Maizière: »Ich will, dass meine Kinder nicht mehr lügen müssen«, Verlag Herder GmbH, Freiburg im Breisgau, 2010, S.27.

283 Lothar de Maizière im Gespräch mit dem Autor am 4. Februar 2008.

284 Ebenda.

285 Felix Busse: »Deutsche Anwälte – Geschichte der deutschen Anwaltschaft 1945–2009«, Deutscher Anwaltverlag, Bonn, 2010, S.378.

286 Ebenda, S.379.

287 Karl Wilhelm Fricke: »Politik und Justiz in der DDR«, Verlag Wissenschaft und Politik, Köln, 1990, S.195.

288 Friedrich Wolff im Gespräch mit dem Autor in Wandlitz am 21.5.2007.

289 Abschrift der Antragsschrift des Generalstaatsanwalts bei dem Kammergericht gegen Rechtsanwalt Clemens de Maizière vom 6. Oktober 1955, S.2, in: Personalakte DDR-Justizministerium, BArch DP 1/20509.

290 Schreiben von Clemens de Maizière an Dr. Rolf Helm vom 1. November 1955, in: Personalakte DDR-Justizministerium, BArch DP 1/20509.

291 Ausfertigung des Urteils des Ehrengerichts der Rechtsanwaltskammer vom 16. Februar 1956, in: Personalakte DDR-Justizministerium, BArch DP 1/20509.

292 Friedrich Wolff: »Verlorene Prozesse 1953–1998«, Nomos Verlagsgesellschaft, Baden-Baden, 1999, S. 103.

293 Lothar de Maizière im Gespräch mit dem Autor am 4. Februar 2008.

294 Ebenda.

295 Friedrich Wolff im Gespräch mit dem Autor in Wandlitz am 21.5. 2007.

296 Felix Busse: »Deutsche Anwälte – Geschichte der deutschen Anwaltschaft 1945–2009«, S. 444.

297 Vgl. dazu: Ebenda. S. 452.

298 Ebenda. S. 448.

299 Abschrift des Beschlusses des Vorstandes des Rechtsanwaltskollegiums von Groß-Berlin zur Eröffnung eines Disziplinarverfahrens gegen Rechtsanwalt Clemens de Maizière vom 6. Februar 1958, in: Personalakte DDR-Justizministerium, BArch DP 1/20509, S. 1.

300 Ebenda.

301 Abschrift der Begründung zum Beschluss des Vorstandes des Rechtsanwaltskollegiums von Groß-Berlin zur Erteilung einer strengen Rüge und Verhängung einer Geldstrafe in Höhe von 500,- DM gegen Rechtsanwalt Clemens de Maizière vom 7. Januar 1959, in: Personalakte DDR-Justizministerium, BArch DP 1/20509, S. 3 f.

302 Ebenda, S. 5.

303 Lothar de Maizière im Gespräch mit dem Autor am 4. März 2010.

304 Zitiert nach mündlicher Überlieferung von Lothar de Maizière im Gespräch mit dem Autor am 4. März 2010.

305 Ebenda.

306 Dorothee Mücksch im Gespräch mit dem Autor am 4. Juli 2008.

307 Ebenda.

308 Ebenda.

309 Abschluss-Zeugnis von Lothar de Maizière an der Grundschule Berlin-Treptow vom 4. Juli 1954, Privatarchiv Lothar de Maizière.

310 Lothar de Maizière im Gespräch mit dem Autor am 24. Oktober 2011.

311 Knut Elstermann: »Klosterkinder – Deutsche Lebensläufe am Gymnasium zum Grauen Kloster in Berlin«, be.bra verlag GmbH, Berlin, 2009, S. 7.

312 Lothar de Maizière im Gespräch mit dem Autor am 24. Oktober 2011.

313 Ebenda.

314 Zitiert nach mündlicher Überlieferung von Lothar de Maizière im Gespräch mit dem Autor am 24. Oktober 2011.

315 Lothar de Maizière im Gespräch mit dem Autor am 24. Oktober 2011.

316 Zitiert nach mündlicher Überlieferung von Lothar de Maizière im Gespräch mit dem Autor am 24. Oktober 2011.

317 Lothar de Maizière im Gespräch mit dem Autor am 24. Oktober 2011.

318 Zeugnis der Klasse 9 von Lothar de Maizière am Gymnasium zum Grauen Kloster vom 3. Juli 1955, Privatarchiv Lothar de Maizière.

319 Ebenda.

320 Ebenda.

321 Ulrich de Maizière: »In der Pflicht«, S. 142.

322 Ebenda, S. 143.

323 Schreiben von Fritz Schmorl an den Beauftragten des Bundeskanzlers für die mit der Vermehrung der alliierten Truppen zusammenhängenden Fragen vom 19. Januar 1951, in: Personalakte Ulrich de Maizière, BArch, Pers 1/27800, Hauptteil C.

324 Ulrich de Maizière: »In der Pflicht«, S. 145.

325 Ebenda, S. 148.

326 Schreiben Ulrich de Maiziere an Ernst Wirmer vom 2. Mai 1951, in: Personalakte Ulrich de Maizière, BArch, Pers 1/27800, Hauptteil C.

327 Oberstleutnant Dr. Hans-Jürgen Rautenberg: »Ulrich des Maizière – Stationen aus einem Soldatenleben«, S. 167.

328 Bundeskanzler a. D. Helmut Schmidt im Gespräch mit dem Autor am 22. Oktober 2008.

329 Ulrich de Maizière, »In der Pflicht«, S. 161.

330 Oberstleutnant Dr. Hans-Jürgen Rautenberg: »Ulrich des Maizière – Stationen aus einem Soldatenleben«, S. 170.

331 Ebenda.

332 Eva de Maizière: »Das Leben als Geschenk«, S. 48.

333 Cornelia von Ilsemann (geb. de Maizière) im Gespräch mit dem Autor am 28. Februar 2014.

334 Ebenda.

335 Eva de Maizière: »Das Leben als Geschenk«, S. 50.

336 Oberstleutnant Dr. Hans-Jürgen Rautenberg: »Ulrich des Maizière – Stationen aus einem Soldatenleben«, S. 173.

337 Ebenda.

338 Richard von Weizsäcker im Gespräch mit dem Autor am 16. Dezember 2010.

339 Feststellung des Personalgutachterausschusses vom 19. Oktober 1955, in: Personalakte Ulrich de Maizière, BArch, Pers 1/27800, Hauptteil A.

340 Ulrich de Maizière: »In der Pflicht«, S. 191.

341 Ebenda, S. 192.

342 Ebenda, S. 200.

343 Eva de Maizière: »Das Leben als Geschenk«, S. 53.

344 Ebenda, S. 52.

345 Cornelia von Ilsemann im Gespräch mit dem Autor am 3. Juli 2008.

346 Barbara Pieper (geb. de Maizière) im Gespräch mit dem Autor am 4. Februar 2008.

347 Ebenda.

348 Beurteilung zum 31. März 1957, in: Personalakte Ulrich de Maizière, BArch, Pers 1/27800, Hauptteil B.

349 Ebenda.

350 Ebenda.

351 Ulrich de Maizière: »In der Pflicht«, S. 211.

352 Ebenda, S. 210.

353 Ebenda, S. 215.

354 Ebenda, S. 214.

355 Zitiert nach Rainer Blasius: »Ende einer Übung«, Frankfurter Allgemeine Zeitung, 2. Juni 2007.

356 Ulrich de Maizière: »In der Pflicht«, S. 219.

357 Eva de Maizière: »Das Leben als Geschenk«, S. 54.

358 Cornelia von Ilsemann im Gespräch mit dem Autor am 3. Juli 2008.

359 Eva de Maizière: »Das Leben als Geschenk«, S. 59.

360 Ulrich de Maizière: »In der Pflicht«, S. 223.

361 Thomas de Maizière im Gespräch mit dem Autor am 26. Februar 2009.

362 Bericht zur Kontaktaufnahme mit dem Rechtanwalt de Maizière vom 6.11.1957, BStU, MfS, BV Berlin, AIM, Nr. 5647/88, Band 1, Bl. 30.

363 Auszug aus den Unterlagen zur Vorbereitung der Kontaktaufnahme des MfS mit Clemens de Maizière, Ebenda. Bl. 26.

364 Ebenda.

365 Michael de Maizière im Gespräch mit dem Autor am 28. Februar 2014.

366 Maßnahmeplan der Hauptabteilung V/5/I vom 1. August 1955, BStU, MfS, BV Berlin, AIM, Nr. 5647/88, Band 2, Bl. 282.

367 Ebenda, Bl. 163.

368 Ebenda, Bl. 183.

369 »Beschluß über das Abbrechen der Verbindung« vom 4. August 1958, BStU, MfS, BV Berlin, AIM, Nr. 5647/88, Band 1, Bl. 46.

370 Dorothee Mücksch im Gespräch mit dem Autor am 4. Juli 2008.

371 Ebenda.

372 Michael de Maizière im Gespräch mit dem Autor am 4. Februar 2008.

373 Ebenda.

374 Lothar de Maizière im Gespräch mit dem Autor am 21. Mai 2007.

375 Beurteilung vom 1. Mai 1960, in: Personalakte Ulrich de Maizière, BArch, Pers 1/27800, Hauptteil B.

376 Heinz Michaels: »Nachkriegsgeneräle rücken vor«, DIE ZEIT, 20. Mai 1960.

377 Ebenda.

378 Eva de Maizière: »Das Leben als Geschenk«, S. 68.

379 Ulrich de Maizière: »In der Pflicht«, S. 226.

380 Ebenda, S. 228.

381 Ebenda, S. 234.

382 Kopie Cornelius-Artikel, »Atomwaffen-›kopflos‹«, Kölnische Rundschau, 20. Mai 1959, BArch N 673/91.

383 Kopie Cornelius-Artikel, »Der Preis der Freiheit«, Kölnische Rundschau, 29. Dezember 1960, BArch N 673/91.

384 Ulrich de Maizière, »In der Pflicht«, S. 236.

385 Zeugnis Thomas de Maizière, 1. Schulhalbjahr Klasse (G1) an der Evangelischen Volksschule Asterstein in Koblenz-Pfaffendorf, 20.10.1960, Privatarchiv Thomas de Maizière.

386 Zeugnis Thomas de Maizière, 1. Schulhalbjahr Klasse (G2) an der Evangelischen Volksschule Asterstein in Koblenz-Pfaffendorf, 10.10.1961, Privatarchiv Thomas de Maizière.

387 Ulrich de Maizière: »In der Pflicht«, S. 237.

388 Ebenda, S. 239.

389 Beurteilung vom 1. Mai 1962, in: Personalakte Ulrich de Maizière, BArch,
Pers 1/27800, Hauptteil B.

390 Ulrich de Maizière: »In der Pflicht«, S. 248.

391 Zitiert nach: Oberstleutnant Dr. Hans-Jürgen Rautenberg: »Ulrich des Maizière – Stationen aus einem Soldatenleben«, S. 146.

392 Ulrich de Maizière: »In der Pflicht«, S. 251.

393 Ebenda.

394 Eva de Maizière: »Das Leben als Geschenk«, S. 61.

395 Barbara Pieper im Gespräch mit dem Autor am 4. Februar 2008.

396 Vgl. dazu: Ulrich de Maizière: »In der Pflicht«, S. 252.

397 Ebenda.

398 Cornelia von Ilsemann im Gespräch mit dem Autor am 28. Februar 2014.

399 Zeugnis Thomas de Maizière, 4. Schuljahr an der Volksschule Dockenhu-
den in Hamburg, 15.11.1963, Privatarchiv Thomas de Maizière.

400 Thomas de Maizière im Gespräch mit dem Autor am 26. Februar 2009.

401 Ebenda.

402 Ebenda.

403 Zitiert nach: Ulrich de Maizière: »In der Pflicht«, S. 249.

404 Ulrich de Maizière: »In der Pflicht«, S. 254.

405 Schreiben von Generalleutnant Meyer-Detring an Ulrich de Maizière vom
12. Mai 1964, BArch, N 673/83.

406 Ebenda.

407 Schreiben Ulrich de Maizière an Generalleutnant Meyer-Detring vom
13. Juni 1964, BArch, N 673/83.

408 Schreiben Ernst Prager an Ulrich de Maizière vom 25. Juni 1964, BArch, N
673/83.

409 Schreiben Walter Wenck an Ulrich de Maizière vom 26. Juni 1964, BArch,
N 673/83.

410 »Generalbundesanwalt Fränkel in sein Amt eingeführt«, Badische Neueste Nachrichten, 31.März 1962.

411 Ebenda.

412 »Eine Dokumentation – Von der Reichsanwaltschaft zur Bundesanwaltschaft«, Herausgegeben vom Ausschuß für Deutsche Einheit und der Vereinigung demokratischer Juristen Deutschlands«, Juni 1962, S.5.

413 »Vorführung empfiehlt sich«, DER SPIEGEL, 11. Juli 1962, S.22.

414 Ebenda.

415 »Minister Stammberger zum Fall Fränkel«, Badische Neueste Nachrichten, 16. Juli 1962.

416 Schreiben Staatsanwalt Ender an Genosse Arne Rehahn vom ZK der SED, 28. Juni 1962, BArch DP 3/4885.

417 Ebenda.

418 Lothar de Maizière im Gespräch mit dem Autor am 4. März 2010.

419 Strafanzeige von Rechtsanwalt Clemens de Maizière gegen Wolfgang Immerwahr Fränkel beim Landgericht Karlsruhe vom 27. August 1961, BArch DP 3/4889.

420 Schreiben Clemens de Maizière an seine Mandanten vom 24. Januar 1963, BArch DP 3/4889.

421 »Originalakten und Kopien gegen Fränkel werden untersucht«, Badische Neueste Nachrichten, 15. Februar 1963.

422 Ebenda.

423 Abschrift über die Einstellung des Ermittlungsverfahrens gegen Generalbundesanwalt i.e.R. vom 23. Juli 1963, BArch DP 3/1719.

424 Antrag im Klageerzwingungsverfahren vom 25. November 1963, BArch DP 3/1719.

425 Ebenda.

426 »Der unbelastete Fränkel«, Badische Neueste Nachrichten, 17. Juli 1965.

427 Dorothee Mücksch im Gespräch mit dem Autor am 4. Juli 2008.

428 Ebenda.

429 Ebenda.

430 Lothar de Maizière im Gespräch mit dem Autor am 24. Oktober 2011.

431 Ulrich de Maizière: »In der Pflicht«, S.258.

432 Schreiben Ulrich de Maizière an Schmidt-Dahlenburg vom 13. August 1964, BArch, N 673/83.

433 Zeugnis Thomas de Maizière, 6. Schuljahr am Nicolaus-Cusanus-Gymnasium in Bad Godesberg, 23. Oktober 1965, Privatarchiv Thomas de Maizière.

434 Jan Krieger im Gespräch mit dem Autor am 8. September 2010.

435 Ebenda.

436 Zitiert nach: Ulrich de Maizière: »In der Pflicht«, S. 266.

437 Ebenda, S. 265.

438 Ebenda, S. 266.

439 Ebenda, S. 267.

440 Ebenda, S. 269.

441 Ebenda, S. 279.

442 Zitiert nach: Oberstleutnant Dr. Hans-Jürgen Rautenberg: »Ulrich de Maizière – Stationen aus einem Soldatenleben«, S. 200.

443 Ruprecht von Butler im Gespräch mit dem Autor in Bad Rodach-Heldritt am 11.4.2008.

444 Schreiben Ulrich de Maizière an Fritz Hirschner vom 9. September 1966, BArch, N 673/84.

445 »Chopin mit Rhabarber«, DER SPIEGEL Nr. 36/1966, 29. August 1966, S. 29.

446 Thomas de Maizière im Gespräch mit dem Autor am 26. Februar 2009.

447 Cornelia von Ilsemann im Gespräch mit dem Autor am 3. Juli 2008.

448 Elternrede des Generals de Maizière bei der Abiturientenentlassungsfeier 1966 des Nicolaus-Cusanus-Gymnasium Bad Godesberg am 7. November 1966, Privatarchiv Familie de Maizière.

449 Ebenda.

450 Eva de Maizière: »Das Leben als Geschenk«, S. 55.

451 Ebenda.

452 Ulrich de Maizière: »In der Pflicht«, S. 285.

453 Ebenda, S. 287.

454 Andreas de Maizière im Gespräch mit dem Autor am 18. Mai 2007.

455 Ebenda.

456 Ulrich de Maizière: »In der Pflicht«, S. 298.

457 Thomas de Maizière im Gespräch mit dem Autor am 8. September 2010.

458 Ansprache von Ulrich de Maizière vor britischen Journalisten im November 1968 in Bonn, BArch, N 673/59.

459 Zeugnis Thomas de Maizière, 7. Schuljahr am Nicolaus-Cusanus-Gymnasium in Bad Godesberg, 30. November 1966, Privatarchiv Thomas de Maizière.

460 Thomas de Maizière im Gespräch mit dem Autor am 26. Februar 2009.

461 Jan Krieger im Gespräch mit dem Autor am 8. September 2010.

462 Ebenda.

463 Ebenda.

464 Ebenda.

465 Ebenda.

466 Barbara Pieper im Gespräch mit dem Autor am 4. Februar 2008.

467 Ebenda.

468 Siehe dazu ausführlicher: Karl Stankiewitz: »München '68 – Traumstadt in Bewegung«, Volk Verlag, München, 2008, S. 37 ff.

469 Barbara Pieper im Gespräch mit dem Autor am 4. Februar 2008.

470 Cornelia von Ilsemann im Gespräch mit dem Autor am 3. Juli 2008.

471 Ebenda.

472 Ebenda.

473 Thomas de Maizière im Gespräch mit dem Autor am 26. Februar 2009.

474 Jan Krieger im Gespräch mit dem Autor am 8. September 2010.

475 Barbara Pieper im Gespräch mit dem Autor am 4. Februar 2008.

476 Cornelia von Ilsemann im Gespräch mit dem Autor am 3. Juli 2008.

477 Michael de Maizière im Gespräch mit dem Autor am 4. Februar 2008.

478 Dorothee Mücksch im Gespräch mit dem Autor am 4. Juli 2008.

479 Ebenda.

480 Lothar de Maizière im Gespräch mit dem Autor am 4. März 2010.

481 Lothar de Maizière im Gespräch mit dem Autor am 24. Oktober 2010.

482 Ebenda.

483 Ebenda.

484 Personenauskunft Kandidat »Pfühl« vom 6. Juli 1961, BStU, MfS, BV Berlin, AIM, Nr. 5647/88, Band 5, Bl. 12.

485 Ebenda.

486 Arbeitsanalyse vom 25. Juli 1961, BStU, MfS, BV Berlin, AIM, Nr. 5647/88, Band 5, Bl. 18.

487 Ebenda.

488 Vgl. dazu: Personenauskunft Kandidat »Pfühl« vom 6. Juli 1961, BStU, MfS, BV Berlin, AIM, Nr. 5647/88, Band 5, Bl. 14.

489 Arbeitsanalyse vom 29. November 1962 BStU, MfS, BV Berlin, AIM, Nr. 5647/88, Band 5, Bl. 24.

490 Ebenda.

491 Handschriftliche Aktennotiz von Clemens de Maizière, BStU, MfS, BV Berlin, AIM, Nr. 5647/88, Band 5, Bl. 84.

492 Ulrich de Maizière im Gespräch mit dem Autor im September 2006.

493 Dorothee Mücksch im Gespräch mit dem Autor am 28. Februar 2014.

494 Ebenda.

495 Vgl. dazu: Bericht von Major Clasen, Leiter der Abteilung XX, vom 13. Januar 1967, BStU, MfS, BV Berlin, AIM, Nr. 5647/88, Band 5, Bl. 87 ff.

496 Vorschlag zur Auszeichnung des GM »Anwalt« mit einer Prämie in Höhe von 500 Mark vom 18. Januar 1967, BStU, MfS, BV Berlin, AIM, Nr. 5647/88, Band 5, Bl. 71.

497 Vorschlag zur Auszeichnung des GM »Anwalt« mit einer Prämie in Höhe von 400 Mark vom 6. November 1968, BStU, MfS, BV Berlin, AIM, Nr. 5647/88, Band 5, Bl. 272.

498 Vorschlag zum Einsatz des IMS »Anwalt« in Westberlin im Rahmen der Maßnahmen des MfS zur Beeinflussung der Frühjahrssynode der ev. Landeskirche Berlin-Brandenburg vom 19. November 1969, BStU, MfS, BV Berlin, AIM, Nr. 5647/88, Band 5, Bl. 108.

499 Einschätzung zum Verhalten des IMS »Anwalt« bei der Vorbereitung und Durchführung eines Auftrages zur Gesprächsführung mit dem Westberliner Bischof Scharf vom 22. Dezember 1969, BStU, MfS, BV Berlin, AIM, Nr. 5647/88, Band 5, Bl. 113.

500 Ebenda.

501 Zitiert nach: Albrecht Schönherr: »… aber die Zeit war nicht verloren – Erinnerungen eines Altbischofs«, Aufbau-Verlag, Berlin, 1993, S. 332.

502 Lothar de Maizière im Gespräch mit dem Autor am 4. März 2010.

503 Schreiben von Horst Kasner vom 30. Oktober 2008, in dem er ein Gespräch mit dem Autor ablehnt.

504 Lothar de Maizière im Gespräch mit dem Autor am 4. März 2010.

505 Dorothee Mücksch im Gespräch mit dem Autor am 28. Februar 2014.

506 Ebenda.

507 Siehe dazu ausführlicher: Bernhard Fleckenstein: »50 Jahre Bundeswehr«, in: Aus Politik und Zeitgeschichte Nr. 21/2005 (Beilage zur Wochenzeitschrift »Das Parlament«) vom 23. Mai 2005, S. 10.

508 Schreiben Ulrich de Maizière an Pfarrer Klaus Lohmann vom 2. Mai 1968, BArch, N 673/46 a.

509 Schreiben Ulrich de Maizière an Generalleutnant a. D. Gaedcke vom 5. Juli 1966, BArch, N 673/41 a.

510 Ulrich de Maizière: »In der Pflicht«, S. 307.

511 »Die Bundeswehr ist verfassungstreu«, Interview mit General Ulrich de Maizière in der Zeitung »DIE WELT« vom 14. April 1969.

512 Ulrich de Maizière: »In der Pflicht«, S. 312.

513 Schreiben Ulrich de Maizière an Generalleutnant a. D. Müller-Hillebrand vom 29. Oktober 1969, BArch, N 673/47 b.

514 Ulrich de Maizière: »In der Pflicht«, S. 312.

515 Helmut Schmidt im Gespräch mit dem Autor am 22. Oktober 2010.

516 Ulrich de Maizière: »In der Pflicht«, S. 326.

517 Ebenda, S. 319.

518 Theo Sommer: »Der politische General«, in: »Im Dienste der Friedenssicherung – General Ulrich de Maizière«, Bernhard & Graefe Verlag für Wehrwesen, Frankfurt am Main, 1972, S. 92.

519 Helmut Schmidt im Gespräch mit dem Autor am 22. Oktober 2010.

520 Ebenda.

521 Erich Honecker wurde 1912 in Neuenkirchen geboren und ist 1994 in Santiago de Chile verstorben.

522 Siehe dazu ausführlicher: Ulrich Mählert: »Kleine Geschichte der DDR«, Verlag C. H. Beck oHG, München, 1998.

523 Michael de Maizière im Gespräch mit dem Autor am 4. Februar 2008.

524 Ebenda.

525 Ebenda.

526 Rundbrief der Familie Mücksch aus dem Jahr 1974, Privatarchiv Dorothee Mücksch.

527 Rundbrief der Familie Mücksch aus dem Jahr 1972, Privatarchiv Dorothee Mücksch.

528 Zitiert nach mündlicher Überlieferung von Lothar de Maizière im Gespräch mit dem Autor am 4. März 2010.

529 Lothar de Maizière im Gespräch mit dem Autor am 4. März 2010.

530 Ebenda.

531 Schreiben des Vorsitzenden des Rechtsanwaltskollegiums von Groß-Berlin an das Ministerium der Justiz vom 18. Dezember 1975, BArch, DP 1 / 2968.

532 Der Journalist Peter Wyden hat 1995 die Geschichte der Familie Grübel vom Verlust ihrer Kinder bis zum Wiedersehen 1990 detailliert in einem Buch dargestellt. Siehe dazu ausführlicher: Peter Wyden: »Die Mauer war unser Schicksal«, Rowohlt Verlag GmbH, Berlin, 1995.

533 Ebenda, S. 236.

534 Ebenda, S. 240.

535 Lothar de Maizière im Gespräch mit dem Autor am 4. März 2010.

536 Zitiert nach: »Nie wieder sehen«, in: DER SPIEGEL Nr. 51/1975, 15. Dezember 1975, S. 36.

537 Lothar de Maizière im Gespräch mit dem Autor am 4. März 2010.

538 Vgl. dazu: Schreiben des Vorsitzenden des Rechtsanwaltskollegiums von Groß-Berlin an das Ministerium der Justiz vom 15. April 1976, BArch, DP 1 / 2968.

539 Zitiert nach mündlicher Überlieferung von Lothar de Maizière im Gespräch mit dem Autor am 4. März 2010.

540 Lothar de Maizière im Gespräch mit dem Autor am 4. März 2010.

541 Ebenda.

542 Gregor Gysi im Gespräch mit dem Autor am 28. November 2011.

543 Eva de Maizière: »Das Leben als Geschenk«, S. 85.

544 Ebenda, S. 86.

545 Zitiert nach mündlicher Überlieferung von Cornelia von Ilsemann im Gespräch mit dem Autor am 3. Juli 2008.

546 Cornelia von Ilsemann im Gespräch mit dem Autor am 3. Juli 2008.

547 Ebenda.

548 Thomas de Maizière im Gespräch mit dem Autor am 26. Februar 2009.

549 Ebenda.

550 Ebenda.

551 Thomas de Maizière im Gespräch mit dem Autor am 26. Februar 2009.

552 Ulrich Schröder im Gespräch mit dem Autor im September 2010.

553 Thomas de Maizière: »Eine starke verfasste Studentenschaft muß studentische Interessen vertreten«, in: »Transparent« – Münstersche Studentenzeitschrift Nr. 7, Hg. vom RCDS, Juni 1975.

554 Thomas de Maizière im Gespräch mit dem Autor am 26. Februar 2009.

555 Ebenda.

556 »Das neue FS-Team«, in: »Jur-Info Sommersemester 1976«, Hg. Fachschaft Jura der Westfälischen-Wilhelms-Universität, Münster, Juni 1976, S. 13.

557 Ulrich Schröder im Gespräch mit dem Autor im September 2010.

558 Thomas de Maizière im Gespräch mit dem Autor am 26. Februar 2009.

559 Ulrich Schröder im Gespräch mit dem Autor im September 2010.

560 Thomas de Maizière im Gespräch mit dem Autor am 26. Februar 2009.

561 Ebenda.

562 Zitiert nach mündlicher Überlieferung von Lothar de Maizière im Gespräch mit dem Autor am 4. März 2010.

563 Lothar de Maizière im Gespräch mit dem Autor am 4. März 2010.

564 Ebenda.

565 Ebenda.

566 Dorothee Mücksch im Gespräch mit dem Autor am 28. Februar 2014.

567 Friedrich Wolff im Gespräch mit dem Autor in Wandlitz am 21. Mai 2007.

568 Lothar de Maizière im Gespräch mit dem Autor am 4. März 2010.

569 Dorothee Mücksch im Gespräch mit dem Autor am 4. Juli 2008.

570 Zitiert nach mündlicher Überlieferung von Lothar de Maizière im Gespräch mit dem Autor am 4. März 2010.

571 Dorothee Mücksch im Gespräch mit dem Autor am 28. Februar 2014.

572 Ebenda.

573 Vgl. dazu: »Verfahren von besonderer Bedeutung«, Rede von Lothar de Maizière auf dem Anwaltsforum in Erfurt im November 1993, Privatarchiv Lothar de Maizière.

574 »Der Reservekader«, DER SPIEGEL Nr. 39/2009, 21. September 2009, S. 32.

575 Zitiert nach mündlicher Überlieferung von Lothar de Maizière im Gespräch mit dem Autor am 4. März 2010.

576 Ebenda.

577 Gregor Gysi im Gespräch mit dem Autor am 28. November 2011.

578 Ebenda.

579 Lothar de Maizière im Gespräch mit dem Autor am 4. Februar 2008.

580 Ebenda.

581 Beurteilung von Lothar de Maizière vom 22. April 1987, erstellt vom Vorstand des Kollegiums der Rechtsanwälte in Berlin, BArch, DP 1 / 23180.

582 Lothar de Maizière im Gespräch mit dem Autor am 4. März 2010.

583 Ebenda.

584 »Das Recht auf Verteidigung – ein Grundsatz unserer Gesetzlichkeit«, Interview mit Rechtsanwalt Dr. Gregor Gysi, Neues Deutschland, 30. August 1988, S. 3.

585 Gregor Gysi im Gespräch mit dem Autor am 28. November 2011.

586 »Vor Gericht ist der Verteidiger unverzichtbar«, Interview mit Lothar de Maizière, Berliner Zeitung, 14. Oktober 1988, S. 3.

587 Vgl. dazu: Wolfgang Rüddenklau: »Störenfried«, BasisDruck Verlag, Berlin, 1992, S. 263.

588 »Moral wird nie im Glashaus wachsen«, Junge Welt, 8. Juni 1989, S. 6.

589 Ebenda.

590 Zitiert nach mündlicher Überlieferung von Lothar de Maizière im Gespräch mit dem Autor am 4. März 2010.

591 Richard von Weizsäcker im Gespräch mit dem Autor am 16. Dezember 2010.

592 Thomas de Maizière im Gespräch mit dem Autor am 26. Februar 2009.

593 Ebenda.

594 Ebenda.

595 Richard von Weizsäcker im Gespräch mit dem Autor am 16. Dezember 2010.

596 Ebenda.

597 Zitiert nach Lothar Tautz: »Vertrauen wagen – Abrüstung schmieden«, in: »Horch und Guck« – Zeitschrift der Gedenkstätte Museum in der »Runden Ecke« Leipzig, Heft 4 /20008, S. 33.

598 Martina de Maizière im Gespräch mit dem Autor am 7. April 2011.

599 Ebenda.

600 Ebenda.

601 Ebenda.

602 Ebenda.

603 Ebenda.

604 Ebenda.

605 Thomas de Maizière im Gespräch mit dem Autor am 26. Februar 2009.

606 Eberhard Diepgen im Gespräch mit dem Autor am 8. September 2010.

607 »Ebi oder das Stimmungswunder«, DER SPIEGEL Nr. 10/1985, 4. März 1985, S. 45.

608 Eberhard Diepgen im Gespräch mit dem Autor am 8. September 2010.

609 Thomas de Maizière im Gespräch mit dem Autor am 26. Februar 2009.

610 Ebenda.

611 Ebenda.

612 Ebenda.

613 Ebenda.

614 Lothar de Maizière im Gespräch mit dem Autor am 4. März 2010.

615 Ebenda.

616 Ebenda.

617 Ebenda.

618 Ebenda.

619 Anke Silomon: »Synode und SED-Staat – Die Synode des Bundes der Evangelischen Kirchen in der DDR in Görlitz vom 18. bis zum 22. September 1987«, Verlag Vandenhoeck & Ruprecht, Göttingen, 1997, S. 246.

620 Lothar de Maizière im Gespräch mit dem Autor am 4. März 2010.

621 Anke Silomon: »Synode und SED-Staat«, S. 140.

622 Zitiert nach: Anke Silomon: »Synode und SED-Staat«, S. 189.

623 Vgl. dazu: Ulrich Mählert: »Kleine Geschichte der DDR«, Verlag C.H. Beck oHG, München, 1998, S. 147.

624 Dorothee Mücksch im Gespräch mit dem Autor am 4. Juli 2008.

625 Ebenda.

626 Rundbrief der Familie Mücksch aus dem Jahr 1987, Privatarchiv Dorothee Mücksch.

627 Zitiert nach: Lothar de Maizière: »Ich will, dass meine Kinder nicht mehr lügen müssen«, S. 47.

628 Ebenda, S. 48.

629 Lothar de Maizière: »Der Beschluß der Bundessynode vom 19.9.1989 und die Fragen unserer Zeit«, NEUE ZEIT, 18. Oktober 1989, S. 3.

630 Lothar de Maizière im Gespräch mit dem Autor am 4. März 2010.

631 Ansgar Vössing: »Die Kontakte der Berliner CDU zur Opposition und zu neuen Parteien in der DDR«, Deutschland Archiv – Zeitschrift für das vereinigte Deutschland, Nr. 1/2010, S. 54.

632 Thomas de Maizière im Gespräch mit dem Autor am 26. Februar 2009.

633 Ebenda.

634 Lothar de Maizière im Gespräch mit dem Autor am 4. März 2010.

635 »Diepgen sprach mehr als 3 Stunden mit der Ost-CDU«, B. Z., 3. November 1989, S. 3.

636 Rundbrief der Familie Mücksch aus dem Jahr 1989, Privatarchiv Dorothee Mücksch.

637 Dorothee Mücksch im Gespräch mit dem Autor am 4. Juli 2008.

638 Ebenda.

639 »Weiter auf dem Weg zu Toleranz und Gerechtigkeit«, Offener Brief von Pastorin Dorothee Mücksch in der Zeitung »Freiheit«, 9. November 1989.

640 Lothar de Maizière im Gespräch mit dem Autor am 4. März 2010.

641 Gregor Gysi im Gespräch mit dem Autor am 28. November 2011.

642 Dorothee Mücksch im Gespräch mit dem Autor am 4. Juli 2008.

643 »Seine Pflichtgefühl machte aus de Maizière einen Politiker«, Frankfurter Allgemeine Zeitung, 22. Dezember 2012, S. 6.

644 Lothar de Maizière im Gespräch mit dem Autor am 4. März 2010.

645 Ebenda.

646 Thomas de Maizière im Gespräch mit dem Autor am 26. Februar 2009.

647 Zitiert nach: »Gleichberechtigte Partnerschaft bei Gestaltung der Gesellschaft«, NEUE ZEIT, 18. November 1989, S. 1.

648 »Eine Vision, die man noch nicht ausprobiert hat«, DIE WELTWOCHE, 23. November 1989, S. 5.

649 Zitiert nach: Lothar de Maizière: »Ich will, dass meine Kinder nicht mehr lügen müssen«, S. 69.

650 Lothar de Maizière im Gespräch mit dem Autor am 4. März 2010.

651 Siehe dazu ausführlicher: Ulrich Mählert: »Kleine Geschichte der DDR«, S. 173 f.

652 Lothar de Maizière im Gespräch mit dem Autor am 4. März 2010.

653 Lothar de Maizière im Gespräch mit dem Autor am 4. März 2010.

654 Ebenda.

655 Ebenda.

656 Ebenda.

657 Ebenda.

658 Helmut Kohl: »Erinnerungen 1990–1994«, Droemer Verlag, München, 2007, S. 38.

659 Zitiert nach: »Berliner Bonbons« von Dieter Wonka, Leipziger Volkszeitung, 12. Februar 2010.

660 Lothar de Maizière: »Ich will, dass meine Kinder nicht mehr lügen müssen«, S. 81.

661 Helmut Kohl: »Erinnerungen 1990–1994«, S. 40.

662 Lothar de Maizière: »Ich will, dass meine Kinder nicht mehr lügen müssen«, S. 84.

663 Lothar de Maizière im Gespräch mit dem Autor am 4. März 2010.

664 Ebenda.

665 Gregor Gysi im Gespräch mit dem Autor am 28. November 2011.

666 Thomas de Maizière im Gespräch mit dem Autor am 26. Februar 2009.

667 Ebenda.

668 Vgl. dazu: Peter Joachim Lapp: »Ausverkauf. Das Ende der Blockparteien«, edition ost, Berlin, 1998, S. 87.

669 Hans-Christian Maaß im Gespräch mit dem Autor am 15. August 2011.

670 Lothar de Maizière im Gespräch mit dem Autor am 4. März 2010.

671 Ebenda.

672 Thomas de Maizière im Gespräch mit dem Autor am 26. Februar 2009.

673 Vgl. dazu: Ed Suhler: »Die letzten Monate der DDR«, Verlag Ch. Links, Berlin, 2010, S. 33.

674 Thomas de Maizière im Gespräch mit dem Autor am 26. Februar 2009.

675 Schreiben Ulrich de Maizière an Lothar de Maizière vom 19. März 1990, Privatarchiv Lothar de Maizière.

676 Lothar de Maizière: »Ich will, dass meine Kinder nicht mehr lügen müssen«, S. 170.

677 Thomas de Maizière im Gespräch mit dem Autor am 26. Februar 2009.

678 Lothar de Maizière im Gespräch mit dem Autor am 4. März 2010.

679 Ebenda.

680 Gregor Gysi im Gespräch mit dem Autor am 28. November 2011.

681 Regierungserklärung des Ministerpräsidenten Lothar de Maizière, abgegeben vor der Volkskammer der DDR am 19. April 1990, Privatarchiv Lothar de Maizière.

682 Ebenda.

683 Gregor Gysi im Gespräch mit dem Autor am 28. November 2011.

684 Thomas de Maizière im Gespräch mit dem Autor am 26. Februar 2009.

685 Ebenda.

686 Ebenda.

687 Hans-Christian Maaß im Gespräch mit dem Autor am 15. August 2011.

688 Ebenda.

689 Ebenda.

690 Ebenda.

691 Lothar de Maizière im Gespräch mit dem Autor am 4. März 2010.

692 Ebenda.

693 Lothar de Maizière: »Ich will, dass meine Kinder nicht mehr lügen müssen«, S. 203.

694 Lothar de Maizière im Gespräch mit dem Autor am 4. März 2010.

695 Vgl. dazu: Lothar de Maizière: »Ich will, dass meine Kinder nicht mehr lügen müssen«, S. 227.

696 Andreas de Maizière im Gespräch mit dem Autor am 3. Juni 2011.

697 Ebenda.

698 Ebenda.

699 Cornelia von Ilsemann im Gespräch mit dem Autor am 3. Juli 2008.

700 Ebenda.

701 Rundbrief der Familie Mücksch aus dem Jahr 1990, Privatarchiv Dorothee Mücksch.

702 Lothar de Maizière: »Ich will, dass meine Kinder nicht mehr lügen müssen«, S.156.

703 Lothar de Maizière im Gespräch mit dem Autor am 4. März 2010.

704 Vgl. dazu: Ed Suhler: »Die letzten Monate der DDR«, S.110.

705 Lothar de Maizière im Gespräch mit dem Autor am 4. März 2010.

706 Hans-Christian Maaß im Gespräch mit dem Autor am 15. August 2011.

707 »Ich mache keine Sperenzchen« – Interview mit DDR-Ministerpräsident Lothar de Maizière über das Wahlrecht und die Krise der Koalition, DER SPIEGEL Nr. 31/1990, 30. Juli 1990, S.21.

708 Thomas de Maizière im Gespräch mit dem Autor am 26. Februar 2009.

709 Ebenda.

710 Gregor Gysi im Gespräch mit dem Autor am 28. November 2011.

711 Zitiert nach: Ed Suhler: »Die letzten Monate der DDR«, S.61.

712 Lothar de Maizière im Gespräch mit dem Autor am 4. März 2010.

713 Ebenda.

714 Helmut Kohl: »Erinnerungen 1990–1994«, Droemer Verlag, München, 2007, S.195.

715 Hans-Christian Maaß im Gespräch mit dem Autor am 15. August 2011.

716 Cornelia von Ilsemann im Gespräch mit dem Autor am 3. Juli 2008.

717 Lothar de Maizière im Gespräch mit dem Autor am 4. März 2010.

718 Siehe dazu ausführlicher: Peter Joachim Lapp: »Ausverkauf. Das Ende der Blockparteien«, S.156 f.

719 Lothar de Maizière im Gespräch mit dem Autor am 24. Oktober 2011.

720 Lothar de Maizière: »Ich will, dass meine Kinder nicht mehr lügen müssen«, S.313.

721 Lothar de Maizière im Gespräch mit dem Autor am 24. Oktober 2011.

722 In den MfS-Akten variiert die Schreibweise zwischen Czerny, Czerni, Cerni und Czeon.

723 »Ehrlich, treu, zuverlässig«, DER SPIEGEL Nr. 50/1990, 10. Dezember 1990, S.30.

724 Ebenda, S.31.

725 Lothar de Maizière im Gespräch mit dem Autor am 4. März 2010.

726 Ebenda.

727 Ebenda.

728 Eberhard Diepgen im Gespräch mit dem Autor am 8. September 2010.

729 Vgl. dazu: Walter Süß: »Staatssicherheit am Ende«, Ch.Links Verlag, Berlin, 1999, S. 579.

730 Ebenda.

731 Vgl. dazu den entsprechenden Bericht, BStU, MfS, BV Berlin, Abt. XX, Nr. 1083, S. 89.

732 Vgl. dazu: Arbeitsplan für das Jahr 1986, BStU, MfS, BV Berlin, Abt. XX, Nr. 2498, S. 89.

733 Walter Süß: »Staatssicherheit am Ende«, Ch.Links Verlag, Berlin, 1999, S. 580.

734 Lothar de Maizière im Gespräch mit dem Autor am 4. März 2010.

735 Dorothee Mücksch im Gespräch mit dem Autor am 4. Juli 2008.

736 Ebenda.

737 Ebenda.

738 Cornelia von Ilsemann im Gespräch mit dem Autor am 3. Juli 2008.

739 Ulrich Schröder im Gespräch mit dem Autor im September 2010.

740 Thomas de Maizière im Gespräch mit dem Autor am 13. September 2010.

741 Ebenda.

742 Ebenda.

743 Ebenda.

744 Lothar de Maizière, »Dresdner Rede«, 24. Februar 2008.